This reader is graded to c

LECTIONES SECUNDAE

Graded Reader for Level Two

Artes Latinae
LATIN SELF-TEACHING

Waldo E. Sweet
and
Judith B. Moore

Teacher's Edition Available
ISBN: 0-86516-203-5

Bolchazy-Carducci Publishers, Inc.
Wauconda, Illinois USA
(originally published by Encyclopaedia Britannica Educational Corporation)

Consultants:
Grundy Steiner, Ph.D.
Northwestern University

Judith B. Moore
Niles Senior High School
Niles, Michigan

Editor:
Judith N. Levi

Cover Illustration:
Detail of frieze from *Ara Pacis Augustae*, Rome

Bolchazy-Carducci Publishers, Inc.
1000 Brown Street
Wauconda, IL 60084 USA
http://www.bolchazy.com

International Standard Book Number:
Softbound 0-86516-234-4

Printed in the United States of America
2003
by Bang Printing

TABLE OF CONTENTS

UNIT 1

Fābella

One of our legacies from the Graeco-Roman world is a rich mythology. In the first thirteen Units of *Lēctiōnēs Secundae*, you will read several of these stories, usually based on the versions told by Ovid, but rewritten using vocabulary and structures you already know.

The *Index Verbōrum* at the end of each Unit contains definitions, usually in Latin, of most of the new words. Try to get the meaning from the Latin definition first. If you still have difficulty, you can then turn to the Latin-to-English vocabulary in the back of this book for further help.

Dī Majōrēs

Erant, ut poētae nārrant, duodecim (XII) dī deaeque quī in Monte Olympō habitābant. Praeter eōs erant multī dī minōrēs, ut nymphae, quae fontēs, arborēs, montēs custōdiēbant. Sequuntur nōmina duodecim deōrum majōrum: Juppiter, Jūnō, Minerva, Venus, Mārs, Vulcānus, Apollō, Diāna, Neptūnus, Mercurius, Cerēs, Vesta.

Juppiter vocātur "pater hominum deōrumque." Nātus erat in

Crētā ūnā cum sorōre, Jūnōne, fīlius Sāturnī et Opis. Sāturnus, ā Gigantibus captus, ā fīliō suō līberātus est. At Jovī īnsidiātus est; quā ex rē ex rēgnō suō in Italiam ā fīliō expulsus est. Post hoc, imperium mundī Juppiter cum frātribus Neptūnō et Plūtōne dīvīsit: ipse rēgnum caelī et terrārum, Neptūnus maris, Plūtō Īnferōrum recēpit.

Dūxit in mātrimōnium sorōrem suam, Jūnōnem, quae sīc facta est rēgīna deōrum. Tēlum Jovī proprium erat fulmen, quō nocentēs necāvit. Hospitēs sub cūrā ejus erant; quī hospitī suō nocuerat fulmine Jovis percussus est, quod hospitem laedere erat nefās.

Jūnō, ut suprā dīximus, frātrī suō nūpserat. Erat igitur et soror et uxor Jovis. Quia rēgīna deōrum erat, rēgna et dīvitiās hominibus dare poterat. Erat quoque dea mātrimōniī et partūs, quam invocābant parturientēs mulierēs. Fīliī Jovis Jūnōnisque erant Vulcānus, deus ignis et fabrōrum, et Mārs, deus bellī. Vulcānus, propter speciem dēformem suam, ā parentibus ex caelō jactus erat. Claudus curvātusque uxōrem habuit Venerem, amōris formaeque deam. Erat faber deōrum, quibus arma fēcit. Ut fābulātus est Homērus, arma quoque Achillī, hērōī Graecō,

fēcit; ut Vergilius, arma Aenēae ab eōdem facta sunt. Mārs, Vulcānī frāter, erat deus bellī. Ut fābulantur scrīptōrēs Rōmānī, duōs fīliōs, Rōmulum et Remum, generāvit.

Sed Juppiter aliōs nātōs aliīs ex fēminīs generāvit; exemplī grātiā, ex Alcmēnā, Herculem; ex Lātōnā, Apollinem et Diānam; ex Majā, Mercurium; ex Semelē, Bacchum, deum vīnī; ex Cerere, deā agricultūrae, Prōserpinam.

Sententiae

The new structure in Unit 1 is the deponent verb. Although it has the {*-tur*} and {*-ntur*} endings, it is not passive. Identify all deponent verbs in these twenty sentences.

1. Quī dat beneficia deōs imitātur. Seneca
2. Nōn nōbīs sōlum nātī sumus. Cicero
   Sōlum is the accusative singular form of the adjective, used adverbially to mean "only, alone."
3. Homō totiēns moritur quotiēns āmittit suōs. Publilius Syrus
4. Rōma locūta est; causa fīnīta est. Anonymous
5. Homō extrā corpus est suum cum īrāscitur. Publilius Syrus
6. Poēta nāscitur, nōn fit. Anonymous
7. Dormiunt aliquandō lēgēs, numquam moriuntur. Legal
8. In tālī tālēs capiuntur flūmine piscēs. Medieval
9. Poenam morātur improbus, nōn praeterit. Publilius Syrus
10. Mors fugācem persequitur virum. Horace
11. Saepe quod datur exiguum est; quod sequitur ex eō, magnum. Seneca
12. Saepe mōrēs patris imitātur fīlius īnfāns. Medieval
13. In bibliothēcīs loquuntur dēfūnctōrum immortālēs animae. Pliny the Elder (adapted)
14. Rēx numquam moritur. Legal
    This is the same idea as that contained in the English saying, "The King is dead; long live the King!"
15. Bonum quod est supprimitur, numquam exstinguitur. Publilius Syrus
16. Plērīque Deum vōcibus sequuntur, mōribus autem fugiunt. Othlonus
17. Parturiunt montēs; nāscētur rīdiculus mūs. Horace
    This quotation is frequently used to describe ambitious undertakings that yield insignificant results.

18. Deum imitātur quī īgnōscit. Anonymous
19. Honor sequitur fugientem. Motto
20. Ex malīs mōribus bonae lēgēs nātae sunt. Coke
    People who are naturally good need no laws.

Carmina

1. Tōtō vertice quot gerit capillōs
   annōs sī tot habet Ligeja, trīma est.
   Martial

2. The *dōs* was a dowry, the money a woman brought to her marriage. In Martial's time, a divorced wife could reclaim her dowry. In this poem, a man named Aper succeeds in getting rid of his wife without losing her money.

   Dōtātae uxōrī cor harundine fīxit acūtā
   (sed dum lūdit) Aper. Lūdere nōvit Aper.
   Martial

3. This poem is similar to Reading 3 in *Latin: Level One* (*Nūper erat medicus . . .*).

   Oplomachus nunc es; fuerās ophthalmicus ante.
   Fēcistī medicus quod facis oplomachus.
   Martial

4. Dum dōnās, Macer, ānulōs puellīs
   dēsī'stī, Macer, ānulōs habēre.
   Martial

Macer belonged to the equestrian order whose members were permitted to wear rings. This privilege was called the *Jūs Ānulōrum*. But because of the expense he had incurred in giving rings to young ladies, Macer no longer had the financial resources necessary to remain in this order and so had been removed from it by the censor.

Īnscrīptiōnēs

Not all Latin has come down to us in manuscripts. There is also a large amount of inscriptional material, that is, writing carved in stone, etched in metal, scratched on walls, or preserved in some other way in a durable material.

Those who visit Italy, France, Germany, Spain, England, and other parts of the former Roman Empire will see such inscriptions everywhere, dating not only from Roman times but from later ages up to and including the present; even in America large cities often have Latin inscriptions on their public buildings, monuments, and other structures.

Many of these inscriptions, ancient and modern, are found on tombs. The minimum amount of information inscribed would be merely the name. A slightly longer version might say that the person named was buried in that place, as in the first example below.

1. Lūcius Caesius Secundus hīc est sepultus.

2. Here the person's name is in the genitive.

   Ossa Pollae Valeriae

3. Because it is difficult to carve letters in stone, abbreviations are commonly used. In fact, it is rare that one finds an ancient Roman inscription without abbreviations. The first name of a Roman man was almost never fully spelled out since the first names in common use were few in number and thus familiar to everyone. Some examples are *Mārcus* (abbreviated as *M.*), *Lūcius* (*L.*), *Quīntus* (*Q.*), *Pūblius* (*P.*), *Sextus* (*S.*), and *Titus* (*T.*).

The original form of the first inscription above was therefore:

L. Caesius Secundus hīc est sepultus.

4. The study of Latin epigraphy, as the reading of inscriptions is called, requires a knowledge of these and other abbreviations. Another common one is composed of the letters *H M H N S*. An epigraphist would be able to tell you instantly that they stand for this expression:

Hoc monumentum hērēdem nōn sequētur.

The meaning is that the heir, while inheriting other property of the deceased, specifically does not own the tomb; the dead man retains possession of it forever. This restriction could be abbreviated because it was used so frequently. Apparently the Romans did not always trust their heirs.

5. Often the name of the person who built the tomb is added.

Nūmeniō Zōē fēcit amāns tumulum.

6. Here the profession of the deceased is included.

Mārcus Fulvius Pontuficiēnsis, medicus oculārius, sibī et suīs fēcit.

Notice that Fulvius built the tomb before his death.

7. Many Romans believed that the soul of the departed became some kind of deity in the afterlife. A large number of inscriptions thus began with *D.M.*, an abbreviation for *Dīs Mānibus*, "To the departed spirit of the dead," or with *D.M.S.*, an abbreviation for *Dīs Mānibus Sacrum*, "Sacred to the departed spirit of the dead." (Since the word *mānēs* has no singular, it may be translated as either "spirit" or "spirits.") An example of this expression occurs in the following inscription, in which the person's age is given as well as his profession.

Dīs Mānibus Gajī Plīniī Valeriānī medicī, quī vīxit annīs vīgintī duōbus (XXII), mēnsibus sex, diēbus quīnque, parentēs.

Because they can be so easily supplied, words like *fēcērunt* and *posuērunt* are frequently omitted, as in the inscription above.

8. In the following inscription the person in the tomb is represented as complaining about the fact that he had to die.

> Dīs Mānibus Sextī Perpennae Firmiī. "Vixī quem ad modum voluī; quā rē mortuus sum, nesciō."

9. In this one, the husband apologizes for the fact that he could not afford a better tomb (*memoriam*).

> Quālem paupertās potuit memoriam dedī. Cupitiae Flōrentīnae conjugī piae et castae Jānuārius Prīmitius marītus.

Ōrātiō Solūta

The literal translation of *Ōrātiō Solūta* is "freed speech." This was the common Latin term for prose, since prose was viewed as writing freed of the rules and constraints that govern poetry.

Our first selection of *Ōrātiō Solūta* is by Isidore of Seville, a learned Spaniard of the seventh century A.D., who wrote an encyclopedia which was of great influence in the Middle Ages. In this excerpt from his encyclopedia, he explains the difference between human law, *jūs*, and divine law, *fās*.

Dē Lēgibus Dīvīnīs et Hūmānīs

Omnēs autem lēgēs aut dīvīnae sunt aut hūmānae. Dīvīnae nātūrā, hūmānae mōribus cōnstant; ideōque haec discrepant, quoniam aliae aliīs gentibus placent. Fās lēx dīvīna est; jūs lēx hūmāna. Trānsīre per aliēnum fās est; jūs nōn est.

Lūsūs

Riddles have been popular among many nations. You may recall the story of Samson, who asked the Philistines this riddle:

> Out of the eater came forth food, and out of the strong came forth sweetness.

(For the answer, see Judges 14:5-18.) The Queen of Sheba asked Solomon riddles during their famous meeting, described in I Kings 10:1-3.

An otherwise unknown author named Symphosius, of perhaps the fourth century A.D., wrote a book of one hundred riddles. A number of these appear throughout *Lēctiōnēs Secundae,* beginning with this Unit. The answers are to be chosen from the labeled pictures that follow each group of riddles.

1. Mordeo mordentēs, ultrō nōn mordeo quemquam,
   sed sunt mordentem multī mordēre parātī:
   nēmo timet morsum, dentēs quia nōn habeo ūllōs.
   Respōnsum est ______.
2. Nox ego sum faciē, sed nōn sum nigra colōre
   inque diē mediā tenebrās tamen affero mēcum,
   nec mihi dant stēllae lūmen nec Cynthia lūcem.
   Respōnsum est ______.
3. Est domus in terrīs, clārā quae vōce resultat.
   Ipsa domus resonat, tacitus sed nōn sonat hospes.
   Ambo tamen currunt, hospes simul et domus ūnā.
   Respōnsum est ______.

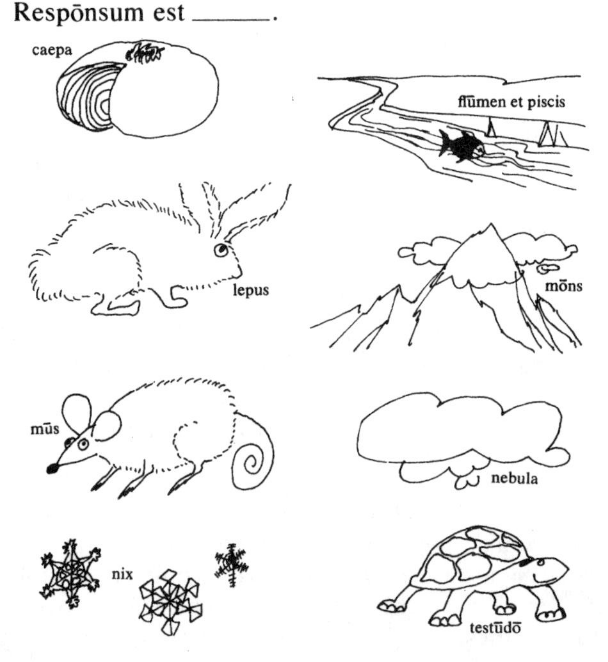

In the next two *lūsūs*, notice that the shape of the words reinforces their meaning. What is the shape and what is its significance?

4.

```
      V
      I
  O M N I A
      C
      Ē
      S
```

5.

```
        P
        I
        E
  V I R T Ū T E
        Ā
        T
        E
```

Index Verbōrum

aliquandō: aliquō tempore; nōn numquam, interdum
ambō, ambae, ambō: duo sed conjūnctī
anima-ae, f: spīritus
ānulus-ī, m: circulus ferreus, argenteus, aureus, quī in digitō pōnitur ad ōrnāmentum
bibliothēca-ae, f: locus ubī librī repōnuntur
caepa-ae, f: *onion*
claudus-a-um: quī male ambulat
cōnstō, cōnstāre, cōnstitī, cōnstātus: exsistō, sum, stō
cor, cordis, n: membrum hominum animāliumque quod sanguinem ex vēnīs excipit et per corpus iterum pellit
Cynthia-ae, f: Diāna, lūnae dea, lūna
dēfūnctus-a-um: mortuus
dēsinō, dēsinere, dēsiī, dēsitus: fīnem faciō, cessō
discrepō-āre-āvī: dissimilis sum
dīvidō, dīvidere, dīvīsī, dīvīsus: in partēs sēparō
dōtō-āre-āvī-ātus: dōtem dō; "dōs" est pecūnia data ad mātrimōnium
faber, fabrī, m: homō quī rēs ex metallō vel aliā māteriā manū facit
fābulātur (verbum dēpōnēns): nārrat rēs, fābulam nārrat
fugāx (gen, fugācis): quī fugit; īgnāvus
fulmen, fulminis, n: ignis ex caelō
gignō, gignere, genuī, genitus: pariō, prōcreō, generō

Juppiter, Jovis, m: deus maximus Rōmānōrum
mēnsis, mēnsis, m: trīgintā (XXX) vel trīgintā et ūnus diēs
mōns, montis, m: *mountain, cliff*
morātur (verbum dēpōnēns): sē dētinet
mundus-ī, m: terra cum marī caelōque
nebula-ae, f: *cloud*
nefās (aliae formae dēsunt): quod contrā lēgem dīvīnam est; factum pessimum
nix, nivis, f: *snow*
oculārius-a-um: medicus *oculārius* est ophthalmicus, quī oculōs cūrat
ophthalmicus-ī, m: medicus quī oculōs cūrat; medicus oculārius
oplomachus-ī, m: gladiātor
os, ossis, n: pars solida corporis quae nōn cremātur
parturiō, parturīre, parturīvī: gignō
partus-ūs, m: āctus quō māter nātōs in lūcem prōdūcit
pietās, pietātis, f: virtūs quā parentēs, patriam, deōs colimus
pius-a-um: quī parentēs, patriam, deōs colit; bonus
plērīque, plēraeque, plēraque: multī, major pars
praetereō, praeterīre, praeteriī: effugiō
quoniam: quod, quia
resultō-āre-āvī: iterum saliō; locus quī "resultat" sonum reddit; resonō
sepeliō, sepelīre, sepelīvī, sepultus: (corpus mortuum) in terrā pōnō
simul: eōdem tempore
testūdō, testūdinis, m: *tortoise*
trīmus-a-um: trium annōrum
tumulus-ī, m: sepulchrum; parvis collis
ultrō: praeter hoc
ūnā: simul, pariter
vertex, verticis, m: caput

UNIT 2

Fābella

Orīgō Deōrum

Fābulantur scrīptōrēs Mercurium fīlium Jovis Majaeque esse. Erat nūntius deōrum sed hominēs quoque adjuvābat. Colēbātur ā viātōribus, fūribus, mercātōribus. Ubī iter fēcit, nōn ambulābat vel currēbat sed caelō volābat, avis modō. Fīxae pedibus ejus erant ālae. Animās mortuōrum in rēgnum Īnferōrum dūcēbat. Ferēbat baculum vel scēptrum serpentibus ōrnātum, quod "cādūceus" nōminātur.

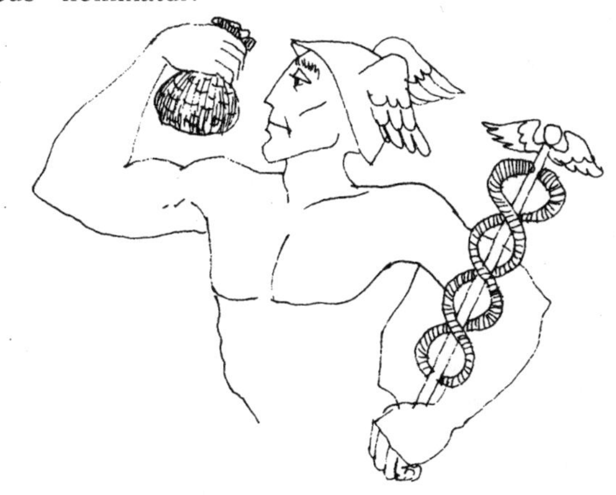

Minerva erat dea artium litterārumque. Dīxērunt poētae eam ex capite Jovis nātam esse. Hāc fābulā ostendere volēbant artēs nōn ab hominibus sed ex fonte dīvīnō venīre. Erat illa oleī et lānificiī inventrīx et artis bellī.

Vesta, fīlia Sāturnī, ex Ope nāta est. Erat dea domūs et ignis domesticī. Eī serviēbant virginēs, quae "Vestālēs" vocābantur, quārum officium erat aeternum ignem in templō custōdīre.

Ergō ex Sāturnō et Ope nātī sunt sex dī: Jūnō, Juppiter, Neptūnus, Plūtō, Vesta, Cerēs. Juppiter ipse genuit quīnque deōs: Apollinem et Diānam ex Lātōnā, Mārtem et Vulcānum ex Jūnōne, ex Majā Mercurium.

Aliī Venerem fīliam Diēī et Caelī esse, aliī nātam ex spūmā maris dīxērunt.

Apollō et Diāna, soror ejus, nātī sunt ex Lātōnā in īnsulā Dēlō. Illa dea silvārum fuit; sīgnum hujus potentiae erat arcus quem saepe ferēbat. Virgō dea erat; hominēs, amōrem, mātrimōnium fūgerat et in silvīs dēnsīs habitābat cum paucīs aliīs virginibus. Erat quoque et "Lūna" et "Prōserpina." Vocābātur igitur "tergemina"; hoc est, erat in caelō Lūna, in terrīs Diāna, in rēgnīs Īnferōrum Prōserpina. In *Lēctiōnibus Prīmīs* inventum est hoc carmen:

> Terret, lūstrat, agit Prōserpina, Lūna, Diāna
> īma, suprēma, ferās scēptrō, fulgōre, sagittā.

Apollō autem est quoque Sōl vel Phoebus. Docuit hominēs artēs medicīnae et carminum. Sacra eī erant multa ōracula, praecipuē Delphīs. Huic laurus arbor maximē cāra fuit, et pingitur saepe cum corōnā laureā.

Fuērunt igitur sex deae potentēs: Jūnō, rēgīna deōrum; Minerva, dea sapientiae et inventrīx artium; Venus, dea amōris et formae; Diāna Tergemina, quae silvās, lūnam, mortuōs cūrābat; Cerēs, dea frūgum et agrīcultūrae; Vesta, quae domum et ignem sacrum colēbat. Ex hīs, trēs virginēs quae numquam nūpsērunt: Minerva, Diāna, Vesta.

Erant quoque sex dī quī in Monte Olympō sēdēs habēbant: Juppiter, quī deōs hominēsque regēbat; Neptūnus, rēx maris; Mercurius, nūntius deōrum; Mārs, bellī deus; Vulcānus, faber deōrum; Apollō, deus sōlis. Plūtō autem nōn in Monte Olympō sed in rēgnō Īnferōrum manēbat.

Sententiae

The most important new structure in Unit 2 is indirect statement, whose symbols are {*VS -m -re*}. Which of the following *sententiae* contain the {*VS -m -re*} pattern?

1. Saepe solet similis fīlius esse patrī. Medieval
2. "Omnēs" inquit Alexander "jūrant esse mē Jovis fīlium, sed vulnus hoc hominem mē esse clāmat." Seneca
3. Amāns semper quod timet esse putat. Ovid
4. Ūnam virtūtem mīlle vitia comitantur. Burton
5. Nūlla fidēs pietāsque virīs quī castra sequuntur. Lucan
   The poet here is speaking about mercenary (hired) soldiers.
6. Nēmō doctus umquam . . . mūtātiōnem cōnsiliī incōnstantiam dīxit esse. Cicero
7. Aegrōtātō dum anima est, spēs esse dīcitur. Cicero
8. Quisquis amat luscam, luscam putat esse venustam. Anonymous
9. Stultam fert mentem quī sē dīcit sapientem. Medieval
   "Fert" hāc in sententiā sīgnificat "dēmōnstrat," "ostendit."
10. Īrātus, cum ad sē rediit, sibī tum īrāscitur. Publilius Syrus

Carmina

1. Malaria was a serious health hazard in the Mediterranean area until recent times. The disease causes periodic fever and chills; during the fever the patient sweats (*sūdat*) copiously.

Dēclāmās in febre, Marōn: hanc esse phrenēsin
  sī nescīs, nōn es sānus, amīce Marōn.
Dēclāmās aeger, dēclāmās hēmitritaeus;
  sī sūdāre aliter nōn potes, est ratiō.
"Magna tamen rēs est." Errās. Cum vīscera febris
  exūrit, rēs est magna tacēre, Marōn.

Martial

In line 1, *phrenēsin* is the accusative case of a Greek form.

In line 2, *hēmitritaeus* is a technical term ("semi-tertian" in English) for a person afflicted with the type of malaria producing not only a daily attack but also a stronger attack every other day.

2. Hērēdem tibi mē, Catulle, dīcis.
   Nōn crēdam, nisi lēgerō, Catulle.
   Martial

3. The actions of the gods toward man are hard to understand.

   Marmoreō Licinus tumulō jacet, at Cato nūllō,
   Pompejus parvō. Crēdimus esse deōs?
   Varro

Licinus was a former slave of Augustus and a barber who became extremely wealthy. Cato was the well known defender of ancient morals and the republic, who died, defeated by Caesar in Africa, at Utica in 46 B.C. Pompey, a member of the first triumvirate with Caesar and Crassus, led the senatorial faction against Caesar. He was killed in Egypt in 48 B.C.

4. Here is an anonymous reply to the poem above.

   Saxa premunt Licinum, levat altum fāma Catōnem,
   Pompejum titulī. Crēdimus esse deōs.
   Anonymous

5. The name Dionysius Cato is attached to a collection of moral sayings apparently written in the third century A.D. and much used in the Middle Ages as a school text. Some are one-line sayings called "monostichs." Others, like the following example, are two-line poems called "distichs."

   Virtūtem prīmam esse putō compescere linguam:
   proximus ille deō est quī scit ratiōne tacēre.

Īnscrīptiōnēs

1. Many of the more interesting grave inscriptions are written in verse. Several are on the level of the "poetry" in contemporary greeting cards. Many phrases occur again and again, but this

very repetition makes useful material for learning. Here the common *D.M.* heading is followed by two lines of poetry praising the deceased, and then a brief statement giving his age. *Hīc jacet* ("Here lies") is a common phrase on tombs.

Dīs Mānibus

Hīc jacet Helpidius fātīs extīnctus inīquīs,
ēgregius juvenis, caūsārum ōrātor honestus.

Quī vīxit annīs trīgintā (XXX).

2. An apology for putting up a small tomb.

Prō paupertāte haec summō tibi tempore, conjūnx,
  ut potuī, meritīs parvula dōna dedī.

In versū prīmō, "summō tempore" sīgnificat "diē mortis."

3. The thought is frequently expressed that cruel Fate kidnaps the young and beautiful.

Atrōx Ō Fortūna, trucī quae fūnere gaudēs,
  quid mihi tam subitō Maximus ēripitur?
Quī modo jūcundus gremiō superesse solēbat.
  hic lapis in tumulō nunc jacet ecce miser.

Gajus Jūlius Spūriī fīlius Maximus vīxit annīs II, mēnsibus V.

In line 2, *quid* is an accusative singular used adverbially to mean, "Why?" "What for?"

Lūsūs

As you have seen in the programmed text for this Unit, poetry has both form and meaning. A poet uses devices such as rhyme, alliteration, and word order in order to have the form reinforce his meaning. In many word games, however, the chief appeal is in the form alone; such word games (like the ones in this Unit) are essentially frivolous, and usually have no significant message at either the plain or poetical level.

The *lūsūs* below are both "palindromes," a kind of word game you may remember from *Lēctiōnēs Prīmae*. Many of these will not work if the difference between long and short vowels is observed. For ease in reading at least one way, however, we have marked the macrons for the reading from left to right; they should be ignored in reading back from right to left.

1. Ōdō tenet mūlum, madidam mappam tenet Anna.

The above line is unusual because all the words are reciprocal: that is, each one reads the same backwards and forwards. Notice that the form is everything; the words have no significance.

2. Here is the motto of a lawyer:

   Sī nummī, immūnis.

Index Verbōrum

aegrōtātus-a-um: aeger
āla-ae, f: membrum quō avis volat
atrōx (gen, atrōcis): crūdēlis
baculus-ī, m (vel baculum-ī, n): īnstrūmentum quō senēs vel aegrī sē adjuvant cum ambulant; est quoque sīgnum ducis
cādūceus-ī, m: baculus proprius Mercuriō

cādūceus

cārus-a-um: amātus
castra-ōrum, n: locus ubī manent mīlitēs
comitātur (verbum dēpōnēns): sequitur
compescō, comprescere, compescuī: teneō, reprimō, comprimō

dēclāmō-āre-āvī-ātus: recitō, altā vōce legō
ēgregius-a-um: bene nōtus, clārus
extīnctus-a-um: necātus, mortuus
exūrō, exūrere, exussī, exustus: cremō
faber, fabrī, m: quī artem metallī facit; Anglicē, *smith, worker*
frūx, frūgis, f: incrēmentum terrae, ut frūmentum, pōma, pīra, et hujus generis
fūnus, fūneris, n: mors
gaudeō, gaudēre: laetus sum
gremium-ī, n: pars corporis ubī fēmina īnfantem tenet
hēmitritaeus-a-um: febrem omnī diē patiēns
immūnis-e: tūtus; sine perīc'lō
inīquus-a-um: injūstus
jūrō-āre-āvī-ātus: cōnfirmō; Anglicē, *swear, affirm*
lānificium-ī, n: *manufacture of wool*
madidus-a-um: quī aquam habet; hūmidus, aquōsus
mappa-ae, f: *napkin*
marmoreus-a-um: ex marmore, quod est lapis, factus
meritum-ī, n: quod dēbitum est
mīlle: numerus magnus, deciēns centum; et saepe scrībitur *M*
modus-ī, m: mōs
nesciō, nescīre, nescīvī, nescītus: nōn sciō
nummus-ī, m: pecūnia sīgnāta

nummus

nūntius-ī, m: quī novās rēs nārrat
oleum-ī, n: liquor arboris olīvae
ostendō, ostendere, ostendī, ostēnsus: dēmōnstrō
phrenēsis-is, f: furor, īnsānia
putō-āre-āvī-ātus: cōgitō
spūma-ae, f: agitāta aqua; Anglicē, *foam*
tergeminus-a-um: nātus ūnō partū cum duōbus frātribus vel sorōribus

ıulō scrīptum est; glōria, fāma

glicē, *ever*
ırmōsus
ıter facit
ıı: membra interiōra hominis vel animālis;

ı: piscēs natant, hominēs ambulant vel currunt; avēs
ıem *volant*
ınus, vulneris, n: apertūra in corpore aut ex ictū aut ex morsū

UNIT 3

Fābella

The Latin poet Ovid (born 43 B.C., died A.D. 17) wrote a long poem called the *Metamorphoses,* composed of myths beginning with the creation of the earth and ending with the deification of Julius Caesar. The title of the poem means "changes" and refers to the stories that Ovid relates about wonderful transformations of people into spiders, rocks, fountains, trees, and other nonhuman forms.

It is important to know that Ovid did not take the Greek and Roman myths seriously. This is apparent in the story below about two gods who decide to take a trip to earth disguised as men. They receive a poor welcome indeed until at long last an old couple living in a humble cottage invite them in and give them the best they have to offer. Their dinner, though simple, is a parody of a Roman banquet, with the important guests, the nervous host, and all the rest. The story, continuing into Unit 4, then describes a wild scramble to catch the goose—who has decided not to be part of the dinner.

This story presents a charming picture of a couple who have grown old together and who do not wish to be separated even by death. After the many Roman authors who write about women as a terrible problem, Ovid's attitude is a refreshing change. In contrast to numerous other Latin writers who harp on themes like "After all, who gave Adam the apple?", Ovid treats women with great sympathy and understanding.

The story you will read in this Unit and the next is a prose version based on Ovid's poetry but simplified by the use of familiar words and structures. Occasionally the story includes the actual lines from Ovid; as you learn more Latin, you will be able to read more of the original.

Philēmōn et Baucis

Poētae Graecī Rōmānīque dē dīs multa fābulābantur. Quod sequitur bene nōtum est.

Ōlim Juppiter et Mercurius sē in hominum formam vertērunt et in terrā iter fēcērunt. Sed inimīcī erant incolae hujus regiōnis. Multās ad domūs adiērunt, quārum jānuae omnēs clausae sunt. "Hospitēs nōn volumus; intrā domum vōs nōn accipiēmus," audīvērunt hī dī quī speciem mortālem ferēbant. Tandem ūna domus eōs recēpit, parva quidem, humilis, rāmīs herbīsque aedificāta. Uxor pia anus Baucis fuit, aequālīque aetāte vir Philēmōn. Jūnctī mātrimōniō paupertātem suam aequā mente patiēbantur. Ut dīxit Ovidius:

> Tōta domus duo sunt; īdem pārentque jubentque.

Ergō, ubī dī submissō capite humilem domum intrāvērunt, senex eōs sua membra positā sēde relevāre jussit. Deinde Baucis ex focō cinerem tepidum remōvit et animā foliīsque ignem suscitāvit et rāmīs lignīsque nūtrīvit. Intereā marītus senex carnem secāvit et sectam aquā ferventī coquēbat. Ut ait Ovidius:

> Accubuēre deī. Mēnsam succinta tremēnsque
> pōnit anus, mēnsae sed erat pēs tertius impār;
> testa parem fēcit.

Hospitibus pōnuntur olīvae rādīcēsque et cāseus ōvaque leviter in igne tepidō versāta, atque omnia in vāsibus terrēnīs. Post haec appōnitur crātēr ex eādem terrā factus et pōcula lignea.

Parva mora est: et focus mīsit cibum calidum. Vīnum novum referunt senēs, quod posteā dat locum mēnsīs secundīs.[1] Nunc nucēs et māla et purpureae ūvae. Candidum in mediō mel erat;

[1] *mēnsīs secundīs*: second course, dessert

super omnia bonī fulgēbant vultūs et voluntās neque īgnāva nec pauper. Sed ecce! Rēs mīrābilis! Ut vīnum bibitur, crātēr semper plēnus manet. Versibus Ovidiī:

> Intereā totiēns haustum crātēra[1] replērī
> sponte suā per sēque vident succrēscere vīna.

Reī novitāte timēbant manibusque supplicibus precārī coepērunt Baucis et timidus Philēmōn, et veniam cēnae atque parvō apparātuī petēbant.

(Altera pars sequētur.)

Sententiae

The structure introduced in Unit 3 is the passive infinitive. Forms like *amārī* and *tenērī* are easy to recognize from their similarity to *amāre* and *tenēre*. The difficult forms are those of the *third* conjugation, like *capī* and *vincī*. Identify the passive (and deponent) infinitives in these *sententiae*.

1. Voluptātem maeror sequitur. Anonymous
2. Lēx ūniversa est quae jubet nāscī et morī. Anonymous
3. Vēritās enim laborāre potest, vincī nōn potest. St. Jerome
4. Satis est beātus, quī potest cum vult morī. Publilius Syrus
5. Aliae nātiōnēs servitūtem patī possunt; populī Rōmānī est propria lībertās. Cicero
6. Dīcīque beātus
   ante obitum nēmō suprēmaque fūnera dēbet.
   Ovid
7. Numquam est ille miser cui facile est morī. Seneca
8. Stultitia est timōre mortis morī. Seneca
9. Ars prīma rēgnī est posse invidiam patī. Seneca
10. Vēritās mūtārī nūllō modō potest. Anonymous
11. Aut vincere aut morī. Anonymous
12. Ait omnia pecūniā efficī posse. Cicero
13. Nescit vōx missa revertī. Horace

[1] "crātēra" est cāsūs accūsātīvī, et est forma Graeca.

14. Dīves quī fierī vult
et cito vult fierī.
Juvenal

Fīerī (and the variant *fierī*) is the infinitive of the irregular verb *fīō*, "become," "be made."

15. Ei mihi! Difficile est imitārī gaudia falsa!
Difficile est trīstī fingere mente jocum.
Tibullus

16. Nēmō dēbet bis vexārī prō ūnā et eādem causā. Legal
17. Quī nescit tacēre nescit et loquī. Anonymous
18. In quattuor partēs honestum dīvidī solet: prūdentiam, jūstitiam, fortitūdinem, et temperantiam. Cicero
19. Flectī potest, frangī nōn potest. Motto
20. Quam miserum est mortem cupere nec posse ēmorī! Publilius Syrus

Carmina

1. Gellia is a fraud.

Āmissum nōn flet cum sōla est Gellia patrem;
sī quis adest, jussae prōsiliunt lacrimae.
Nōn lūget quisquis laudārī, Gellia, quaerit;
ille dolet vērē quī sine teste dolet.
Martial

2. Goodbye to an old (that is, former) girlfriend: Lycoris.

Fēmina praeferrī potuit tibi nūlla, Lycōrī;
praeferrī Glycerae fēmina nūlla potest.
Haec erit hoc quod tū; tū nōn potes esse quod haec est.
Tempora quid faciunt! Hanc volo; tē voluī.
Martial

Prīmō in versū, "Lycōrī" est cāsūs vōcātīvī.

Īnscrīptiōnēs

1. Artis grammaticēs doctor mōrumque magister
Blaesianus Biturīx, Mūsārum semper amātor,
hīc jacet aeternō dēvinctus membra sopōre.

In line 1, *grammaticēs* is a Greek form in the genitive case. In line 3, *dēvinctus membra* means "bound as far as his limbs go"; the past passive participle in poetry often takes an accusative, as shown here.

2. It is natural to say complimentary things about the person buried in the tomb. Some form of the phrase *bene merēre*, "to be well deserving," was commonly found, as in this example:

> Dīs Mānibus. Jūliae Fēlīculae conjugī bene merentī, ejusdem fīliō Neptūnālī pater fēcit Evaristus pūblicus.

The word *pūblicus* stands for *pūblicus servus*.

Ōrātiō Solūta

Dē Differentiā Stēllārum, Sīderum, et Astrōrum

"Stēllae" et "sīdera" et "astra" inter sē differunt. Nam "stēlla" est quaelibet singulāris; "sīdera" vērō sunt stēllīs plūrimīs facta, ut Hyadēs, Plejadēs; "astra" autem stēllae grandēs, ut Orīōn, Boōtēs. Sed haec nōmina scrīptōrēs cōnfundunt, et astra prō stēllīs et stēllās prō sīderibus pōnunt.[1]

Dē Lūmine Stēllārum

Stēllae nōn habēre proprium lūmen sed ā sōle[2] illūminārī dīcuntur, sīcut et lūna.

Dē Stēllārum Sitū

Stēllae immōbilēs sunt et cum caelō fīxae perpetuō mōtū feruntur;[3] neque cadunt per diem, sed sōlis splendōre obscūrantur.

Isidore of Seville

[1]Typical of many grammarians, who make up a "rule" about language and then complain when no one observes it.
[2]The writer regards the sun as a personal noun.
[3]The ancient view was that the stars were fixed in a heavenly bowl; hence they are called *immōbilēs* and *fīxae*. They explained the apparent motion of the stars by the idea that the heavenly sphere itself turns. However, they did observe that the planets (a name which means "wanderer") were not fixed but moved about.

Lūsūs

In this and subsequent Units, choose the answers to the Symphosius riddles from the pictures that follow.

1. Per tōtās aedēs innoxius introit ignis.
   Est calor in mediō magnus quem nēmo verētur.
   Nōn est nūda domus sed nūdus convenit hospes.
   Respōnsum est ______.
2. Inter lūciferum caelum terrāsque jacentēs
   āera per medium[1] doctā meat arte viātor;
   sēmita sed brevis est, pedibus nec sufficit ipsīs.
   Respōnsum est ______.
3. Sponte meā veniēns variās ostendo figūrās;
   fingo metūs vānōs nūllō discrīmine vērī.
   Sed mē nēmo videt, nisi quī sua lūmina claudit.
   Respōnsum est ______.

[1]*āera per medium*: through the middle of the air

Index Verbōrum

accumbō, accumbere, accubuī: mē ad cēnam pōnō, mōre Rōmānō
aedēs, aedis, f: (numerō singulārī) templum; (numerō plūrālī) aedificium
āēr, āeris, m (vōx Graeca; "āera" est cāsūs accūsātīvī): *air*
avis, avis, f: animal quod volat
balneum-ī, n: *baths*
carō, carnis, f: mollis pars corporis; *carnem* edunt et hominēs et multa animālia
cāseus-ī, m: cibus ex lacte factus
claudō, claudere, clausī, clausus: oppōnitur "aperiō"
conveniō, convenīre, convēnī, conventus: similī modō cum aliquō sentiō; bonus et aptus sum
coquō, coquere, coxī, coctus: cook
crātēr, crātēris, m (variant *crātēra-ae,* f): Anglicē, *mixing bowl; crater of volcano*
discrīmen, discrīminis, n: dīvīsiō, sēparātiō
fingō, fingere, fīnxī, fictus: efficiō; formō arte manūs aut mentis
flectō, flectere, flexī, flexus: vertō; curvō
focus-ī, m: locus ubī ignis colitur
fornāx, fornācis, m: *furnace*
gaudium-ī, n: fēlīcitās
grammaticē, grammaticēs, f (vōx Graeca): studium linguae
hauriō, haurīre, hausī, haustus: ēdūcō; bibō
humilis-e: oppōnitur "altus" vel "superbus"; vīlis
incola-ae, m&f: quī terram quandam colunt *incolae* hujus regiōnis sunt
inimīcus-a-um: nōn amīcus
innoxius-a-um: quī nōn nocet; innocēns
intereā: inter hās rēs; eōdem tempore
invidia-ae, f: *envy*
jānua-ae, f: apertūra domūs per quam intrāmus
ligneus-a-um: ex māteriā arboris factus
lūcifer, lūcifera, lūciferum: quī lūmen dat
lūgeō, lūgēre, lūxī: dolōrem dēmōnstrō; doleō
maeror, maerōris, m: dolor
mālum-ī, n: pōmum; frūctus arborum
mēnsa-ae, f: īnstrūmentum ubī pōnitur cibus; solet trēs aut quattuor pedēs habēre

meō-āre-āvī: eō
mora-ae, f: tarditās
Mūsa-ae, f: dea minor quae artēs cūrat, ut carmina, mūsicam, et hujus generis
nauta-ae, m: quī in nāve labōrat
obitus-ūs, m: mors
ōlim: tempore quōdam
pāreō, pārēre, pāruī: imperāta faciō, serviō; Anglicē, *obey*
plūrimus-a-um: permultus
pōculum-ī, n: īnstrūmentum ex quō liquōrem bibimus

pōculum

praeferō, praeferre, praetulī, praelātus: antepōnō; magis volō
quīlibet, quaelibet, quodlibet: omnis quem vīs
relevō-āre-āvī-ātus: pōnō
repleō, replēre, replēvī, replētus: plēnum rursum faciō
revertī (verbum dēpōnēns): redīre; iterum venīre
secō-āre-āvī-ātus: in partēs dīvidō; caedō
sēdēs, sēdis, f: locus ubī sedēmus
sēmita-ae, f: via parva aut angusta
situs-ūs, m: positiō
sopor, sopōris, m: somnus; hīc, mors
speculum-ī, n: īnstrūmentum in quō nostram imāginem vidēmus
sponte (cāsū ablātīvō): voluntāte, ultrō
succingō, succingere, succīnxī, succīnctus: *tuck up one's clothes in order to walk, run, or work*
sufficiō, sufficere, suffēcī, suffectus: satis sum
superō-āre-āvī-ātus: vincō
supplex (gen, supplicis): ōrāns, precāns, humilis
suprēmus-a-um: ultimus
temperantia-ae, f: modus
tepidus-a-um: quī inter calōrem et frīgiditātem est
terrēnus-a-um: ex terrā factus
testa-ae, f: urna, vās; hīc, pars urnae frāctae
testis, testis, m&f: quī testimōnium dīcit, sīve prō jūdice sīve aliō in locō
venia-ae, f: *pardon, forgiveness*
vexō-āre-āvī-ātus: irrītō
viātor, viātōris, m: quī iter facit

UNIT 4

Fābella

Philēmōn et Baucis (Secunda Pars)

Ovidius:

> Ūnicus ānser erat, minimae custōdia vīllae,
> quem dīs hospitibus dominī mactāre parābant;
> ille celer pennā tardōs aetāte fatīgat
> ēlūditque diū tandemque est vīsus ad ipsōs
> cōnfūgisse[1] deōs; superī vetuēre necārī.

"Dī sumus" inquit Juppiter "et vīcīnī vestrī poenās meritās dabunt; vōs autem immūnēs hōc malō eritis. Volumus modo vōs vestram casam relinquere ac nostrōs gradūs comitārī et in montēs altōs īre simul." Pāruēre senex anusque et baculīs levātī montem vīcīnum ascendēre. Ovidius:

> Tantum aberant summō quantum semel īre sagitta
> missa potest: flexēre oculōs et mersa palūde
> cētera prōspiciunt, tantum sua tēcta manēre.
> Dumque ea mīrantur, dum dēflent fāta suōrum,
> illa vetus dominīs etiam casa parva duōbus
> vertitur in templum.

Splendēbat tēctum aureum; terra circum templum marmorea jam erat. "Quid" quaesīvit Juppiter "vōbīs vultis, jūste senex et Ō fēmina conjugī tuō similis?" Ovidius:

[1]*cōnfūgisse*: perfective infinitive, "to have fled"

Cum Baucide pauca locūtus,
jūdicium superīs aperit commūne Philēmōn:
"Esse sacerdōtēs dēlūbraque vestra tuērī
poscimus, et quoniam concordēs ēgimus annōs,
auferat hōra duōs eadem nec conjugis umquam
busta meae videam neu sim tumulandus[1] ab illā."
Vōta fidēs sequitur:[2] templī tūtēla fuēre,
dōnec vīta data est. Annīs aevōque solūtī
ante gradūs sacrōs cum stārent[3] forte locīque
nārrārent[4] cāsūs, frondēre Philēmona[5] Baucis,
Baucida[6] cōnspexit senior frondēre Philēmōn.

Ambō in arborēs mūtābantur. Mūtua dum potuērunt, reddēbant dicta: "Valē, Ō conjūnx" dīxēre simul, simul ōra arbor clausit. Stant hodiē duo vīcīnī truncī. Dē rāmīs pendent corōnae flōrum, ab incolīs in memōriam positae, quī dīcunt, "Cūrent dī piōs, et quī coluēre colantur."

Sententiae

The new structure in Unit 4 is the {*-ā-*} form of the verb. Note the difference in meaning between the indicative (fact) and the subjunctive (wish, obligation, necessity). Which of the verb forms in these *sententiae* are this new subjunctive form?

1. Dē rē āmissā irreparābilī nē doleās. Anonymous
2. Populus vult dēcipī: dēcipiātur. Anonymous
3. Ōdit vērus amor nec patitur morās. Seneca
4. Āctum . . . nē agās. Terence
5. Spērēmus quae volumus, sed quod acciderit ferāmus. Cicero.
6. Ignem ignī nē addās. Anonymous
7. Palmam quī meruit ferat. Motto of Lord Nelson
8. Stet fortūna domūs. School motto
9. Bibere hūmānum est; ergō bibāmus. Rathskeller at Nuremberg

[1] *neu sim tumulandus*: and may I not have to be buried
[2] Id est, ēventus voluntātī respondet.
[3] Cum stārent = ubī stābant. *Stārent* is a past tense of the subjunctive which you will learn in Unit 8. The conjunction *cum* frequently introduces the subjunctive.
[4] Cum nārrārent = ubī nārrābant. (See note 4, above.)
[5] Philēmona: cāsūs accūsātīvī, et est forma Graeca
[6] Baucida: cāsūs accūsātīvī, et est forma Graeca

10. Ante mortem nē laudēs hominem quemquam. Ecclesiastes
11. Pauper agat cautē. Anonymous
12. Quid faciant lēgēs ubi sōla pecūnia rēgnat,
    aut ubi paupertās vincere nūlla potest?
    Petronius
13. Ūnī nāvī nē committās omnia. Anonymous
14. Sed ācta nē agāmus; reliqua parēmus. Cicero
15. Vīvās! Roman toast to someone's health

Carmina

1. In line 2 below, *negā* is the command form of the verb used in addressing one person.

> Vendunt carmina Gallus et Lupercus.
> Sānōs, Classice, nunc negā poētās.
> Martial

Hoc est, malī poētae sunt Gallus et Lupercus. Sed quīdam, quī ipsī nihil scrībere possunt, haec mala carmina emunt et ea recitant. Gallus et Lupercus, autem, quia carmina mala aliīs vendere possunt, certē sānī sunt—et eī quī eōrum carmina emunt, īnsānī.

2. Esse nihil dīcis quidquid petis, improbe Cinna.
   Sī nīl, Cinna, petis, nīl tibi, Cinna, negō.
   Martial

3. This student song, written in the seventeenth century, is so famous that it should not be omitted from any Latin course. The music that accompanies it today is a German melody of the eighteenth century. *Gaudeāmus Igitur* was traditionally sung at the close of a song fest. The word *igitur* is a sentence connector; its purpose here is to connect this song with all those that have already been sung.

> Gaudeāmus igitur,
> juvenēs dum sumus;
> post jūcundam juventūtem,
> post molestam senectūtem,
> nōs habēbit humus.

Ubī sunt quī ante nōs
in mundō fuēre?
Trānseās ad superōs,
abeās ad īnferōs,
  quōs sī vīs vidēre.

Vīta nostra brevis est,
brevī fīniētur,
venit mors vēlōciter,
rapit nōs atrōciter,
  nēminī parcētur.[1]

Vīvat acadēmia,
vīvant professōrēs,
vīvat membrum quodlibet,
vīvant membra quaelibet;
  semper sint in flōre.

Vīvant omnēs virginēs
facilēs, formōsae,
vīvant et mulierēs,
tenerae, amābilēs,
  bonae, labōriōsae.

Vīvat et rēs pūblica
et quī illam regit,
vīvat nostra cīvitās,
vīvat haec sodālitās,
  quae nōs hūc collēgit.

Alma Māter flōreat,
quae nōs ēducāvit,
cārōs et commīlitōnēs
dissitās in regiōnēs
  sparsōs congregāvit.

[1]*nēminī parcētur*: literally, "sparing will be done to no one"

Here is the music to *Gaudeāmus Igitur*:

Īnscrīptiōnēs

1. Inscribed on many tombs is the wish that the earth rest lightly on the dead.

> Bene sit nōbīs. Jūlia Glycōnis cum fīliō suō. Sit tibi terra levis.

The stone cutter has apparently combined three formulas in one inscription. The first part is in the first person plural, referring to "us," the people buried here. The second is expressed in the third person, and speaks of Julia and *her* son. The last part, in second person, asks for something for "you," one of the people in the tomb.

2. The author of the next epitaph refers to the fact that the name of the dead boy, Narcissus, is also the name of a flower. The narcissus is heliotropic, that is, it faces the sun.

> Quīntum annum et decimum Narcissus flōre juventae
> hōc jacet abreptus conditus in tumulō.
> Quisquis ades, lēctor, fātum miserābile cernis;
> Parcae nam impūbem quem rapuēre mihī.

In the last line, *quem* is used in place of *illum*. The relative pronoun *quī* is sometimes used in a main clause with the meaning of *hic* or *ille*, that is, as a demonstrative pronoun meaning "this" or "that."

3. Requiēscat in pāce.

4. Dum vīvimus, vīvāmus.

Lūsūs

1. Here is a riddle in which the *form* of one of the words must be considered. Note that vowel lengths have not been marked.

Mitto tibi metulas: si vis cognoscere, vertas.

2. This inscription, taken from an old violin, is a kind of *lūsus*.

Arbor vīva tacuī; mortua, canō.

3. A military leader once sought the advice of an oracle before setting out on an expedition. His answer was handed to him in written form and, in the Roman manner, without punctuation. (Presumably it was also written without macrons, but we have added these.) Here it is.

Ībis redībis numquam perībis in armīs.

In his optimism, he read the message as follows:

Ībis, redībis; numquam perībis in armīs.

Returning in defeat and near the point of death, he looked once more at the words of the oracle which he thought had deceived him. Suddenly he realized that he had misread the message by dividing the sentence incorrectly (as shown above by the comma and semicolon). How should the sentence be punctuated to give the correct reading?

Index Verbōrum

aevum-ī, n: senectūs
almus-a-um: quī pāscit

amābilis-e: quī ab omnibus amātur; cārus
ānser, ānseris, m: avis domestica; Anglicē, *goose*
autem: sed, et
bustum-ī, n: tumulus, sepulchrum
casa-ae, f: domus vīlis et rūstica
cēterī-ae-a: omnēs aliī, reliquī
cīvitās, cīvitātis, f: rēs pūblica
colligō, colligere, collēgī, collēctus: in ūnum locum dūcō; congregō
commīlitō, commīlitōnis, m: mīles quī cum aliō servit
committō, committere, comīsī, commissus: crēdō
concors (gen, concordis): quī ejusdem animī est; ūnanimis
condō, condere, condidī, conditus: pōnō; hīc, sepeliō
congregō-āre-āvī-ātus: colligō
dēcipiō, dēcipere, dēcēpī, dēceptus: fallō
dēlūbrum-ī, n: templum; aedēs
dissitus-a-um: dīversus, varius
doleō, dolēre, doluī: dolōrem sentiō
ēducō-āre-āvī-ātus: doceō
ēlūdō, ēlūdere, ēlūsī, ēlūsus: effugiō
fatīgō-āre-āvī-ātus: dēfessum faciō
flectō, flectere, flexī, flexus: vertō
flōreō, flōrēre, flōruī: in flōre sum; crēscō; fēlīx sum
fors (abl, *forte*, no other case): Fortūna
frondeō, frondēre: folia vel frondēs ēmittō
hūc: ad hunc locum
humus-ī, m: terra
impūbēs (gen, impūbis): adulēscēns
irreparābilis-e: quī sine spē frāctus vel āmissus est
juventa-ae, f: juventūs
lēctor, lēctōris, m: quī legit
mactō-āre-āvī-ātus: sacrificō, necō, interficiō, caedō
mergō, mergere, mersī, mersus: in liquōrem immittō
mētula-ae, f: lapis ērēctus circum quem cursōrēs sē vertunt; Anglicē, *pylon, mark around which racers go*
molestus-a-um: difficilis, trīstis
mūtuus-a-um: īdem

palūs, palūdis, f: locus similis lacuī sed ubī
    aqua brevis est
Parcae-ārum, f: Fāta
parcō, parcere, pepercī (cum cāsū datīvō):
    īgnōscō
pāreō, pārēre, pāruī: jussa faciō
reliquus-a-um: quī manet

palūs

sacerdōs, sacerdōtis, m&f: quī dīs servit in templō
sagitta-ae, f: tēlum quod arcū jacitur

sagitta

semel: ūnā vice; Anglicē, *one time, once*
sodālitās, sodālitātis, f: circulus amīcōrum, societās
sparsus-a-um: in dīversās partēs missus
summum-ī, n: apex, culmen
superus-a-um: quī suprā est; superior; dīvīnus; oppōnitur
    "īnferus"
tardus-a-um: lentus; oppōnitur "celer"
tēctum-ī, n: quod aedificium tegit; (numerī plūrālis) domus, casa
tener, tenera, tenerum: mollis; oppōnitur "dūrus"
truncus-ī, m: pars arboris magna
tuērī (verbum dēpōnēns): custōdīre, dēfendere
tūtēla-ae, f: custōdia; custōs
ūnicus-a-um: sōlus, signulāris
vēlōx, (gen, vēlōcis): celer
vetō, vetāre, vetuī, vetitus: prohibeō
vōtum-ī, n: prex, voluntās

UNIT FIVE

Fābella

Jūdicium Paridis

Juppiter, ubī Thetis[1] Pēleō[2] nūpsit, ad cēnam omnēs deōs invocāvit, praeter deam Discordiam. Illa sine invocātiōne vēnit neque ad cēnam admissa est. Īrāta, ab jānuā in medium mīsit mālum aureum. "Quae aliās pulchritūdine vincit, hoc mālum habeat!" exclāmāvit.

Jūnō, Venus, Minerva formam suam laudāvērunt, inter quās magna discordia nāta est. Juppiter imperat Mercuriō ut eās dēdūcat in Īdam montem ad Paridem, fīlium rēgis Trojae, eumque jūdicāre jubeat.

Jūnō Paridī: "Sī mihī mālum dōnāveris, tibī potentiam, rēgna, opēs maximās dabō. Dīves et potēns praeter cēterōs eris."

Et Minerva, "Sī egō victrīx fuerō," inquit "tē fortissimum[3] mortālium faciam. Quoque omnēs artēs per mē nōscēs."

At Venus sē Helenam, formōsissimam[4] omnium mulierum, eī in mātrimōnium dare prōmīsit. Paris hoc dōnum priōribus anteposuit Veneremque pulcherrimam[5] esse jūdicāvit.

Sed Helena jam uxor Menelāī, rēgis Spartae, fuit. Paris autem ad Graeciam nāvigāvit, Helenam rapuit, ad patriam suam tulit, in mātrimōniō habuit. Ex quō factō nātum est bellum Trojānum; Menelāus Graecōs convocat ut uxōrem suam recipiat.

Hōc bellō Venus Trojānōs adjūvit; ōderant autem eōs Jūnō et Minerva propter illud jūdicium Paridis.

Sententiae

Which *sententiae* contain verb forms with the subjunctive signal {*-ā*}? Of these, which are in *subordinate* clauses?

[1]Thetis: nympha marīna, quae Achillem genuit
[2]Pēleus: rēx Thessaliae, pater Achillis
[3]*fortissimum*: bravest
[4]*formōsissimam*: loveliest
[5]*pulcherrimam*: most beautiful

1. Dētur glōria sōlī Deō. Motto
2. Miserum est tacēre cōgī quod cupiās loquī. Publilius Syrus
3. Haec . . . prīma lēx amīcitiae sānciātur, ut ab amīcīs honesta petāmus. Cicero
4. Necesse est ut multōs timeat quem multī timent. Publilius Syrus
5. Edās, bibās ut bene vīvās; nōn vīvās ut tantum edās et bibās. Medieval
6. Sīmia sīmia est, etiam sī aurea gestet īnsīgnia. Anonymous

7. Nisī per tē sapiās, frūstrā sapientem audiās. Publilius Syrus
8. Laetus sum laudārī ā laudātō virō. Cicero
9. Nē tē submergās, cautē prope flūmina pergās. Medieval
10. Sī cuculum doceās, nōn ejus cantica mūtās. Medieval

Carmina

1. The point of this poem depends upon the similarity in sound (but not in meaning) of *Quid agis?* and *quod agās. Quid agis?* was a common Roman greeting, equivalent to our "How are you?" or "What are you doing?" *Quod agās*, on the other hand, is not a question and simply means " . . . which you could do."

Occurris quōcumque locō mihi, Postume, clāmās
  prōtinus et prīma est haec tua vōx, "Quid agis?"
Hoc, sī mē deciēns ūnā convēneris hōrā,
  dīcis. Habēs, puto, tū, Postume, nīl quod agās.
Martial

2. Prīmum est ut praestēs sī quid tē, Cinna, rogābō;
  illud deinde sequēns ut cito, Cinna, negēs.

Dīligo praestantem; nōn ōdī, Cinna, negantem.
Sed tū nec praestās nec cito, Cinna, negās.
Martial

In line 1, *Sī quid tē rogābō* means "If I ask you for anything." *Rogō* takes two accusatives.

3. When a patron gave a dinner for his clients, the patron sometimes dined better than his guests. We do not know what material *murra* was, but it was not transparent like glass and it was expensive.

Nōs bibimus vitrō, tū murrā, Pontice. Quā rē?
Prōdat perspicuus nē duo vīna calix.
Martial

4. Sī bene quid faciās, faciās cito; nam cito factum
grātum erit; ingrātum grātia tarda facit.
Ausonius

This poem depends upon the fact that *grātus* has two meanings, an active one ("causing gratitude" or "pleasing") and a passive one ("filled with pleasure" or "grateful"). In the same way, *grātia* means both a favor done to someone and thankfulness for such a favor.

5. Sī vītam īnspiciās hominum, sī dēnique mōrēs,
cum culpant aliōs: nēmō sine crīmine vīvit.
Dionysius Cato

6. Bibāmus et gaudeāmus dum juvenēs sumus.
Nam tarda senectūs venit;
et post eam, mors;
post mortem, nihil!
Medieval

Old age is called *tarda* because it makes people slow.

7. In Uxōrēs

Rēs uxor gravis est. Poterit tamen ūtilis esse
sī properē moriēns det sua cūncta tibī.
St. Thomas More

St. Thomas More's family life was a happy one, and he gave his daughters an exceptional education. What then can account for this cruel, coarse poem? The answer is that he was translating a Greek epigram, many of which were strongly critical of women.

Īnscrīptiōnēs

Many poets have written epitaphs which were not necessarily intended to be inscribed on a tomb. Here are two examples.

1. Hīc Simonetta jacet, jacet hīc simul omnis Amōrum
   turba, jacent omnēs dēliciae et Venerēs.

   Anonymous

The plurals *Amōrum* and *Venerēs* are used to reflect the fact that Cupid and Venus were worshipped in many forms.

2. Quīntia obiit, sed nōn Quīntia sōla obiit,
   Quīntia obiit, sed cum Quīntiā et ipse obiī;
   rīsus obit, obit grātia, lūsus obit,
   nec mea nunc anima in pectore at in tumulō est.

   Medieval

Gratia in line 3 has the meaning of "grace" or "beauty."

Ōrātiō Solūta

James of Vitry, Bishop of Tusculum in the thirteenth century, made a collection of stories for priests to use in their sermons. However, it is difficult to imagine just what moral point the following story was meant to illustrate.

Dē Arbore in Quā Sē Suspenderant Mulierēs

Dē quōdam aliō audīvī, quī habēbat arborem in hortō suō, in quā duae ejus uxōrēs suspenderant sēmet[1] ipsās. Cui[2] quīdam ejus vīcīnus ait:

"Valdē fortunāta est arbor illa et bonum ōmen habet. Habeō autem uxōrem pessimam; rogō tē, dā[3] mihī ex eā surculum, ut plantem in hortō meō."

[1] *-met*: added to personal pronouns to give emphasis
[2] *cui*: to him
[3] *dā*: command form to one person

Lūsūs

Aenigmata Symphosiī

1. Sunt mihi, sunt lacrimae, sed nōn est causa dolōris.
   Est iter ad caelum, sed mē gravis impedit āēr;
   et quī mē genuit, sine mē nōn nāscitur ipse.
   Respōnsum est _____.

2. Parva mihī domus est, sed jānua semper aperta;
   exiguō sūmptū fūrtīvā vīvo rapīnā;
   quod mihi nōmen inest, Rōmae quoque cōnsul habēbat.
   Respōnsum est _____.

3. Ambo sumus lapidēs, ūnā sumus, ambo jacēmus.
   Quam piger est ūnus, tam nōn est et piger alter;
   hic manet immōtus, nōn dēsinit ille movērī.
   Respōnsum est _____.

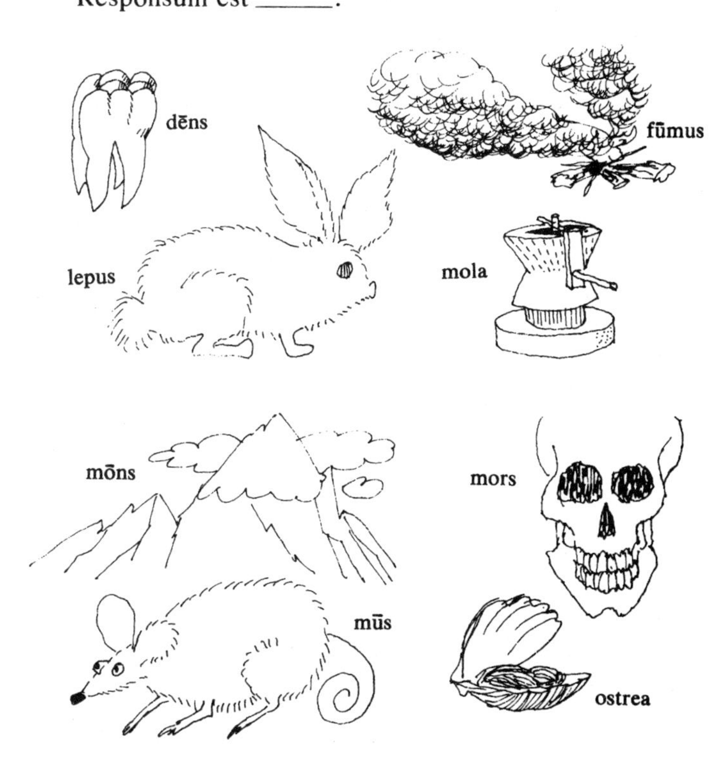

Index Verbōrum

Amor, Amōris, m: Cupīdō, fīlius Veneris
calix, calicis, m: pōculum
canticum-ī, n: carmen
conveniō, convenīre, convēnī, conventus (cum cāsū accūsātīvō): *meet*
cuculus-ī (vel cucūlus-ī), m: avis cujusdam generis
cūnctus-a-um: omnis, tōtus
deciēns: decem vicibus
dēliciae-ārum, f: voluptās, amor, lūx
fūmus-ī, m: *smoke*
gestō-āre-āvī-ātus: gerere soleō; habēre; tractāre
grātia-ae, f: benevolentia; amor; forma; voluptās; beneficium
īnsīgne, īnsīgnis, n: sīgnum, indicium
jūdicium-ī, n: opīniō, sententia
lūsus-ī, m: gaudium, voluptās, jocus
mola-ae, f: *mill*
murra-ae, f: lapis īgnōtus, ex quō fīēbant pōcula
obeō, obīre, obiī: pereō
ōmen, ōminis, n: sīgnum ex dīs, sīve malum sīve bonum
ostrea-ae, f: *oyster*
pectus, pectoris, n: pars anterior corporis, quae cor continet
pergō, pergere, perrēxī, perrēctus: rēctā viā eō; vādō, contendō, tendō
perspicuus-a-um: oppōnitur "obscūrus" et "opācus," et dīcitur dē īs rēbus per quās vidēre possumus, ut aquā, vitrō, āere
piger, pigra, pigrum: tardus, immōtus
praestō, praestāre, praestitī, praestitus: dōnō, dō
prōdō, prōdere, prōdidī, prōditus: revēlō, aperiō
prope (praepositiō cum cāsū accūsātīvō): juxtā, apud, ad; Anglicē, *near*
properē: citō
prōtinus: statim
quis, quid: aliquis, aliquid (saepe post *sī, nisī, num,* et *nē*)
rapīna-ae, f: praeda
sānciō, sāncīre, sānxī, sānctus: cōnstituō; cōnfirmō
sūmptus-ūs, m: pretium, impēnsa, expēnsa
surculus-ī, m: parvus rāmus ex quō nāscitur altera arbor
tardus-a-um: nōn citus; quī alium tardum facit
vitrum-ī, n: māteria per quam lūx trānsit et ex quā fīunt pōcula

UNIT 6

Fābella

Many myths are "aetiological" in nature. The Greek word *aitia* means "cause" or "reason," and an aetiological myth is one that tries to explain the reasons for natural and cultural phenomena. The myth you will read in this Unit offers a kidnaping as an explanation for the alternation of the seasons.

Like the story of Philemon and Baucis, this one is based upon and includes verses from Ovid's long poem called *Metamorphōsēs* ("The Changes"). Here too there are several grotesque transformations, such as the turning of a nymph into a fountain by an angry god. Which parts of the body do you think would turn into water first? Ovid delights in trying to solve such problems, almost as if he were a science-fiction writer.

Ovid knew that the myths could not really be taken seriously, and so he often makes comic figures of the gods. For example, how do you think a young girl would feel if, while picking flowers, she was suddenly kidnaped by the terrible god of the underworld? In Ovid's version, she is more upset by the fact that she has torn her dress and dropped her pretty bouquet than by anything else.

Cerēs et Prōserpina

Venus īrāta fuit quod Prōserpina, Cereris et Jovis fīlia, nūptiās recūsābat. Ergō īnsidiās contrā eam fēcit. Fīliō suō, Cupīdinī, imperat ut sagittam in Plūtōnem, deum Īnferōrum, mittat. Sciunt omnēs sagittās Cupīdinis nōn vulnera sed amōrem facere.

Tāctus sagittā, impulsus est Plūtō in amōrem. Cōnspexit Prōserpinam prope Siciliae lacum flōrēs cum amīcīs legentem. Illa, dum sinum flōribus implet, paene simul ā Plūtōne vīsa dīlēctaque raptaque est. Puella dīvīna et mātrem et comitēs, sed saepius[1] mātrem, vōce trīstī vocāvit, et ut vestem summā ab margine scīderat, collēctī flōrēs tunicā cecidēre remissā. Tanta fuit simplicitās hujus virginis tenerae: haec quoque flōrum jactūra dolōrem ejus mōvit.

[1]*saepius*: more often

Currum raptor agit et nōmine quemque vocāns exhortātur equōs. Iter faciēbat per lacūs altōs et olentia sulphure stāgna ad domum suam obscūram. Subitō āgnōvit Dītem nympha Cyanē et "Nec longius[1] ībitis" inquit. "Fīliam Cereris honestum in mātrimōnium dūcās, nē rapiās."

Dīxit, et, in partēs dīversās manūs tendēns, obstitit. Nōn jam tenuit Sāturnius īram; terribilēsque excitāns equōs, scēptrum rēgāle in fontem manū fortī jacuit. Terra percussa iter aperuit in Īnferōs et suā sponte currum cum rēctōre et virgine mediō crātēre recēpit. Nympha autem in fontem mūtāta est. Sīc Ovidius hanc mūtātiōnem dēscrībit:

> At Cyanē raptamque deam contemptaque fontis
> jūra suī maerēns incōnsōlābile vulnus
> mente gerit tacitā lacrimīsque absūmitur omnis[2]
> et quārum fuerat magnum modo nūmen, in illās
> extenuātur aquās.

Mollia fīunt membra; ossa flectuntur; unguēs rigōrem suum pōnunt. Liquēscunt prīmī tenuēs capillī digitīque, et crūra pedēsque, nam facilis in gelidās undās ex membrīs levibus mūtātiō est. Post haec tergumque humerīque latusque pectusque in fluentēs rīvōs abeunt. Tandem prō vīvō sanguine fluit aqua, restatque nihil quod manū tenēre possīs.

(Altera pars sequētur.)

Sententiae

- Which of these *sententiae* contain an indirect question?
- Which has a *cum* clause?

1. Sufficit mihī cōnscientia mea; nōn cūrō quid dē mē loquantur hominēs. St. Jerome
2. Post trēs saepe diēs vīlēscit piscis et hospes,
   nī sale condītus vel sit speciālis amīcus.
   Medieval
3. Vetus est enim lēx illa jūstae amīcitiae ut idem amīcī semper velint. Cicero

[1] *longius*: any further
[2] *omnis*: Latin often uses an adjective modifying the subject where English would use an adverb modifying the verb. The meaning of *omnis absūmitur* is "she was entirely consumed."

4. Nōn . . . dat nātūra virtūtem; ars est bonum fierī. Seneca

5. Rem faciās, rem;
sī possīs, rēctē; sī nōn, quōcumque modō rem.
Horace

6. Hōrae quidem cēdunt et diēs et mēnsēs et annī; nec praeteritum tempus umquam revertitur; nec quid sequātur scīrī potest. Cicero

7. Sī, quotiēns hominēs peccant, sua fulmina mittat
Juppiter, exiguō tempore inermis erit.
Ovid

8. Nescīs quid vesper sērus vehat. Varro

9. Immō, id quod ajunt, auribus teneō lupum.
Nam neque quō pactō ā mē dīmittam neque utī retineam sciō.
Terence

10. Prōnaque cum spectent animālia cētera terram,
ōs hominī sublīme dedit caelumque tuērī
jussit et ērēctōs ad sīdera tollere vultūs.
Ovid

The subject of *dedit* in line 2 is Prometheus, who created mankind.

Carmina

1. Carmina Paulus emit, recitat sua carmina Paulus.
Nam quod emās possīs jūre vocāre tuum.
Martial

2. Cum sint crūra tibī simulent quae cornua lūnae,
in rhytiō poterās, Phoebe, lavāre pedēs.
Martial

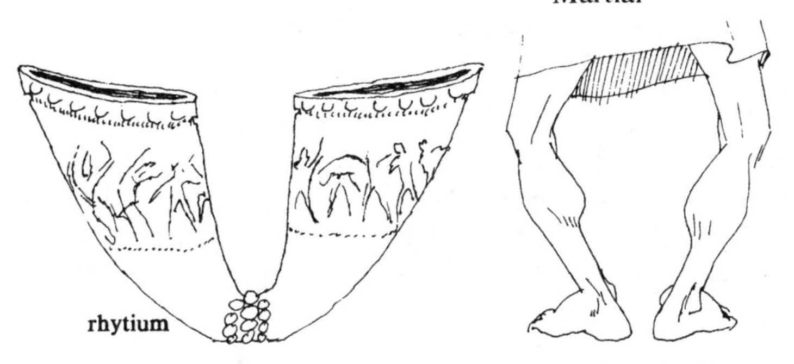

A *rhytium* was a kind of drinking cup that was open at both ends.

3. Numquam mē revocās, veniās cum saepe vocātus;
   īgnōscō, nūllum sī modo, Galle, vocās.
   Invītās aliōs: vitium est utriusque. "Quod?" inquis.
   Et mihi cor nōn est, et tibi, Galle, pudor.

Martial

In versū tertiō, *utriusque* est cāsūs genitīvī.

4. Cum faciās versūs nūllā nōn lūce ducēnōs,
   Vāre, nihil recitās. Nōn sapis atque sapis.

Martial

Prīmō in versū, "nūllā nōn lūce" sīgnificat "omnī diē."

Lūsus

Macaronic Verse

In the Middle Ages, when all educated Europeans read, wrote, and spoke Latin, it was not uncommon for poets to write poems using a mixture of Latin and their own native language, such as French, German, or English. This kind of poetry is called "macaronic verse" and may involve alternating lines of Latin with lines in the vernacular, or using Latin endings on non-Latin words. Here, for example, is the first stanza of a well-known Christmas carol, originally written in Latin and German.

In dulcī jūbilō
Now sing with hearts aglow!
Our delight and pleasure
lies in *praesaepiō*;
like sunshine is our treasure
mātris in gremiō
Alpha es et Ō!

Alpha is the first letter of the Greek alphabet and Omega (O) is the last. "Alpha and Omega" therefore means "the beginning and the end." Here is the tune.

In Dulcī Jūbilō

Index Verbōrum

absūmō, absūmere, absūmpsī, absūmptus: cōnsūmō
āgnōscō, āgnōscere, āgnōvī, āgnitus: rursus cognōscō, et dīcitur dē hīs rēbus quae anteā vīdimus et nōvimus
ajō, ais, ait, ajunt (irreg and defect verb): dīcō
condiō, condīre, condīvī, condītus: Anglicē, *season, salt, pickle, preserve*
cor, cordis, n: prūdentia
crūs, crūris, n: pars corporis ā genū ad pedem
Dīs, Dītis, m: Plūtō
ducēnī-ae-a: ducentī (CC; distributive numeral, meaning "in sets of 200")
exhortārī: excitāre, urgēre, persuādēre
extenuō-āre-āvī-ātus: tenuem faciō; "extenuātur" sīgnat "dēfluit"
inermis-e: sine armīs, nōn armātus
invītō-āre-āvī-ātus: invocō
jactūra-ae, f: damnum, āmissiō; Anglicē, *loss*

latus, lateris, n: pars corporis laeva et dextra, inter tergum et pectus

liquēscō, liquēscere: liquor fīō

modo: nūper

mollis-e: oppōnitur "dūrus"

nī: nisī, sī nōn

nūmen, nūminis, m: dīvīnitās; deus, dea

obsistō, obsistere, obstitī: contrā stō

oleō, olēre, oluī: odōrem ēmittō

pactum-ī, n: modus

praesaepium-ī, n: ea pars stabulī ubī cibus equōrum bovumque pōnitur

prōnus-a-um: oppōnitur "supīnus"; Anglicē, *facing down*

pudor, pudōris, m: metus īgnōminiae; verēcundia; Anglicē, *shame*

rhytium-ī, n: pōculum cujusdam generis

rogitō-āre-āvī-ātus: saepe rogō

Sāturnius-a-um: nātus ex Sāturnō, et dīcitur dē Jove, Neptūnō, Plūtōne, Jūnōne

scindō, scindere, scidī, scissus: Anglicē, *tear*

simulāre: imitārī

stāgnum-ī, n: aqua quiēta, lacus, palūs

sublīmis-e: ērēctus

tenuis-e: gracilis; oppōnitur "crassus"; Anglicē, *slender*

tergum-ī, n: pars corporis, quod quoque "dorsum" vocātur

tunica-ae, f: vestis cujusdam generis

unguis, unguis, m: id quod ex extrēmīs digitīs nāscitur; Anglicē, *fingernail*

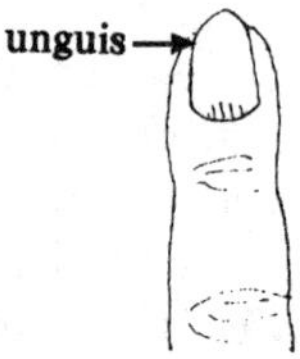

uterque, utraque, utrumque: ambō (sed singulāris numerī); Anglicē, *each*

utī: quō modō

vehō, vehere, vēxī, vectus: ferō, portō

vesper, vesperī, m: initium noctis

vetus (gen, veteris): antīquus

vīlēscō, vīlēscere: īnferior fīō

UNIT 7

Fābella

For the second half of this story you should know that the poorer Romans, who could not afford much wine, drank barley-water sweetened with honey. Floating in this mixture would be the tiny grains of barley (*polenta*) which the cook had shaken (*tēxerat*) over the top. These little specks of *polenta* play an important part in the story, since they are the reason for the spots on the back of the gecko.

Notice the essential injustice of the story. The old woman befriends the distraught Ceres and for her kindness loses her son. In somewhat the same way Baucis and Philemon, although personally escaping harm, lose their friends and relatives through the cruelty of the gods they have befriended. This theme of the injustice of the gods, even to the most deserving of men, is found again and again throughout Greek and Latin literature.

Māter Fīliam Āmissam Quaerit

Inter hās rēs Cerēs fīliam suam omnibus in terrīs, omnibus in maribus frūstrā quaesīvit. Quiēscēbat neque cum diēs vēnit neque vesper; rāmōs ex igne montis Aetnae accendit et eōs utrāque manū per noctem obscūram sine somnō portāvit. Rursum, ubī diēs nūtriēns lūcem sīderum exstīnxerat, fīliam ā sōle occidente ad sōlem orientem quaerēbat.

Fatīgāta labōre, bibere voluit, cum forte casam herbīs frondibusque tēctam vīdit et parvam jānuam pulsāvit. Eō tempore ā casā exiit anus, Cererem vīdit, et eī, aquam rogantī, dedit liquōrem dulcem quem polentā coctā tēxerat. Dum illa quod sibī datum erat bibit, puer impudēns et īnsolēns ante deam stetit, eam irrīsit, et "Tū nimis bibis!" exclāmāvit.

Irrītāta est dea et polentam relictam cum liquōre mixtam in faciem puerī loquentis jēcit. Ille ōre suō bibit polentam et sine morā formam mūtāre coepit. Jam gerēbat crūra ubī nūper bracchia gesserat. Corporī mūtātō addita est cauda; et in parvam figūram, nē hominī nimis noceat, cōgitur et forma ejus est lacertā parvulā minor.[1]

Fugit anum stupentem et lacrimantem, quae mōnstrum tangere vult, et quaerit locum ubī lateat. Nunc vocātur "Stēlliō,"[2] (quod nōmen aptum colōrī est) habēns corpus stēllīs variātum.

Sententiae

1. Caveat ēmptor! Legal

2. Duplex fit bonitās, simul accessit celeritās. Publilius Syrus

3. Quī vincī sēsē patitur prō tempore, vincit. Dionysius Cato

4. Paucōrum est intellegere quid dōnet Deus. Publilius Syrus
   Paucōrum modifies the infinitive *intellegere*: "It belongs to few people to know . . . "

[1]*lacertā . . . minor*: smaller than a tiny lizard
[2]*Stēlliō*: the animal mentioned here is the gecko (*Lacerta gecko*), wrongly believed by the Romans to be poisonous. In line with this belief Ovid says that it was made small so that its poison would not be so effective.

5. Sequitur vēr hiemem. Anonymous

6. Nōn prōgredī est regredī. Motto

7. Placeat hominī quidquid Deō placuit. Seneca

8. Interdum stultus bene loquitur. Anonymous

9. Habeās corpus. Legal

10. Sex hōrīs dormīre sat est juvenīque senīque:
septem vix pigrō, nūllī concēdimus octō.
Medieval

Carmina

1. Ut recitem tibi nostra rogās epigrammata. Nōlō.
Nōn audīre, Celer, sed recitāre cupis.
Martial

2. Dē Āmissā Puellā

Trēs fuerant Charitēs, sed dum mea Lesbia vīxit,
quattuor. Ut periit, trēs numerantur item.
Sulpicius

When *dum* means "while," it patterns with the #2 form of the verb; when it means "as long as," as in line 1, it takes the #5 form.

3. Carmina multa potes forsan cōnscrībere parvō
tempore. Multa aliud scrībere, docta aliud.
Parkhurst

Lūsūs

Aenigmata Symphosiī

1. Rauca sonāns ego sum mediā vōcālis in undā,
   sed vōx laude sonat, quasi sē quoque laudet et ipsa,
   cumque canam semper, nūllus mea carmina gaudet.
   Respōnsum est _____.

In line 3, *gaudet* means "rejoice over" and takes a direct object.

2. Nox mihi dat nōmen prīmō dē tempore noctis.
   Plūma mihī nōn est, cum sit mihi penna volantis,
   sed resto in tenebrīs nec mē committo diēbus.
   Respōnsum est _____.

3. Stat domus in lymphīs, stat in altō gurgite silva
   et manet in mediīs undīs immōbile rōbur;
   terra tamen mittit, quod terrae mūnera praestat.
   Respōnsum est _____.

Tertiō in versū, "terra mittit" sīgnificat "terra dōna dat."

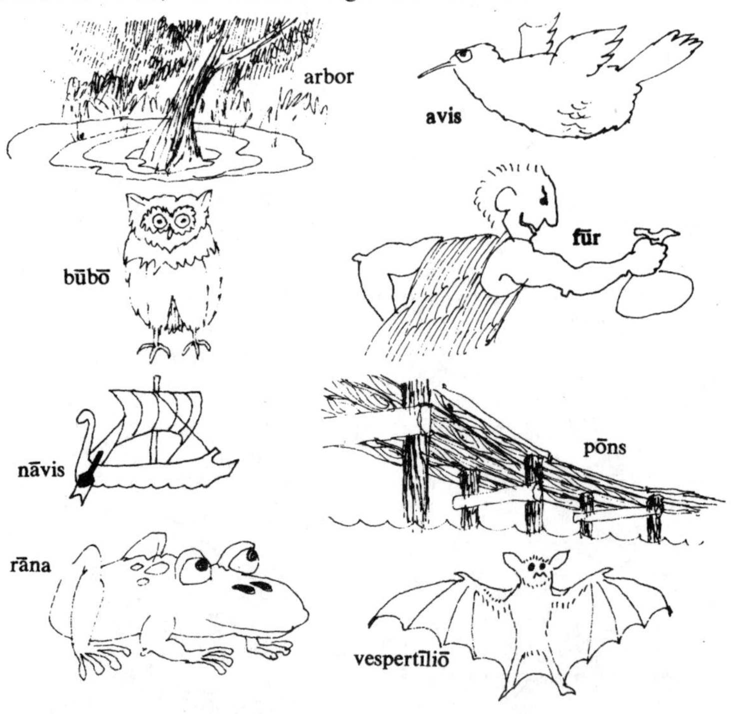

Index Verbōrum

accēdō, accēdere, accessī: adveniō
accendō, accendere, accendī, accēnsus: ignem excitō; faciō
ut aliquid ardeat
Aetna-ae, f: mōns Siciliae quī ignem praestat
aptus-a-um: *fitting, suitable*
bonitās, bonitātis, f: beneficium
bracchium-ī, n: membrum hominis quō pendet
manus

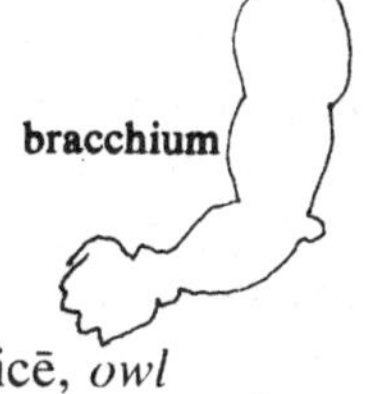

būbō, būbōnis, m: avis cujusdam generis; Anglicē, *owl*
cauda-ae, f: posterior pars corporis pendēns in ferē omnibus
animālibus praeter hominem
Charitēs, Charitum, f: Graecē, eaedem sunt ac
Latīnē "Grātiae"; id est, deae pulchritūdinis
concēdō, concēdere, concessī: dōnō; dō
crūs, crūris, n: membrum corporis quō homō
vel bēstia currit
dulce, dulcis, n: dulcis liquor
duplex (gen, duplicis): quī rem aliquam bis
continet; geminus

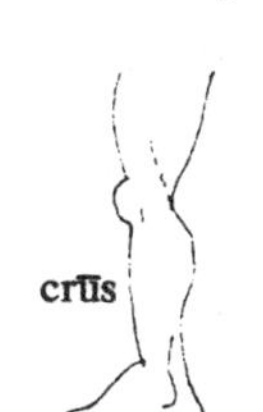

ēmptor, ēmptōris, m: quī emit
forsan: forte
gurges, gurgitis, m: locus altus in flūmine ubī
aqua vertitur, sed saepe dīcitur dē aquā ipsā;
flūmen, mare
hiems, hiemis, f: ūnum dē quattuor temporibus annī, quae sunt
hiems, vēr, aetās, autumnus; *hiems* frīgidum tempus est.
immōbilis-e: quī nōn movētur
impudēns (gen, impudentis): quī nōn pius est et aliōs objūrgat
īnsolēns (gen, īnsolentis): impudēns
item: eōdem modō
lacerta-ae, f: serpēns quadrupēs bene nōta
lympha-ae, f: aqua (vōx poētica)
mōnstrum-ī, n: rēs praeter modum nātūrae; saepe animal ferōx

plūma-ae, f: id quō avēs vestiuntur
pōns, pontis, m: *bridge*
prōdeō, prōdīre, prōdiī: exeō
pulsō-āre-āvī-ātus: *knock on* (*a door*)
quasī: sīc ut, tamquam, velut; Anglicē, *as if, just as, like*
raucus-a-um: quī vōcem asperam habet, ut corvus
rōbur, rōboris, n: speciēs quercūs dūrō lignō, quae aquā nōn corrumpitur
saxum-ī, n: lapis
tegō, tegere, tēxī, tēctus: cēlō, vēlō, custōdiō
vēr, vēris, n: prīma pars annī, ubī flōrēs crēscunt et animālia nāscuntur
vespertīliō, vespertīliōnis, f: *bat*
vix: cum difficultāte, aegrē
vōcālis-e: quī est magnae vōcis, sonōrus

UNIT 8

Fābella

A clue to the missing girl! (The lines of poetry are from Ovid.)

Vestīgium Fīliae Āmissae

Quās per terrās dea et quae per maria vagāta sit dīcere longum est. Dēnique Siciliam repetīvit ut omnia rursum hīc investīgāret. Vēnit ad fontem Cyanam, quae etsī volēns, loquī nōn poterat.

> Sīgna tamen manifēsta dedit, nōtamque parentī
> illō forte locō dēlāpsam in gurgite sacrō
> Persephonēs[1] zōnam summīs ostendit in undīs.

Simul illam āgnōvit dea capillōs turbāvit, pectus manibus pulsāvit. Nescīvit ubī etiam esset; terrās tamen objūrgat omnēs ingrātāsque vocāvit nec frūgum mūnere dīgnās,[2] Siciliam ante aliās, in quā vestīgia jactūrae suae invēnerat.

Ergō illīc frēgit arātra manū, parīque īrā agricolās atque animālia necāvit; agrīs imperāvit nē frūgēs prōdūcerent, et sēmina sterilia fēcit. Fertilitās Siciliae, per omne orbem terrārum nōta, inūtilis jacēbat.

> Prīmīs segetēs moriuntur in herbīs,
> et modo sōl nimius, nimius modo corripit imber
> sīderaquē[3] ventīque nocent; avidaeque volucrēs
> sēmina jacta legunt.

Deinde nympha Arethūsa ē fonte suō, quem crēdēbant Graecī ex Graeciā ad Siciliam sub terrā marīque fluere, caput extulit atque ait, "Ō māter virginis tōtum per orbem quaesītae et māter quoque frūgum, fīnem impōnās magnīs labōribus. Contrā terram tibī fidēlem nē īrāta sīs. Haec terra tanta mala nōn meruit.

> Nec sum prō patriā supplex, hūc hospita vēnī.
> Pīsa mihī patria est, et ab Ēlide dūcimus ortūs.
> Sīcaniam peregrīna colō, sed grātior omnī
> haec mihi terra solō est.[4]

[1]Persephonēs: cāsūs genitīvī, forma Graeca; "Persephonē" est nōmen Graecum prō "Prōserpina."
[2]*dīgnās*: *dīgnus* ("worthy of") patterns with the ablative.
[3]*sīderaquē*: the form *-quē* is a poetical variant for *-que*.
[4]*grātior . . . est*: this land is more pleasing to me than any other

Sed quae jam dīcam tibī placēbunt. Dum sub terrīs per cavernās īnfernās errō,

vīsa tua est oculīs illīc Prōserpina nostrīs.
Illa quidem trīstis nec adhūc interrita vultū;
sed rēgīna tamen, sed opācī maxima mundī,
sed tamen īnfernī pollēns mātrōna tyrannī."

Māter, sīcut lapis, ad audītās vōcēs stupuit; dolōre gravī pulsa, currū exiit in caelum. Ibī ante Jovem turbātīs stetit capillīs.

"Prō"que "meō vēnī supplex tibī, Juppiter," inquit,
"sanguine prōque tuō.[1] Sī nūlla est grātia mātris,
nāta patrem moveat . . .
Ēn! Quaesīta diū tandem mihi nāta 'reperta' est,
sī 'reperīre' vocās āmittere certius;[2] aut sī
scīre ubi sit 'reperīre' vocās. Quod rapta, ferēmus,
dum modo[3] reddat eam. Neque enim praedōne marītō
fīlia dīgna tua est, sī jam mea fīlia nōn est."
Juppiter excēpit: "Commūne est pignus[4] onusque
nāta mihī tēcum . . .
Repetet Prōserpina caelum,
lēge tamen certā; sī nūllōs contigit illīc
ōre cibōs. Nam sīc Parcārum foedere cautum est."

Sīc dīxerat Juppiter. Voluit Cerēs nātam suam ex Īnferīs ēdūcere. Nōn ita passa sunt Fāta. Nam virgō, famē coācta, curvā dē arbore Pūnicum mālum lēgerat et ex hōc septem grāna ēderat. Lēge Fātōrum redīre nōn potuit. Sed tantulus cibus! Juppiter igitur frātrī Plūtōnī Cererīque ex aequō tribuit ut partem annī Prōserpina cum conjuge, partem cum mātre manēret. Ergō, cum in rēgnō Īnferōrum est, nūllae frūgēs crēscunt, terra quiēscit. Cum autem ad terram revertātur, Cerēs fēlīx est et dōna sua hominibus praestat.

[1] sanguine prōque tuō: Prōserpinae māter erat Cerēs, pater Juppiter.
[2] *certius*: more surely
[3] *dum modo*: *dum* and *dum modo* with the subjunctive mean "provided that."
[4] *pignus*: a pledge, an amount of money deposited as a guarantee of good faith. In Latin literature children are often called *pignora Fortūnae*. The meaning of this is that Fortune cannot do real harm to a brave and wise man *unless* he has children. She can then hurt him cruelly through harming his children. Children are therefore seen as pledges to Fortune.

Sententiae

- Quotīs in sententiīs inveniuntur verba modī subjūnctīvī?
- Quotīs in sententiīs sunt īnfīnītīva?

1. In silvam nōn ligna ferās. Horace
2. Quōcumque aspexī, nihil est nisi mortis imāgo. Ovid
3. Ut flammam minuās, ligna focō retrahās. Medieval

4. Nōmina stultōrum scrībuntur ubīque locōrum. Medieval
5. Quī loquitur quod vult, quod nōn vult audiet ille;
   quīque facit quod vult, quod nōn vult sufferet ille.
   Medieval
6. Aulae vānitātem, Forī ambitiōnem rīdēre mēcum soleō. Medieval
7. Scīre loquī decus est; decus est et scīre tacēre. Anonymous
8. Tacēre quī nescit, nescit et loquī. Anonymous
9. Pessima sit, nūllī nōn sua forma placet. Ovid
   Pessima sit means "[Granted that] she may be terribly ugly . . ." *Nūllus nōn* means *omnis quisque*.
10. Quid nōn possit amor? Anonymous

Carmen

Jam senior Lādōn Tiberīnae nauta carīnae
  proxima dīlēctīs rūra parāvit aquīs.
Quae cum saepe vagus premeret torrentibus undīs
  Tybris et hībernō rumperet arva lacū,

5 ēmeritam puppem, rīpā quae stābat in altā,
  implēvit saxīs opposuitque vadīs.
Sīc nimiās āvertit aquās. Quis crēdere possit?
  Auxilium dominō mersa carīna fuit.

Martial

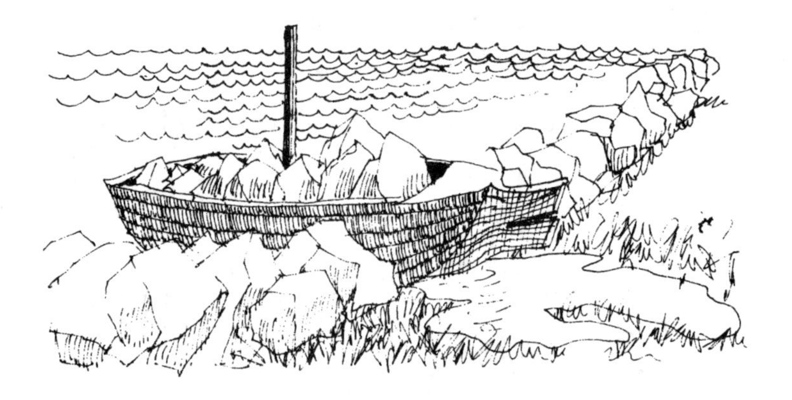

Īnscrīptiōnēs

As mentioned earlier, many inscriptions were "formulaic." That is, the stone cutter could adjust the words to fit a boy or girl, father or mother, husband or wife. The first four inscriptions below are all based on the same idea with only a few differences among them. In each one the thought is expressed that the parent, in carrying out the funeral, is performing a service for the child that, in the natural course of events, the child would have performed for the parent.

1. The girl named below was the daughter of Quintus Terminius. She was called Terminia after her father and Sabina after her mother.

Terminiae, Quīntī fīliae, Sabīnae Brittia Sabīna posuit;
vīxit annīs vīgintī sex.

Quod pār parentī facere fuerat fīliam,
mors immātūra fēcit ut faceret māter fīliae.

2. D.M. Spurius Saufejus, Spuriī fīlius, vīxit annōs sex, mēnsem ūnum, diēs quīnque.

   Quod pār parentī fuit facere fīlium,
   mors immātūra fēcit ut faceret pater.

3. Quod pār parentī fuit facere fīliam,
   mors immātūra fēcit ut faceret īnfēlīx parēns.

4. Quod parentī facere dēbuit fīlia,
   id immātūrae fīliae fēcit pater.

   Egnātia Flōrentīna hīc sita est. "Sit tibi terra levis."

5. This couple seems to have been like Philemon and Baucis.

   Hī sānctē coluēre deōs, vīxēre fidēlēs,
   post obitum Ēlysiōs ut possent vīsere campōs;
   utque darent conjūncta aeternae membra quiētī,
   (quod saepe optāvēre senēs) haec dōna tulēre.

In line 2, the reference is to the belief that those who led a good life on earth would go after death to the "Elysian fields," a more desirable part of the lower world. In line 4, *haec dōna tulēre* means "they gave themselves this tomb."

Lūsus

Consider *form* rather than meaning in this riddle; it is impossible to translate.

Egō sum prīncipium mundī et fīnis saeculōrum;
egō sum trīnus et ūnus, et tamen nōn sum Deus.

Here is a similar riddle in English, in which an extra clue is provided.

The beginning of Eternity,
  The end of timE and spaceE,
The beginning of every End,
  The end of every placE.

Index Verbōrum

arātrum-ī, n: īnstrūmentum quod bovēs trahunt, quō agricolae terram frangunt
arvum-ī, n: ager
aula-ae, f: domus rēgis
campus-ī, m: ager
carīna-ae, f: īnferior pars nāvis; saepe pōnitur prō tōtā nāve
contingō, contingere, contigī, contāctus: tangō
corripiō, corripere, corripuī, correptus: cum vī rapiō; vāstō
decus, decoris, n: ōrnāmentum; honor, dīgnitās
dēlāpsus-a-um: quī jam cecidit
Ēlis, Ēlidis, f: regiō Graeciae
ēmeritus-a-um: quī tempora mīlitiae complēvit; Anglicē, *retired, worn out*
excipiō, excipere, excēpī, exceptus: hīc, respondeō
foedus, foederis, n: fidēs et amīcitia rēgum atque populōrum
Forum-ī, n: locus ubī rēs et causae aguntur
grānum-ī, n: sēmen frūgum
hībernus-a-um: ad hiemem pertinēns; hiemālis
illīc: illō locō
imber, imbris, m: aqua quae ē caelō cadit

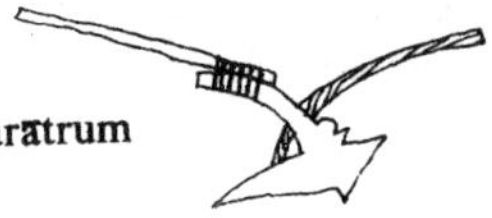

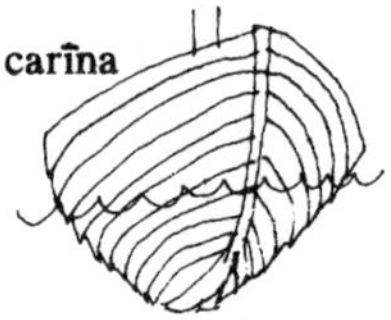

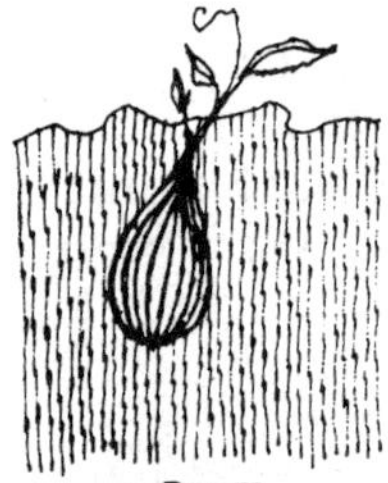

immātūrus-a-um: quī ante tempus est
impleō, implēre, implēvī, implētus: plēnum reddō
inclūdō, inclūdere, inclūsī, inclūsus: claudō
īnfaustus-a-um: īnfēlīx
īnfernus-a-um: īnferus, īnferior
interritus-a-um: nōn territus; fortis
investīgō-āre-āvī-ātus: quaerō, petō

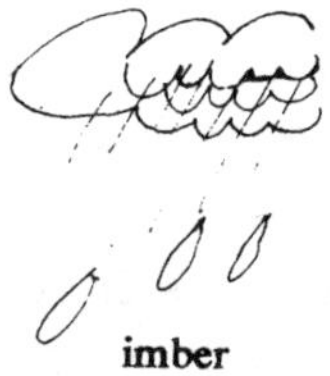

legō, legere, lēgī, lēctus: colligō, auferō
manifēstus-a-um: clārus, nōtus
minuō, minuere, minuī, minūtus: minōrem reddō
opācus-a-um: obscūrus, niger
optō-āre-āvī-ātus: volō, dēsīderō
peregrīnus-a-um: quī ex terrā alienā venit
pignus, pignoris, n: id quod ex alterō accipimus ut sīmus sēcūrī; Anglicē, *pledge*
Pīsa-ae, f: urbs Graecia
pollēns (gen, pollentis): potēns, magnus
praedō, praedōnis, m: latrō
Pūnicum mālum-ī, n: *pomegranate (reddish fruit with thick skin, sweet pulp, and many seeds)*
puppis, puppis, f: posterior pars nāvis; saepe pōnitur prō tōtā nāve
quōcumque: in quemcumque locum, in quemvīs locum
reperiō, reperīre, repperī, repertus: inveniō

Pūnicum mālum

rīpa-ae, f: margō flūminis
sanguis, sanguinis, m: hūmor corporis animālium; hīc, nāta, fīlia
sēmen, sēminis, n: id ex quō rēs vīventēs crēscunt; grānum
senior, seniōris, m: senex
Sīcania-ae, f: Sicilia
situs-a-um: positus
solum-ī, n: terra, humus
sterilis-e: nihil ex sē gignēns
sufferō, sufferre, sustulī, sublātus: cum patientiā ferō
tantulus-a-um: tam parvulus
trīnus-a-um: triplex
turbō-āre-āvī-ātus: *disarrange*
Tybris, Tybris, m: flūmen Tiberis
ubīque: in omnibus partibus
ultimus-a-um: extrēmus
undique: ex omnibus regiōnibus
vadum-ī, n: locus in flūmine vel marī ubī aqua brevis est; saepe pōnitur prō flūmine ipsō

vagārī: errāre
vagus-a-um: vagāns, errāns
vānitās, vānitātis, f: levitās
vestīgium-ī, n: sīgnum quod pede relinquitur; sīgnum vel monumentum
vīsō, vīsere, vīsī, vīsus: videō
volucris, volucris, f: avis
zōna-ae, f: *belt*

UNIT 9

Fābellae

Hyginus, the author of a book on mythology, is thought to have been a freedman of the emperor Augustus. Although there is little literary merit in his writing, the information he provides in the passages below is necessary for later Units. Hyginus is the author of the first, third, and fourth sections; we have written the second.

As remarked before, there are many different versions of the classical myths. While the selections chosen present a reasonably consistent account, some identifiable contradictions and inconsistencies have been included.

1. Pandōra

Promētheus, Īapetī fīlius, prīmus hominēs ex lutō fīnxit. Posteā Vulcānus Jovis jussū ex lutō mulieris effigiem fēcit, cui Minerva animam dedit, cēterīque dī alius aliud dōnum dedērunt.[1] Ob id Pandōram[2] nōminā'runt. Ea data in conjugium Epimētheō frātrī.[3] Inde nāta est Pyrrha, quae mortālis dīcitur prīma esse creāta.

Hyginus

2. Arca Pandōrae

Juppiter Promētheum, quia hominēs creāverat et adjūverat, ōderat. Pandōrae igitur arcam pulchram dedit. "Hanc arcam" inquit "post nūptiās tuus marītus aperiet. In eā inveniētis ambō ea quae meruistis." Hīs verbīs, Pandōram Promētheō mīsit ut eam in mātrimōnium dūceret. At ille, cujus nōmen sīgnat "is quī ante ēventum putat," īnsidiās Jovis metuēns, eam accipere nōluit, mīsit tamen ad frātrem Epimētheum.

Ille, cujus nōmen "is quī post ēventum putat" sīgnat, mulierem pulchram cum gaudiō accēpit et arcam sine morā aperuit. Ex quā ēvolāvērunt omnia mala quae etiam hodiē genus hūmānum

[1] *cēterīque . . . dedērunt*: "Different gods gave different gifts." Notice the curious use of the singular *alius* in apposition with the plural *dī*. This is because of the plural *idea* in *alius*, which means, "one person did something (and someone else did something else)."
[2] Pandōram: hoc nōmen sīgnat "quae omnia dōna habet."
[3] frātrī: id est frātrī Epimētheī

vexant—morbī, dolōrēs, vitia, bella, paupertās, avāritia, odium.

Clausit arcam īnfēlīcem Epimētheus—sed nimis sērum erat ejus cōnsilium.

Diū stupuērunt conjugēs. Tandem tamen parvam vōcem ex arcā audīvērunt, quae ait, "Sī mē ex arcā līberābitis, vōs adjuvābō. Meō auxiliō, omnēs hī dolōrēs leviōrēs fient." "Quis vel quid es tū?" rogāvit Epimētheus, quī rursum dēcipī nōluit. "Mihī nōmen est 'Spēs'" inquit illa "et generī hūmānō numquam deerō."

3. Promētheus

Hominēs anteā ab immortālibus ignem petēbant neque in perpetuum servāre sciēbant. Quem posteā Promētheus in ferulā dētulit in terrās hominibusque mōnstrāvit quō modō cinere obrutum servārent. Ob hanc rem Mercurius Jovis jussū dēligāvit eum in monte Caucasō ad saxum clāvīs ferreīs et aquilam apposuit quae cor ejus exēsset;[1] quantum diē ēderat, tantum nocte crēscēbat. Hanc aquilam post trīgintā annōs Herculēs interfēcit eumque līberāvit.

Hyginus

[1] *exēsset*: an irregular form of *exedō*, equivalent to *exederet*

4. Deucaliōn et Pyrrha

Cataclysmus, quod nōs dīluvium vel irrigātiōnem dīcimus, cum factum est, omne genus hūmānum interiit praeter Deucaliōnem et Pyrrham, quī in montem Aetnam, quī altissimus in Siciliā esse dīcitur, fūgērunt.

Hī propter sōlitūdinem cum vīvere nōn possent, peti'ērunt ab Jove ut aut hominēs daret aut eōs parī calamitāte afficeret. Tum Juppiter jussit eōs lapidēs post sē jactāre. Quōs Deucaliōn jactāvit, virōs esse jussit; quōs Pyrrha, mulierēs.

Hyginus

Sententiae

- The neuter singular nominative-accusative form of the comparative, like *clārius*, is the most difficult to recognize. In which of the following *sententiae* does this neuter form occur?

- In which of the *sententiae* is this comparative form in *-ius* used in the accusative to modify the verb?

1. Fortūnam citius reperiās quam retineās. Publilius Syrus
2. Mōbilior ventīs . . . fēmina. Calpurnius
3. Quid magis est dūrum saxō? Quid mollius undā?
   Dūra tamen mollī saxa cavantur aquā.

Ovid

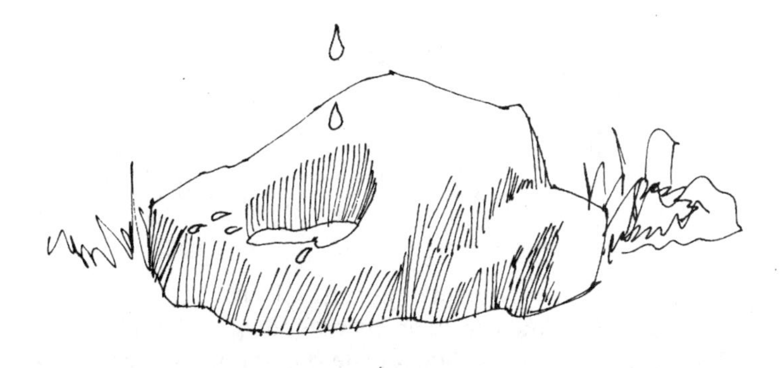

4. Saepius opīniōne quam rē labōrāmus. Seneca

5. Melior est canis vīvus leōne mortuō. Ecclesiastes

6. Melior tūtiorque est certa pāx quam spērāta victōria; haec in tuā, illa in deōrum manū est. Livy

7. Nēmō ita pauper vīvit quam pauper nātus est. Anonymous

8. Parēns īrātus in sē est crūdēlissimus. Publilius Syrus

9. Nīl habet īnfēlīx paupertās dūrius in sē
quam quod rīdiculōs hominēs facit.
Juvenal

10. In silvam nōn ligna ferās īnsānius. Horace
In the original text, the line which follows this one means " . . . than to try to write Greek verse."

11. Quid levius ventō? Fulmen. Quid fulmine? Fāma.
Quis fāmā? Mulier. Quid muliere? Nihil.
Medieval

12. Errāre mālō cum Platōne quam cum istīs vēra sentīre. Cicero

13. Hominēs amplius oculīs quam auribus crēdunt: longum iter est per praecepta, breve et efficāx per exempla. Seneca

14. Hocc est melle dulcī dulcius. Plautus
In the play by Plautus this is said by the hero who has just embraced his girlfriend.

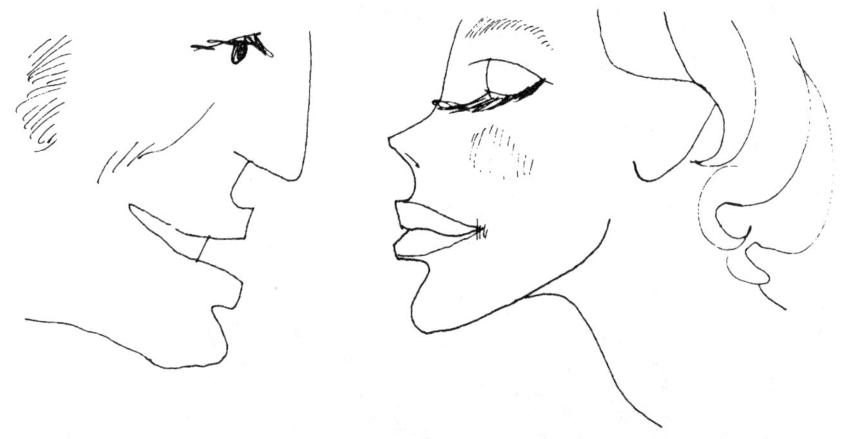

15. Nihil est . . . vēritātis lūce dulcius. Cicero

16. Plūrēs amīcōs mēnsa quam mēns concipit. Publilius Syrus

17. Nihil est tam volucre quam male dictum, nihil facilius ēmittitur, nihil citius excipitur, nihil lātius dissipātur. Cicero

18. Nōn ōvum tam simile ōvō. Quintilian

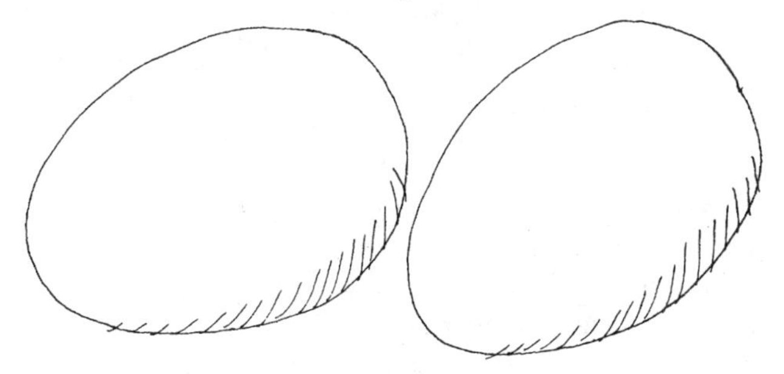

19. Graviōra quaedam sunt remedia perīculīs. Anonymous
20. Fidēliōrēs sunt oculī auribus. Medieval

Carmina

1. Uxōrem quā rē locuplētem dūcere nōlim
 quaeritis? Uxōrī nūbere nōlo meae.
 Īnferior mātrōna suō sit, Prīsce, marītō:
 nōn aliter fīunt fēmina virque parēs.
 Martial

In line 1, *nōlim* is the subjunctive of *nōlō*. The verb *nūbere* in line 2 is usually used only for a woman, and in this lies the point of the poem.

2. Quī recitat lānā faucēs et colla revinctus,
 hic sē posse loquī, posse tacēre negat.
 Martial

Faucēs et colla revinctus means "tied as far as the throat and neck are concerned" or "with his throat and neck tied." Notice that Martial uses the plural, *colla*, even though the man plainly has only one neck. This is one of many instances where English and Latin expressions do not agree in number.

3. Disertissime Rōmulī nepōtum,
   quot sunt quotque fuēre, Mārce Tullī,
   quotque post aliīs erunt in annīs,
   grātiās tibi maximās Catullus
5 agit pessimus omnium poēta,
   tantō pessimus omnium poēta
   quantō tū optimus omnium patrōnus.
   Catullus

Grātiās . . . agit in lines 4-5 means "give thanks."

The question has often been raised as to whether Catullus was sincere in praising Marcus Tullius Cicero in this poem. Before you answer, consider the following:

1. We do not know at what time Catullus wrote this poem.
2. Cicero made a bitter attack in a lawsuit against Clodia, the woman Catullus loved.
3. Catullus uses a superlative in every line except the second and third, where he extends his praise to the present, past, and future.
4. The word *nepōs* means a grandson, but it can also mean a member of the younger generation, and by extension, a spendthrift.
5. Catullus says that Cicero is the best of patrons in the same proportion (*tantō . . . quantō*) as he himself is the worst of poets. If we assume that Catullus thought himself to be a good poet, what kind of patron is he saying that Cicero is?

Īnscrīptiōnēs

1. Clausus in hōc tumulō tegitur Vincentius īnfāns
   grātus blanditiīs et dulcior semper amīcīs.
   At nōs orbātōs miserōsque repente relīquit.

2. Hīc jacet Hēraclius nimium dīlēctus amīcus,
   ēloquiō prīmus, nūllī probitāte secundus.

3. Dum vīxit, omnibus suīs dulcissimus,
   formāque ēgregium magis hōc puerō nihil fuit,
   quem mors acerba ēripuit ā parentibus.

4. Jūlia Erōtis fēmina optima hīc sita est.

   "Nūllum dolōrem ad Īnferōs mēcum tulī;
   virō et patrōnō placuī et dēcessī prior."

Ōrātiō Solūta

De Atomīs

"Atomōs" philosophī vocant quāsdam in mundō corporum partēs tam minūtissimās ut[1] nec vīsuī pateant nec τομήν,[2] id est sectiōnem, recipiant; unde et ατομοι[3] dictī sunt. Per ināne totīus mundī irrequiētīs mōtibus volitāre et hūc atque illūc ferrī dīcuntur, sīc ut tenuissimī pulverēs quī īnfūsī per fenestrās radiīs

sōlis videntur. Ex hīs arborēs et herbās et frūgēs omnēs orīrī, ex hīs ignem et aquam et ūniversa gignī atque cōnstāre quīdam philosophī gentium[4] putāvērunt.

[1]*tam minūtissimās ut*: so small that (followed by the subjunctive, called "Subjunctive of Result")
[2]*τομήν*: pronounced *tomēn*
[3]*ἄτομοι*: pronounced *átomoi*
[4]*philosophī gentium*: philosophers of foreign nations

Sunt autem atomī aut in corpore aut in tempore aut in numerō. In corpore, ut lapis: dīvidis eum in partēs et partēs ipsās dīvidis in grāna, velutī sunt harēnae; rursumque ispa harēnae grāna dīvide[1] in minūtissimum pulverem dōnec, sī possīs, perveniās ad aliquam minūtiam quae jam nōn sit quae dīvidī vel secārī possit. Haec est atomus in corporibus.

In tempore vērō sīc intellegitur atomus. Annum, verbī grātiā, dīvidis in mēnsēs, mēnsēs in diēs, diēs in hōrās; adhūc partēs hōrārum admittunt dīvīsiōnem, quō ūsque veniās ad tantum temporis pūnctum et quandam momentī stīllam ut per nūllam morulam prōdūcī possit, et ideō jam dīvidī nōn potest. Haec est atomus temporis.

In numerīs, ut puta,[2] octō dīviduntur in quattuor, rursus quattuor in duo, deinde duo in ūnum. Ūnus autem atomus est, quia īnsecābilis est.

Sīc et littera: nam ōrātiōnem dīvidis in verba, verba in syllabās, syllabam in litterās. Littera, pars minima, atomus est nec dīvidī potest. Atomus ergō est quod dīvidī nōn potest, ut in geōmetriā pūnctus. Nam *τόμος*[3] dīvīsiō dīcitur Graecē, *ἄτομος*[4] indīvīsiō.

Isidore of Seville

It would be a mistake to think that the ancients had any elaborate atomic theory. But it happens to be true that among their many incorrect ideas and wrong guesses, there were some accurate ones which seem quite striking in the light of our present knowledge. The concept of the atom given above is based on the assumption that everything has an irreducible minimum. There are faults in this reasoning. Which of the ideas expressed above are accepted by modern science? How many would modern science explicitly reject?

[1] *dīvide*: command form of the verb
[2] *ut puta*: as you are to imagine
[3] τομος: pronounced *tómos*
[4] ἄτομος: pronounced *átomos*

Lūsūs

Aenigmata Symphosiī

1. Exiguum corpus, sed cor mihi corpore majus;
   sum versūta dolīs, argūtō callida sēnsū,
   et fera sum sapiēns, sapiēns fera sī qua vocātur.
   Respōnsum est ______.

Cor est sīgnum fortitūdinis ac virtūtis.

2. Quattuor aequālēs currunt ex arte sorōrēs
   sīc quasi certantēs, cum sit labor omnibus ūnus,
   et prope sunt pariter nec sē contingere possunt.
   Respōnsum est ______.
3. Tarda, gradū lentō, speciōsō praedita dorsō;
   docta quidem studiō sed dūrō prōdita fātō
   vīva nihil dīxī, quae sīc modo mortua cantō.
   Respōnsum est ______.

Line 3 is probably the origin of the *Lūsus* in Unit 4, *Arbor vīva tacuī; mortua, canō*, for which the answer was a violin.

Index Verbōrum

amplus-a-um: magnus; "amplius" sīgnat "magis"
anteā: ante hoc tempus
arca-ae, f: *box, chest*

arca

argūtus-a-um: facilis, callidus, perītus
blanditiae-ārum, f: verba blanda
callidus-a-um: facilis, perītus, versūtus
cavō-āre-avī-ātus: cavum faciō
clāvus-ī, m: *nail*

clāvus

collum-ī, n: pars corporis suprā quam stat caput

collum

concipiō, concipere, concēpī, conceptus: capiō
conjugium-ī, n: mātrimōnium
cōnsequī: capere
dēcēdō, dēcēdere, dēcessī: pereō, intereō, obeō
dēligō-āre-āvī-ātus: vinculīs fīgō; Anglicē, *tie, bind*
disertus-a-um: doctus
dissipō-āre-āvī-ātus: disjiciō, disturbō
dolus-ī, m: fraus
dōnec: dum
dorsum-ī, n: tergum
dūrus-a-um: solidus, firmus; oppōnitur "mollis"
efficāx (gen, efficācis): facilis
ēloquium-ī, n: ēloquentia
exedō, exedere, exēdī, exēsus: edō

fera-ae, f: bēstia
ferreus-a-um: ex ferrō factus
ferula-ae, f: *a plant with a pithy stem in which embers of fire can be preserved*
harēna-ae, f: lapidēs minūtissimī; pulvis
hūc: ad hanc partem, ad hanc regiōnem
illūc: ad illam partem, ad illam regiōnem
inānis-e: vacuus, vānus; oppōnitur "plēnus"
īnsecābilis-e: quī dīvidī vel secārī nōn potest
intereō, interīre, interiī: pereō, obeō
jussū (in cāsū ablātīvō): *by order* (*of someone*)
lāna-ae, f: capillī ovis vel agnī
lentus-a-um: tardus; oppōnitur "celer" et "citus"
lutum-ī, n: terra aquā mixta
mālō, mālle, māluī: magis volō; ante pōnō, praeferō
minūtia-ae, f: minima pars
minūtus-a-um: parvus
mōbilis-e: quī facile movērī potest; levis
morula-ae, f: minima mora
mōtus-ūs, m: agitātiō, mōtiō
ob (praepositiō cāsum regēns accūsātīvum): propter; Anglicē, *because of*
obruō, obruere, obruī, obrutus: tegō, cēlō
orbātus-a-um: sine parentibus vel īnfantibus; orbus
orīrī: nāscī
pateō, patēre, patuī: apertus sum
perpetuus-a-um: quī semper manēbit
poēta-ae, m: is quī carmina scrībit
post: post hoc tempus
posteā: post hoc tempus
praeceptum-ī, n: jussum, mandātum
praeditus-a-um: ōrnātus, īnstrūctus
prope: proximus
pulvis, pulveris, m: terra minūta et sicca
pūnctus-ī, m: mōmentum, locus; Anglicē, *moment, point, locus*
quō ūsque: *up to the point where*; *until*
radius-ī, m: *rod*; *pointer*; *ray* (*of sun*)
revinciō, revincīre, revīnxī, revinctus: ligō; Anglicē, *bind*
rota-ae, f: *wheel*
sectiō, sectiōnis, f: dīvīsiō; Anglicē, *cutting*
sentiō, sentīre, sēnsī, sēnsus: putō

sīc ut: tamquam, velutī; Anglicē, *just like*
speciōsus-a-um: pulcher, bellus, formōsus
stīlla-ae, f: gutta; minima pars
studium-ī, n: cūra, voluntās
ūniversa-ōrum, n: *the universe*
ūsque: *see* quō ūsque *above*
velutī: tamquam, sīc ut
ventus-ī, m: mōtus āeris; anima
vērō: sed, at
versūtus-a-um: callidus, perītus, facilis, argūtus
vīsus-ūs, m: oculī
volitō-āre-āvī: saepe volō; saepe errō

UNIT 10

Fābella

Having read about Prometheus and his brother Epimetheus, you now have the background needed to read and understand the story of Deucalion and Pyrrha, as adapted from Ovid. In this story, which begins in this Unit, Ovid presents an imaginative description of a flood: a farmer rows his boat where he recently drove a plow, catches a fish in the top of an elm, and has his anchor tangled in another tree. Wolves swim among the sheep, all equally helpless. Birds fall exhausted from the sky into the endless ocean.

Dīluvium

Juppiter hominēs propter vitia eōrum perdere voluit. Mīsit igitur dīluvium maximum quod paene tōtum orbem terrārum vāstāret. Altius crēscunt flūmina, submerguntur agrī et aedificia. Tantum montēs ex aquā sē prōtulērunt.

Fuērunt in orbe paucī hominēs. Hic in colle manet, ille in curvā nāve sedet et rēmōs movet ubī nūper agrōs colit. Alius suprā arva aut submersa tēcta vīllae suae nāvigat; alius altā in ulmō piscem invenit. Ancora forte in prātō viridī jacitur aut nāvēs curvae vīneās subjectās rādunt et, quā parte parvae capellae nūper herbam ēdērunt, nunc turpēs phōcae jacent. Nymphae admīrantur sub aquā silvās et urbēs et aedificia; et delphīnēs in silvīs habitant et in rāmōs natant et quercūs agitant et pulsant. Natat lupus inter agnōs, aqua fulvōs leōnēs rapit, aqua tigrēs rapit; neque aprum dentēs validī nec cervum raptum pedēs celerēs adjuvant. Atque avēs errantēs, postquam terrās, ubī quiēscere possint, diū quaesīvērunt, ālīs fessīs in mare cadunt. Vīs maris immoderāta collēs cēlāverat, et novae undae culmina montium pulsābant. Maxima pars orbis terrārum dīluviō aufertur; eōs quōs aqua nōn rapuit famēs longa vincit per cibum exiguum.

Sententiae

1. Dum loquor, hōra fugit. Ovid
2. Discere sī quaeris, doceās! Sīc ipse docēris. Medieval
3. Nunc populus est domī leōnēs, forīs vulpēs. Petronius
4. Orimur, morimur. Anonymous
5. Dum loquimur, fūgerit invida aetās. Horace
6. Cum essem parvulus, loquēbar ut parvulus, sapiēbam ut parvulus, cōgitābam ut parvulus. I Corinthians
7. Vīvāmus ergō mōribus praeteritīs; praesentibus verbīs loquāmur. Macrobius
8. Magnōs hominēs virtūte mētīmur, nōn fortūnā. Nepos
9. Nāscimur in lacrimīs, lacrimābile dūcimus aevum;
   clauditur in lacrimīs ultima nostra diēs.
   Anonymous

10. In quō . . . jūdiciō jūdicāveritis, jūdicābiminī. Matthew
11. Inter majōrēs caveās nē multa loquāris. Medieval
12. Tot mala sum passus quot in aethere sīdera lūcent. Ovid
13. Omne sub rēgnō graviōre rēgnum. Medieval
14. Quōs Deus vult perdere prius dēmentat. Translation of Euripides
15. Egō deum genus esse semper dīxī et dīcam caelitum:
    sed eōs nōn cūrāre opīnor quid agat hūmānum genus.
    Nam sī cūrent, bene bonīs sit, male malīs. Quod nunc abest.
    Ennius

    Prīmō in versū, "deum" pōnitur prō "deōrum," et est cāsūs genitīvī.
16. Lacrimāns nātus sum et lacrimāns morior. Medieval
17. Tuēbor. Motto
18. Nōn tam aqua similis aquae. Plautus
19. Rōmae quoque hominēs moriuntur. Medieval
20. Nōn inultus premor. Motto

Carmina

1. Cum sītis similēs parēsque vītā,
   uxor pessima, pessimus marītus,
   mīror nōn bene convenīre vōbīs.
   Martial

2. Cōnsule tē Brūtō quod jūrās, Lesbia, nātam
   mentīris. Nāta es, Lesbia, rēge Numā?
   Sīc quoque mentīris. Namque, ut tua saecula nārrant,
   ficta Promēthēō dīceris esse lutō.
   Martial

3. Mentīris juvenem tīnctīs, Laetīne, capillīs,
   tam subitō corvus, quī modo cycnus erās.
   Nōn omnēs fallis. Scit tē Prōserpina cānum;
   persōnam capitī dētrahet illa tuō.
   Martial

4. Nātōrum mihi jūs trium rogantī
   Mūsārum pretium dedit meārum
   sōlus quī poterat. Valēbis, uxor.
   Nōn dēbet dominī perīre mūnus.
   Martial

Tertiō in versū, "sōlus quī poterat" sīgnat "Domitiānus Imperātor." "Valēbis" sīgnificat "Ā mē discēdēs"; id est, uxōrem suam repudiat.

5. Mentīris fictōs unguentō, Phoebe, capillōs
   et tegitur pictīs sordida calva comīs.
   Tōnsōrem capitī nōn est adhibēre necesse:
   rādere tē melius spongea, Phoebe, potest.
   Martial

6. Īgnōtōs mihi cum vocēs trecentōs,
quā rē nōn veniam vocātus ad tē
mīrāris quererisque lītigāsque.
Sōlus cēno, Fabulle, nōn libenter.
Martial

Īnscrīptiōnēs

1. In collections of inscriptions, information is given about the place where the inscription was found. For example, the inscription below carries this note: *Haec īnscrīptiō Rōmae in aedibus Barberīnīs inventa fuit; jam periit.*

L. Vettius Nymphius aurifex v.a. septendecim (XVII).

Et tē, Terra, precor leviter super ossa resīdās,
sentiat ut pietās praemia quae meruit,
et quīcumque suīs sincērē praestat honōrem,
fēlīcem cursum perferat ad superōs.

2. D.M.S.

Quisquis praeteriēns titulum scrīptum lēgeris,
tāctus pietāte hoc precor ut dīcās: "Jānuāria, sit tibi terra levis."

Vīxit annīs sexāgintā quīnque (LXV); Jūlius Messor conjugī et Jūliī Rūfus et Jānuārius mātrī piissimae fēcērunt.

3. Sextus Jūliī Agathopī Phoebus an. VII.

Tē, Terra, obtestor, leviter super ossa quiēscās
et tenerae aetātī nē gravis esse velīs.

Lūsūs

Aenigmata Symphosiī

To solve one of these you should know that it was an ancient belief that certain animals known for their swiftness, particularly horses and tigers, were produced by the mating of the female with the wind.

1. Virtūtēs magnās dē vīribus offero parvīs.
   Pando domōs clausās, iterum sed claudo patentēs.
   Servo domum dominō, sed rursus servor ab ipsō.
   Respōnsum est _____.

2. Ā fluviō dīcor, fluvius vel dīcitur ex mē;
   jūnctaque sum ventō, quae sum vēlōcior ipsō;
   et mihi dat ventus nātōs nec quaero marītum.
   Respōnsum est _____.

3. Saepta gravī ferrō, levibus circumdata pennīs,
   āera per medium volucrī contendo meātū,
   missaque dēscendēns nūllō mittente revertor.
   Respōnsum est _____.

Index Verbōrum

aetās, aetātis, f: tempus vītae hominis
agitō-āre-āvī-ātus: agere vel pellere soleō; pulsō
aurifex, aurificis, m: quī artem aurī facit
Brūtus-ī, m: prīmus cōnsul post rēgēs Rōmae expulsōs
cacūmen, cacūminis, n: culmen, vertex, apex, summa pars
caeles (gen, caelitis): superus, caelestis
calvus-a-um: quī capillōs nōn habet; "calva" est caput calvum
capella-ae, f: nāta hircī vel caprī

cervus-ī, m: animal nōtum, quod crūra celeria et cornua rāmōsa habet

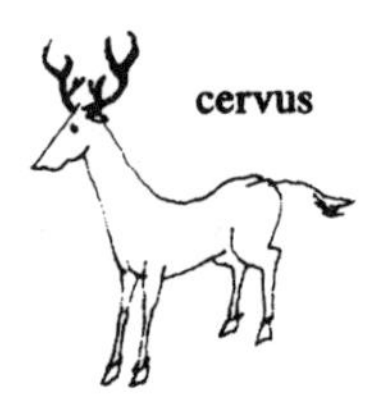

clāvis, clāvis, f: *key*
contendō, contendere, contendī: properō, celeriter eō
corvus-ī, m: avis nigra et rauca nōbīs bene nōta
culmen, culminis, n: summa pars; vertex, apex
cycnus-ī, m: avis magna et alba, quae et volat et natat

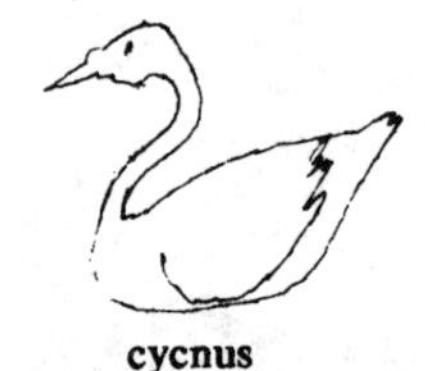

dēcidō, dēcidere, dēcidī: cadō

delphīn, delphīnis, m: animal marīnum, formā simile piscī
dēmentō-āre-āvī-ātus: īnsānum faciō
forīs (cāsūs ablātīvī): extrā domum
fulvus-a-um: habēns colōrem quī in leōnīnīs
 capillīs est; dīcitur quoque dē aurō, melle,
 capillīs hominum, harēnā
īgnōtus-a-um: nōn nōtus; novus
immēnsus-a-um: magnus, grandis

delphīn

inultus-a-um: quī nōn vindicātur
invidus-a-um: quī invidiam sentit
jūdicō-āre-āvī-ātus: aestimō
jungō, jungere, jūnxī, jūnctus: *join*
lacrimābilis-e: trīstis, miser
lacrimō-āre-āvī: lacrimās ēmittō; fleō
libenter: aequō animō, cum gaudiō
meātus-ūs, m: prōgressus, mōtus, mōtiō
mētior, mētīrī, mēnsus sum: aestimō, jūdicō
mīles, mīlitis, m: quī cum hoste pūgnat
Numa-ae, m: Numa Pompilius, secundus rēx Rōmānus
obtestor-ārī-ātus sum: rogō, precor
offerō, offerre, obtulī, oblātus: exhibeō, ostendō
opīnor-ārī-ātus sum: putō, aestimō, sentiō
orior, orīrī, ortus sum: nāscor
pandō, pandere, pandī, passus: aperiō
phōca-ae, f: animal marīnum; Anglicē, *seal*

phōca

praemium-ī, n: quod prō labōre, industriā,
 virtūte, pietāte, rēctis factīs darī solet
pretium-ī, n: praemium
Promēthēus-a-um: pertinēns ad Promētheum
prōsum, prōdesse, prōfuī (cum cāsū datīvō): adjuvō, cui oppōnitur "noceō"

rādō, rādere, rāsī, rāsus: *shave, scrape*
rēmus-ī, m: īnstrūmentum quō homō nāvem manibus movet
repudiō-āre-āvī-ātus: *divorce*
rursus: rursum
saeculum-ī, n: centum annī
saepiō, saepīre, saepsī, saeptus: vallō, mūniō, claudō; circumdō custōdiae causā
sordidus-a-um: impūrus
spongea-ae, f: molle corpus, medium inter plantam atque animal
tigris, tigris, f: animal nōtum silvae
tingō, tingere, tīnxī, tīnctus: pingō, colōrō
trecentī-ae-a: numerus quī quoque "CCC" scrīptus est
ulmus-ī, f: arbor nōtissima; Anglicē, *elm*
unguentum-ī, n: *ointment*
vīctus-ūs, m: cibus
vīlla-ae, f: domus rūstica
viridis-e: quī est color herbae vel foliōrum

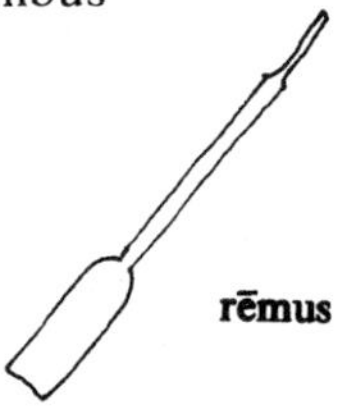

rēmus

spongea

UNIT 11

Fābella

In this Unit, an adaptation of Ovid's story of the flood continues. All who have experienced a flood will recognize the accuracy of Ovid's description of the decline of the waters, even to the tree tops stripped of most of their leaves by the raging waters, with the remaining few covered with mud.

The high mountain in the story, Mt. Parnassus, was situated in Phocis, a region of Greece that bordered on Attica (whose capital was the renowned city of Athens). The famous oracle of Delphi was located on Mt. Parnassus; it was popularly supposed to be the center of the earth. The oracle of Themis was a different oracle, however.

Aquae Recēdunt

Proxima Atticae erat regiō Phōcis, solum fertile, dum solum fuit, sed tum erat pars maris et magnus campus ex aquīs subitīs factus. Ibī mōns altus, Parnassus nōmine, ad sīdera ēlevat geminōs verticēs, et culmina ejus suprā nebulās stant. Postquam Deucaliōn cum conjuge nāve parvā vectus hīc mānsit (nam mare reliqua cēlāverat), adōrābant nymphās locī et deōs montānōs et deam Themin.[1] Fuit nūllus vir melior Deucaliōne nec jūstior aut ūlla fēmina magis pia quam Pyrrha.

Juppiter, cum videt mundum liquidīs palūdibus mersum et ūnum virum dē tot mīlibus relictum esse et ūnam fēminam dē tot mīlibus relictam esse, ambōs innocentēs, ambōs piōs, nūbēs fugāvit, et postquam Aquilō ventus tempestātem revocāvit, terrās caelō et caelum terrīs aperuit. Nōn jam mare īrātum fuit, et, tridente positō, Neptūnus aquās maris quiētās fēcit et nigrō Trītōnī, quī suprā mare ēminēbat et ex cujus humerīs mūricēs crēscēbant, imperāvit ut maria ac flūmina revocāret. Ille concham cavam manibus cēpit. Hoc cornū, ubī spīritū Trītōnis in mediō marī īnflātum est, sonitū suō lītora replēvit ab ortū sōlis ūsque ad occāsum. Tum etiam haec concha, ubī ōs deī madidum tetigit

[1]Themin: forma Graeca, cāsūs accūsātīvī

et īnflāta aquīs imperāvit ut sē reciperent, ab omnibus aquīs terrae ac maris audīta est, et omnēs aquās quae eam audīverant, repressit.

Nunc pontus ōram habet; fossa flūminis jam aquās plēnās capere potest; fluviī minōrēs fīunt, tumulī ex aquā exīre videntur. Ex undīs ēlevātur terra; quantō aquae dēcrēscunt, tantō crēscunt loca sicca. Post longum tempus arborēs rāmōs vāstōs mōnstrant et habent in foliīs terram madidam.

Sententiae

1. Medice, cūrā tē ipsum. Luke
2. Sī vīs pācem, parā bellum. Anonymous
3. Nōn nōbīs, Domine, nōn nōbīs, sed nōminī tuō dā glōriam. Anonymous
4. Crēde mihī, bene quī latuit bene vīxit, et intrā
   fortūnam dēbet quisque manēre suam.
   Ovid
5. Sī monumentum requīris, circumspice. Inscription in St. Paul's Cathedral, London, concerning its architect, Sir Christopher Wren
6. Sī quiētem māvīs, dūc uxōrem parem. Quintilian
   "Māvīs" sīgnificat "magis vīs."
7. Mūnera, crēde mihī, capiunt hominēsque deōsque. Ovid
8. Nōsce tē ipsum. Translation of saying of oracle at Delphi
9. Disce aut discēde. Common school motto
10. Rem tenē, verba sequentur. Marcus Porcius Cato
11. Vāde ad formīcam, Ō piger, et cōnsīderā viās ejus et disce sapientiam. Proverbs
12. Adde parvum parvō; magnus acervus erit. Anonymous
13. Vīve ut vīvās. Motto
14. Sī vīs amārī, amā. Anonymous
15. Redde Caesarī quae sunt Caesaris et quae sunt Deī, Deō. Matthew
16. Dā locum melioribus. Terence
17. Sperne lucrum; versat mentēs īnsāna cupīdō. Sayings of the Twelve Wise Men
18. Crēde mihī, miserōs prūdentia prīma relinquit. Ovid
19. Dā dextram miserō. Vergil
20. Deum cole, rēgem servā. Motto

Carmina

1. Martial did not think the swimming pool which Caecilianus had was very warm.

Aestīvō servēs ubi piscem tempore quaeris?
In thermīs servā, Caeciliāne, tuīs.

Martial

2. Dīc mihi, quis furor est? Turbā spectante vocātā
sōlus bōlētōs, Caeciliāne, vorās.
Quid dīgnum tantō tibi ventre gulāque precābor?
Bōlētum quālem Claudius ēdit, edās.

Martial

In prīmō versū, "Turbā spectante vocātā" valet "Cum turba invocāta spectet." In quārtō versū, hoc sciātis: per bolētī venēnum periit Claudius Imperātor.

3. "Quae tē causa trahit vel quae fidūcia Rōmam,
Sexte? Quid aut spērās aut petis inde? Refer."
"Causās" inquis "agam Cicerōne disertior ipsō
atque erit in triplicī pār mihi nēmo forō."
5 "Ēgit Atestīnus causās et Cīvis—utrumque
nō'rās—sed neutrī pēnsio tōta fuit."
"Sī nihil hinc veniet, pangentur carmina nōbīs:
audi'eris, dīcēs esse Marōnis opus."
"Īnsānīs: omnēs gelidīs quīcumque lacernīs
10 sunt ibi, Nāsōnēs Vergiliōsque vidēs."
"Ātria magna colam." "Vix trēs aut quattuor ista
rēs aluit; pallet cētera turba famē."
"Quid faciam? Suādē, nam certum est vīvere Rōmae."
"Sī bonus es, cāsū vīvere, Sexte, potes."

Martial

Prīmō in versū, "Rōmam" valet "ad urbem Rōmam." Quārtō in versū, Mārtiālis scrīpsit "triplicī . . . forō" quod hōc tempore Rōmae fuērunt tria fora; vetus sīve Rōmānum sīve Magnum appellātum est, alterum Jūliī Caesaris, tertium Augustī. Quīntō in versū, Atestīnus et Cīvis erant pauperēs quī causās ēgērunt.

Here are three distichs and one monostich from the anonymous moralist known as Dionysius Cato.

4. Quod potes, id temptā: nam lītus carpere rēmīs
   ūtilius multō est quam mālum tendere in altum.

5. Disce aliquid: nam cum subitō Fortūna recessit,
   ars remanet vītamque hominis nōn dēserit umquam.

6. Īnstrue praeceptīs animum; nē discere cessā;
   nam sine doctrīnā vīta est quasi mortis imāgō.

7. Cum accūsās alium, propriam prius īnspice vītam.

Īnscrīptiōnēs

1. Tū quī carpis iter gressū properante, viātor,
   siste gradum, quaesō; quod peto, parva mora est.
   Ōro ut praeteriēns dīcās: S T T L

2. L. Scaterius Amethystus ex testāmentō fēcit.

   Nihil sumus et fuimus mortālēs. Respice, lēctor;
   in nihil ab nihilō quam cito reccidimus!

3. Hospes, resiste et aspice aeternam domum:
   prō meritīs statuit conjūnx conjugī et sibī.

This was probably set up while the couple was alive, with a formula that could be used without change regardless of whether the husband or the wife died first.

4. This inscription was found in the hall of a home in Pompeii.

   Cavē Canem.

Lūsūs

Aenigmata Symphosiī

1. Dissimilis mātrī, patrī dīversa figūra,
   cōnfūsī generis, generī nōn apta propāgō,
   ex aliīs nāscor nec quicquam nāscitur ex mē.
   Respōnsum est ______.

2. Īnsidiās nūllās vereor dē fraude latentī:
nam deus attribuit nōbīs haec mūnera formae,
quod mē nēmo movet, nisi quī prius ipse movētur.
Respōnsum est _____.
3. Dentibus innumerīs sum tōtō corpore plēna;
frondicomam subolem morsū dēpāscor acūtō.
Mando tamen frūstrā, quia respuo praemia dentis.
Respōnsum est _____.
4. Purpura sum terrae, pulchrō perfūsa colōre,
saeptaque, nē violer, tēlīs dēfendor acūtīs.
Ō fēlīx, longō sī possim vīvere fātō.
Respōnsum est _____.

Index Verbōrum

accūsō-āre-āvī-ātus: arguō, crīminor; culpō
acervus-ī, m: cumulus, et saepius dīcitur dē grānīs in ūnum locum portātīs
acūtus-a-um: *sharp*
aestīvus-a-um: ad tempus aestātis pertinēns; calidus
aeternus-a-um: perpetuus
ātrium-ī, n: pārs domūs Rōmānae, ubī dominus hospitēs recēpit
attribuō, attribuere, attribuī, attribūtus: tribuō, dō, dōnō, āscrībō
bōlētus-ī, m: fungus

bolētus

cavus-a-um: cavātus, vacuus, curvātus
centaurus-ī, m: animal quod et vir et equus est
concha-ae, f: testa dūrior piscium; genus cornūs quō sīgnum datur

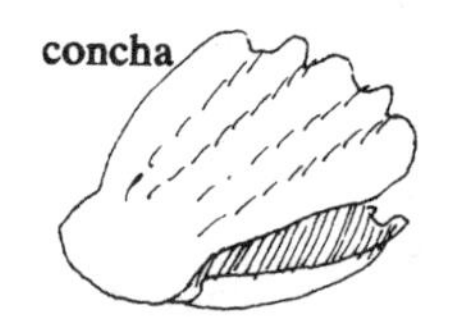

cōnsīderō-āre-āvī-ātus: cōgitō
cupīdō, cupīdinis, m: voluntās, studium, avāritia
dēpāscor, dēpāscī, dēpāstus sum: edō
dēserō, dēserere, dēseruī, dēsertus: relinquō
discēdō, discēdere, discessī: abeō
dīversus-a-um: varius
doctrīna-ae, f: ars, ērudītiō, litterae
formīca-ae, f: animal exiguum et bene nōtum, quod magnā industriā labōrat
frondicomus-a-um: habēns folia vel frondēs
gelidus-a-um: frīgidus
gressus-ūs, m: gradus
gula-ae, f: faucēs

formīca

humerus-ī, m: pars corporis ex quā pendet bracchium

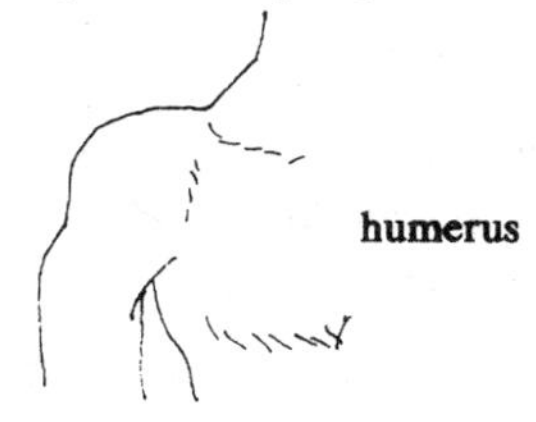

īmus-a-um: *bottom of*
īnflō-āre-āvī-ātus: spīritū pleō, īnspīrō
innumerus-a-um: permultus; innumerābilis
īnsāniō-īre-īvī: īnsānus sum
īnspiciō, īnspicere, īnspexī, īnspectus: cōnsīderō, spectō, exāminō
īnstruō, īnstruere, īnstrūxī, īnstrūctus: doceō
intrā (praepositiō cum cāsū accūsātīvō): *within*
lacerna-ae, f: vestis exterior; pallium
latrō, latrōnis, m: fūr
lītus, lītoris, n: margō maris, ōra maritima
lucrum-ī, n: ūtilitās, frūctus; Anglicē, *gain*
mālus-ī, m: arbor nāvis antennās ac vēla sustinēns

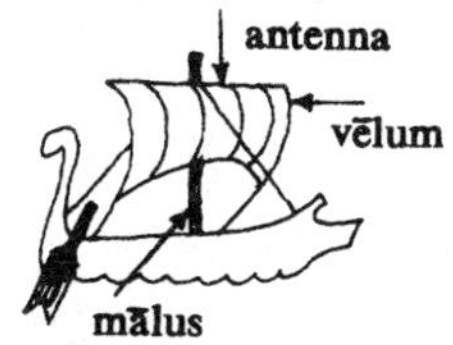

mandō, mandere, mandī, mānsus: dentibus frangō ut edam
Marō, Marōnis, m: Pūblius Vergilius Marō, auctor *Aenēidis*
montānus-a-um: ad montēs pertinēns; quī montem colit
mūrex, mūricis, m: piscis generis conchārum ex quō fīēbat color purpureus
Nāsō, Nāsōnis, m: Pūblius Ovidius Nāsō, poēta nōtus, quī *Metamorphōsēs* scrīpsit
nūbēs, nūbis, f: nebula
occāsus-ūs, m: locus ubī aliquid cadit
ortus-ūs, m: locus ubī aliquid oritur
pangō, pangere, pānxī, pānctus: compōnō
pēnsiō, pēnsiōnis, f: pecūnia quā aliquis vīvit; pretium
prior, prius: superior; Anglicē, *earlier*
propāgō, propāginis, f: surculus; subolēs, prōlēs; prōgeniēs; nātus

properō-āre-āvī: contendō, mātūrō; Anglicē, *hasten*
purpura-ae, f: color quem prōdūcit mūrex
recidō, recidere, reccidī: rursum cadō; hīc, redeō, reveniō
referō, referre, rettulī, relātus: nārrō, dīcō
respuō, respuere, respuī, respūtus: ex ōre ējiciō
rosa-ae, m&f: flōs cujusdam generis
serra-ae, f: *saw*
spectō-āre-āvī-ātus: aspiciō
spernō, spernere, sprēvī, sprētus: rejiciō, contemnō
suādeō, suādēre, suāsī, suāsus: hortor, moneō, moveō, persuādeō
subolēs, subolis, f: prōlēs, prōgeniēs, propāgō, nātus
suprā (praepositiō quae cāsum accūsātīvum capit): super
temptō-āre-āvī-ātus: cōnor
triplex (gen, triplicis): ex tribus partibus factus
Trītōn, Trītōnis, m: deus marīnus
unda-ae, f: aqua, flūctus; *wave*
vāstus-a-um: vāstātus, obrutus, dēlētus, vacuus, spoliātus
venter, ventris, m: cavum illud in mediō corpore animālis, ubī dīgestiō fit; stomachus
versō-ārē-āvī-ātus: vertere soleō
vorō-āre-āvī-ātus: edō mōre bēstiārum

UNIT 12

Fābella

In Unit 11, the paraphrase of Ovid described the survivors' feelings of relief as the sun broke through the clouds, the waters receded, and the rivers once more flowed in their accustomed courses. Floods are frequent in the mountainous country of Italy, and Ovid must have experienced many. So he knew that when the danger has passed, the distasteful work of cleaning up begins. Over everything lies ugly sludge, just like Florence in 1966 after the Arno River overflowed.

Any bad flood is a disaster, but this one was exceptionally destructive, for all mankind except Deucalion and Pyrrha had perished. Imagine how they must have felt in such an extraordinary situation!

Their first reaction was typical of many people in ancient times; believing the catastrophe to have been wrought by the gods, they tried to find out what the gods wanted them to do. Fortunately there was a goddess nearby named Themis, on the Cephisus River, who could foretell the future. As an immortal, she had not perished in the flood, but her shrine was foul with moss and her altar fires were only sodden ashes.

In Tōtō Mundō Duo Hominēs Relictī

Mundus redditus erat; Deucaliōn, cum illum vacuum et terrās vāstātās lātē tacēre vidēret tālī modō lacrimāns alloquitur Pyrrham:

"Ō lūx, Ō uxor, Ō sōla fēmina relicta, quam sanguis commūnis et ex duōbus frātribus orīgō, deinde mātrimōnium mihī conjūnxit, nunc ipsa perīcula conjungunt! Nōs duo sumus populus orbis terrārum, quaecumque ex solīs ortū ad occāsum jacent. Mare omnia alia rapuit. Nunc etiam nōn satis tūta est vīta nostra; nūbēs, etiam sī dissipantur, mentem meam terrent. Quid sentīrēs, īnfēlīx, sī sine mē superessēs? Quō modō sōla metum patī possēs? Quis dolōrēs tuōs cōnsōlārētur? Nam egō, crēde mihī, sī tē quoque mare tenēret, tē sequerer, Ō conjūnx, et mē quoque mare tenēret. Ō utinam gentēs artibus meī patris Promētheī recreāre et vītam lutō figūrātō īnspīrāre possim! Nunc gēns hūmāna in nōbīs duōbus superest (sīc dīs placuit)[1] et sōla exempla hominum sumus."

Fīnem fēcit, et ambō flēre coepērunt. Eīs placuit tandem deum precārī et opem per ōrāculī respōnsa petere. Nōn morābantur: simul dēscendērunt ad aquās flūminis Cephīsī, quae etiam sī nōndum pūrae erant, sīc tamen inter rīpās suās fluēbant. Postquam vestem et capita aquā sacrā perfūdērunt, prōgressī sunt ad templum deae Themidis, cujus culmina sordida muscō erant et ārae sine ignibus stābant.

Sententiae

- Which of the following *sententiae* contain the Ablative Absolute construction?
- In this Unit you learned a new type of conditional sentence which says that if X were happening (which it is not) then Y would be happening (which it is not). What verb form is used in this type of sentence? Which *sententia* contains this construction?
- You learned the #9 form of the verb in this Unit. In which *sententia* does this form occur?

1. Flērēs sī scīrēs ūnum tua tempora mēnsem;
   rīdēs cum nōn sit forsitan ūna diēs.
   Anonymous
2. Deō duce, Fortūnā comitante. Motto
3. Sērius aut citius sēdem properāmus ad ūnam. Ovid
4. Ut nōn multa loquī, plūra autem audīre monēret,
   linguam ūnam nātūra, duās dedit omnibus aurēs.
   Muretus
5. Absurdum est ut aliōs regat, quī sē ipsum regere nescit. Anonymous
6. Crēvērunt et opēs et opum furiāta cupīdō;
   et cum possideant plūrima, plūra volunt.
   Ovid
7. Inventa sunt specula ut homō ipse sē nō'sset. Seneca

[1]*placuit*: the technical word in Latin for "passing a vote"

8. Nītimur in vetitum semper, cupimusque negāta. Ovid

9. Aure lupī vīsā, sequitur certissima cauda. Medieval

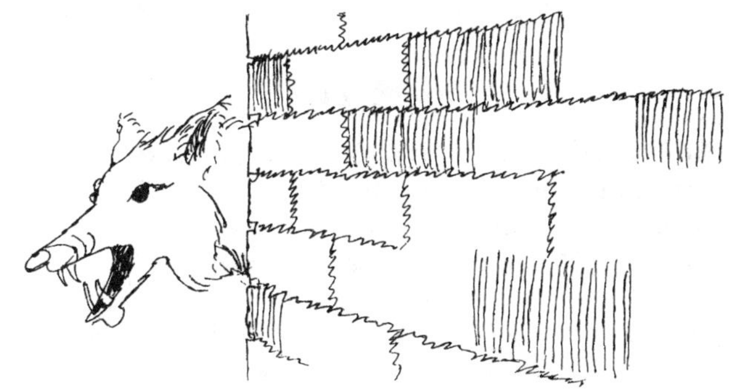

10. Amor et lacrima oculīs oritur, in pectus cadit. Publilius Syrus

Carmina

1. Linque metum lētī; nam stultum est tempore in omnī,
   dum mortem metuās, āmittere gaudia vītae.
   Dionysius Cato

2. Rēs est potēns vīnum, potēns rēx, fēmina
   potēns magis, potentior est vēritās.
   Parkhurst

3. The following refers to the success of the Habsburg family, rulers of Austria, in forming favorable alliances by marriage.

Bella gerant aliī; tū, fēlīx Austria, nūbe!
Nam quae Mārs aliīs, dat tibi rēgna Venus.
Anonymous

4. Scrīpsit in invidiam quīdam, Francīsce, poēta
   tam bene, tam doctē, nūllus ut invideat.
   Politian

5. Seu gravior lectō morbus tē affīxerit, Aule,
   sīve cavus doleat dēns stupidumve caput,
   "Ō utinam in caelīs essem!" tibi dīcere mōs est.
   Dīcunt hērēdēs nōn minus, "Ō utinam!"
   John Owen

6. Quīntīnae Laus

   Sī tē laudārem, Quīntīna, superbior essēs;
   tē laudāre equidem nōlo; superba sat es.
   John Owen

Īnscrīptiōnēs

1. Quid quereris fātīs mortis, cārissime conjūnx,
   cum sit commūnis omnibus ūna via?
   Dēsine sollicitum pectus lacerāre dolōre:
   temporis hospitium nōn solet esse diū.

In line 1, *quid* means *quā rē*? or *cūr*? In line 4, *temporis hospitium* means "temporary visit."

2. D.M. Pater et māter titulum posuērunt fūnerī acerbō, Gnajō Gargoniō, Gnajī fīliō, Paullīnō. Vīxit annīs IX, mēnsibus VII.

   Tē, lapis, obtestor, levis ut super ossa quiēscās,
   nē tenerae aetātī gravis videāris.
   Tū quī viā Flāminiā trānsīs, restā ac relege.

Compare this with the inscription in Unit 10:

   Tē, terra, obtestor, leviter super ossa quīescās
   et tenerae aetātī nē gravis esse velīs.

3. Here is another variation, with a change made to fit the fact

that the person buried was middle-aged. Notice how ridiculous the thought now sounds with this change.

> Tē, lapis, obtestor, leviter super ossa quiēscās
> et mediae aetātī nē gravis esse velīs.

4. Hīc sita est Amymonē Mārcī, optima et pulcherrima, lānifica, pia, pudīca, frūgī, casta, domiseda.

Pulcherrima, in line 1, is the superlative of *pulchra.* Adjectives ending in *-er*, like *pulcher*, double the *r* in forming their superlative.

Ōrātiō Solūta

Here is another story about the famous Arria whom you read about in Unit 9 of the programmed materials. This story is taken from a letter written by Pliny the Younger.

Aegrōtābat Caecīna Paetus, marītus ejus;[1] aegrōtābat et fīlius; uterque mortiferē, ut vidēbātur. Fīlius dēcessit, eximiā pulchritūdine, parī verēcundiā et parentibus nōn minus ob alia cārus quam quod fīlius erat.

Huic illa ita fūnus parāvit, ita dūxit exsequiās ut īgnōrāret marītus. Quīn immō; quotiēns cubiculum intrāret, vīvere fīlium atque etiam commodiōrem esse simulābat, ac persaepe interrogantī quid ageret puer respondēbat, "Bene quiēvit, libenter cibum sūmpsit."

Deinde, cum diū cohibitae lacrimae vincerent prōrumperentque, ēgrediēbātur; tunc sē dolōrī dabat; satiāta, siccīs oculīs, compositō vultū, redībat, tamquam orbitātem forīs relīquisset.

Praeclārum quidem illud ejusdem ferrum stringere, perfodere pectus, extrahere pugiōnem, porrigere marītō, addere vōcem immortālem ac paene dīvīnam: "Paete, nōn dolet." Sed tamen

[1]ejus = Arriae

ista facientī, dīcentī, glōria et aeternitās ante oculōs erant. Quō majus[1] est sine praemiō aeternitātis, sine praemiō glōriae abdere lacrimās, operīre lūctum āmissōque fīliō mātrem adhūc agere![2]

Lūsus

In this Unit you learned that the verb *edō* has two forms for the infinitive, the regular form *edere* and the irregular form *ēsse*. Besides the regular third person singular #2 form *edit*, there is an irregular form *ēst*. Keep this in mind in solving this riddle.

The sentence below is written without punctuation or macrons. Depending upon where you place the macrons and how you punctuate, the sentence has two entirely different meanings. What are they?

Mater mea est mala sus.

The two possible readings are given on the last page of this Unit.

Index Verbōrum

abdō, abdere, abdidī, abditus: tegō, cēlō
absurdus-a-um: rīdiculus
aeternitās, aeternitātis, f: tempus quod fīnem nōn habet
affīgō, affīgere, affīxī, affīxus: fīgō, pōnō
alveus-ī, m: rīpa per quam fluvius dēfluit
āra-ae, f: locus sacrificiō aptus; altāria; locus sacer

Cēphīsis (gen, Cēphīsidis): pertinēns ad Cēphīsum, quī est sacrum flūmen
cohibeō, cohibēre, cohibuī, cohibitus: retineō
commodus-a-um: *comfortable*
cōnsōlor-ārī-ātus sum: alicui dolōrem levō, alicui dolōrem leviōrem faciō

[1] *Quō majus*: how much greater
[2] *mātrem agere*: play the part of a mother

cubiculum-ī, n: pars domiciliī ubī quiēscimus vel dormīmus
dēnique: tandem
dēsinō, dēsinere, dēsiī: cessō, dēsistō
domisedus-a-um: quī domī manēre solet, et dīcitur dē fēminīs
ēgredior, ēgredī, ēgressus sum: exeō
eximius-a-um: excellēns, ēgregius
exsequiae-ārum, f: fūnus
forsitan: sī fors sit; forte; forsan; fors
frūgī (indecl adj): ūtilis, honestus, temperāns, prūdēns
furiō-āre-āvī-ātus: in furōrem agō; furiōsum faciō
hospitium-ī, n: *visit*
īgnōrō-āre-āvī-ātus: nesciō; nōn cognōscō
intrō-āre-āvī-ātus: ingredior, ineō
lānificus-a-um: quī artem lānae facit
lectus-ī, m: locus ubī quiēscimus vel dormīmus
lētum-ī, n: mors
lūctus-ūs, m: dolor, maeror
meō-āre-āvī: veniō, eō, currō
mortiferus-a-um: quī mortem fert
muscus-ī, m: herba quae in arboribus et saxīs crēscit, quālem
    vidēmus circā fontēs et loca hūmida
nītor, nītī, nīxus sum: cōnor, labōrō, tendō
ob (praepositiō quae cāsum accūsātīvum regit): propter
operiō, operīre, operuī, opertus: concēlō, cēlō, tegō, vēlō
perfodiō, perfodere, perfōdī, perfossus: caedō; Anglicē, *stab*
persaepe: saepius
porrigō, porrigere, porrēxī, porrēctus: extendō, trādō
praeclārus-a-um: maximē clārus, eximius
prōrumpō, prōrumpere, prōrūpī, prōruptus (verbum trānsitīvum
    et intrānsitīvum): hīc, fluō
pudīcus-a-um: castus, fidēlis
pugiō, pugiōnis, m: brevis gladius et is quī facile sub veste tegī
    potest

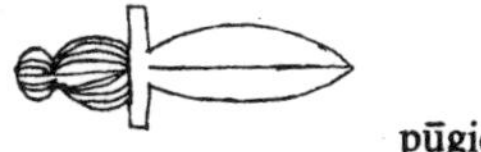

pūgiō

pulchritūdō, pulchritūdinis, f: forma
quīn (sentence connector): *no* (*contradicts what went before, often used with* immō)
relegō, relegere, relēgī, relēctus: iterum legō

reparō-āre-āvī-ātus: recreō
sat: satis
sollicitus-a-um: cūrīs affectus; inquiētus, anxius, perturbātus
stupidus-a-um: tardus, stultus
tamquam: sīc ut
vāstō-āre-āvī-ātus: dēleō, spoliō
-ve: vel
verēcundia-ae, f: pudor, probitās, bonī mōrēs

Answer to *Lūsus*

Because the words *sum, meus-a-um,* and *malus-a-um* are so common, most people would read the sentence this way:

Māter mea est mala sūs.

But the second (and less disrespectful!) reading, with more long vowels and different punctuation, is as follows:

Māter, meā; ēst māla sūs!

UNIT 13

Fābella

In this final section of the story of the flood, Ovid's contempt for traditional religion becomes clear. The gods play with mankind, and when our two innocent victims ask for help, they are told (apparently) to desecrate the memory of their mother by scattering her bones. Although Deucalion thinks he sees a solution, neither he nor Pyrrha trusts the gods.

Ovid reminds us constantly that, as a modern man, he does not believe these stories. As he describes the recreation of mankind, he asks with tongue in cheek who would believe this tale if it had not been told so many times.

The story you will read here is a prose paraphrase of Ovid's poem.

Novum Genus Hominum Nāscitur

Ut ad templī gradūs vēnērunt, ambō supplicēs humī[1] jacuērunt et timidī gelidō marmorī ōscula dedērunt. Atque ita locūtī sunt, "Sī dī superī aequīs precibus flectī possunt, sī īra deōrum mūtārī potest, dīc nōbīs, Ō Themi,[2] quō modō mors generis hūmānī reparārī possit, et, suāvissima, adjuvā rēs mersās!"

Dea victa est et hoc respōnsum dedit: "Vōbīs imperō ut ā templō discēdātis, capita tegātis, vestem, quam jam cinxistis, dēmittātis, ossa magnae mātris vestrae post terga jaciātis."

Diū haec verba admīrātī sunt; et Pyrrha prior locūta est et "Quod dea nōbīs imperāvit" inquit "egō quidem nōn faciam. Īgnōsce mihī, Ō Themi," dīxit timidīs verbīs, et timuit mānēs mātris ossibus jactīs violāre. Tum inter sē quaerēbant et sēcum cōgitābant quid haec verba deae dīcere vellent. Deinde Deucaliōn uxōrem suam blandīs verbīs cōnsōlātus est et "Aut meus animus" inquit "mē fallit aut respōnsa ōrāculī pia sunt et nūllum nefās nōbīs persuādent. 'Magna māter,' meā sententiā, terra est. Putō

[1] *humī*: on the ground (same form as *domī*)
[2] *Themi*: cāsūs vocātīvī, et est forma Graeca

quoque 'ossa' vocārī lapidēs hujus terrae. Hōs lapidēs dea nōbīs imperat ut post terga jaciāmus." Cum Pyrrha hāc conjectūrā conjugis tācta sit, spēs tamen incerta est; sīc ambō jussīs deōrum nōn crēdunt. Sed quō modō laedī possunt hī hominēs quī omnia jam āmīsērunt?

Ex templō discēdunt, capita veste tegunt, tunicās dēmittunt, lapidēs, ut dea jussit, post sē jaciunt. Hī lapidēs (Quis fābulae crēdere possit, nisī testis sit antīquitās?) mollēscere et mollēs formam capere coepērunt. Brevī tempore, ubī crēvērunt et mollēscēbant, agnōscī poterant figūrae hominis, nōn jam perfectae sed similēs rudibus statuīs marmoreīs. Quae pars eōrem lapidum madida et terrēna fuit, haec in carnem mūtāta est. Quae tamen solida fuit et flectī nōn poterat, in ossa corporis trānsiit. Et quae pars fuit nūper vēna terrae, ea idem nōmen retinuit, et brevī tempore, voluntāte deōrum, eī lapidēs ā Deucaliōne jactī in formam virōrum mūtātī sunt, et oriēbantur ex īs quōs jēcerat Pyrrha fēminae.

Ex hīs lapidibus fīmus nōs hominēs, genus dūrum et patiēns labōris, et ostendimus unde nātī sīmus.

Sententiae

- The perfective infinitive was introduced in this Unit. What is its signal? In which of the sentences below does it occur?
- A new participle was also introduced. What is its signal and in which sentence does it occur?

1. Turpe est ōdisse quem laudēs. Anonymous
2. Multa quidem scrīpsī; sed quae vitiōsa putāvī
   ēmendātūrīs ignibus ipse dedī. Ovid

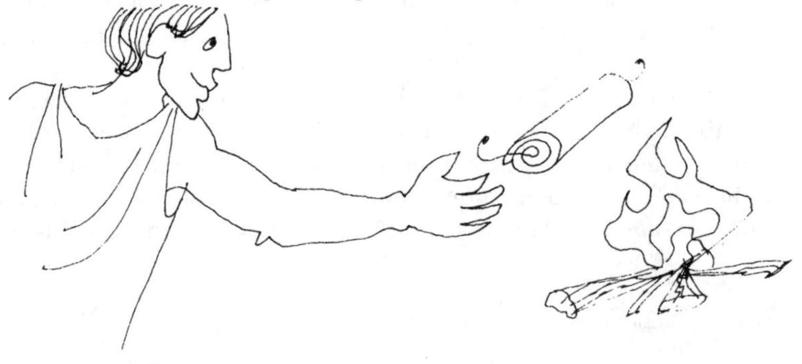

3. Nihil turpius quam grandis nātū senex, quī nūllum aliud habet argūmentum, quō sē probet diū vīxisse, praeter aetātem. Seneca

4. Adhūc nēminem cognōvī poētam . . . quī sibī nōn optimus vidērētur. Cicero

5. Sānctissimum est meminisse cui tē dēbeās. Publilius Syrus

6. Nūlla tam bona est fortūna dē quā nihil possīs querī. Publilius Syrus

7. Optimum est patī quod ēmendāre nōn possīs. Seneca

8. Mortālis nēmō est quem nōn attingat dolor morbusve. Cicero

9. Quae fuit dūrum patī, meminisse dulce est. Seneca

10. Nūllum est jam dictum quod nōn dictum sit prius. Terence

Carmina

1. Quid recitātūrus circumdās vellera collō?
    Conveniunt nostrīs auribus illa magis.
    Martial

Circumdō ("surround") takes the accusative of the thing that is placed and the dative of the place it is put around.

2. Numquam sē cēnā'sse domī Philo jūrat, et hocc est:
    nōn cēnat, quotiēns nēmo vocāvit eum.
    Martial

3. Fāma refert nostrōs tē, Fīdentīne, libellōs
    nōn aliter populō quam recitāre tuōs.
    Sī mea vīs dīcī, grātīs tibi carmina mittam;
    sī dīcī tua vīs, hocc eme, nē mea sint.
    Martial

4. Nārrātur bellē quīdam dīxisse, Marulle,
   quī tē ferre oleum dīxit in auriculā.
   Martial

5. Saepe rogāre solēs quālis sim, Prīsce, futūrus
   sī fīam locuplēs simque repente potēns.
   Quemquam posse putās mōrēs nārrāre futūrōs?
   Dīc mihi: sī fīās tū leo, quālis eris?
   Martial

6. Vīpera Cappadocem nocitūra momordit; at illa
   gustātō periit sanguine Cappadocis.
   Anonymous

This kind of joke is still around today.

7. Incipe. Dīmidium factī est coepisse. Supersit
   dīmidium: rursum hocc incipe, et efficiēs.
   Ausonius

Check out the mathematics of this. What the poet seems to say is, "Since to begin is to do half the job, begin twice, and the task is finished." But the point of the poem is to show that this is in fact not so. For when we begin the second half, we do not accomplish half of the entire project, but only half of the half which remains. At this rate, when will we finish? Those who have studied calculus will be able to explain the paradox.

Ōrātiō Solūta

1. Lēgimus quendam apud Rōmānōs nōbilem, cum eum amīcī

arguerent, quā rē uxōrem formōsam et castam et dīvitem repudiā'sset, prōtendisse pedem et dīxisse eīs: "Et hic soccus, quem cernitis, vidētur vōbīs novus et ēlegāns, sed nēmō scit praeter mē ubī mē premat."

St. Jerome

2. This next story comes from a collection of anecdotes written by Poggio Bracciolini (1380–1459), one of the most famous scholars in the history of classical studies. Much of his life was spent in discovering manuscripts of classical authors, which had been lying forgotten in neglected libraries.

Dē Illō Quī Arātrum Super Humerum Portāvit

Alter, Piērus nōmine, ad modum incultus, cum ūsque ad merīdiem arā'sset, fessīs bōbus, et ipse labōre fatīgātus, reditūrus in oppidum,[1] arātrum super asellum alligat, deinde asellum, praemissīs bōbus, ascendit. Quī cum nimiō onere gravātus sub pondere dēficeret, sentit tandem Piērus asellum īre nōn posse.

Tum dēscendēns atque arātrum super humerum pōnēns, rursus asellum ascendit, inquiēns,[2] "Nunc rēctē ambulāre potes; nōn enim tū sed egō arātrum ferō."

[1]In many parts of Europe the farmers live in villages and go out to their farms to work. This man is returning home for lunch and his siesta.
[2]This use of the verb *inquit* is not a classical use. The participle is not used by classical authors (although it is found in some Latin translations of the Bible); also, the usual form *inquit* regularly comes after one or more words of the direct statement.

Lūsūs

Aenigmata Symphosiī

1. Pulvis aquae tenuis modicō cum pondere lāpsus,
   sōle madēns, aestāte fluēns, in frīgore siccus,
   flūmina factūrus tōtās prius occupo terrās.
   Respōnsum est _____.
2. Mersa procul terrīs in caespite lympha profundō
   nōn nisi perfossīs possum prōcēdere vēnīs,
   et trahor ad superōs aliēnō ducta labōre.
   Respōnsum est _____.
3. Findere mē nūllī possunt, praecīdere multī.
   Sed dīversicolor sum, albus quandōque futūrus;
   mālo manēre niger: minus ultima fāta verēbor.
   Respōnsum est _____.

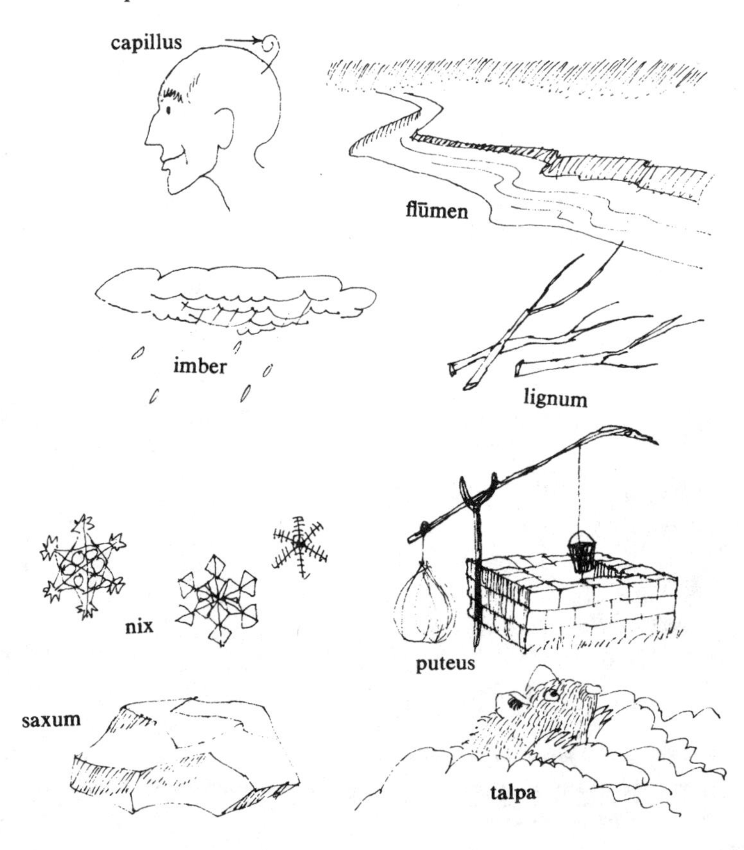

Index Verbōrum

ad modum: plānē, certē
alligō-āre-āvī-ātus: vinculīs ligō
apud (praepositiō quae cāsum accūsātīvum regit): *near, among*
arguō, arguere, arguī, argūtus: accūsō, cēnseō
arō-āre-āvī-ātus: terram arātrō frangō; colō
attingō, attingere, attigī, attāctus: tangō
auricula-ae, f: parva auris
caespes, caespitis, m: terra caesa cum herbā; hīc, terra, humus
Cappadox, Cappadocis, m&f: incola Cappadociae, quae est regiō Asiae Minōris
cingō, cingere, cinxī, cinctus: *fasten up with a belt (clothes for work or in a Roman religious ceremony); surround*
circumdō, circumdare, circumdedī, circumdatus: cingō; Anglicē, *surround*
contingō, contingere, contigit, contāctus: accidit, exstō
dēficiō, dēficere, dēfēcī, dēfectus: nōn sufficiō; patī nōn possum
dīmidium-ī, n: altera pars alicujus reī in duās partēs aequālēs dīvīsae

dīmidium

dīversicolor (gen, dīversicolōris): quī dīversōs et variōs colōrēs habet
ēmendō-āre-āvī-ātus: vitiō et culpā pūrgō; reparō, corrigō; Anglicē, *correct*
fessus-a-um: fatīgātus
findō, findere, fidī, fissus: *split*
gelū,-ūs, n: *ice*
grātīs (cāsūs ablātīvī): *for free, for nothing*
gustō-āre-āvī-ātus: *taste*
lābor, lābī, lāpsus sum: dēscendō, dēfluō, cadō
madeō, madēre, maduī: hūmidus vel madidus sum
merīdiēs-ēī, f: medius diēs
modicus-a-um: medius; hīc, parvus, exiguus
mūniō-īre-īvī-ītus: dēfendō, tueor
nātū (tantum in cāsū ablātīvō): *in birth*; grandis nātū, *advanced in years*

oppidum-ī, n: parva urbs, vīcus

ōsculum-ī, n: parvum ōs; saepius est sīgnum amōris aut reverentiae

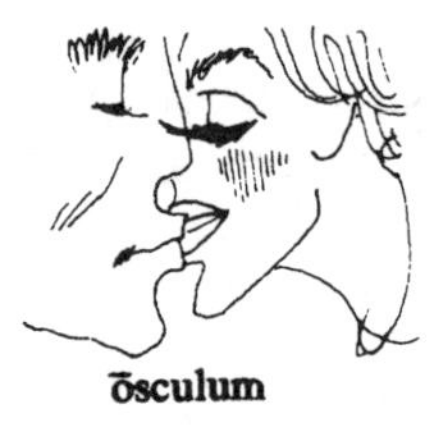

ōsculum

pondus, ponderis, n: *weight*

praecīdō, praecīdere, praecīdī, praecīsus: caedō, secō

praemittō, praemittere, praemīsī, praemissus: ante mē mittō

procul: longē

prōtendō, prōtendere, prōtendī, prōtēnsus: extendō, porrigō

quandōque: aliquō tempore, aliquandō

reparō-āre-āvī-ātus: recreō

rudis-e: incultus, inōrnātus, imperfectus

soccus-ī, m: *shoe*

terrēnus-a-um: ex terrā factus

soccus

vellus, velleris, n: vestis ovis, lāna

vēna-ae, f: *vein (of metal in the ground and of blood in the body); underground channel of water*

UNIT 14

The prose selections in Units 14 through 24 are taken from the *Breviārium Historiae Rōmānae*[1] written by Eutropius in the fourth century A.D. This work is an account of the history of Rome from the beginning of the city to Eutropius' own time. In this reader, we have included only the first seven books of the *Breviārium*, from the founding of Rome in 753 B.C. to the first century A.D. when Martial published his poems. Although Eutropius deals almost exclusively with military matters and gives little attention to movements of social unrest and change, his account nonetheless provides an excellent framework for studying Roman history.

After the first few chapters, you will be able to read Eutropius much faster than any other Latin author you have yet studied. This is partly because of your extended experience in reading Latin, and partly because Eutropius is a comparatively easy author. His sentences are short and he constantly repeats whole phrases and sentences with only minor changes in the wording. His style is plain and unpretentious, in marked contrast to that of Ovid, for example. Beauty and imagination are lacking, but Eutropius does offer a prosy, down-to-earth account of who the Romans were and how they built the Empire.

Because all the records at Rome were destroyed when the Gauls invaded and burned the city in 390 B.C., true historical records exist only after this date. Thus, the chapters by Eutropius on the early history of Rome (753–390 B.C.) which you will read in this Unit and the next are more legend than history. This is not to say that they are any less important, for legends tell us a great deal about the people who believe in them.

Eutropius, using Livy as his source, presented the ancient Romans as their descendants wanted them to be. The storytellers who passed down the tales of King Arthur and Robin Hood were performing a similar service for the English. And in America, perhaps our greatest legends are those of the Wild West, recorded

[1] A *breviārium*, or "epitome," is a short summary in which an extensive subject is covered in relatively few pages.

as much in film as in the printed word. If we compare original photographs of Western towns and their inhabitants with their Hollywood counterparts, it is easy enough to see the difference between fact and legend. Yet most Americans probably believe that the "real" Wild West is the one presented in movies.

In much the same way, the legends of the early history of Rome are as real and as valuable as the findings of archaeologists, even though they differ in both content and interpretation. Whether archaeological evidence is more *important* than transmitted legend depends on what one is looking for.

In each of the remaining Units, a time line is provided for the historical period covered in the Eutropius chapters for that Unit. A summary time line is also included following Unit 24. Although these time lines may look very neat and tidy, their dates are not always as exact as they appear. Most of the earlier dates are only legendary, and there is still uncertainty even about some of the later dates from eras that are clearly historical. Nonetheless, the time lines should be helpful in placing events in their relative chronological order.

Both the dates in the time lines and the dates given in square brackets within the text are the standard dates usually cited for Roman history. Because of the difficulty involved in ascertaining a historically accurate chronology, many of these dates have been accepted over other alternatives merely as a matter of convention. For this reason, they will not always be the same as the dates Eutropius assigned sixteen centuries ago.

The only difficult section of Eutropius happens to come at the very beginning. It seems that the author, in trying to be elegant, ended up only by being unclear. For this reason we have included below an English version of the first chapter of Book One. After reading it through, go on to study the Latin.

"The Roman Empire, than which human memory can recall no other [which was] in its beginning much less nor in its growth larger in the whole world, had its beginning from Romulus, who was the son of Rhea Silvia, a Vestal Virgin, and (as far as it is believed) of Mars, born at one birth with his brother Remus. When he was a robber among the shepherds at the age of eighteen, he established a small city on Mount Palatine, on the eleventh day before the Kalends of May, in the third year of the sixth Olympiad, in the 394th year after the destruction of Troy, as those who passed on the earliest and latest dates have it." (That is, if we compromise between the earliest and latest dates.)

Eutropī Breviārium Historiae Rōmānae [1]

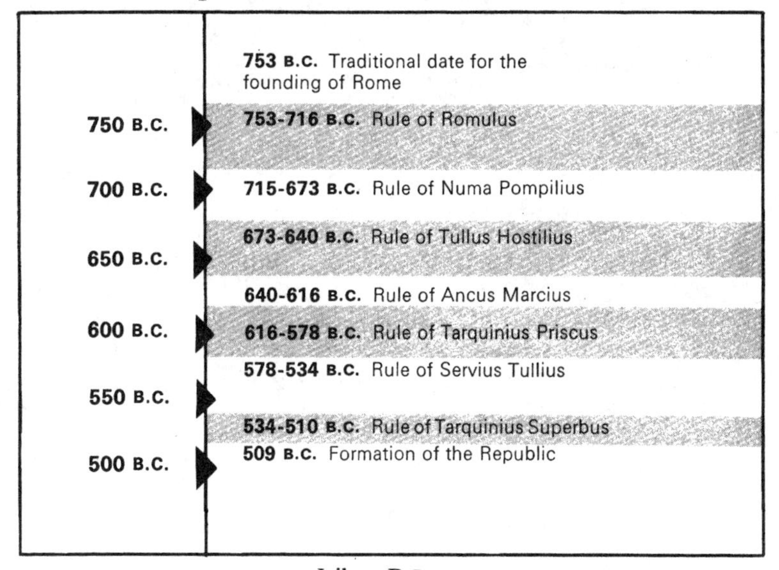

Liber Prīmus

1. Rōmānum imperium, quō neque ab exōrdiō ūllum ferē minus neque incrēmentīs tōtō orbe amplius hūmāna potest memoria recordārī, ā Rōmulō exōrdium habet, quī Rhēae Silviae, Vestālis Virginis, fīlius et (quantum putātus est) Mārtis, cum Remō frātre ūnō partū ēditus est. Is cum inter pāstōrēs latrōcinārētur, octōdecim (XVIII) annōs nātus, urbem exiguam in Palātīnō Monte cōnstituit, ūndecimō (XI) diē ante Kalendās Majās,[2] Olympiadis[3] sextae annō tertiō [April 21, 753 B.C.], post Trojae

[1]Names ending in *-ius*, like *Eutropius*, frequently (though not always) have the genitive ending with a single *-ī*, as here. There is sometimes variation even in the same name used in more than one place by the same author.
[2]*ūndecimō . . . Majās*: on the eleventh day before the first of May, that is, April 21. Roman dates are explained in Unit 20 of the programmed text.
[3]*Olympiadis*: Dates were sometimes reckoned from 776 B.C., the legendary date of the first Olympic games. An Olympiad was a period of four years. The phrase *Olympiadis sextae annō tertiō* means "in the third year of the sixth Olympiad."

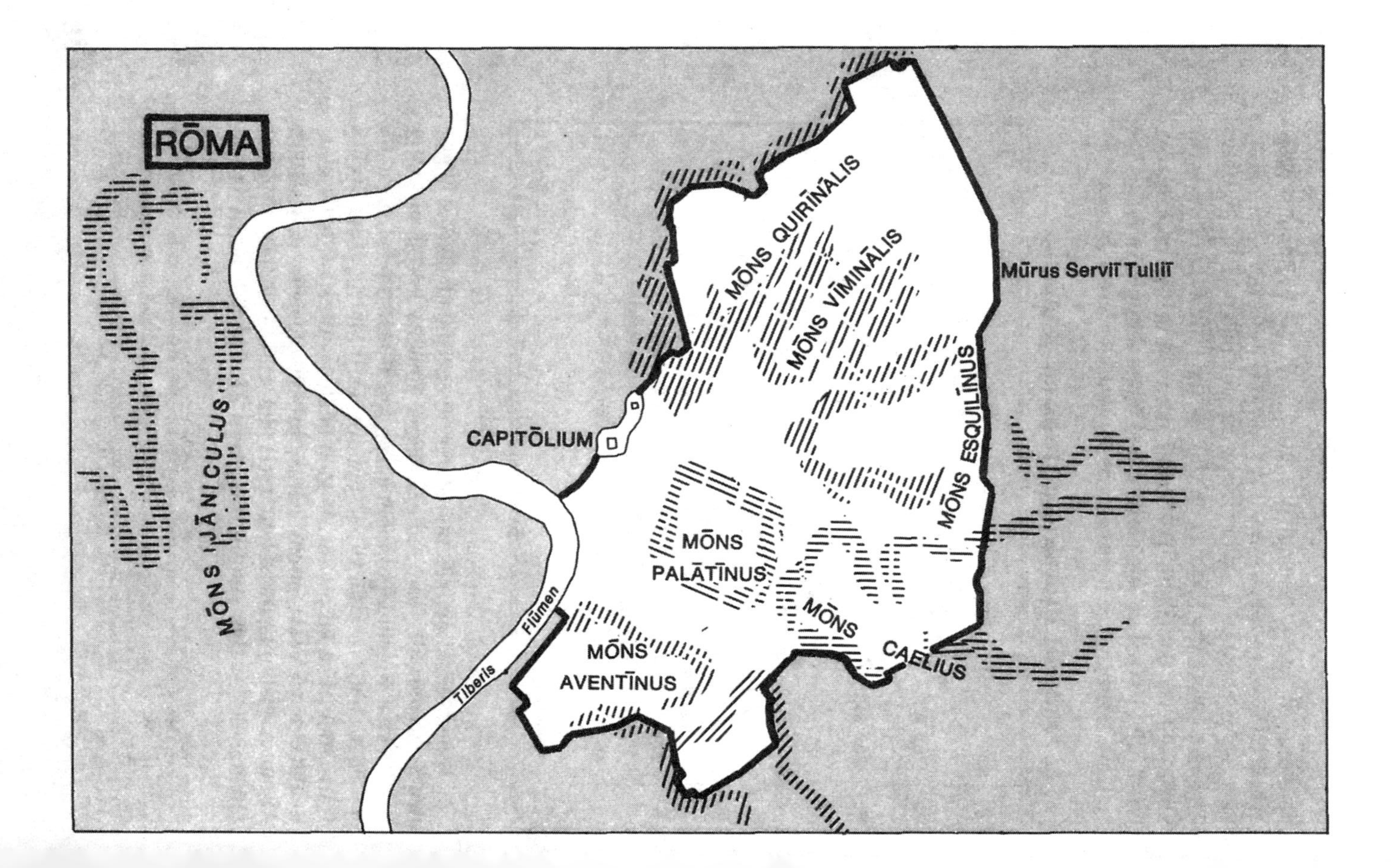
RŌMA
MŌNS IĀNICULUS
CAPITŌLIUM
MŌNS QUIRĪNĀLIS
MŌNS VĪMINĀLIS
Mūrus Serviī Tulliī
MŌNS ESQUILĪNUS
MŌNS PALĀTĪNUS
MŌNS CAELIUS
MŌNS AVENTĪNUS
Flūmen Tiberis

excidium, ut quī plūrimum minimumque trādunt,[1] annō trecentēsimō nōnāgēsimō quārtō (CCCXCIV).

2. Conditā cīvitāte, quam ex nōmine suō "Rōmam" vocāvit, haec ferē ēgit. Multitūdinem fīnitimōrum in cīvitātem recēpit; centum ex seniōribus lēgit, quōrum cōnsiliō omnia ageret, quōs "senātōrēs" nōmināvit propter senectūtem. Tum, cum uxōrēs ipse et populus suus nōn habērent, invītāvit ad spectāculum lūdōrum vīcīnās urbī Rōmae nātiōnēs atque eārum virginēs rapuit. Commōtīs bellīs propter raptārum injūriam, Caenīnēnsēs vīcit, Antemnātēs, Crustumīnōs, Sabīnōs, Fīdēnātēs, Vejentēs. Haec omnia oppida Urbem cingunt. Et cum, ortā subitō tempestāte, nōn compāruisset, annō rēgnī trīcēsimō septimō (XXXVII), ad deōs trānsīsse crēditus est [717 B.C.]. Deinde Rōmae per quīnōs diēs senātōrēs imperāvērunt et, hīs rēgnantibus, annus ūnus complētus est.

3. Posteā Numa Pompilius rēx creātus est, quī bellum quidem nūllum gessit sed nōn minus cīvitātī quam Rōmulus prōfuit [715 B.C.]. Nam et lēgēs Rōmānīs mōrēsque cōnstituit, quī cōnsuētūdine proeliōrum jam latrōnēs ac sēmibarbarī putābantur, et annum dēscrīpsit in decem mēnsēs, prius sine aliquā supputātiōne cōnfūsum, et īnfīnīta Rōmae sacra ac templa cōnstituit. Morbō dēcessit quadrāgēsimō tertiō (XLIII) imperiī annō.

4. Huic successit Tullus Hostīlius [673 B.C.]. Hic bella reparāvit; Albānōs vīcit, quī ab urbe Rōmā duodecimō (XII) mīliāriō sunt; Vejentēs et Fīdēnātēs, quōrum aliī sextō (VI) mīliāriō absunt ab urbe Rōmā, aliī octāvō decimō (XVIII), bellō superāvit. Urbem ampliāvit adjectō Caeliō Monte. Cum trīgintā et duōs (XXXII) annōs rēgnā'sset, fulmine ictus cum domō suā arsit.

5. Post hunc Ancus Mārcius, Numae ex fīliā nepōs, suscēpit imperium [640 B.C.]. Contrā Latīnōs dīmicāvit; Aventīnum

[1]Although the language of Eutropius is obscure here, his meaning is clear. There were various dates given for the fall of Troy. If we assume, as many Romans did, that Rome was founded 394 years after the destruction of Troy, and we compromise on a date between the earliest and latest dates for that event, then we arrive at the date that Eutropius gives.

Montem cīvitātī adjēcit et Jāniculum; apud ōstium Tiberis Ōstiam cīvitātem suprā mare sextō decimō (XVI) mīliāriō ab urbe Rōmā condidit. Vīcēsimō quārtō (XXIV) annō imperiī morbō periit.

6. Deinde rēgnum Prīscus Tarquinius accēpit [616 B.C.]. Hic numerum senātōrum duplicāvit, Circum Rōmae aedificāvit, lūdōs Rōmānōs īnstituit, quī ad nostram memoriam permanent. Vīcit īdem etiam Sabīnōs et nōn parum agrōrum sublātum īsdem urbis Rōmae territōriō jūnxit, prīmusque triumphāns[1] Urbem intrāvit. Mūrōs fēcit et cloācās, Capitōlium incohāvit. Trīcēsimō octāvō (XXXVIII) imperiī annō per Ancī fīliōs occīsus est, rēgis ejus cui ipse successerat.

7. Post hunc Servius Tullius suscēpit imperium [578 B.C.], genitus ex nōbilī fēminā, captīvā tamen et ancillā. Hic quoque Sabīnōs subēgit; montēs trēs, Quirīnālem, Vīminālem, Esquilīnum, Urbī adjūnxit; fossās circā mūrum dūxit. Prīmus omnium cēnsum ōrdināvit, quī adhūc per orbem terrārum incognitus erat. Sub eō, Rōma, omnibus in cēnsum dēlātīs, habuit capitum octōgintā tria (LXXXIII) mīlia cīvium Rōmānōrum, cum īs quī in agrīs erant. Occīsus est scelere generī suī, Tarquinī[2] Superbī, fīliī ejus rēgis cui ipse successerat, et fīliae, quam Tarquinius habēbat uxōrem.

To understand the following story, you must know that there are three people named "Tarquinius." One is the king, Tarquinius Superbus, who had seized the throne by murder and kept it by tyranny. The second is his son, Tarquinius Sextus, who seduced the wife of a third Tarquinius, named Lucius Tarquinius Collatinus. The Brutus mentioned here hated the king, who had murdered his father, and was eager for revenge.

8. Lūcius Tarquinius Superbus, septimus atque ultimus rēgum [534 B.C.], Volscōs, quae gēns ad Campāniam euntibus[3] nōn longē ab Urbe est, vīcit; Gabiōs cīvitātem et Suessam Pōmētiam[4] subēgit; cum Tuscīs pācem fēcit; et templum Jovī in Capitōliō aedificāvit. Posteā Ardeam oppūgnāns, in octāvō decimō (XVIII) mīliāriō ab Urbe positam cīvitātem, imperium perdidit. Nam

[1]*triumphāns*: "celebrating a triumph," a formal Roman victory parade; this privilege was granted by the Senate only when certain conditions (such as the number of enemy killed) had been met.
[2]Tarquinī: prō "Tarquiniī"
[3]euntibus: participium praesēns verbī *eō, īre, iī*
[4]Suessam Pōmētiam: situs hujus cīvitātis īgnōtus est.

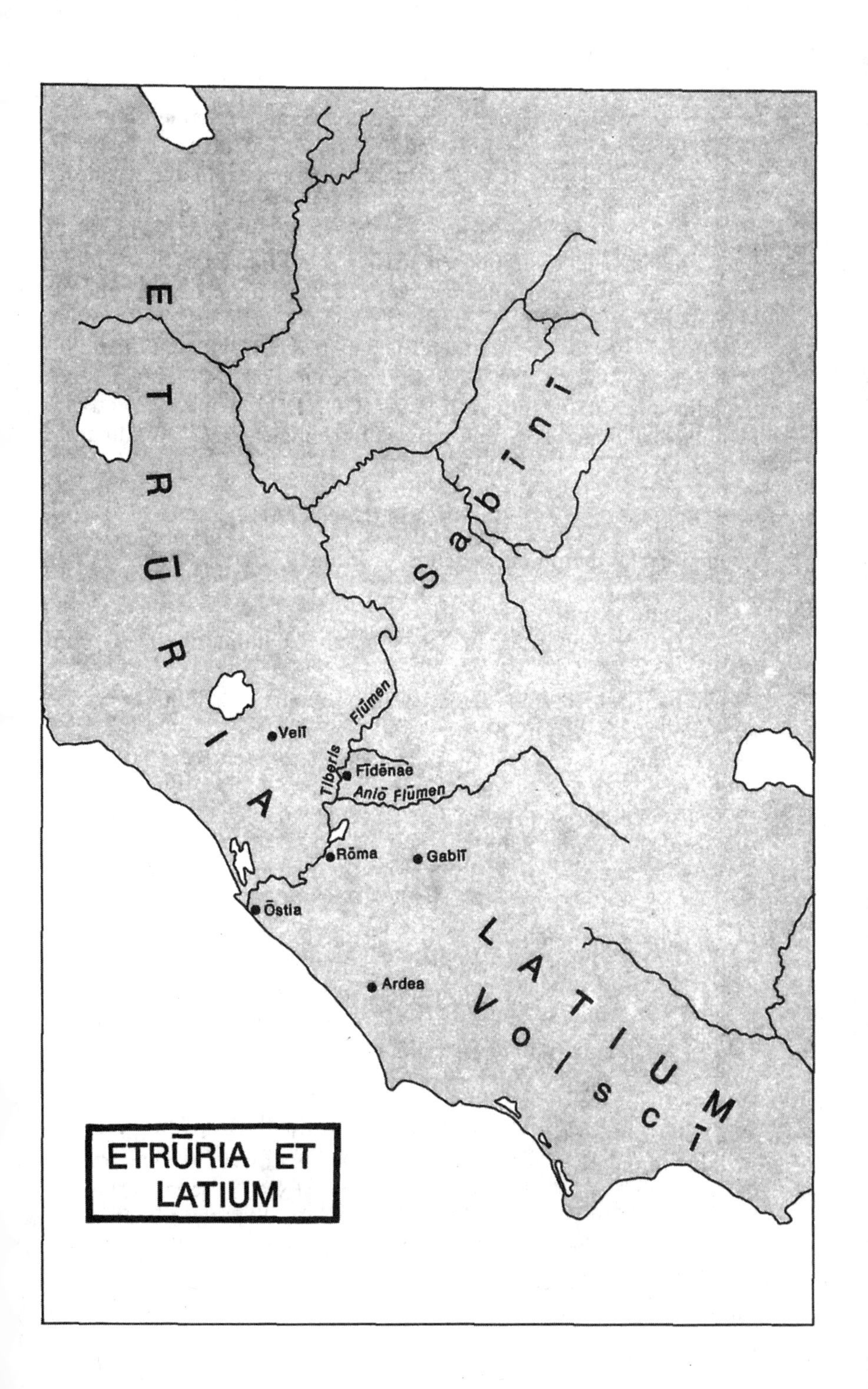
ETRŪRIA
Sabīnī
Tiberis Flūmen
Veiī
Fīdēnae
Aniō Flūmen
Rōma
Gabiī
Ōstia
Ardea
LATIUM
Volscī
ETRŪRIA ET LATIUM

cum fīlius ejus (et ipse Tarquinius)[1] nōbilissimam fēminam Lūcrētiam, eandemque pudīcissimam, Collātīnī uxōrem, stuprā'sset eaque dē injūriā marītō et patrī et amīcīs questa fuisset, in omnium cōnspectū sē occīdit. Propter quam causam Brūtus, parēns, et ipse Tarquinius[2] populum concitāvit et Tarquiniō adēmit imperium [510 B.C.]. Mox exercitus quoque eum, quī cīvitātem Ardeam cum ipsō rēge oppūgnābat, relīquit; veniēnsque ad Urbem rēx portīs clausīs exclūsus est; cumque imperā'sset annōs quattuor et vīgintī (XXIV) cum uxōre et līberīs suīs fūgit. Ita Rōmae rēgnātum est[3] per septem rēgēs annīs ducentīs quadrāgintā tribus (CCXLIII), cum adhūc Rōma, ubī plūrimum, vix ūsque ad quīntum decimum (XV) mīliārium possidēret.

Sententiae

Identify all the plural imperatives in the *sententiae* below.

1. Date et dabitur vōbīs. Luke
2. Gubernāculum quod alterī nāvī magnum, alterī exiguum est. Seneca
3. Nēmō errat ūnī sibī, sed dēmentiam spargit in proximōs accipitque in vicem. Seneca
4. Īnfirmōs cūrāte, mortuōs suscitāte, leprōsōs mundāte, daemonēs ējicite: grātīs accēpistis, grātīs date. Matthew
5. Secundīs nēmō cōnfīdat; adversīs nēmō dēficiat; alternae sunt vicēs rērum. Seneca

Carmina

1. The grammatical structure of this poem is easy. In the first two lines Martial explains to his friend (also named Martial) what the poem is about. Then in lines 3–11 he names fifteen things which to him spell contentment. He concludes with two lines of advice: be yourself and do not try to be anything more; do not fear death and do not hope for it.

The poem is easy to read because nine of the thirteen lines contain nominatives. However, it may be difficult to understand because some of the things that Martial values seem strange to us. He begins his list with his preference for inherited property rather than property he has had to work for. He wants to be

[1]et ipse Tarquinius: et quī quoque "Tarquinius" nōminātus est
[2]ipse Tarquinius: hic Tarquinius est Lūcius Tarquinius Collātīnus.
[3]*rēgnātum est*: "ruling was done" or "the rule lasted." Some intransitive verbs, like *rēgnō*, are used in the passive in the third person singular.

able to afford a fireplace which never goes out. (Even today in Italy on the hottest days of summer, homes can be found with blazing hearths as symbols of plenty.) In line five he says he wishes to wear the toga only rarely. The Romans wore the toga when visiting their patrons and on certain civic occasions. In line six he wishes for strength suitable for a free man, not such strength as a slave, used to manual labor, would have to have. He doesn't want to become intoxicated at night but wants to be pleasantly relaxed. And finally, he thinks a wife should be lively and, at the same time, virtuous.

Vītam quae faciant beātiōrem,
jūcundissime Mārtiālis, haec sunt.
Rēs nōn parta labōre sed relicta;
nōn ingrātus ager, focus perennis,
5 līs numquam, toga rāra, mēns quiēta;
vīrēs ingenuae, salūbre corpus;
prūdēns simplicitās, parēs amīcī,
convīctus facilis, sine arte mēnsa;
nōx nōn ēbria sed solūta cūrīs;
10 nōn trīstis torus et tamen pudīcus;
somnus quī faciat brevēs tenebrās.
Quod sīs esse velīs nihilque mālīs;
summum nec metuās diem nec optēs.

Martial

2. Venderet excultōs collēs cum praeco facētus
atque suburbānī jūgera pulchra solī,
"Errat" ait "sī quis Mariō putat esse necesse
vendere. Nīl dēbet; faenerat immo magis."
5 "Quae ratio est igitur?" "Servōs ibi perdidit omnēs
et pecus et frūctūs; nōn amat inde locum."
Quis faceret pretium, nisi quī sua perdere vellet
omnia? Sīc Mariō noxius haeret ager.

Martial

Īnscrīptiōnēs

1. Here lies an old soldier who was fond of his bottle of wine.

Titus Cissōnius, Quīntī fīlius, Sergiā, veterānus legiōnis Quīntae Gallicae.
Dum vīxī, bibī libenter. Bibite vōs quī vīvitis.

"Sergiā" sīgnificat "ā tribū Sergiā."

2. Invēnī portum; Spēs et Fortūna, valēte!
Sat mē lūsistī; lūdite nunc aliōs.

Lūsūs

Here are two oddities called "chronograms," which contain a date hidden in them. Thousands of chronograms are known to exist, dating from ancient times to the present. (For example, a chronogram is the theme of a modern detective story, *The Puzzle Lock*, by R. Austin Freeman.)

As you know, the symbols for Roman numerals are the Latin letters I, V, X, L, C, D, and M. The letters in a chronogram which are to be counted as numerals are printed as capitals. (And, as in Latin inscriptions, the letter U is written V).

1. The first chronogram is taken from a medal in honor of Gustavus Adolphus, King of Sweden, showing the date the medal was coined.

C h r I s t V s D u X; e r g ō t r I V M p h V s

If we rearrange these capitals in proper order, we get MDCXVVVII; what then was the date of the medal?

2. The second chronogram comes from a Pasquinade written about the election of Pope Leo the Tenth. A "Pasquinade" was a short poem or other piece of satire pasted on a statue named "Pasquino" in Rome. For this reason Pasquino is called "the talking statue." This chronogram has the merit of having the numerals all in order:

Multī Caecī Cardinālēs Creāvērunt Caecum X Leōnem

In what year, then, did the blind cardinals elect the blind pope? You might be interested in checking this date with the date of the election of Leo X as given in a history book or other reference work.

Index Verbōrum

adimō, adimere, adēmī, adēmptus (cum cāsibus accūsātīvō et datīvō): rapiō, auferō
adjiciō, adjicere, adjēcī, adjectus: jungō, addō

alternus-a-um: quī nōn manet sed in vicem mūtātur
ampliō-āre-āvī-ātus: majus faciō
ancilla-ae, f: serva
breviārium-ī, n: brevis historia
caput, capitis, n: persōna, homō
cēnsus-ūs, m: *registration of citizens*
circā (praepositiō cum cāsū accūsātīvō): *around*
circum: *round about*
cloāca-ae, f: *sewer*
compāreō, compārēre, compāruī: appāreō, manifēstus sum, videor
concitō-āre-āvī-ātus: excitō, moveō
cōnfīdō, cōnfīdere, cōnfīsus sum (cum cāsū datīvō): crēdō
cōnspectus-ūs, m: "in cōnspectū omnium" sīgnat "apud omnēs," "omnibus spectantibus"
cōnstituō, cōnstituere, cōnstituī, cōnstitūtus: pōnō, sistō
cōnsuētūdō, cōnsuētūdinis, f: mōs, ūsus
convīctus-ūs, m: contubernium, convīvium
daemōn, daemonis, m: deus minor, sīve bonus sīve malus
dīmicō-āre-āvī-ātus: certō, contendō, pūgnō
duplicō-āre-āvī-ātus: duplicem faciō; geminō
exclūdō, exclūdere, exclūsī, exclūsus: prohibeō
excolō, excolere, excoluī, excultus: bene colō, perficiō
exōrdium-ī, n: initium, orīgō
facētus-a-um: facilis, hilaris et ēloquēns; Anglicē, *humorous*
faenerō-āre-āvī-ātus: *lend at interest*
fīnitimus-a-um: vīcīnus
gener, generī, m: marītus meae fīliae
gēns, gentis, f: populus, nātiō, cīvitās
gubernāculum-ī, n: īnstrūmentum quō nāvis regitur
īcō, īcere, īcī, ictus: percutiō
incohō-āre-āvī-ātus incipiō
īnfīnītus-a-um: aeternus
īnfirmus-a-um: aeger, aegrōtus
ingenuus-a-um: līber

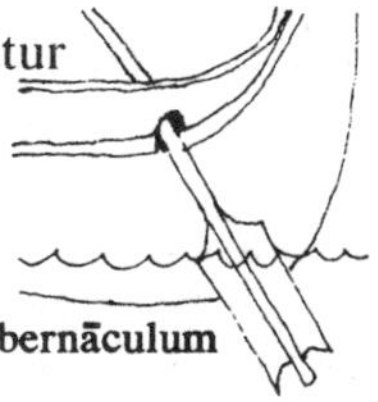

gubernāculum

jūgerum-ī, n: mēnsūra solī; Anglicē, *land measure of a little less than two-thirds of an acre*
Kalendae-ārum, f: prīmus diēs mēnsis
latrōcinor-ārī-ātus sum: latrō sum
lūdus-ī, m: spectāculum, mūnus

mīlle (indecl adj): *one thousand*[1]
mīliārium-ī, n: lapis quī mīlia passuum ab urbe indicat
mundō-āre-āvī-ātus: pūrgō; pūrum vel sānum faciō
mūrus-ī, m: *wall*
necesse (adjectīvum aliās formās nōn habēns): quod fierī dēbet
noxius-a-um: quī nocet; damnōsus, perīculōsus
occīdō, occīdere, occīdī, occīsus: interficiō, necō
ōrdinō-āre-āvī-ātus: ōrdine pōnō, cōnstituō, administrō
ōstium-ī, n: jānua aedificiī; locus ubī flūmen in mare dēfluit; ōs
parum (nōmen et adjectīvum; aliae formae dēsunt): nimis parvus; "nōn parum" sīgnat "satis" aut "multus"
pāstor, pāstōris, m: quī bovēs vel ovēs cūrat
pecus, pecoris, n: grex
perennis-e: aeternus
portus-ī, m: locus ubī nāvēs stant prope terram
praecō, praecōnis, m: is quī vōce rēs prō aliō vendit; Anglicē, *auctioneer*
quīnī-ae-a: *by fives, in sets of five, five each*
rārus-a-um: nōn frequēns
recordor, recordārī, recordātus sum: meminī, memoriā teneō
salūber, salūbris, salūbre: sānus, valēns, validus
scelus, sceleris, n: crīmen
spargō, spargere, sparsī, sparsus: jaciō, dissipō
spectāculum-ī, n: lūdus, mūnus; Anglicē, *show*
stuprō-āre-āvī-ātus: violō; Anglicē, *rape*
subigō, subigere, subēgī, subāctus: vincō, domō, superō
suburbānus-a-um: urbī proximus, quī sub urbe est
succēdō, succēdere, successī (cum cāsū datīvō): sequor
supputātiō, supputātiōnis, f: ratiō
suscitō-āre-āvī-ātus: tollō, ēlevō
toga-ae, f: vestis cīvī Rōmānō propria
torus-ī, m: lectus, sīgnum mātrimōniī; hīc, uxor
tribus-ūs, f: ūna ex partibus majōribus populī Rōmānī; Anglicē, *tribe*
veterānus-ī, m: mīles perītus vel ēmeritus

[1]The plural of *mīlle* is not an adjective, but a neuter noun, *mīlia* (with one *l*) which patterns with a noun in the genitive case. Thus, we have *Mīlle virī adsunt* ("One thousand men are present") but *Duo mīlia virōrum adsunt* ("Two thousand men are present").

UNIT 15

Eutropī Breviārium

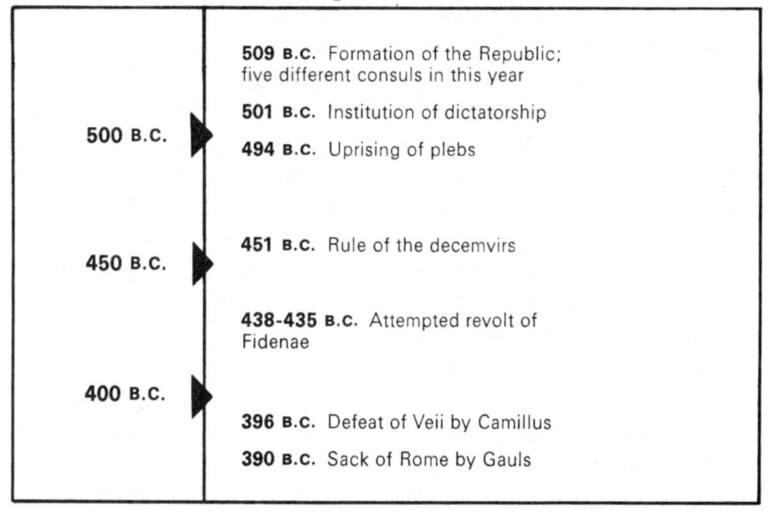

Remember that because of the destruction of records in the sack of Rome, Roman history before 390 B.C. is based largely on legend.

Liber Prīmus

With the expulsion of the evil king Tarquin the Proud, the Roman Republic begins.

9. Hinc cōnsulēs coepēre [509 B.C.], prō ūnō rēge duo hāc causā creārī, ut, sī ūnus malus esse voluisset, alter eum habēns potestātem similem coërcēret. Et placuit[1] nē imperium longius quam annuum habērent, nē per diūturnitātem potestātis īnsolentiōrēs redderentur sed cīvīlēs semper essent, quī sē post annum scīrent futūrōs esse prīvātōs. Fuērunt igitur annō prīmō, expulsīs rēgibus, cōnsulēs Lūcius Jūnius Brūtus, quī maximē ēgerat ut Tarquinius pellerētur, et Tarquinius Collātīnus, marītus Lūcrētiae. Sed Tarquiniō Collātīnō statim sublāta est dīgnitās. Placuerat enim nē quisquam in Urbe manēret quī "Tarquinius"

[1]*placuit*: it seemed good [to the Senate], i.e. they voted. *Placet* was the expression used to cast an affirmative vote.

vocārētur. Ergō, acceptō omnī patrimōniō suō, ex Urbe migrāvit, et locō ipsīus factus est Lūcius Valerius Pūblicola cōnsul.

10. Commōvit tamen bellum urbī Rōmae rēx Tarquinius, quī fuerat expulsus, et collēctīs multīs gentibus, ut in rēgnum posset restituī, dīmicāvit. In prīmā pūgnā Brūtus cōnsul et Arrūns, Tarquinī[1] fīlius, in vicem sē occīdērunt. Rōmānī tamen ex eā pūgnā victōrēs recessērunt. Brūtum mātrōnae Rōmānae dēfēnsōrem pudīcitiae suae quasī commūnem patrem per annum lūxērunt. Valerius Pūblicola Spurium Lūcrētium Tricipitīnum collēgam sibī fēcit, Lūcrētiae patrem; quō morbō mortuō, iterum Horātium Pulvillum collēgam sibī sūmpsit. Ita prīmus annus quīnque cōnsulēs habuit, cum Tarquinius Collātīnus propter nōmen Urbe cessisset, Brūtus in proeliō perīsset, Spurius Lūcrētius morbō mortuus esset.

11. Secundō quoque annō iterum Tarquinius, ut reciperētur in rēgnum, bellum Rōmānīs intulit, auxilium eī ferente Porsennā, Tusciae[2] rēge, et Rōmam paene cēpit [508 B.C.]. Vērum tum quoque victus est. Tertiō annō post rēgēs exāctōs Tarquinius, cum suscipī nōn posset in rēgnum neque eī Porsenna, quī pācem cum Rōmānīs fēcerat, auxilium praestāret, Tusculum[3] sē contulit,[4] quae cīvitās nōn longē ab Urbe est, atque ibī per quattuordecim (XIV) annōs prīvātus cum uxōre cōnsenuit. Quārtō annō post rēgēs exāctōs, cum Sabīnī Rōmānīs bellum intulissent, victī sunt et dē hīs triumphātum est.[5] Quīntō annō Lūcius Valerius ille, Brūtī collēga et quater cōnsul, fātāliter[6] mortuus est, adeō pauper ut collātīs ā populō nummīs sūmptum habuerit sepultūrae. Quem mātrōnae, sīcut Brūtum, annum[7] lūxērunt.

[1]Tarquinī: prō "Tarquiniī"
[2]Tusciae: id est, Etrūriae
[3]*Tusculum*: "to Tusculum." "Place to which" with the names of towns and with *domus* and *rūs* is shown by the accusative without any preposition.
[4]*sē contulit*: took himself, went
[5]*triumphātum est*: a triumph was celebrated
[6]*fātāliter*: according to fate (i.e., by a natural death)
[7]*annum*: for a year

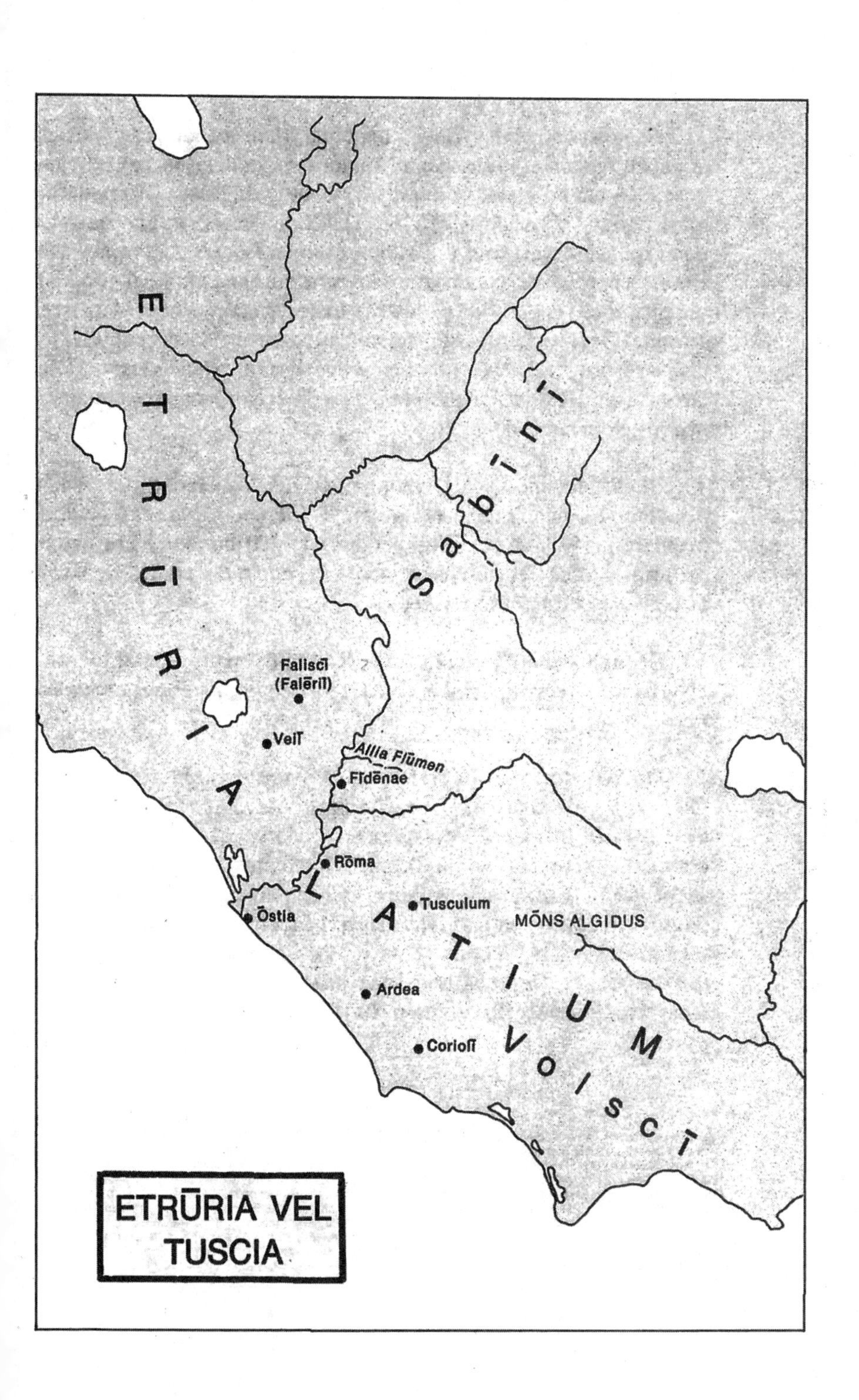

ETRŪRIA
Sabīnī
Faliscī
(Falēriī)
Veiī
Allia Flūmen
Fīdēnae
Rōma
Ōstia
LATIUM
Tusculum
MŌNS ALGIDUS
Ardea
Coriolī
Volscī
ETRŪRIA VEL TUSCIA

12. Nōnō annō post rēgēs exāctōs, cum gener Tarquinī ad injūriam socerī vindicandam[1] ingentem collēgisset exercitum, nova Rōmae dīgnitās est creāta, quae "dictātūra" appellātur, major quam cōnsulātus [501 B.C.]. Eōdem annō etiam magister equitum factus est, quī dictātōrī obsequerētur. Neque quicquam similius potest dīcī quam dictātūra antīqua huic imperiī potestātī quam nunc Tranquillitās Vestra[2] habet, maximē cum Augustus quoque Octāvius,[3] dē quō posteā dīcēmus, et ante eum Gajus Caesar sub dictātūrae nōmine atque honōre rēgnāverint.[4] Dictātor autem Rōmae prīmus fuit Titus Larcius, magister equitum prīmus Spurius Cassius.

13. Sextō decimō (XVI) annō post rēgēs exāctōs sēditiōnem populus Rōmae fēcit, tamquam ā Senātū atque cōnsulibus premerētur [494 B.C.]. Tum et ipse sibī tribūnōs[5] plēbis quasī propriōs jūdicēs et dēfēnsōrēs creāvit, per quōs contrā Senātum et cōnsulēs tūtus esse posset.

14. Sequentī annō Volscī contrā Rōmānōs bellum reparāvērunt, et victī aciē etiam Coriolōs, cīvitātem, quam habēbant optimam, perdidērunt.

15. Octāvō decimō (XVIII) annō postquam rēgēs ējectī erant [492 B.C.], expulsus ex Urbe Quīntus Mārcius,[6] dux Rōmānus quī Coriolōs cēperat, Volscōrum cīvitātem, ad ipsōs Volscōs contendit īrātus et auxilia contrā Rōmānōs accēpit, Rōmānōs saepe vīcit, ūsque ad quīntum mīliārium Urbis accessit, oppūgnātūrus etiam patriam (lēgātīs quī pācem petēbant repudiātīs), nisī ad eum māter Veturia et uxor Volumnia ex Urbe vēnissent, quārum flētū et dēprecātiōne superātus remōvit exercitum. Atque hic secundus post Tarquinium fuit quī dux contrā patriam suam esset.

[1]*ad injūriam socerī vindicandam*: "to avenge the injury to his father-in-law." The form *vindicandam* is a future passive participle, called the "gerundive"; its use is explained in the programmed text in Unit 17.
[2]*Tranquillitās Vestra*: The emperor whom Eutropius addresses here as "Your Serenity" is Valens, Emperor of the East (A.D. 364–378). The plural *Vestra* is a mark of respect, common in titles at this time.
[3]*Octāvius*: Eutropius is quite wrong here. The emperor Augustus never held the dictatorship, although it was offered to him. His power depended chiefly on two offices: the tribuneship, through which he could veto action, and the censorship, through which he controlled the membership of the Senate.
[4]*Neque . . . rēgnāverint*: The thought is, "Nothing could be more like the power which your Majesty now holds than this ancient dictatorship, especially since Augustus, etc."
[5]*tribūnōs*: The tribunes had the power to say *Vetō* ("I forbid it") to any action of the Senate. Their power was therefore considerable. Emperors such as Augustus ruled to a large extent through the fact that they held this tribunician power of the veto.
[6]*Quīntus Mārcius*: This soldier is usually known by the surname *Coriolānus* from his capture of Corioli.

16. Gajō Fabiō et Lūciō Virginiō cōnsulibus [479 B.C.], trecentī (CCC) nōbilēs hominēs quī ex Fabiā familiā erant[1] contrā Vejentēs bellum sōlī suscēpērunt, prōmittentēs Senātuī et populō per sē omne certāmen implendum.[2] Itaque profectī, omnēs nōbilēs et quī singulī magnōrum exercituum ducēs esse dēbērent, in proeliō concidērunt. Ūnus omnīnō superfuit ex tantā familiā, quī propter aetātem puerīlem dūcī nōn potuerat ad pūgnam. Post haec cēnsus in Urbe habitus est [459 B.C.] et inventa sunt cīvium capita centum septendecim (CXVII) mīlia trecenta ūndēvīgintī (CCCXIX).[3]

17. Sequentī annō, cum in Algidō monte, ab Urbe duodecimō (XII) ferē mīliāriō, Rōmānus obsiderētur exercitus, Lūcius Quīntus Cincinnātus dictātor est factus, quī agrum quattuor jūgerum[4] possidēns manibus suīs colēbat. Is cum in opere et arāns esset inventus, sūdōre dētersō, togam praetextam[5] accēpit et, caesīs hostibus, līberāvit exercitum [458 B.C.].

18. Annō trecentēsimō et alterō (CCCII) ab Urbe conditā [451 B.C.], imperium cōnsulāre cessāvit et prō duōbus cōnsulibus decem factī sunt quī summam potestātem habērent, "decemvirī" nōminātī. Sed cum prīmō annō bene ēgissent, secundō ūnus ex īs, Appius Claudius, Virginī[6] cujusdam, quī honestīs jam stīpendiīs contrā Latīnōs in monte Algidō mīlitābat, fīliam virginem corrumpere voluit. Quam pater occīdit, nē stuprum ā decemvirō sustinēret, et regressus ad mīlitēs mōvit tumultum. Sublāta est decemvirīs potestās ipsīque damnātī.

19. Annō trecentēsimō et quīntō decimō (CCCXV) ab Urbe conditā [438 B.C.], Fīdēnātēs contrā Rōmānōs rebellāvērunt. Auxilium hīs praestābant Vejentēs et rēx Vejentum, Tolumnius;

[1] The Fabii are represented as great heroes in early Roman history. Perhaps the fact that the first Roman historian was Quintus Fabius Pictor had something to do with this. The story as told here is obviously fictitious.

[2] *prōmittentēs . . . certāmen implendum*: "promising that the contest would be carried out." *Implendum* is a gerundive, a future passive participle, which is explained in the programmed text in Unit 17. It also occurred earlier in Chapter 12 of Eutropius.

[3] Another system of indicating large numbers with Roman numerals was the following. A horizontal line above the numeral indicated a multiple of 1,000; therefore 5,000 would be represented by $\overline{V}$ and 10,000 by $\overline{X}$. The symbol ⊓ represented multiples of 100,000; therefore $|\overline{X}|$ was 1,000,000. The number here might have appeared as $\overline{CXVII}$CCCXIX. The writing system used in this reader is more like English.

[4] jūgerum: cāsūs genitīvī

[5] *togam praetextam*: a toga with a purple stripe, worn by the high magistrates of Rome and also by freeborn boys until they come of age

[6] Virginī: prō "Virginiī"

quae ambae cīvitātēs tam vīcīnae Urbī sunt ut Fīdēnae sextō, Vejī octāvō decimō (XVIII) mīliāriō absint. Conjūnxerant sē hīs et Volscī. Sed Mamercō Aemiliō dictātōre et Lūciō Quīntiō Cincinnātō magistrō equitum victī etiam rēgem perdidērunt. Fīdēnae captae et excīsae.

20. Post vīgintī deinde annōs Vejentānī rebellāvērunt [396 B.C.]. Dictātor contrā ipsōs missus est Fūrius Camillus, quī prīmum eōs vīcit aciē, mox etiam cīvitātem diū obsidēns cēpit, antīquissimam Italiae atque dītissimam. Post eam cēpit et Faliscōs, nōn minus nōbilem cīvitātem. Sed commōta est eī invidia, quasī praedam male dīvīsisset, damnātusque ob eam causam et expulsus cīvitāte.

Statim Gallī Sēnōnēs ad Urbem vēnērunt et victōs Rōmānōs ūndecimō mīliāriō ā Rōmā apud flūmen Alliam secūtī etiam Urbem occupāvērunt [390 B.C.]. Neque dēfendī quicquam, nisī Capitōlium, potuit; quod cum diū obsēdissent et jam Rōmānī famē labōrārent, ā Camillō, quī in vīcīnā cīvitāte exulābat, Gallīs superventum est[1] gravissimēque victī sunt. Posteā tamen etiam acceptō aurō, nē Capitōlium obsidērent, recessērunt, sed secūtus eōs Camillus ita cecīdit ut et aurum quod īs datum fuerat et omnia quae cēperant mīlitāria sīgna revocāret. Ita tertiō triumphāns Urbem ingressus est et appellātus secundus Rōmulus, quasī et ipse patriae conditor.

Sententiae

Quotīs in sententiīs sunt verba formae decimae?

1. Quis enim virtūtem amplectitur ipsam praemia sī tollās? Medieval
2. Ab aliō exspectēs alterī quod fēcerīs. Publilius Syrus
3. Quod tibī fīerī nōn vīs, alterī nē fēcerīs. Lampridius
4. Flūmina pauca vidēs dē magnīs fontibus orta. Ovid

[1] *Gallīs superventum est*: overcoming was done to the Gauls (by Camillus)

5. Inde lupī spērēs caudam, cum vīderis aurēs. Medieval

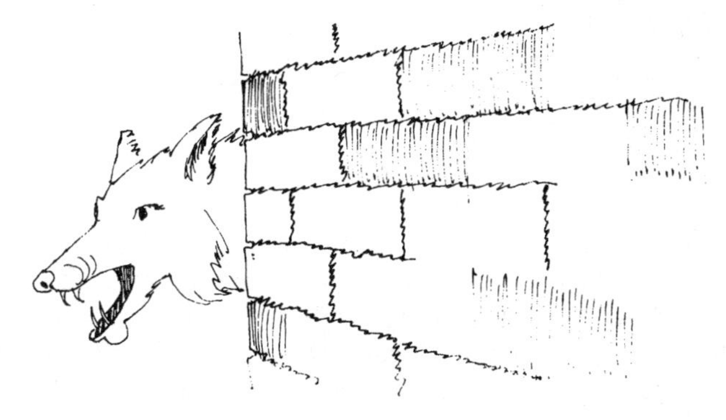

6. Ōderint, dum metuant. Accius
   This was said to have been the motto of the infamous emperor Caligula.
7. Ō praeclārum custōdem ovium, ut ajunt, lupum! Cicero
8. Quamvīs per multōs cuculus cantāverit annōs,
   dīcere nescit adhūc aliud verbum nisi "Cuccūc."
   Medieval
9. Mālō quam bene olēre nīl olēre. Martial
10. Proprium hūmānī ingeniī est ōdisse quem laeserīs. Tacitus

Carmina

1. In thermīs sūmit lactūcās, ōva, lacertum,
   et cēnāre domī sē negat Aemilius.
   Martial

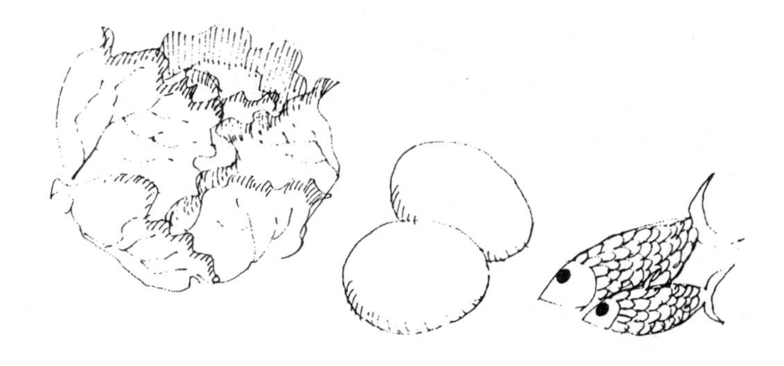

2. The Sirens were monsters in the shape of beautiful women, who lured sailors to their deaths with their songs. Ulysses passed by them in safety by first plugging the ears of his crew with wax so they could not hear, and then having himself tied to the mast so he could not leave the ship.

Sīrēnas, hilarem nāvigantium poenam
blandāsque mortēs gaudiumque crūdēle,
quās nēmo quondam dēserēbat audītās,
fallāx Ulixēs dīcitur relīquisse.
5 Nōn mīror. Illud, Cassiāne, mīrārer,
sī fābulantem Canium relīquisset.

Martial

"Sīrēnas," cum *-a-* brevī, est forma Graeca, cāsūs accūsātīvī.

Here are four sayings from Dionysius Cato. The first two are distichs, the next a monostich, while the last is a short prose saying, probably by a different writer but included under "Dionysius Cato" in the manuscripts.

The #10 subjunctive commonly occurs with a negative word (like *nē*) to show a negative command. In these sayings from Dionysius Cato, identify the #10 subjunctive forms used in this way and the negative word which introduces them.

3. Ūtile cōnsilium dominus nē dēspice servī;
   sī prōdest, sēnsum nūllīus tempseris umquam.

Tempseris is a poetical variant for *tempserīs*.

4. Rūmōrēs fuge neu studeās novus auctor habērī;
   nam nūllī tacuisse nocet, nocet esse locūtum.

5. Quae culpāre solēs, ea tū nē fēceris ipse.

Fēceris is a poetical variant for *fēcerīs*.

6. Nihil arbitriō vīrium fēcerīs.

Īnscrīptiō

Contegit hic tumulus duo pignora cāra parentum,
  indicat et titulus nōmine quō fuerint.
Sors prior in puerō cecidit; sed flēbile fātum!
Trīstior ecce diēs renovat mala vulnera, sāna
  et modo quae fuerat fīlia, nunc cinis est.

Fēstīva annī ūndecimī (XI), Sōdālis anniculus hīc sitī sunt.
"Sit vōbīs terra levis."

Lūsūs

Aenigmata Symphosiī

1. Nūlla mihī certa est, nūlla est peregrīna figūra;
   fulgor inest intus radiantī lūce coruscāns,
   quī nihil ostendit nisi sī quid vīderit ante.
   Respōnsum est ____.

2. Caeca mihī faciēs ātrīs obscūra tenebrīs.
   Nox est ipse diēs nec sōl mihi cernitur ūllus.
   Mālo tegī terrā: sīc mē quoque nēmo vidēbit.
   Respōnsum est ____.

3. Longa feror vēlōx formōsae fīlia silvae,
   innumerā pariter comitum stīpante catervā.
   Curro viās multās, vestīgia nūlla relinquēns.
   Respōnsum est ____.

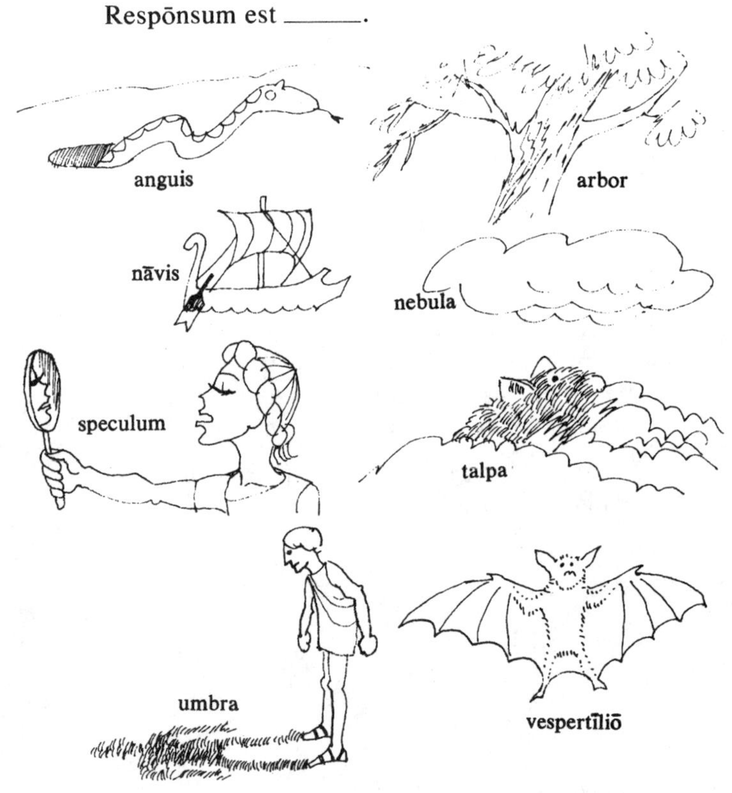

Index Verbōrum

anniculus-a-um: quī ūnum annum vīxit
annuus-a-um: quī ūnīus annī spatiō continētur
antīquus-a-um: vetus
arbitrium-ī, n: jūdicium
caterva-ae, f: multitūdō, turba
cīvīlis-e: ad cīvem pertinēns; benīgnus, bonus
collēga-ae, m: in dīgnitāte et honōre socius
concidō, concidere, concidī: cadō, morior, pereō
conditor, conditōris, m: quī condit vel facit vel statuit; auctor
cōnsenēscō, cōnsenēscere, cōnsenuī: senex fīō
cōnsulāris-e: ad cōnsulem pertinēns
contegō, contegere, contēxī, contēctus: tegō
cōram (praepositiō cum cāsū ablātīvō): apud; Anglicē, *in the presence of, before, among*
corrumpō, corrumpere, corrūpī, corruptus: violō, stuprō
coruscō-āre-āvī: *glitter*
dēfēnsor, dēfēnsōris, m: quī dēfendit
dēprecātiō, dēprecātiōnis, f; *a prayer that something will not happen*
dētergeō, dētergēre, dētersī, dētersus: *wipe away*
diūturnitās, diūturnitātis, f: longum temporis spatium
excīdō, excīdere, excīdī, excīsus: caedō, perdō, dēleō
exercitus-ūs, m: multitūdō mīlitum
explōrō-āre-āvī-ātus: observō
exspectō-āre-āvī-ātus: spērō
exulō-āre-āvī: exul sum, in exiliō sum
familia-ae, f: gēns
fulgor, fulgōris, m: lūx, splendor
ingenium-ī, n: nātūra, facultās
intus: intrā
iterum: secundā vice, rursus
lacertus-ī, m: piscis īgnōtī generis
lactūca-ae, f: *lettuce*
lēgātus-ī, m: quī prō Senātū dē pāce vel bellō mittitur; Anglicē, *ambassador*
migrō-āre-āvī: eō ut domum mūtem
mīlitō-āre-āvī: in exercitū mīles serviō
neu: et nē

obsequor, obsequī, obsecūtus sum (regit cāsum datīvum): serviō; alterīus voluntātem sequor
obsideō, obsidēre, obsēdī, obsessus: *besiege*
omnīnō: sōlum, tantum; Anglicē, *only, in all*
oppūgnō-āre-āvī-ātus: *attack*
pariter (adv): aequāliter, aequē; simul, eōdem modō, eōdem tempore
patrimōnium-ī, n: rēs quam hērēs ex patre mortuō accēpit
plēbs, plēbis, f: populus
potestās, potestātis, f: potentia, imperium
prīvātus-a-um: oppōnitur "commūnis" et pūblicus"
proelium-ī, n: pūgna, certāmen
proficīscor, proficīscī, profectus sum: iter incipiō
pudīcitia-ae, f: virtūs, honor, castitās
pūgna-ae, f: proelium, certāmen
quisquam, quicquam: *anyone, anything*
radiō-āre-āvī: lūceō, coruscō
rebellō-āre-āvī: bellum renovō; hīc, sēditiōnem faciō
recēdō, recēdere, recessī: regredior, redeō
regredior, regredī, regressus sum: redeō, recēdō
restituō, restituere, restituī, restitūtus: iterum statuō, repōnō
sēditiō, sēditiōnis, f: discordia, tumultus
sepultūra-ae, f: exsequiae, fūnus
socer, socerī, m: pater uxōris meae
stīpendium-ī, n: *military service*
stīpō-āre-āvī-ātus: impleō, in ūnum cōgō; Anglicē, *pack tight*
studeō, studēre, studuī (regit cāsum datīvum): volō, temptō
stuprum-ī, n: *illicit intercourse*
succurō, succurere, succurrī (cum cāsū datīvō): auxilium dō
sūdor, sūdōris, m: hūmor per cutem animālis ērumpēns aut labōre aut metū aut morbō
superveniō, supervenīre, supervēnī, superventus: superior sum; superō, vincō
tumultus-ī, m: turba, sēditiō, discordia
Tuscia-ae, f: Etrūria
virgō, virginis, f: puella quae numquam nūpsit

UNIT 16

The capture of Rome by the Gauls in 390 B.C. was a fearful experience for the Romans, and until the conquest of Gaul by Julius Caesar, an invasion from the north remained an ever-present possibility.

In this sack of Rome most records were destroyed, so that true Roman history begins at this point. All that preceded this destruction belongs to legend. For this reason the chronology, the population statistics, and even the names in the history before this time must be viewed with great caution. The figures on population, for example, are almost surely fictitious. Perhaps no Horatius ever held the bridge against the Etruscans. Perhaps no Brutus ever drove out Tarquin the Proud. But certainly one argument used to convince a later Brutus to kill Julius Ceasar was the example of his illustrious ancestor.

Eutropī Breviārium

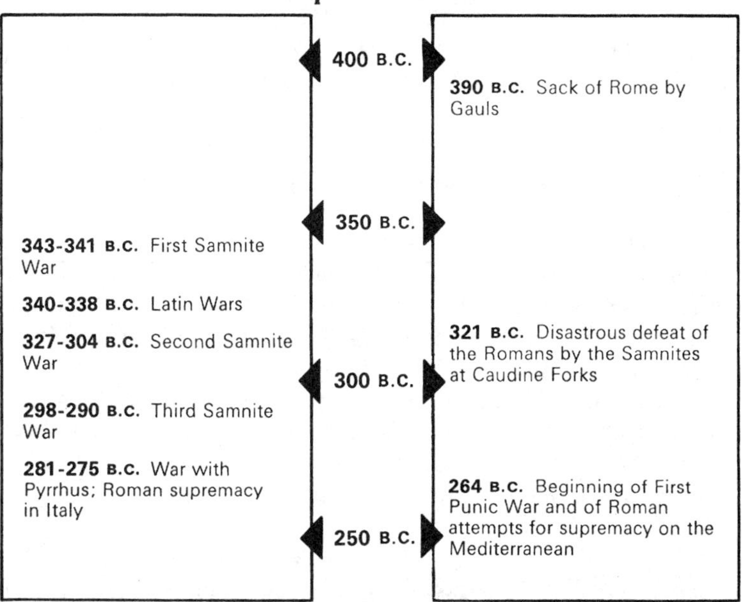

Note: *The conventional names of wars and battles that are given in the time lines do not always correspond with the terms used by Eutropius. For example, he describes the Roman defeat at the Caudine Forks (Book Two, Chapter 9 in this Unit) without identifying the place where it occurred.*

Liber Secundus

1. Annō trecentēsimō sexāgēsimō quīnto (CCCLXV) ab Urbe conditā,[1] post captam autem prīmō, dīgnitātēs mūtātae sunt, et prō duōbus cōnsulibus factī tribūnī mīlitārēs cōnsulārī potestāte. Hinc jam coepit Rōmāna rēs crēscere. Nam Camillus eō annō Volscōrum cīvitātem, quae per septuāgintā (LXX) annōs bellum gesserat, vīcit et Aequōrum urbem et Sūtrīnōrum atque, omnibus dēlētīs eārundem exercitibus, trēs simul triumphōs ēgit.

2. Titus etiam Quīntius Cincinnātus Praenestīnōs, quī ūsque ad urbis Rōmae portās cum bellō vēnerat, persecūtus, ad flūmen Alliam vīcit, octō cīvitātēs, quae sub ipsīs agēbant, Rōmānīs adjūnxit, ipsam Praenestem agressus in dēditiōnem accēpit. Quae omnia ab eō gesta sunt vīgintī diēbus, triumphusque ipsī dēcrētus.

3. Vērum dīgnitās tribūnōrum mīlitārium nōn diū persevērāvit. Nam post aliquantum nūllōs placuit fīerī, et quadriennium in Urbe ita flūxit ut potestātēs ibī majōrēs nōn essent. Resūmpsērunt tamen tribūnī mīlitārēs cōnsulārī potestāte iterum dīgnitātem et triennium[2] persevērāvērunt; rursus cōnsulēs factī.

4. Lūciō Genuciō et Quīntō Servīliō cōnsulibus, mortuus est Camillus. Honor eī post Rōmulum secundus dēlātus est.

5. Titus Quīntius dictātor adversus Gallōs, quī ad Italiam vēnerant, missus est. Hī ab Urbe quārtō mīliāriō trāns Aniēnem fluvium cōnsēderant. Ibī nōbilissimus dē senātōribus juvenis Titus Manlius prōvocantem Gallum ad singulāre certāmen prōgressus occīdit; et sublātō torque aureō collōque suō impositō, in perpetuum "Torquātī" sibī et posterīs cognōmen[3] accēpit. Gallī fugātī sunt; mox per Gajum Sulpicium dictātōrem etiam victī. Nōn multō post ā Gajō Mārtiō Tuscī victī sunt; octō mīlia captīvōrum ex hīs in triumphum ducta.

[1]*ab Urbe conditā*: To convert a date given in the Roman system (as indicated by the letters *a.U.c.* for *ab Urbe conditā*) to a date before the birth of Christ in our system (as indicated by the letters B.C.), subtract the Roman date from 754 (*not* 753) B.C. What then is the date given in the first chapter of this book of Eutropius?

[2]*triennium*: The accusative case without a preposition is used with words of time, like *triennium*, to show "how long."

[3]*cognōmen*: The Roman system of names is explained in Unit 21 of the programmed text. Note that the name *Torquātus* occurred in Reading 29 of Unit 9 of the text for Level Two.

ITALIA
ETRŪRIA
(TUSCIA)
PĪCĒNUM
Sūtrium
Allia Fl.
Rōma
Aniō Fl.
Aequī
Praeneste
Latīnī
LATIUM
VIA APPIA
ĀPŪLIA
Samnītēs
Capua
CAMPĀNIA
Tarentum
LŪCĀNIA
Bruttiī

6. Cēnsus iterum habitus est [349 B.C.]. Et cum Latīnī, quī ā Rōmānīs subāctī erant, mīlitēs praestāre nōllent, ex Rōmānīs tantum tīrōnēs lēctī sunt, factaeque legiōnēs decem, quī modus sexāgintā (LX) vel amplius armātōrum mīlia efficiēbat. Parvīs adhūc Rōmānīs rēbus, tanta tamen in rē mīlitārī virtūs erat. Quae cum profectae essent adversus Gallōs, duce Lūciō Fūriō, quīdam ex Gallīs ūnum ex Rōmanīs quī esset optimus prōvocāvit. Tum sē Mārcus Valerius tribūnus mīlitum obtulit, et, cum prōcessisset armātus, corvus eī suprā dextrum bracchium sēdit. Mox commissā adversus Gallum pūgnā, īdem corvus ālīs et unguibus Gallī oculōs verberāvit, nē rēctum posset aspicere.[1] Ita ā tribūnō Valeriō interfectus. Corvus nōn sōlum victōriam eī sed etiam nōmen dedit. Nam posteā īdem "Corvīnus" est dictus. Ac propter hoc meritum annōrum trium et vīgintī (XXIII) cōnsul est factus.

7. Latīnī, quī nōluerant mīlitēs dare, hoc quoque ā Rōmānīs exigere coepērunt, ut ūnus cōnsul ex eōrum, alter ex Rōmānōrum populō creārētur. Quod cum esset negātum, bellum contrā eōs susceptum est et ingentī pūgnā superātī sunt; ac dē hīs perdomitīs triumphātum est.[2] Statuae cōnsulibus ob meritum victōriae in Rōstrīs positae sunt. Eō annō etiam Alexandria ab Alexandrō Macedone condita est [332 B.C.].

8. Jam Rōmānī potentēs esse coepērunt. Bellum enim in centēsimō et trīcēsimō (CXXX) ferē mīliāriō ab Urbe apud Samnītēs gerēbātur, quī mediī sunt inter Pīcēnum, Campāniam, Āpūliam [324 B.C.]. Lūcius Papīrius Cursor cum honōre dictātōris ad id bellum profectus est. Quī cum Rōmam[3] redīret, Quīntō Fabiō Maximō, magistrō equitum, quem apud exercitum relīquit, praecēpit nē sē absente pūgnāret. Ille, occāsiōne repertā, fēlīcissimē dīmicāvit et Samnītēs dēlēvit. Ob quam rem ā dictātōre capitis damnātus,[4] quod sē vetante pūgnā'sset, ingentī favōre mīlitum et populī līberātus est, tantā Papīriō sēditiōne commōtā ut paene ipse interficerētur.

[1] *nē rēctum posset aspicere*: so that he could not see properly
[2] *triumphātum est*: a triumph was celebrated
[3] *Rōmam*: "to Rome." The accusative without a preposition is used with names of cities to show motion towards them.
[4] *capitis damnātus*: "condemned to loss of civil rights." The verb *damnō* takes the genitive of the penalty. Note that the phrase does *not* mean that he was to be beheaded; a Roman's *caput* in a legal sense consisted of his civil and legal rights.

The message of the next chapter is that when one Fabian cannot do the job, send two. Notice how another member of the Fabian clan gets favorable publicity.

9. Posteā Samnītēs Rōmānōs, Titō Veturiō et Spuriō Postumiō cōnsulibus [321 B.C.], ingentī dēdecore vīcērunt et sub jugum mīsērunt.[1] Pāx tamen ā Senātū et populō solūta est, quae cum ipsīs propter necessitātem facta fuerat. Posteā Samnītēs victī sunt ā Lūciō Papīriō cōnsule; septem mīlia eōrum sub jugum missa. Papīrius prīmus dē Samnītibus triumphāvit. Eō tempore Appius Claudius cēnsor Aquam Claudiam indūxit et Viam Appiam strāvit. Samnītēs, reparātō bellō, Quīntum Fabium Maximum vīcērunt, tribus mīlibus hominum occīsīs. Posteā, cum pater eī Fabius Maximus lēgātus datus fuisset, et Samnītēs vīcit et plūrima ipsōrum oppida cēpit. Deinde Pūblius Cornēlius Rūfīnus, Mārcus Curius Dentātus, ambō cōnsulēs, contrā Samnītēs missī ingentibus proeliīs eōs cōnfēcēre. Tum bellum cum Samnītibus per annōs quadrāgintā novem (XLIX) āctum sustulērunt. Neque ūllus hostis fuit intrā Italiam quī Rōmānam virtūtem magis fatīgāverit.

10. Interjectīs aliquot annīs, iterum sē Gallōrum cōpiae contrā Rōmānōs Tuscīs Samnītibusque jūnxērunt sed cum Rōmam[2] tenderent, ā Gnaeō Cornēliō Dolabellā cōnsule dēlētae sunt.

11. Eōdem tempore Tarentīnīs, quī jam in ultimā Italiā sunt, bellum indictum est [282 B.C.], quia lēgātīs Rōmanōrum injūriam fēcissent. Hī Pyrrhum, Ēpīrī rēgem, contrā Rōmānōs auxilium poposcērunt, quī ex genere Achillis orīginem trahēbat. Is mox ad Italiam vēnit, tumque prīmum Rōmānī cum trānsmarīnō hoste dīmicāvērunt. Missus est contrā eum cōnsul Pūblius Valerius Laevīnus, quī, cum explōrātōrēs Pyrrhī cēpisset, jussit eōs per castra dūcī, ostendī omnem exercitum, tumque dīmittī, ut renūntiārent Pyrrhō quaecumque ā Rōmānīs agerentur. Commissā mox pūgnā, cum jam Pyrrhus fugeret, elephantōrum auxiliō vīcit, quōs incognitōs Rōmānī expāvērunt. Sed nox proeliō fīnem

[1] *sub jugum mīsērunt*: "sent them under the yoke," a humiliating form of surrender. The defeated had to stoop to pass under a symbolic yoke, made of two spears fastened in the ground with a third lashed horizontally across them. (See the illustration under *jugum* in Unit 20, frame 76 of *Latin: Level Two, Book Two*.)
[2] Rōmam: ad Urbem

dedit. Laevīnus tamen per noctem fūgit. Pyrrhus Rōmānōs mīlle octigentōs (MDCCC) cēpit eōsque summō honōre tractāvit, occīsōs sepelīvit. Quōs cum adversō vulnere[1] et trucī vultū etiam mortuōs jacēre vīdisset, tulisse ad caelum manūs dīcitur cum hāc vōce: sē tōtīus orbis dominum esse potuisse, sī tālēs sibī mīlitēs contigissent.

12. Posteā Pyrrhus, conjūnctīs sibī Samnītibus, Lūcānīs, Bruttiīs, Rōmam perrēxit; omnia ferrō ignīque[2] vāstāvit; Campāniam populātus est atque ad Praenestem vēnit, mīliāriō ab Urbe octāvō decimō. Mox terrōre exercitūs quī eum cum cōnsule sequēbātur, in Campāniam sē recēpit. Lēgātī ad Pyrrhum dē redimendīs captīvīs[3] missī ab eō honōrificē susceptī sunt. Captīvōs sine pretiō Rōmam mīsit. Ūnum ex lēgātīs Rōmānōrum, Fabricium, sīc admīrātus, cum eum pauperem esse cognōvisset, ut quārtā parte rēgnī prōmissā sollicitāre voluerit ut ad sē trānsīret; contemptusque est ā Fabriciō. Quā rē, cum Pyrrhus Rōmānōrum ingentī admīrātiōne tenērētur, lēgātum mīsit quī pācem aequīs condiciōnibus peteret, praecipuum virum, Cīneam nōmine, ita ut Pyrrhus partem Italiae quam jam armīs occupāverat obtinēret.

13. Pāx displicuit,[4] remandātumque[5] Pyrrhō ā Senātū eum cum Rōmānīs, nisī ex Italiā recessisset, pācem habēre nōn posse. Tum Rōmānī jussērunt captīvōs omnēs quōs Pyrrhus reddiderat īnfāmēs habērī, quod armātī capī potuissent, nec ante eōs ad veterem statum revertī quam bīnōrum hostium occīsōrum spolia rettulissent. Ita lēgātus Pyrrhī reversus est. Ā quō cum quaereret Pyrrhus quālem Rōmam comperisset, Cīneās dīxit rēgum sē patriam vīdisse; scīlicet tālēs illīc ferē omnēs quālis ūnus Pyrrhus apud Ēpīrum et reliquam Graeciam putārētur.

Missī sunt contrā Pyrrhum ducēs Pūblius Sulpicius et Decius Mūs cōnsulēs. Certāmine commissō, Pyrrhus vulnerātus est, elephantī interfectī, vīgintī mīlia caesa hostium, et ex Rōmānīs tantum quīnque mīlia; Pyrrhus Tarentum[6] fugātus.

[1]*adversō vulnere*: "with their wounds all in front"; that is, no one had turned around to flee.
[2]ignī: prō "igne"
[3]*dē redimendīs captīvīs*: "about returning the captives." This is another example of the "gerundive," a construction you will learn in Unit 17 of the programmed text.
[4]*Pāx displicuit*: They voted against the peace.
[5]remandātum: nūntius missus est
[6]Tarentum: ad urbem Tarentum

14. Interjectō annō, contrā Pyrrhum Fabricius est missus, quī prius inter lēgātōs sollicitārī nōn poterat, quārtā rēgnī parte prōmissā. Tum, cum vīcīna castra ipse et rēx habērent, medicus Pyrrhī nocte ad eum vēnit, prōmittēns venēnō sē Pyrrhum occīsūrum, sī sibī aliquid pollicērētur. Quem Fabricius vinctum redūcī jussit ad dominum Pyrrhōque dīcī quae contrā caput ejus medicus spopondisset. Tum rēx admīrātus eum dīxisse fertur, "Ille est Fabricius, quī difficilius ab honestāte quam sōl ā cursū suō āvertī potest." Tum rēx ad Siciliam profectus est. Fabricius, victīs Lūcānīs et Samnītibus, triumphāvit.

Cōnsulēs deinde Mārcus Curius Dentātus et Cornēlius Lentulus adversum Pyrrhum missī sunt [275 B.C.]. Curius contrā eum pūgnāvit, exercitum ejus cecīdit, ipsum Tarentum[6] fugāvit, castra cēpit. Eā diē caesa hostium vīgintī tria mīlia. Curius in cōnsulātū triumphāvit. Prīmus Rōmam elephantōs quattuor dūxit. Pyrrhus etiam ā Tarentō mox recessit et apud Argōs, Graeciae cīvitātem, occīsus est.

Sententiae

- In which *sententiae* is there a verb which has its complement in the ablative case?
- In this Unit you learned the Double Dative construction. Where does it occur in the readings below?
- A non-personal noun (as in the Double Dative) to show purpose is sometimes found *without* the personal noun in the dative. In which of these *sententiae* do you find the dative of a non-personal noun used to show purpose?
- Which *sententia* has an adjective that patterns with the genitive case?
- Which *sententia* illustrates the new way of showing a negative command that was introduced in this Unit?

1. Mora omnis odiō est, sed facit sapientiam. Publilius Syrus
2. Stultōrum plēna sunt omnia. Cicero
3. Quoniam nōn potest id fierī quod vīs,
   id velīs quod possit.
   Terence

4. Optimum est aliēnā fruī experientiā. Anonymous
5. Quī caret argentō, frūstrā ūtitur argūmentō. Anonymous
6. Brevēs haustūs in philosophiā ad atheismum dūcunt, lārgiōrēs autem redūcunt ad Deum. Bacon
7. Vītaque mancipiō nūllī datur, omnibus ūsū. Lucretius
   Ūsū is a common variant for the dative *ūsuī*.
8. Parvula—nam exemplō est—magnī formīca labōris
   ōre trahit quodqumque potest atque addit acervō
   quem struit, haud īgnāra ac nōn incauta futūrī.
   Horace
9. Nōlīte thēsaurizāre vōbīs thēsaurōs in terrā. . . . Thēsaurizāte autem vōbīs thēsaurōs in caelō. Matthew
10. Plūrēs crāpula quam gladius. Anonymous

Carmina

1. Omnia, Castor, emis: sīc fīet ut omnia vendās.
   Martial

2. Before reading this next poem, it is important to know that the adjective *frīgidus* applied to a writer or speaker meant that he was flat, dull, and uninteresting.

   Sī temperārī balneum cupis fervēns,
   Faustīne, quod vix Jūliānus intrāret,
   rogā lavētur rhētorem Sabīnejum.
   Nerōniānās is refrīgerat thermās.
   Martial

Versū secundō, "Jūliānus" est vir quī balneum maximē fervēns amat. Versū quārtō, "Nerōniānās . . . thermās" sīgnificat "thermās ā Nerōne strūctās."

3. Cūr trīstiōrem cernimus Salejānum?
   "An causa levis est?" inquis. "Extulī uxōrem."
   Ō grande fātī crīmen! Ō gravem cāsum!
   Illa, illa dīves mortua est Secundilla,
5 centēna deciēns quae tibi dedit dōtis?
   Nōllem accidisset hoc tibi, Salejāne.
   Martial

In line 2, *inquis* indicates that Saleianus himself is answering Martial's question. In line 5, *centēna deciēns* means "ten times a hundred." The unit understood, however, is 1,000 sesterces, so that the true sum was 1,000,000 sesterces—a tidy sum, two and a half times the amount needed to be an *eques*!

4. In this unusually tender poem by Martial, he requests the spirits of his parents to care for a six year old girl who has just died. She was obviously a member of Martial's household; since her name is a Greek one, she probably was a slave. Martial's parents are to be her patrons in the lower world.

Hanc tibi, Fronto pater, genetrīx Flaccilla, puellam
  ōscula commendō dēliciāsque meās,
parvula nē nigrās horrēscat Erōtion umbrās
  ōraque Tartareī prōdigiōsa canis.
5 Implētūra fuit sextae modo frīgora brūmae,
  vīxisset totidem nī minus illa diēs.
Inter tam veterēs lūdat lascīva patrōnōs
  et nōmen blaesō garriat ōre meum.
Mollia nōn rigidus caespes tegat ossa, nec illī,
10 terra, gravis fuerīs: nōn fuit illa tibī.

Martial

In versū quārtō, "Tartareī . . . canis" scīlicet sīgnificat Cerberī. Versūs quīntus et sextus hoc dīcere volunt: Erōtion sex annōs nōn vīxerat, quia obiit sextō diē ante sextam diem nātālem.

- In the following nine selections from Dionysius Cato, how many distichs are there? How many monostichs? How many short bits of prose?
- Like many people who give advice, Dionysius Cato liked to say what *not* to do. In which of these does he use the #10 subjunctive with a negative? Watch for the variant with *-i-* instead of *-ī-*.
- In which does he use the common construction for showing a negative command that was presented in the programmed text for this Unit?

5. Sī tibi prō meritīs nēmō succurrit amīcus,
incūsāre deōs nōlī, sed tē ipse coërcē.

6. Quod dare nōn possīs verbīs prōmittere nōlī,
nē sīs ventōsus, dum vir bonus esse vidēris.

7. Alterius dictum aut factum nē carpseris umquam,
exemplō similī nē tē dērīdeat alter.

"Carpseris" est forma poētica prō "carpserīs."

8. Tempora longa tibī nōlī prōmittere vītae:
quōcumque incēdis, sequitur mors corporis umbram.

9. Conjugis īrātae nōlī tū verba timēre:
nam lacrimīs struit īnsidiās cum fēmina plōrat.

10. In morte alterius spem tū tibi pōnere nōlī.

"Alterius" est forma poētica prō "alterīus."

11. Antequem vocēris, nē accesserīs.

12. Minōrem nē contempserīs.

13. Nihil temere crēdiderīs.

14. In this fable the donkey, usually portrayed as stupid, shows good judgment in realizing his limitations.

Asinus ad Lyram

Asinus jacentem vīdit in prātō lyram;
accessit et temptāvit chordās ungulā.
Sonuēre tāctae. "Bella rēs, meherculēs,
male cessit," inquit "artis quia sum nescius.
5 Sī reperī'sset aliquis prūdentior,
dīvīnīs aurēs oblectā'sset cantibus."

Sīc saepe ingenia calamitāte intercidunt.
Phaedrus

15. Canēs et Corcodīlī

Cōnsilia quī dant prāva cautīs hominibus
et perdunt operam et dērīdentur turpiter.

Canēs currentēs bibere in Nīlō flūmine,
ā corcodīlīs nē rapiantur, trāditum est.
5 Igitur cum currēns bibere coepisset canis,
sīc corcodīlus: "Quamlibet lambe ōtiō;
nōlī verērī." At ille: "Facerem, mehercule,
nisi esse scīrem carnis tē cupidum meae."

Phaedrus

Īnscrīptiōnēs

1. Flet domus et cārī lūgent sine fīne parentēs
   abreptum fātīs; contegor hōc titulō.
   Sī mē vīdissēs aut sī mea fūnera nō'ssēs,
   fūdissēs lacrimās, hospes, in ossa mea.

2. Sī prō virtūte et animō fortūnam habuissem,
   magnificum monumentum hīc aedificā'ssem tibī.
   Nunc quoniam omnēs mortuī idem sapimus, satis est.

Lūsūs

An anagram is the rearrangement of the letters of a word to form another word or words. For example, "astronomer" can be rearranged to form "moonstarer." It has frequently been observed that *Rōma* spelled backwards is *amor*. It is less known that five other Latin words (one of them the name of a poet) may be formed from *Rōma,* namely, *armō, Marō, mora,* and *ōram.*

While the making of anagrams has become mainly a pastime or game, their origin was in the serious belief that magical power lay in words that could undergo such a rearrangement of their letters. Frivolous as they may seem today, anagrams were a part of man's search for knowledge and for power over the hostile universe which surrounded him.

1. Here is an anagram by John Owen about Galen (*Galēnus* in Latin), a Greek physician of the second century A.D. His extensive works were much used and admired and were not superseded until the sixteenth century.

Galēnus—Angelus

Angelus es anne malus? Galēne, salūtis
hūmānae custōs, *angelus* ergo bonus.
Owen

2. The second *Lūsus* in this Unit should be familiar to you; it is like the common crossword puzzle. However, there is one important difference; can you see what it is? As usual, the macrons are omitted.

T I M E
I T E M
M E T I
E M I T

Many of these word squares exist, but most offer little interest since they do not form sentences. In our example, *timē* is the .... mood; *item* means "in the .... way"; *metī* is the passive infinitive of *metō* ("reap"); and *emit* is the #2 tense of the verb meaning "...." But the words do not form a sentence. In Unit 20 of this reader, however, you will find a much more intriguing word square.

Index Verbōrum

adversum (praepositiō quae regit cāsum accūsātīvum): adversus, contrā
adversus (praepositiō cum cāsū accūsātīvō): contrā
aliquantus-a-um: nōn nūllus
aliquot: nōn nūllī
angelus-ī, m: caelestis spīritus
Aniō, Aniēnis, m: fluvius in Tiberim fluēns
aqua-ae, f: aquaeductus
aureus-a-um: ex aurō factus
bīnī-ae-a: *two each*
blaesus-a-um: quī sonōs quōsdam clārē dīcere nōn potest; Anglicē, *lisping*
bracchium-ī, n: ea pars corporis ex quā pendet manus

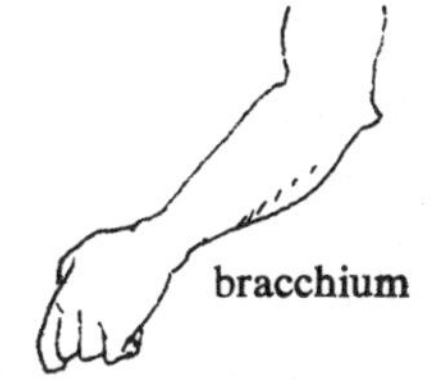

cantus-ūs, m: vōx, sonus, carmen
cognōmen, cognōminis, n: in "Titus Manlius Torquātus," "Titus" est praenōmen, "Manlius" nōmen, "Torquātus" cognōmen.
commendō-āre-āvī-ātus: trādō, mittō
comperiō, comperīre, comperī, compertus: reperiō, inveniō
condiciō, condiciōnis, f: *condition, terms*
cōnficiō, cōnficere, cōnfēcī, cōnfectus: perficiō; hīc, perdomō, vincō, superō
cōnsīdō, cōnsīdere, cōnsēdī: in locō eōdem maneō
cōpia-ae, f: abundantia, vīs, facultās, opēs; (numerō plūrālī) exercitus
corcodīlus-ī, m: animal bene nōtum
crāpula-ae, f: ēbrietās
cupidus-a-um: avārus; quī cupit
dēcernō, dēcernere, dēcrēvī, dēcrētus: attribuō, dēferō

dēditiō, dēditiōnis, f: *surrender*
dēferō, dēferre, dētulī, dēlātus: dēcernō, attribuō
dēleō, dēlēre, dēlēvī, dēlētus: perdō, ēvertō
dīgnitās, dīgnitātis, f: mūnus, honor; magistrātus
Ēpīrus-ī, f: patria Pyrrhī
expaveō, expavēre, expāvī: timeō
explōrātōr, explōrātōris, m: mīles quī mittitur ut itinera aut hostēs explōret
favor, favōris, m: voluntās, studium
fervēns (gen, ferventis): calidus
fugō-āre-āvī-ātus: in fugam mittō; expellō
garriō-īre-īvī: plūra verba faciō, sine fīne loquor
genetrīx, genetrīcis, f: māter
haud: nōn
honōrificē (adv): cum honōre
horrēscō, horrēscere, horruī: timeō, paveō, metuō, vereor
incognitus-a-um: īgnōtus, novus
incūsō-āre-āvī-ātus: accūsō
īnfāmis-e: turpis, quī sine honōre est
intercidō, intercidere, intercidī: pereō, obeō
lambō, lambere, lambī, lambitus: linguā leviter tangō, ut canēs bibentēs
lārgus-a-um: grandis, amplus
lascīvus-a-um: hilaris, jūcundus; Anglicē, *playful*
lēgātus-ī, m: quī prō imperātōre absente agit; Anglicē, *general, deputy*
mancipium-ī, n: jūs possessiōnis
meherculēs (meherculē): per Herculem jūrō
metō, metere, messuī, messus: colligō, carpō; Anglicē, *reap*
modus-ī, m: factum, āctiō
nātālis-e: "diēs nātālis" est is diēs quō aliquis nāscitur
ōtium-ī, n: tempus līberum, ubī nōn labōrāmus
polliceor, pollicērī, pollicitus sum: prōmittō
populor-ārī-ātus sum: dēleō, vāstō
porta-ae, f: apertūra mūrī vel aedificiī; jānua
posterus-a-um: quī post venit; "posterī" sunt nātī et nepōtēs
praecipiō, praecipere, praecēpī, praeceptus: imperō
praecipuus-a-um: īnsīgnis, clārus

prāvus-a-um: vitiōsus, malus, turpis, improbus
prōdigiōsus-a-um: horridus
prōvocō-āre-āvī-ātus: *challenge*
quadriennium-ī, n: spatium quattuor annōrum
quamlibet: quantum vīs; Anglicē, *as much as you want*
redimō, redimere, redēmī, redēmptus: emō
refrīgerō-āre-āvī-ātus: frīgidum faciō
resūmō, resūmere, resūmpsī, resūmptus: iterum capiō
rhētōr, rhētoris, m: magister ōrātiōnis
rigidus-a-um: dūrus
Rōstra-ōrum, n: *speaker's platform in Forum decorated with prows* (rōstra) *of ships captured from the Latins at Antium in 338 B.C.*
scīlicet: certē, sīne dubiō
sollicitō-āre-āvī-ātus: corrumpō; Anglicē, *bribe*
sonō, sonāre, sonuī: vōcem vel sonum ēmittō
spolium-ī, n: arma ex hoste rapta
spondeō, spondēre, spopondī, spōnsus: prōmittō, polliceor; cōnsilium capiō
statua-ae, f: imāgō, sīgnum, effigiēs
status-ūs, m: locus, gradus
sternō, sternere, strāvī, strātus: humī pōnō; hīc, faciō
struō, struere, strūxī, strūctus: pōnō, aedificiō
temere (adv): sine ratiōne, stultē
tendō, tendere, tetendī, tēnsus: contendō, properō
thēsaurizō-āre-āvī-ātus: pōnō, condō, servō
thēsaurus-ī, m: acervus rērum in futūrum ūsum conditārum
tīrō, tīrōnis, m: mīles novus et imperītus
Torquātus-a-um: quī torquem possidet; et est cognōmen gentis Rōmānae
torques, torquis, m&f: ōrnāmentum collī

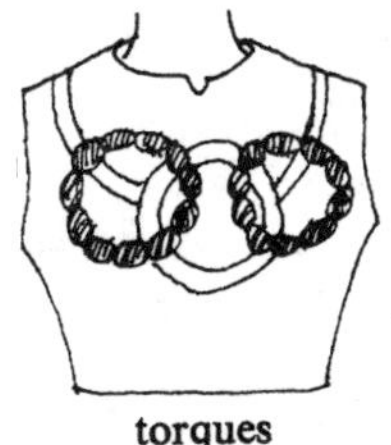

torques

totidem: aequē multī; Anglicē, *the same number*
tractō-āre-āvī-ātus: *handle, treat*
trānsmarīnus-a-um: quī trāns mare est
triennium-ī, n: spatium trium annōrum
ungula-ae, f: dūrus pēs bovis, cervī, equī, asinī, caprī

ungula

vāstō-āre-āvī-ātus: dēleō
vehemēns (gen, vehementis): magnus, gravis; acerbus, ferōx, īrātus
ventōsus-a-um: ventī plēnus; hīc, loquāx, inānis, fatuus
verberō-āre-āvī-ātus: īcō, percutiō
vinciō, vincīre, vīnxī, vinctus: vinculīs ligō

UNIT 17

Eutropī Breviārium

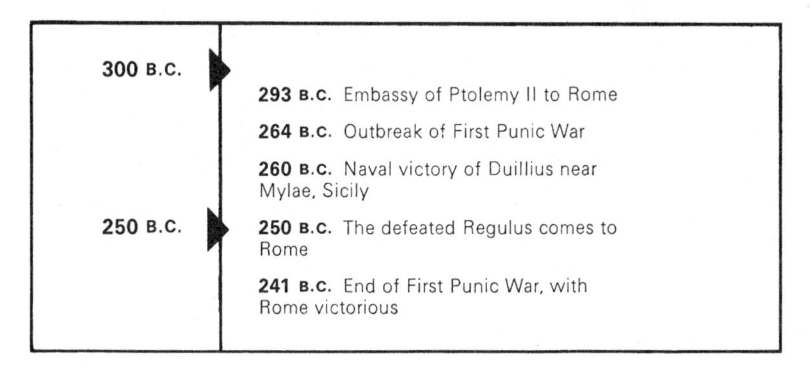

Liber Secundus

15. Gajō Fabiō Liciniō, Gajō Claudiō Canīnā cōnsulibus [293 B.C.], annō Urbis conditae quadringentēsimō sexāgēsimō prīmō (CCCCLXI), lēgātī Alexandrīnī ā Ptolemaeō missī Rōmam vēnēre et ā Rōmānīs amīcitiam quam peti'erant obtinuērunt.

16. Quīntō Ogulniō, Gajō Fabiō Pictōre cōnsulibus, Pīcentēs bellum commōvēre, et ab īnsequentibus cōnsulibus Pūbliō Semprōniō, Appiō Claudiō, victī sunt; et dē hīs triumphātum est. Conditae ā Rōmānīs cīvitātēs Arīminum in Galliā et Beneventum in Samniō.

17. Mārcō Atīliō Rēgulō, Lūciō Jūniō Libōne cōnsulibus, Sallentīnīs in Āpūliā bellum indictum est, captīque sunt cum cīvitāte simul Brundisīnī, et dē hīs triumphātum est.

18. Annō quadringentēsimō septuāgēsimō septimō (CCCCLXXVII), cum jam clārum urbis Rōmae nōmen esset, arma tamen extrā Italiam mōta nōn fuerant [277 B.C.]. Ut igitur cognōscerētur quae cōpiae Rōmānōrum essent, cēnsus est habitus; inventa sunt cīvium capita ducenta nōnāgintā duo (CCXCII) mīlia trecenta trīgintā quattuor (CCCXXXIV), quamquam ā conditā Urbe numquam bella cessā'ssent.[1] Et

[1]Numquam bella cessā'ssent: nōn vērum est, quod sub Numā Pompiliō fuit pāx.

ITALIA
GALLIA
CISALPĪNA
Arīminum
ETRŪRIA
(TUSCIA)
PĪCĒNUM
CORSICA
Faliscī
(Falēriī)
Rōma
LATIUM
ĀPŪLIA
SAMNIUM
Beneventum
Brundisium
CAMPĀNIA
Sallentīnī
SARDINIA
LŪCĀNIA
Lilybaeum
Tauromenium
SICILIA
Catina
Syrācūsae
Carthāgō
Clypea
ĀFRICA

contrā Āfrōs bellum susceptum est prīmum, Appiō Claudiō, Quīntō Fulviō cōnsulibus [264 B.C.]. In Siciliā contrā eōs pūgnātum est, et Appius Claudius dē Āfrīs et rēge Siciliae Hierōne triumphāvit.

19. Īnsequentī annō, Valeriō Mārcō et Otāciliō cōnsulibus [263 B.C.], in Siciliā ā Rōmānīs rēs magnae gestae sunt. Tauromenītānī, Catinēnsēs, et praetereā quīnquāgintā (L) cīvitātēs in fidem[1] acceptae. Tertiō annō in Siciliā contrā Hierōnem bellum parātum est [262 B.C.]. Is cum omnī nōbilitāte Syrācūsānōrum pācem ā Rōmānīs impetrāvit deditque argentī ducenta (CC) talenta. Āfrī in Siciliā victī sunt, et dē hīs secundō[2] Rōmae triumphātum est.

20. Quīntō annō bellī Pūnicī quod contrā Āfrōs gerēbātur, prīmum Rōmānī, Gajō Duilliō et Gnaeō Cornēliō Asinā cōnsulibus [260 B.C.], in marī dīmicāvērunt, parātīs nāvibus rōstrātīs, quās "Liburnās" vocant. Cōnsul Cornēlius fraude dēceptus est; Duillius, commissō proeliō, Carthāginiēnsium ducem vīcit, trīginta ūnam (XXXI) nāvēs cēpit, quattuordecim mersit, septem mīlia hostium cēpit, tria mīlia occīdit. Neque ūlla victōria Rōmānīs grātior fuit, quod invictī terrā, jam etiam marī plūrimum possent.

Gajō Aquiliō Flōrō, Lūciō Scīpiōne cōnsulibus, Scīpiō Corsicam et Sardiniam vāstāvit, multa mīlia inde captīvōrum abdūxit, triumphum ēgit.

21. Lūciō Manliō Vulsōne, Mārcō Atīliō Rēgulō cōnsulibus [256 B.C.], bellum in Āfricam trānslātum est. Contrā Hamilcarem, Carthāginiēnsium ducem, in marī pūgnātum,[3] victusque est. Nam perditīs sexāgintā quattuor (LXIV) nāvibus, retrō sē recēpit. Rōmānī vīgintī duās āmīsērunt. Sed cum in Āfricam trānsīssent, prīmam Clypeam, Āfricae cīvitātem, in dēditiōnem accēpērunt. Cōnsulēs ūsque ad Carthāginem prōcessērunt, multīsque vāstātīs, Manlius victor Rōmam[4] rediit et vīgintī septem mīlia captīvōrum redūxit; Atīlius Rēgulus in Āfricā remānsit. Is contrā Āfrōs

[1]in fidem: Rōmānī pollicitī sunt sē eōs ut sociōs cum fidē servātūrōs esse.
[2]secundō: secundō tempore; iterum, rursus
[3]*pūgnātum*: they fought, fighting occurred
[4]Rōmam: ad Urbem

aciem īnstrūxit. Contrā trēs Carthāginiēnsium ducēs dīmicāns victor fuit, decem et octō mīlia hostium cecīdit, quīnque mīlia cum decem et octō elephantīs cēpit, septuāgintā quattuor (LXXIV) cīvitātēs in fidem accēpit.

Tum victī Carthāginiēnsēs pācem ā Rōmānīs petīvērunt. Quam cum Rēgulus nōllet nisī dūrissimīs condiciōnibus dare, Āfrī auxilium ā Lacedaemoniīs petīvērunt. Et duce Xanthippō, quī ā Lacedaemoniīs missus fuerat, Rōmānōrum dux Rēgulus victus est ultimā perniciē. Nam duo mīlia tantum ex omnī Rōmānō exercitū refūgērunt, quīngentī (D) cum imperātōre Rēgulō captī sunt, trīgintā (XXX) mīlia occīsa, Rēgulus ipse in catēnās conjectus.

22. Mārcō Aemiliō Paulō, Serviō Fulviō Nōbiliōre cōnsulibus, ambō Rōmānī cōnsulēs ad Āfricam profectī sunt cum trecentārum (CCC) nāvium classe. Prīmum Āfrōs nāvālī certāmine superant. Aemilius cōnsul centum quattuor (CIV) nāvēs hostium dēmersit, trīgintā (XXX) cum pūgnātōribus cēpit, quattuor decem mīlia hostium aut occīdit aut cēpit, mīlitem suum ingentī praedā dītāvit. Et subācta Āfrica tunc fuisset, nisī tanta famēs fuisset ut diūtius exspectāre exercitus nōn posset. Cōnsulēs cum victrīcī classe redeuntēs circā Siciliam naufragium passī sunt, et tanta tempestās fuit ut ex quadringentīs sexāgintā quattuor (CCCCLXIV) nāvibus, octōgintā (LXXX) servārī vix potuerint, neque ūllō tempore tanta maritima tempestās audīta est. Rōmānī tamen statim ducentās (CC) nāvēs reparāvērunt neque in aliquō animus īs īnfrāctus fuit.

23. Gnaeus Servīlius Caepiō et Gajus Semprōnius Blaesus cōnsulēs cum ducentīs sexāgintā (CCLX) nāvibus ad Āfricam profectī sunt; aliquot cīvitātēs cēpērunt; praedam ingentem redūcentēs naufragium passī sunt. Itaque cum continuae calamitātēs Rōmānīs displicērent, dēcrēvit Senātus ut ā maritimīs proeliīs recēderētur et tantum sexāgintā (LX) nāvēs ad praesidium Italiae salvae essent.

24. Lūciō Caeciliō Metellō, Gajō Fūriō Placidō cōnsulibus,

Metellus in Siciliā Āfrōrum ducem cum centum trīgintā (CXXX) elephantīs et magnīs cōpiīs venientem superāvit, vīgintī mīlia hostium cecīdit, sex et vīgintī elephantōs cēpit, reliquōs errantēs per Numidās, quōs in auxilium habēbat, colligit et Rōmam[1] dēdūxit ingentī pompā, cum elephantōrum numerus omnia itinera complēret. Post haec mala Carthāginiēnsēs Rēgulum ducem quem cēperant, petīvērunt[2] ut Rōmam proficīscerētur et pācem ā Rōmānīs obtinēret ac permūtātiōnem captīvōrum faceret.

25. Ille Rōmam cum vēnisset [250 B.C.], inductus in Senātum, nihil quasī Rōmānus ēgit dīxitque sē ex illā diē quā in potestātem Āfrōrum vēnisset Rōmānum esse dēsī'sse. Itaque et uxōrem ā complexū remōvit et Senātuī suāsit nē pāx cum Poenīs fieret: illōs enim, frāctōs tot cāsibus, spem nūllam habēre; tantī nōn esse ut tot mīlia captīvōrum propter ūnum sē—et senem—et paucōs quī ex Rōmānīs captī fuerant redderentur. Itaque obtinuit. Nam Āfrōs pācem petentēs nūllus admīsit. Ipse Carthāginem[3] rediit, offerentibusque Rōmānīs ut eum Rōmae tenērent, negāvit sē in eā urbe mānsūrum in quā, postquam Āfrīs servi'erat, dīgnitātem honestī cīvis habēre nōn posset. Regressus igitur ad Āfricam omnibus suppliciīs extīnctus est.

26. Pūbliō Claudiō Pulchrō, Gajō Jūniō cōnsulibus [249 B.C.], Claudius contrā auspicia pūgnāvit et ā Carthāginiēnsibus victus est. Nam ex ducentīs et vīgintī (CCXX) nāvibus cum trīgintā (XXX) fūgit; nōnāgintā (XC) cum pūgnātōribus captae sunt; dēmersae cēterae. Alius quoque cōnsul classem naufragiō āmīsit, exercitum tamen salvum habuit, quia vīcīna lītora erant.

(Claudius pūgnāvit nōn sōlum contrā auspicia sed contemptīs et irrīsīs auspiciīs. Ita ā Mārcō Tulliō Cicerōne nārrātum est: "Nihil nōs Pūbliī Claudiī bellō Pūnicō prīmō temeritās movēbit? Quī etiam per jocum deōs irrīdēns, cum caveā līberātī pullī nōn pāscerentur, mergī eōs in aquam jussit, ut biberent quoniam ēsse nōllent. Quī rīsus, classe dēvictā, multās illī lacrimās, magnam populō Rōmānō clādem attulit.")

[1] Rōmam: ad Urbem
[2] Rēgulum ducem . . . petīvērunt: prō "ā Rēgulō duce . . . petīvērunt."
[3] Carthāginem: ad urbem Carthāginem

In the kind of divination referred to, sacred chickens were let out of their cage to eat. It was a favorable omen if the chickens ate in a certain way; their refusal to eat was a most unfavorable omen.

Here we can see that, in contrast with the Fabians who were consistently presented in good light, the Claudian *gēns* received much unfavorable treatment from many Roman historians.

27. Gajō Lutātiō Catulō, Aulō Postumiō Albīnō cōnsulibus [242 B.C.], annō bellī Pūnicī vīcēsimō et tertiō, Catulō bellum contrā Āfrōs commissum est. Profectus est cum trecentīs (CCC) nāvibus in Siciliam. Āfrī contrā ipsum quadringentās (CCCC) parāvērunt. Numquam in marī tantīs cōpiīs pūgnātum est. Lutātius Catulus nāvem aeger ascendit, vulnerātus enim in pūgnā superiōre fuerat. Contrā Lilybaeum,[1] cīvitātem Siciliae, pūgnātum est ingentī virtūte Rōmānōrum. Nam sexāgintā trēs (LXIII) Carthāginiēnsium nāvēs captae sunt, centum vīgintī et quīnque (CXXV) dēmersae, trīgintā et duo (XXXII) mīlia hostium capta, tredecim mīlia occīsa, īnfīnītum aurī argentīque praedae in potestātem Rōmānōrum redāctum. Ex classe Rōmānā duodecim nāvēs dēmersae. Pūgnātum est sextō Īdūs Mārtiās.[2] Statim

[1] contrā Lilybaeum: prope Lilybaeum
[2] sextō Īdūs Mārtiās: id est, sextō diē ante Īdūs Mārtiās. Cum Īdūs Mārtiae sint quīntus decimus diēs mēnsis Mārtiī, sextus diēs ante hoc tempus est decimus diēs post initium ejus mēnsis.

Carthāginiēnsēs pācem petīvērunt, tribūta est eīs pāx. Captīvī Rōmānōrum, quī tenēbantur ā Carthāginiēnsibus, redditī sunt. Etiam Carthāginiēnsēs petīvērunt ut redimī eōs captīvōs licēret[1] quōs ex Āfrīs Rōmānī tenēbant. Senātus jussit sine pretiō darī eōs quī in pūblicā custōdiā essent; quī autem ā prīvātīs tenērentur, ut, pretiō dominīs redditō, Carthāginem[2] redīrent atque id pretium ex fiscō magis quam ā Carthāginiēnsibus solverētur.

28. Quīntus Lutātius, Aulus Manlius cōnsulēs creātī bellum Faliscīs intulērunt, quae cīvitās Italiae opulenta quondam fuit, quod ambō cōnsulēs intrā sex diēs quam vēnerant trānsēgērunt, quīndecim mīlibus hostium caesīs, cēterīs pāce concessā, agrō tamen ex medietāte sublātō.

Sententiae

In the gerundive construction, the dative case indicates the person *by whom* an action must be done. In which of these *sententiae* does this dative with the gerundive occur?

1. Pūblicum bonum prīvātō est praeferendum. Legal.
2. Oculīs magis habenda fidēs quam auribus. Anonymous
3. Aliēnō mōre vīvendum est mihī. Terence
4. Et post malam segetem serendum est. Seneca
5. Etiam senī est discendum. Seneca
6. Omnia hominī dum vīvit spēranda sunt. Seneca
7. Ūtendum est dīvitiīs, nōn abūtendum. Anonymous
8. The following employs a device which almost makes it a *Lūsus*. Observe the last four words.

   Mūsīs et amīcīs omnī tempore
   serviendum amōre, mōre, ōre, rē.
   Medieval
9. Mīranda canunt sed nōn crēdenda poētae. Dionysius Cato
10. Virtūs . . . cōnstat ex hominibus tuendīs. Cicero

[1]*licēret*: The verb *licet*, meaning "it is permitted," has forms only in the third person singular.
[2]Carthāginem: ad urbem Carthāginem

Carmina

1. Crās tē vīctūrum, crās dīcis, Postume, semper.
   Dīc mihi, "crās" istud, Postume, quando venit?
   Quam longē "crās" istud; ubi est? Aut unde petendum?
   Numquid apud Parthōs Armeniōsque latet?
5 Jam "crās" istud habet Priamī vel Nestoris annōs.
   "Crās" istud quantī, dīc mihi, posset emī?
   Crās vīvēs? Hodiē jam vīvere, Postume, sērum est.
   Ille sapit quisquis, Postume, vīxit herī.

Martial

In versū quārtō, Parthī Armeniīque sunt gentēs Asiae. In versū quīntō, Priamus fuit senex Trojānus; Nestor, senex Graecōrum.

2. "Sī quid opus fuerit, scīs mē nōn esse rogandum,"
   ūnō bis dīcis, Baccara, terque diē.
   Appellat rigidā trīstis mē vōce Secundus;
   audīs et nescīs, Baccara, quid sit opus.
5 Pēnsio tē cōram petitur clārēque palamque;
   audīs et nescīs, Baccara, quid sit opus.
   Esse queror gelidāsque mihī trītāsque lacernās;
   audīs et nescīs, Baccara, quid sit opus.
   Hocc opus est, subitō fīās ut sīdere mūtus,
10 dīcere nē possīs, Baccara, "Sī quid opus."

Martial

Versū prīmō, "Sī quid opus fuerit" sīgnificat "Sī quid volueris." Versū quīntō, "tē cōram" idem est ac "cōram tē" vel "apud tē."

Sīdere mūtus in line 9 refers to the Romans' belief that the stars influenced our lives and that a person could, for example, lose the ability to speak because of the position of the stars, sun, and planets.

3. Asinus ad Senem Pāstōrēm

In prīncipātū commūtandō cīvium
nīl praeter dominum, nōn rēs mūtant pauperēs.
Id esse vērum parva haec fābella indicat.

Asellum in prātō timidus pāscēbat senex.
5 Is hostium clāmōre subitō territus
suādēbat asinō fugere, nē possent capī.
At ille lentus: "Quaeso, num bīnās mihī
clītellās impositūrum victōrem putās?"
Senex negāvit. "Ergō quid rēfert meā
10 cui serviam, clītellās dum portem ūnicās?"

Phaedrus

In line 9, *quid rēfert meā* means "What difference does it make to me?"

4. Disce sed ā doctīs, indoctōs ipse docētō:
prōpāganda et enim est rērum doctrīna bonārum.

Dionysius Cato

Docētō is another type of command, called the Second Imperative. It is more formal than the regular imperative and is used in legal language, prayers, and poetry.

5. Īrātus dē rē incertā contendere nōlī:
impedit īra animum, nē possīs cernere vērum.

Dionysius Cato

Lūsūs

Aenigmata Symphosiī

1. Quattuor īnsīgnis pedibus manibusque duābus
   dissimilis mihi sum, quia nōn sumus ūnus et ūnum.
   Et vehor et gradior: duo mē mea corpora portant.
   Respōnsum est ______.

2. Nōn sum cincta comīs et nōn sum cōmpta capillīs.
   Intus enim crīnēs mihi sunt, quōs nōn videt ūllus,
   mēque manūs mittunt manibusque remittor in aurās.
   Respōnsum est ______.

3. Mucro mihī geminus ferrō conjungitur ūnō.
   Cum ventō luctor, cum gurgite pūgno profundō.
   Scrūtor aquās mediās, ipsās quoque mordeo terrās.
   Respōnsum est ______.

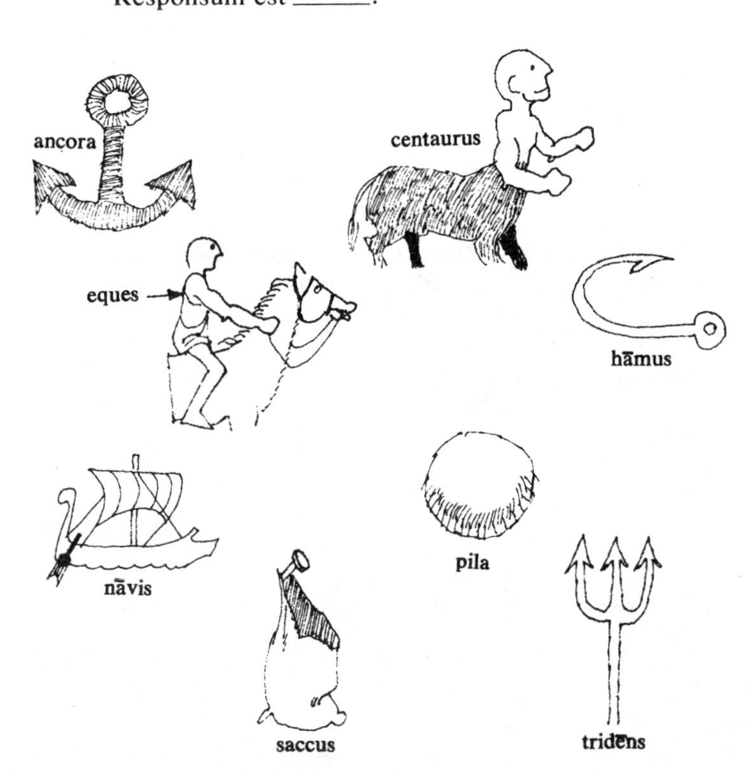

Index Verbōrum

absolvō, absolvere, absolvī, absolūtus: līberō, dīmittō
abūtor, abūtī, abūsus sum: male ūtor
ascendō, ascendere, ascendī: scandō
auspicium-ī, n: observātiō avium; ōmen
carcer, carceris, m: locus ubī hominēs reī ad jūdicium dētinentur; custōdia, vincula
catēna-ae, f: vinculum
clādēs, clādis, f: ruīna, perniciēs, nex, exitium
clītella-ae, f: sarcina, onus
cōmō, cōmere, cōmpsī, cōmptus: ōrnō
complexus-ūs, m: *embrace*
comprobō-āre-āvī-ātus: probō
crīnis, crīnis, m: coma, capillus
custōdia-ae, f: cūra quā aliquid servāmus atque tuēmur; tūtēla
dēditiō, dēditiōnis, f: āctiō quā trādimus
dītō-āre-āvī-ātus: locuplētem faciō, dīvitem reddō
dīvitiae-ārum, f: opēs, cōpiae
egestās, egestātis, f: tenuitās; Anglicē, *poverty*
fiscus-ī, m: pecūnia pūblica
gradior, gradī, gressus sum: eō, ambulō
impetrō-āre-āvī-ātus: precibus obtineō
īnfīnītum-ī, n: magna cōpia, multitūdō, magnitūdō
Liburna-ae, f: genus nāvium celerium
luctor-ārī-ātus sum: pūgnō, contendō; Anglicē, *wrestle*
maritimus-a-um: ad mare pertinēns; marīnus
medietās, medietātis, f: dīmidium
mucrō, mucrōnis, m: apex acūtus
mūtus-a-um: quī loquī nōn potest; tacitus
naufragium-ī, n: submersiō nāvis
num: *interrogator indicating that a negative answer is expected*
numquid: *stronger form of* num

naufragium

opulentus-a-um: dīves, locuplēs
permūtātiō, permūtātiōnis, f: āctiō quā aliquid mūtāmus
palam: in cōnspectū omnium; cōram; ante oculōs
pompa-ae, f: *procession*
praeferō, praeferre, praetulī, praelātus: mālō
praetereā: praeter haec
prīncipātus-ūs, m: rēgnum
prōpāgō-āre-āvī-ātus: generō, creō; extendō

pūgnātor, pūgnātōris, m: mīles
pullus-ī, m: avis domestica
pūniō-īre-īvī-ītus: plectō
quandō: quō tempore
quisnam, quaenam, quidnam: quis, quid
rēfert, rēferre, rētulit (only in 3d person sg): juvat
retrō: *back*
rīsus-ūs, m: jocus, lūsus
rōstrātus-a-um: rōstrō mūnītus
rūsticānus-a-um: rūstīcus
scrūtor-ārī-ātus sum: investīgō
suādeō, suādēre, suāsī, suāsus: persuādeō
supplicium-ī, n: poena crūdēlis et dūra

nāvis rōstrāta

talentum-ī, n: pondus pecūniae; Anglicē, *talent, a measure of money*
tempestās, tempestātis, f: *storm*
temeritās, temeritātis, f: *rashness*
trānsigō, trānsigere, trānsēgī, trānsāctus: perficiō, cōnficiō
unde: ex quō locō
victrīx, victrīcis, f: quae vīcit
vulnerō-āre-āvī-ātus: ictū vel ferrō laedō; sauciō

UNIT 18

Eutropī Breviārium

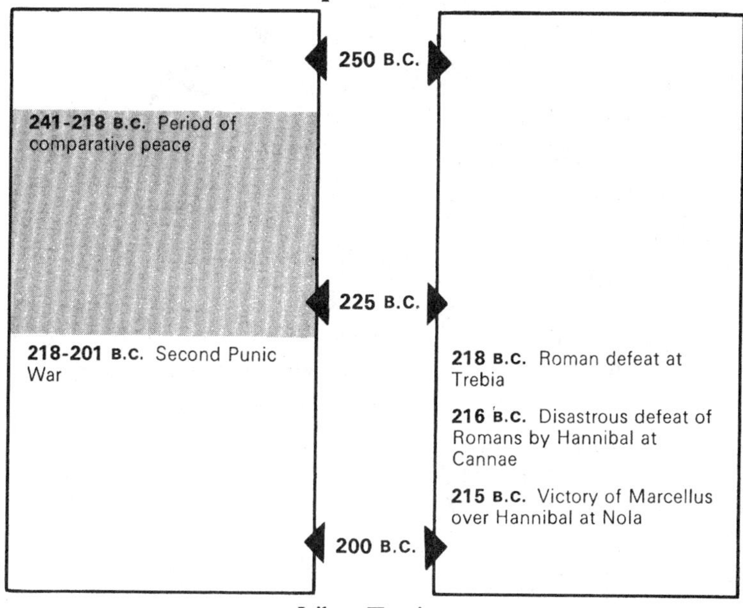

Liber Tertius

1. Fīnītō igitur Pūnicō bellō [241 B.C.], quod per vīgintī trēs annōs tractum est, Rōmānī jam clārissimā glōriā nōtī lēgātōs ad Ptolemaeum, Aegyptī rēgem, mīsērunt, auxilia prōmittentēs, quia rēx Syriae, Antiochus, eī bellum intulerat. Ille grātiās Rōmānīs ēgit, auxilia nōn accēpit. Jam enim fuerat pūgna trānsācta. Eōdem tempore potentissimus rēx Siciliae, Hierō, Rōmam vēnit ad lūdōs spectandōs et ducenta (CC) mīlia modiōrum trīticī populō dōnō[1] exhibuit.

2. Lūciō Cornēliō Lentulō, Fulviō Flaccō cōnsulibus, quibus Hierō Rōmam vēnerat, etiam contrā Ligurēs intrā Italiam bellum gestum est, et dē hīs triumphātum.[2] Carthāginiēnsēs tum bellum reparāre temptābant, Sardiniēnsēs, quī ex condiciōne pācis Rōmānīs pārēre dēbēbant, ad rebellandum impellentēs. Vēnit tamen lēgātiō Carthāginiēnsium Rōmam et pācem impetrāvit.

[1]*dōnō*: as a gift (dative case)
[2]*triumphātum* [*est*]: a triumph was celebrated

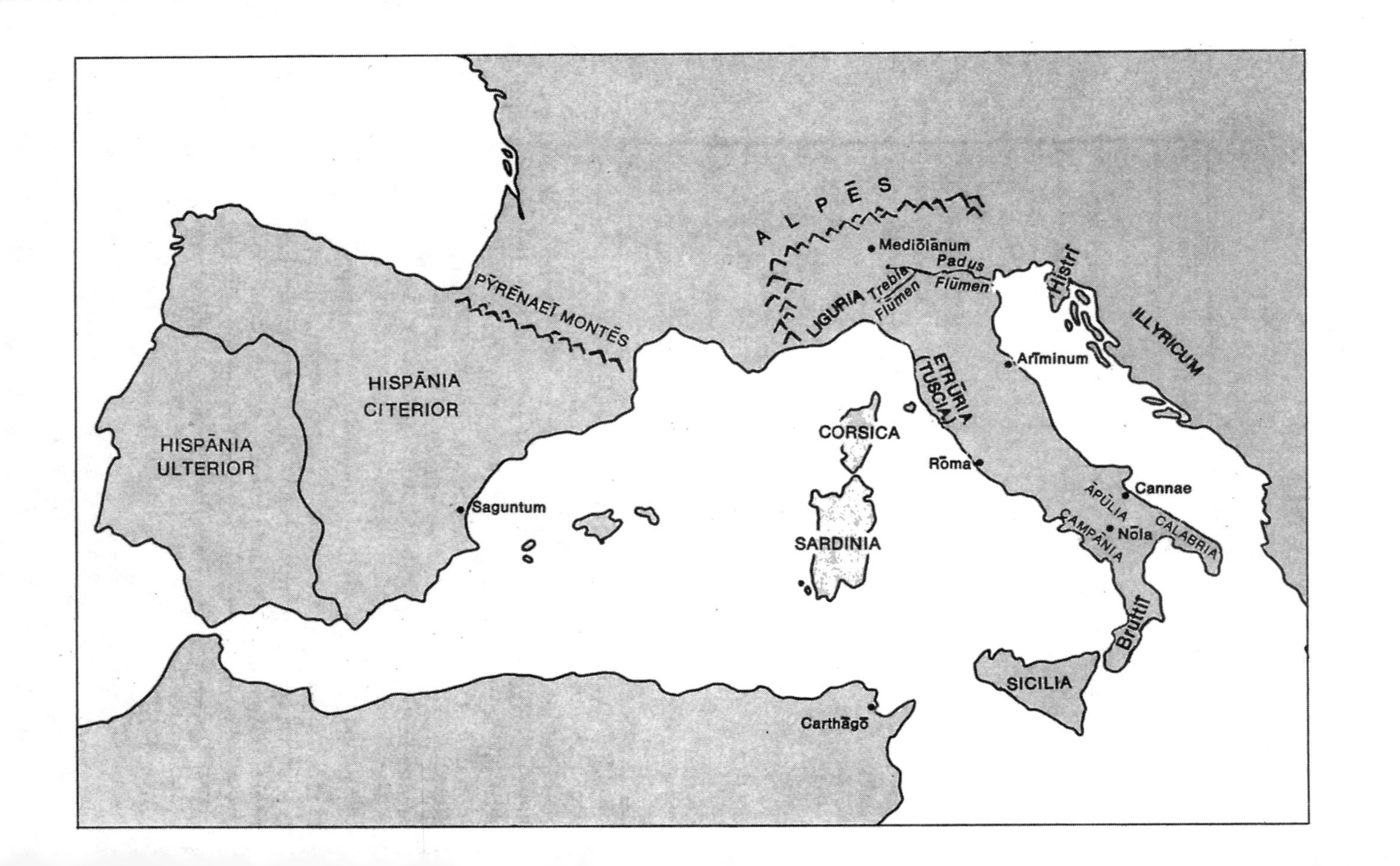
ALPĒS
Mediōlānum
Padus Flūmen
Trebia Flūmen
LIGURIA
Histrī
ILLYRICUM
PȲRĒNAEĪ MONTĒS
HISPĀNIA CITERIOR
HISPĀNIA ULTERIOR
Saguntum
CORSICA
SARDINIA
ETRŪRIA (TUSCIA)
Arīminum
Rōma
Cannae
ĀPŪLIA
CAMPĀNIA
Nōla
CALABRIA
Bruttiī
SICILIA
Carthāgō

3. Titō Manliō Torquātō, Gajō Atīliō Bulcō cōnsulibus, dē Sardīs triumphātum est; et, pāce omnibus locīs factā, Rōmānī nūllum bellum habuērunt, quod hīs post Rōmam conditam semel tantum, Numā Pompiliō rēgnante, contigerat.

4. Lūcius Postumius Albīnus, Gnaeus Fulvius Centumalus cōnsulēs bellum contrā Illyriōs gessērunt et, multīs cīvitātibus captīs, etiam rēgēs in dēditiōnem accēpērunt; ac tum prīmum dē Illyriīs triumphātum est.

5. Lūciō Aemiliō cōnsule, ingentēs Gallōrum cōpiae Alpēs trānsiērunt. Sed prō Rōmānīs tōta Italia cōnsēnsit, trāditumque est ā Fabiō historicō, quī eī bellō interfuit, octingenta (DCCC) mīlia hominum parāta ad id bellum fuisse. Sed rēs per cōnsulem tum prospere gesta est: quadrāgintā (XL) mīlia hominum interfecta sunt, et triumphus Aemiliō dēcrētus.

6. Aliquot deinde annīs post, contrā Gallōs intrā Italiam pūgnātum est,[1] fīnītumque est bellum, Mārcō Claudiō Mārcellō et Gnaeō Cornēliō Scīpiōne cōnsulibus. Tunc Mārcellus cum parvā manū equitum dīmicāvit et rēgem Gallōrum, Viridomarum nōmine, manū suā occīdit. Posteā cum collēgā cōpiās Gallōrum perēmit, Mediōlānum[2] expūgnāvit, grandem praedam Rōmam pertulit, ac triumphāns Mārcellus spolia Gallī, stīpitī imposita, humerīs suīs vexit.

In the chapter above, Marcellus wins one of the highest honors possible for a Roman. As general, he killed in single combat the leader of the enemy and brought back his armor. This booty was called the *opīma spolia.*

7. Mārcō Minuciō Rūfō, Pūbliō Cornēliō cōnsulibus [218 B.C.], Histrīs bellum illātum est, quia latrōcinātī nāvibus Rōmānōrum fuerant, quae frūmentum exhibēbant, perdomitīque sunt omnēs. Eōdem annō bellum Pūnicum secundum Rōmānīs illātum est per Hannibalem, Carthāginiēnsium ducem, quī Saguntum, Hispāniae cīvitātem, Rōmānīs amīcam, oppūgnāre aggressus est, annum agēns vīcēsimum (XX) aetātis, cōpiīs congregātīs centum quīnquāgintā (CL) mīlium. Huic Rōmānī per lēgātōs

[1] *pūgnātum est*: fighting was done
[2] Mediōlānum: hodiē haec urbs in Italiā *Milan* appellāta est.

dēnūntiāvērunt ut bellō abstinēret. Is lēgātōs admittere nōluit. Rōmānī etiam Carthāginem mīsērunt ut mandārētur Hannibalī nē bellum contrā sociōs populī Rōmānī gereret. Dūra respōnsa ā Carthāginiēnsibus data. Saguntīnī intereā famē victī sunt, captīque ab Hannibale ultimīs poenīs afficiuntur.

8. Tum Pūblius Cornēlius Scīpiō cum exercitū in Hispāniam profectus est; Tiberius Semprōnius in Siciliam. Bellum Carthāginiēnsibus indictum est. Hannibal, relictō in Hispāniā frātre Hasdrubale, Pȳrēnaeum trānsiit; Alpēs, tum eā parte inviās, sibī patefēcit. Trāditur ad Italiam octōgintā (LXXX) mīlia peditum, decem mīlia equitum, septem et trīgintā (XXXVII) elephantōs addūxisse. Intereā multī Ligurēs et Gallī Hannibalī sē conjūnxērunt. Semprōnius Gracchus,[1] cognitō ad Italiam Hannibalis adventū, ex Siciliā exercitum Arīminum[2] trānsvēxit.

Here comes another Fabian to the rescue!

9. Pūblius Cornēlius Scīpiō Hannibalī prīmus occurrit. Commissō proeliō, fugātīs suīs, ipse vulnerātus in castra rediit. Semprōnius Gracchus[3] et ipse conflīgit apud Trebiam amnem [218 B.C.]. Is quoque vincitur. Hannibalī multī sē in Italiā dēdidērunt. Inde ad Tusciam veniēns Hannibal Flāminiō cōnsulī occurrit. Ipsum Flāminium interēmit. Rōmānōrum vīgintī quīnque mīlia caesa sunt, cēterī diffūgērunt. Missus adversus Hannibalem posteā ā Rōmānīs Quīntus Fabius Maximus. Is eum differendō pūgnam ab impetū frēgit; mox, inventā occāsiōne, vīcit.

10. Quīngentēsimō et quadrāgēsimō (DXL) annō ā conditā Urbe,[4] Lūcius Aemilius Paulus, Pūblius Terentius Varrō contrā Hannibalem mittuntur Fabiōque succēdunt, quī Fabius ambō cōnsulēs monuit ut Hannibalem calidum et impatientem ducem nōn aliter vincerent quam proelium differendō. Vērum cum impatientiā Varrōnis cōnsulis, contrādīcente alterō cōnsule, apud vīcum, quī Cannae appellātur in Āpūliā pūgnātum esset, ambō cōnsulēs ab Hannibale vincuntur [216 B.C.]. In eā pūgnā tria mīlia Āfrōrum pereunt, magna pars dē exercitū Hannibalis sauciātur. Nūllō tamen Pūnicō bellō Rōmānī gravius acceptī

[1]Gracchus: Immō, errāvit Eutropius; hic cōnsul fuit Semprōnius Longus.
[2]Arīminum: grandis portus et statiō classis Rōmānae
[3]Semprōnius Gracchus: scīlicet, Semprōnius Longus, ut in capite superiōre.
[4]Falsum est. Hic annus fuit ab Urbe conditā quīngentēsimus et trīcēsimus septimus (DXXXVII).

sunt. Periit enim in eō cōnsul Aemilius Paulus, cōnsulārēs et praetōriī vīgintī, senātōrēs captī aut occīsī trīgintā (XXX), nōbilēs virī trecentī (CCC), mīlitum quadrāgintā (XL) mīlia, equitum tria mīlia et quīngentī (D). In quibus malīs nēmō tamen Rōmānōrum pācis mentiōnem habēre dīgnātus est. Servī, quod numquam ante, manūmissī et mīlitēs factī sunt.

11. Post eam pūgnam multae Italiae cīvitātēs quae Rōmānīs pāruerant sē ad Hannibalem trānstulērunt. Hannibal Rōmānīs obtulit ut captīvōs redimerent, respōnsumque est ā Senātū eōs cīvēs nōn necessāriōs quī, cum armātī essent, capī potuissent. Ille omnēs posteā variīs suppliciīs interfēcit et trēs modiōs ānulōrum aureōrum Carthāginem mīsit, quōs ex manibus equitum Rōmānōrum, senātōrum, et mīlitum dētrāxerat. Intereā in Hispāniā, ubī frāter Hannibalis, Hasdrubal, remānserat cum magnō exercitū ut eam tōtam Āfrīs subigeret, ā duōbus Scīpiōnibus vincitur. Perdit in pūgnā trīgintā quīnque (XXXV) mīlia hominum; ex hīs capiuntur decem mīlia, occīduntur vīgintī quīnque. Mittuntur eī ā Carthāginiēnsibus ad reparandās vīrēs duodecim mīlia peditum, quattuor mīlia equitum, vīgintī elephantī.

12. Annō quārtō postquam ad Italiam Hannibal vēnit, Mārcus Claudius Mārcellus cōnsul apud Nōlam, cīvitātem Campāniae, contrā Hannibalem bene pūgnāvit [215 B.C.]. Hannibal multās cīvitātēs Rōmānōrum per Āpūliam, Calabriam, Bruttiōs occupāvit. Quō tempore etiam rēx Macedoniae Philippus ad eum lēgātōs mīsit, prōmittēns auxilia contrā Rōmānōs sub hāc condiciōne, ut, dēlētīs Rōmānīs, ipse quoque contrā Graecōs ab Hannibale auxilia acciperet. Captīs igitur lēgātīs Philippī et rē cognitā, Rōmānī in Macedoniam Mārcum Valerium Laevīnum īre jussērunt, in Sardiniam Titum Manlium Torquātum prōcōnsulem. Nam etiam ea, sollicitāta ab Hannibale, Rōmānōs dēseruerat.

13. Ita ūnō tempore quattuor locīs pūgnābātur: in Italiā contrā Hannibalem, in Hispāniīs contrā frātrem ejus Hasdrubalem, in Macedoniā contrā Philippum, in Sardiniā contrā Sardōs et alterum Hasdrubalem Carthāginiēnsem. Is ā Titō Manliō prōcōnsule, quī ad Sardiniam missus fuerat, vīvus est captus; occīsa cum eō duodecim mīlia, captī mīlle quīngentī (MD), et ā Rōmānīs

Sardinia subācta. Manlius victor captīvōs et Hasdrubalem Rōmam reportāvit. Intereā etiam Philippus ā Laevīnō in Macedoniā vincitur et in Hispāniā ab Scīpiōnibus Hasdrubal et Māgō, tertius frāter Hannibalis.

Sententiae

1. Plūrēs occīdit gula quam gladius. Anonymous
2. Multa īgnōscendō fit potēns potentior. Publilius Syrus
3. Ēripuitque Jovī fulmen vīrēsque tonandī. Manilius
   This describes the benefits of philosophy which, according to Manilius, destroyed superstition.
4. Hī nōn vīdērunt, ut ad cursum equum, ad arandum bovem, ad indāgandum canem, sīc hominem ad duās rēs (ut ait Aristotelēs) ad intellegendum et ad agendum esse nātum. Cicero
5. Cēde repūgnantī: cēdendō victor abībis. Ovid
6. Gutta cavat lapidem nōn vī sed saepe cadendō. Medieval
7. Nihil est tam incrēdibile quod nōn dīcendō fīat probābile; nihil tam horridum, tam incultum quod nōn splendēscat ōrātiōne et tamquam excolātur. Cicero
8. Nimium altercandō vēritās āmittitur. Publilius Syrus
9. Dīvitiae apud sapientem virum in servitūte sunt, apud stultum in imperiō. Seneca
10. Alitur vitium crēscitque tegendō. Burton

Carmina

1. Omnia prōmittis cum tōtā nocte bibistī;
   māne nihil praestās. Pollio, māne bibe.
   Martial

2. Quem superāre potes, interdum vince ferendō:
   maxima enim est hominum semper patientia virtūs.
   Dionysius Cato

3. Cum sīs incautus nec rem ratiōne gubernēs,
   nōlī Fortūnam, quae nōn est, dīcere caecam.
   Dionysius Cato

4. Īnfantem nūdum cum tē nātūra creā'rit,
   paupertātis onus patienter ferre mementō.
   Dionysius Cato

5. Sī bene commeminī, causae sunt quīnque bibendī:
hospitis adventus, praesēns sitis atque futūra,
et vīnī bonitās et quaelibet altera causa.

Sismond

6. Vulpēs et Cicōnia

Nūllī nocendum; sī quis vērō laeserit,
mulcandum similī jūre fābella admonet.

Ad cēnam vulpēs dīcitur cicōniam
prior invītā'sse et liquidam in patulō marmore
5 posuisse sorbitiōnem, quam nūllō modō
gustāre ēsuriēns potuerit cicōnia.

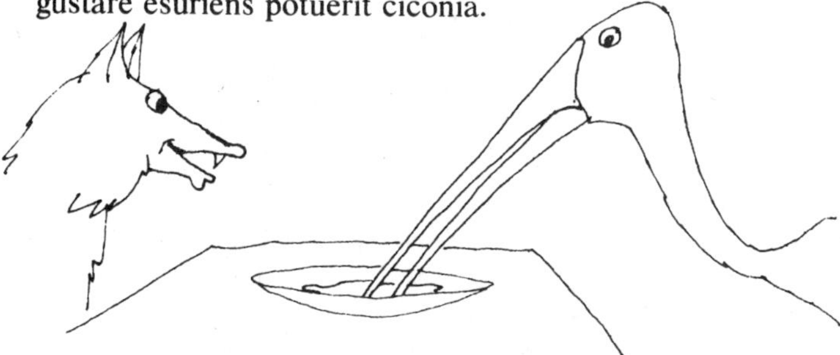

Quae, vulpem cum revocā'sset, intrītō cibō
plēnam lagōnam posuit. Huic rōstrum īnserēns
satiātur ipsa et torquet convīvam famē.
10 Quae cum lagōnae collum frūstrā lamberet,

peregrīnam sīc locūtam volucrem accēpimus:
"Sua quisque exempla dēbet aequō animō patī."

Phaedrus

Ūndecimō in versū, cicōnia dīcitur "peregrīna" quia hieme in Eurōpā nōn manet sed ad Āfricam volat.

Īnscrīptiō

Cōnubiī decus ēgregium, lūx alma parentum
  eximiumque bonum corporis atque animī,
invidiā fātī rapitur Vincentia flōrēns
  et nunc ante patrem conditur Hēlionem.
Quīn potius corpus: nam mēns aeterna profectō
  prō meritīs potitur sēdibus Ēlysiīs.

Verbum in versū ultimō, quamquam Quārtae Conjugātiōnis, habet saepissimē *potitur*, nōn *potītur*. In eōdem versū, Ēlysium erat pars Īnferōrum ubī piī post mortem fēlīciter manēbant.

Lūsus

Here is an anagram on the word *brevis*. Which words are formed from *brevis*?

The sound /u/ was often written as *v* and vice versa. In this poem, the two sounds /u/ and /v/ are written as *v*. The use of the letter *v* for the sound of /u/ is still found in modern inscriptions.

Brevitās

Perspicvā brevitāte nihil magis afficit avres;
in verbīs, vbi rēs postvlat, esto brevis. Owen

Estō is the Second Imperative of *sum*.

Index Verbōrum

abstineō, abstinēre, abstinuī, abstentus: mē contineō
adventus-ūs, m: *arrival*
aggredior, aggredī, aggressus sum: petō, oppūgnō
altercor-ārī-ātus sum: jūrgium habeō, lītigō
cicōnia-ae, f: avis quae rōstrum longissimum habet; apud nōs nārrātur īnfantēs hominibus portāre
commeminī: meminī, in memoriā teneō
cōnflīgo, cōnflīgere, cōnflīxī, cōnflīctus: pūgnō, contendō
cōnsentiō, cōnsentīre, cōnsēnsī, cōnsēnsus: conveniō, concors sum
cōnsulāris, cōnsulāris, m: is quī cōnsul fuerat
contrādīcō, contrādīcere, contrādīxī, contrādictus: nōn cōnsentiō

cōnubium-ī, n: mātrimōnium
dēnūntiō-āre-āvī-ātus: nūntiō, jubeō
differō, differre, distulī, dīlātus: dissipō, in dīversās partēs ferō; hīc, moror
diffugiō, diffugere, diffūgī: in dīversās partēs fugiō
dīgnor-ārī-ātus sum: dīgnum putō vel jūdicō
Ēlysium-ī, n: domus mortuōrum piōrum
ēsuriō-īre-īvī: cibum appetō, edere cupiō, famē premor
exhibeō, exhibēre, exhibuī, exhibitus: dōnō, praestō, praebeō, tribuō, dō
fīniō-īre-īvī-ītus: cōnficiō, perficiō
gubernō-āre-āvī: regō
historicus-ī, m: auctor quī historiās compōnit
humerus-ī, m: ea pars corporis ex quā pendet bracchium
incautus-a-um: quī sibī cavēre nescit; nescius, necopīnus
incrēdibilis-e: quī crēdī nōn potest; improbābilis
incultus-a-um: neglēctus, nūdus, horridus
indāgō-āre-āvī-ātus: investīgō, sequor; et dīcitur dē canibus
īnserō, īnserere, īnseruī, īnsertus: immittō, impōnō
interimō, interimere, interēmī, interēmptus: adimō, perimō, necō, interficiō
intersum, interesse, interfuī: adsum
intrītus-a-um: *crushed*
invius-a-um: quī est sine viīs
lēgātiō, lēgātiōnis, f: mūnus et officium lēgātī; hīc, ipsī lēgātī
mandō-āre-āvī-ātus: jubeō; committō
manūmissus-a-um: ā dominī potestāte līberātus
mentiō, mentiōnis, f: "pācis mentiōnem faciō" sīgnat "pācem pōnō"
modius-ī, m: mēnsūra; Anglicē, *peck (eight quarts), the chief unit for measuring wheat*
mulcō-āre-āvī-ātus: verberō, pūniō
necessārius-a-um: *needed*
oppūgnō-āre-āvī-ātus: pūgnā petō; aggredior
patientia-ae, f: virtūs quō homō mala fert
patefaciō, patefacere, patefēcī, patefactus: faciō ut locus pateat; aperiō
patulus-a-um: patēns, apertus, lātus, plānus
pedes, peditis, m: mīles quī in aciē pedibus, nōn equō, pūgnat
perimō, perimere, perēmī, perēmptus: adimō, dēleō
praetōrius-ī, m: is quī praetor, magistrātus Rōmānus, fuerat

probābilis-e: quī probārī et crēdī potest
prōcōnsul, prōcōnsulis, m: is quī prōvinciam regit
profectō: certē, sīne dubiō, scīlicet
prōficiō, prōficere, prōfēcī, prōfectus: cōnficiō, cōnsequor, efficiō
prosperus-a-um: bonus, fēlīx; adverbium est "prospere," cum -*e* brevī
repūgnō-āre-āvī: resistō
sorbitiō, sorbitiōnis, f: quod bibimus ut aqua vel vīnum
splendēscō, splendēscere: fulgeō
stīpes, stīpitis, m: *pole*
trīticum-ī, n: optimum frūmentī genus
torqueō, torquēre, torsī, tortus: cum vī vertō; pūniō

UNIT 19

Eutropī Breviārium

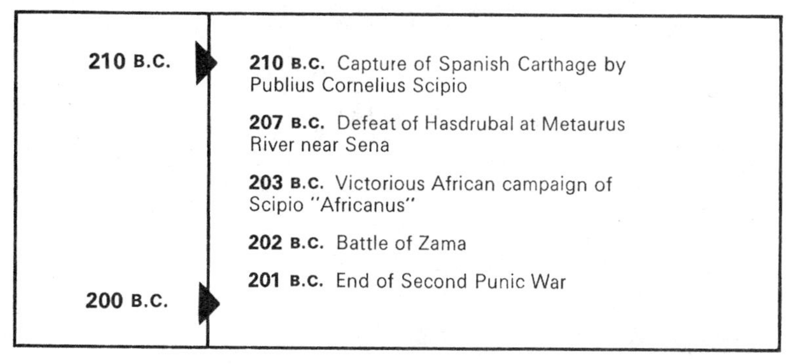

Liber Tertius

14. Decimō annō postquam in Italiam vēnerat, Pūbliō Sulpiciō, Gnaeō Fulviō cōnsulibus [209 B.C.], Hannibal ūsque ad quārtum mīliārium Urbis accessit, equitēs ejus ad portam. Mox cōnsulum cum exercitū venientum metū Hannibal ad Campāniam sē recēpit. In Hispāniā ā frātre Hasdrubale ambō Scīpiōnēs, quī per multōs annōs victōrēs fuerant, interficiuntur, exercitus tamen integer mānsit. Cāsū enim magis erant quam virtūte dēceptī. Quō tempore etiam ā cōnsule Mārcellō Siciliae magna pars capta est quam tenēre Āfrī coeperant et nōbilissima urbs Syrācūsāna; praeda ingēns Rōmam perlāta est. Laevīnus in Macedoniā cum Philippō et multīs Graeciae populīs et rēge Asiae Attalō amīcitiam fēcit et ad Siciliam profectus Hannōnem quendam, Āfrōrum ducem, apud Agrigentum cīvitātem cum ipsō oppidō cēpit, eum Rōmam cum captīvīs nōbilibus mīsit. Quadrāgintā (XL) cīvitātēs in dēditiōnem accēpit, vīgintī sex expūgnāvit. Ita omnis Sicilia recepta est, Macedonia frācta. Ingentī glōriā Rōmam regressus est. Hannibal in Italiā Gnaeum Fulvium cōnsulem subitō aggressus cum octō mīlibus hominum interfēcit.

15. Intereā ad Hispāniās, ubī, occīsīs duōbus Scīpiōnibus, nūllus Rōmānus dux erat, Pūblius Cornēlius Scīpiō mittitur, fīlius Pūblī Scīpiōnis, quī ibīdem bellum gesserat, annōs nātus quattuor et vīgintī. Vir Rōmānōrum omnium et suā aetāte et posteriōre

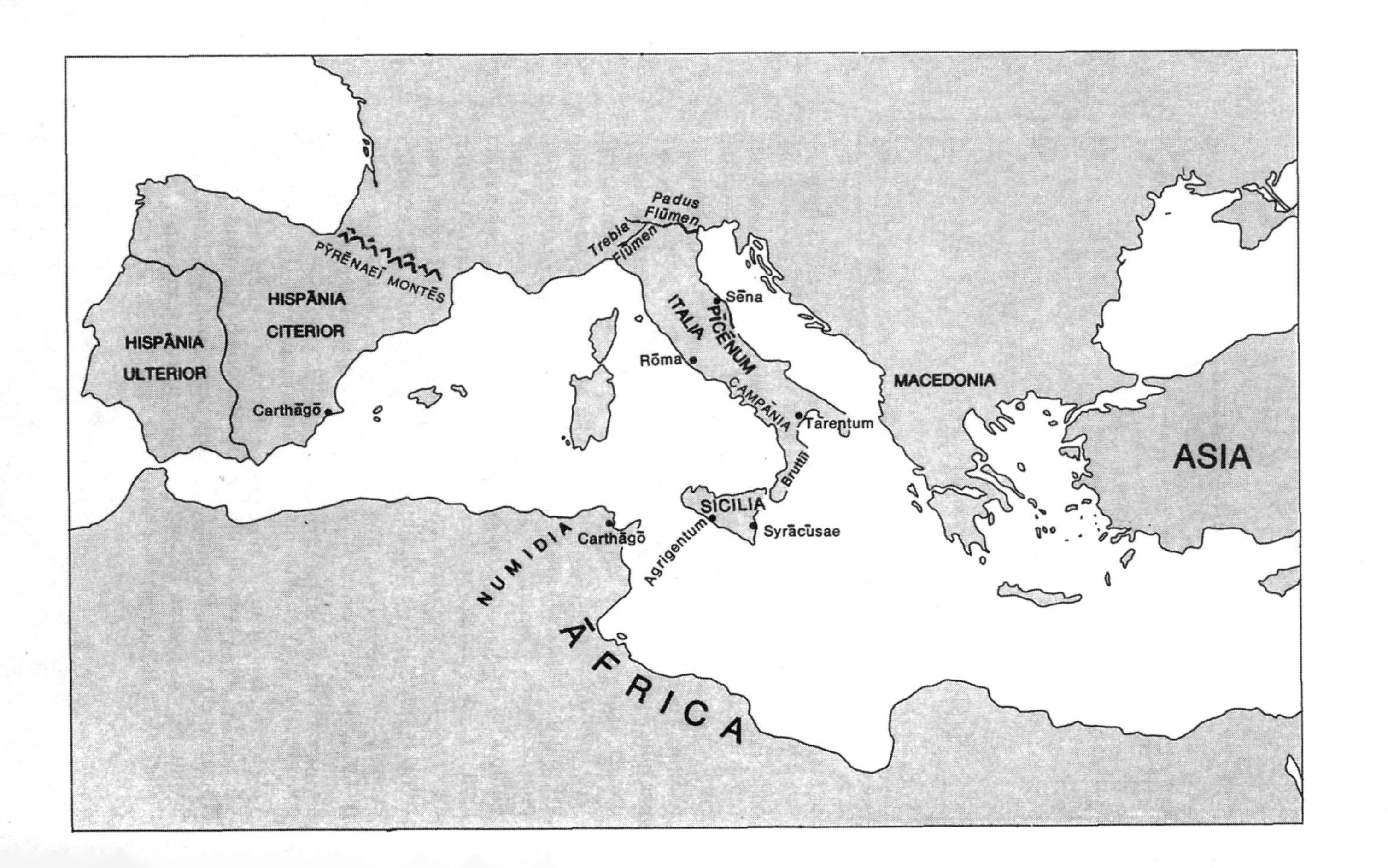

PYRĒNAEĪ MONTĒS
HISPĀNIA CITERIOR
HISPĀNIA ULTERIOR
Carthāgō
Padus Flūmen
Trebia Flūmen
ITALIA
PĪCĒNUM
Sēna
Rōma
CAMPĀNIA
Tarentum
Bruttii
MACEDONIA
ASIA
SICILIA
Agrigentum
Syrācūsae
Carthāgō
NUMIDIA
ĀFRICA

tempore ferē prīmus. Is Carthāginem Hispāniae capit [210 B.C.], in quā omne aurum, argentum, et bellī apparātum Āfrī habēbant, nōbilissimōs quoque obsidēs quōs ab Hispānīs accēperant. Māgōnem etiam, frātrem Hannibalis, ibīdem capit, quem Rōmam cum aliīs mittit. Rōmae ingēns laetitia post hunc nūntium fuit. Scīpiō Hispānōrum obsidēs parentibus reddidit. Quā rē Hispāniae ūnō animō ad eum trānsiērunt. Post quae Hasdrubalem, frātrem Hannibalis, victum fugat et praedam maximam capit.

16. Intereā in Italiā cōnsul Fabius Maximus Tarentum recēpit, in quā ingentēs cōpiae Hannibalis erant. Ibī etiam ducem Hannibalis, Carthālōnem, occīdit, vīgintī quīnque mīlia hominum captīvōrum vendidit, praedam mīlitibus dispertīvit, pecūniam hominum vendītōrum ad fiscum rettulit.[1] Tum multae cīvitātēs Rōmānōrum quae ad Hannibalem trānsierant prius rursus sē Fabiō Maximō dēdidērunt. Īnsequentī annō Scīpiō in Hispāniā ēgregiās rēs ēgit et per sē et per frātrem suum, Lūcium Scīpiōnem; septuāgintā (LXX) cīvitātēs recēpērunt. In Italiā tamen male pūgnātum est. Nam Claudius Mārcellus cōnsul ab Hannibale occīsus est.

17. Tertiō annō postquam Scīpiō ad Hispāniās profectus est, rursus rēs inclutās gerit. Rēgem Hispāniārum magnō proeliō victum in amīcitiam accēpit et prīmus omnium ā victō obsidēs nōn poposcit.

18. Dēspērāns Hannibal Hispāniās contrā Scīpiōnem diūtius posse retinērī, frātrem suum Hasdrubalem ad Italiam cum omnibus cōpiīs ēvocāvit. Is, veniēns eōdem itinere quō etiam Hannibal vēnerat, ā cōnsulibus Appiō Claudiō Nerōne et Mārcō Līviō Salīnātōre apud Sēnam, Pīcēnī cīvitātem, in īnsidiās compositās incidit [207 B.C.]. Strēnuē tamen pūgnāns occīsus est, ingentēs ejus cōpiae captae aut interfectae sunt, magnum pondus aurī atque argentī Rōmam relātum. Post haec Hannibal diffīdere jam dē bellī coepit ēventū. Rōmānīs ingēns animus accessit, itaque et ipsī ēvocāvērunt ex Hispāniā Pūblium Cornēlium Scīpiōnem. Is Rōmam cum ingentī glōriā vēnit.

19. Quīntō Caeciliō, Lūciō Valeriō cōnsulibus, omnēs cīvitātēs quae in Bruttiīs ab Hannibale tenēbantur Rōmānīs sē trādidērunt.

[1] ad fiscum rettulit: scīlicet, nōn sibī sed reī pūblicae dedit.

20. Annō quārtō decimō posteā quam in Italiam Hannibal vēnerat, Scīpiō, quī multa in Hispāniā bene ēgerat, cōnsul factus est et in Āfricam missus [205 B.C.]. Cui virō dīvīnum quiddam inesse exīstimābātur, adeō ut putārētur etiam cum nūminibus habēre sermōnem. Is in Āfricā contrā Hannōnem, ducem Āfrōrum, pūgnat; exercitum ejus interfēcit. Secundō proeliō castra cēpit cum quattuor mīlibus et quīngentīs (MMMMD) mīlitibus, ūndecim mīlibus occīsīs. Syphācem, Numidiae rēgem, quī sē Āfrīs conjūnxerat, capit et castra ejus invādit. Syphāx cum nōbilissimīs Numidīs et īnfīnītīs spoliīs Rōmam[1] ā Scīpiōne mittitur. Quā rē audītā, omnis ferē Italia Hannibalem dēserit. Ipse ā Carthāginiēnsibus redīre in Āfricam jubētur, quam Scīpiō vāstābat.

21. Ita annō septimō decimō ab Hannibale Italia līberāta est [203 B.C.]. Lēgātī Carthāginiēnsium pācem ā Scīpiōne petīvērunt. Ab eō ad Senātum Rōmam missī sunt. Quadrāgintā et quīnque (XLV) diēbus indūtiae datae sunt, quō ūsque īre Rōmam et regredī possent. Et trīgintā (XXX) mīlia pondō argentī[2] ab īs accepta sunt. Senātus ex arbitriō Scīpiōnis pācem jussit cum Carthāginiēnsibus fierī. Scīpiō hīs condiciōnibus dedit: nē amplius quam trīgintā (XXX) nāvēs habērent; ut quīngenta (D) mīlia pondō argentī darent; captīvōs et perfugās redderent.

22. Interim, Hannibale veniente ad Āfricam, pāx turbāta est; multa hostīlia ab Āfrīs facta sunt. Lēgātī tamen eōrum ex Urbe venientēs ā Rōmānīs captī sunt et, jubente Scīpiōne, dīmissī. Hannibal quoque frequentibus proeliīs victus ā Scīpiōne petit etiam ipse pācem. Cum ventum esset[3] ad colloquium, īsdem condiciōnibus data est quibus prius, additīs quīngentīs (D) mīlibus pondō argentī centum mīlibus lībrārum propter novam perfidiam. Carthāginiēnsibus condiciōnēs displicuērunt jussēruntque Hannibalem pūgnāre. Īnfertur ā Scīpiōne et Masinissā, aliō rēge Numidārum, quī amīcitiam cum Scīpiōne fēcerat, Carthāginī bellum. Hannibal trēs explōrātōrēs ad Scīpiōnis castra mīsit, quōs captōs Scīpiō circumdūcī per castra jussit ostendīque eīs tōtum exercitum, mox etiam prandium darī dīmittīque, ut renūntiārent Hannibalī quae apud Rōmānōs vīdissent.

[1]Rōmam: ad Urbem
[2]*pondō*: by weight, by pounds. *Trīgintā mīlia pondō argentī*: thirty thousand pounds of silver.
[3]*Cum ventum esset*: when they had come

23. Intereā proelium ab utrōque duce īnstrūctum est, quāle vix ūllā memoriā fuit, cum perītissimī virī cōpiās suās ad bellum ēdūcerent. Scīpiō victor recēdit, paene ipsō Hannibale captō, quī prīmum cum multīs equitibus, deinde cum vīgintī, postrēmō cum quattuor ēvāsit. Inventa in castrīs Hannibalis argentī pondō vīgintī mīlia, aurī octingenta (DCCC), cētera supellectilis cōpiōsa. Post id certāmen pāx cum Carthāginiēnsibus facta est [201 B.C.]. Scīpiō Rōmam rediit, ingentī glōriā triumphāvit atque "Āfricānus" ex eō appellārī coeptus est. Fīnem accēpit secundum Pūnicum bellum post annum nōnum decimum quam coeperat.

Sententiae

- Which of the selections below describes Hannibal?
- Which best describes Quintus Fabius Maximus, who refused to meet Hannibal and so forced him to gradually exhaust his forces?
- In the *sententiae* below, identify each occurrence of the following:
  - the verbal noun called the "gerund"
  - the verbal adjective called the "gerundive"
  - a future active participle
  - an impersonal verb (found only in the third person singular)
  - the new supine in *-ū*
  - the new conjunction meaning "but that"

1. Quō modō fābula, sīc vīta: nōn quam diū sed quam bene ācta sit rēfert. Seneca (adapted)
2. Mendācem memorem esse oportet. Quintilian
3. Quae . . . domus tam stabilis, quae tam firma cīvitās est quae nōn discidiīs funditus possit ēvertī? Cicero
4. Ūnus homō nōbīs cūnctandō restituit rem. Ennius
5. Cārī sunt parentēs, cārī līberī, propinquī, familiārēs, sed omnēs omnium cāritātēs patria ūna complexa est: prō quā quis bonus dubitet mortem oppetere, sī eī sit prōfutūrus? Cicero
6. Id dictū quam rē facilius est. Livy
7. Est captū facilis turbātā piscis in undā. Medieval
8. Et sīc dēmōnstrātur quod erat dēmōnstrandum. Anonymous
   This is the origin of the expression "Q.E.D."
9. Hās tantās virtūtēs ingentia vitia aequābant: inhūmāna crūdēlitās, perfidia plūs quam Pūnica, nihil vērī, nihil sānctī,

nūllus deōrum metus, nūllum jūs jūrandum, nūlla religiō. Livy
10. Nihil tam difficile est quīn quaerendō investīgārī possit. Terence

Carmina

1. Nē valeam, sī nōn tōtīs, Deciāne, diēbus
   et tēcum tōtīs noctibus esse velim.
   Sed duo sunt quae nōs disjungunt mīlia passum;
   quattuor haec fīunt, cum reditūrus eam.
5 Saepe domī nōn es; cum sīs quoque, saepe negāris.
   Vel tantum causīs vel tibi saepe vacās.
   Tē tamen ut videam, duo mīlia nōn piget īre;
   ut tē nōn videam, quattuor īre piget.

Martial

In line 3, *passum* is a variant of the genitive *passuum*. *Duo mīlia* in line 7 is an example of the use of the accusative of units of measure without a preposition to show "how much," or in this case, "how far."

2. Occurrit tibi nēmo quod libenter,
   quod, quācumque venīs, fuga est et ingēns
   circā tē, Ligurīne, sōlitūdō,
   quid sit scīre cupis? Nimis poēta es.
5 Hoc valdē vitium perīculōsum est.
   Nōn tigris catulīs citāta raptīs,
   nōn dipsas mediō perūsta sōle,
   nec sīc scorpios improbus timētur.
   Nam tantōs, rogo, quis ferat labōrēs?
10 Et stantī legis et legis sedentī,
   currentī legis et legis cacantī.
   In thermās fugiō; sonās ad aurem.
   Piscīnam peto; nōn licet natāre.
   Ad cēnam properō; tenēs euntem.
15 Ad cēnam veniō; fugās sedentem.
   Lassus dormio; suscitās jacentem.
   Vīs quantum faciās malī vidēre?
   Vir jūstus, probus, innocēns timēris.

Martial

Octāvō in versū, "scorpios" est cāsūs nōminātīvī, forma Graeca. Quārtō decimō in versū, "euntem" est participium verbī "īre."

3. Grāculus Superbus et Pāvō

Nē glōriārī libeat aliēnīs bonīs
suōque potius habitū vītam dēgere,
Aesōpus nōbīs hocc exemplum prōdidit.

Tumēns inānī grāculus superbiā
5 pennās, pāvōnī quae dēciderant, sustulit
sēque exōrnāvit. Deinde contemnēns suōs
immiscet sē pāvōnum formōsō gregī.
Illī impudentī pennās ēripiunt avī

fugantque rōstrīs. Male mulcātus grāculus
10 redīre maerēns coepit ad proprium genus,
ā quō repulsus trīstem sustinuit notam.
Tum quīdam ex illīs quōs prius dēspexerat:
"Contentus nostrīs sī fuissēs sēdibus
et quod nātūra dederat voluissēs patī,
15 nec illam expertus essēs contumēliam
nec hanc repulsam tua sentīret calamitās."

Phaedrus

4. Servōrum culpā cum tē dolor urget in īram,
ipse tibī moderāre, tuīs ut parcere possīs.

Dionysius Cato

Moderāre is the imperative singular of the deponent verb *moderor*.

5. Rem, tibi quam nō'rīs aptam, dīmittere nōlī:
   fronte capillātā, post est Occāsio calva.
   Dionysius Cato

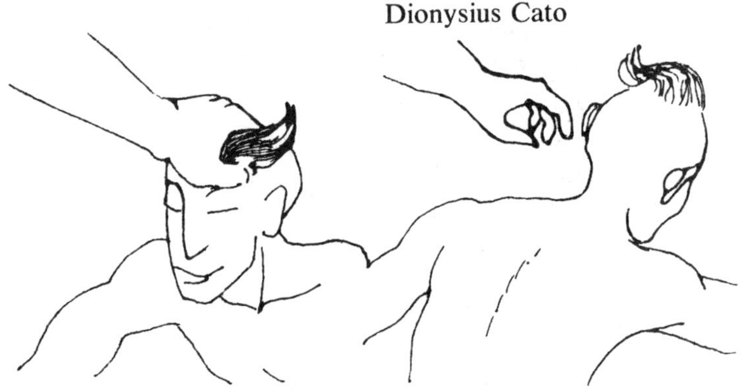

6. Rēbus in adversīs animum submittere nōlī:
   spem retinē; spēs ūna hominem nec morte relinquit.
   Dionysius Cato

Nec means "not even" here.

Īnscrīptiō

The name *Margarīta* was written to the left of this inscription.

Gallia mē genuit; nōmen mihi dīvitis undae
  concha dedit, formae nōminis aptus honōs;
Docta per incertās audāx discurrere silvās
  collibus hirsūtās atque agitāre ferās.
5 Nōn gravibus vinc'līs umquam cōnsuēta tenērī
  verbera nec niveō corpore saeva patī.
Mollī namque sinū dominī dominaeque jacēbam
  et nō'ram in strātō lassa cubāre torō,
et plūs quam licuit mūtō canis ōre loquēbar.
10 ' Nūllī lātrātūs pertimuēre meōs.
Sed jam fāta subī partū jactāta sinistrō,
  quam nunc sub parvō marmore terra tegit.

Secundō in versū, "honōs" est forma poētica prō "honor." Ūndecimō in versū, "subī" prō "subiī" pōnitur.

Lūsūs

Aenigmata Symphosiī

1. Lēx bona dīcendī, lēx sum quoque dūra tacendī,
   jūs avidae linguae, fīnis sine fīne loquendī,
   ipsa fluēns, dum verba fluunt, ut lingua quiēscat.
   Respōnsum est ______.

2. Prōvida sum vītae, dūrō nōn pigra labōre,
   ipsa ferēns humerīs sēcūrae praemia brūmae.
   Nec gero magna simul sed congero cūncta vicissim.
   Respōnsum est ______.

3. Nōmen habēns hominis post ultima fāta relinquor.
   Nōmen ināne manet, sed dulcis vīta profūgit.
   Vīta tamen superest meritīs post tempora vītae.
   Respōnsum est ______.

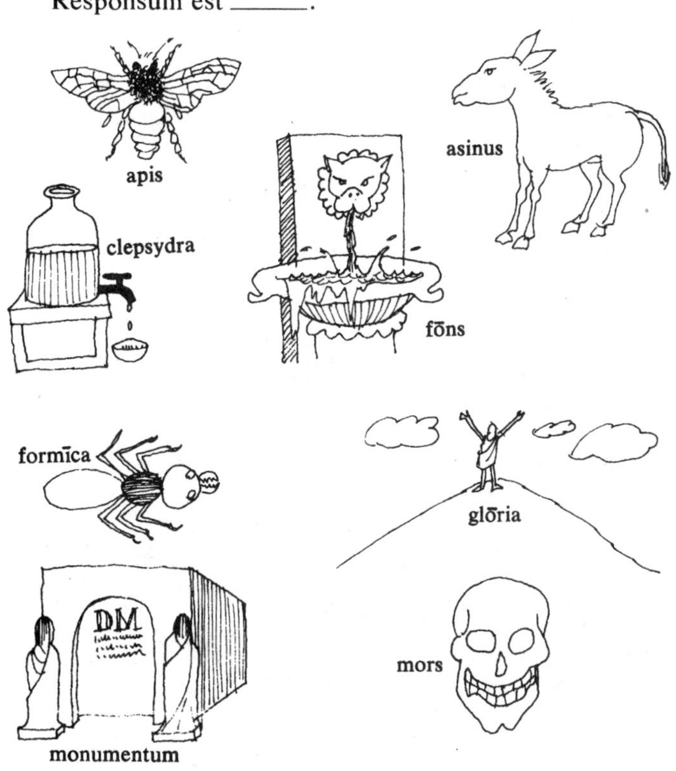

Index Verbōrum

aequō-āre-āvī-ātus: aequālem faciō
apis, apis, f: animal parvum volucre, quod mel facit
cacō-āre-āvī: onus ventris in latrīnam dēpōnō
capillātus-a-um: capillīs tēctus
citō-āre-āvī-ātus: excitō, concitō, suscitō, moveō
clepsydra-ae, f: hōrologium, quod hōrās aquā fluentī numerat
colloquium-ī, n: sermō
complector, complectī, complexus sum: amplector, contineō
congerō, congerere, congessī, congestus: comportō, congregō
cōnsuēscō, cōnsuēscere, cōnsuēvī, cōnsuētus: soleō
contentus-a-um: satiātus
cubō, cubāre, cubuī: jaceō, quiēscō, dormiō
cūnctor-ārī-ātus sum: moror, differō
dēgō, dēgere, dēgī: agō
dēmōnstrō-āre-āvī-ātus: ostendō, mōnstrō, probō
dēspērō-āre-āvī-ātus: spem dēpōnō, diffīdō
dipsas, dipsadis, f: serpēns, anguis, vīpera
discidium-ī, n: sēparātiō, disjūnctiō; discordia, querēla, factiō
disjungō, disjungere, disjūnxī, disjūnctus: dīvidō, sēparō
dispertiō-īre-īvī-ītus: dīvidō, dō
dubitō-āre-āvī-ātus: in dubium veniō, incertus sum
exīstimō-āre-āvī-ātus: putō, jūdicō, arbitror
exōrnō-āre-āvī-ātus: pulchrum faciō, īnsīgne reddō; cōmō, ōrnō
experior, experīrī, expertus sum: patior
familiāris-e: amīcus
grāculus-ī, m: avis turpis; Anglicē, *jackdaw*
habitus-ūs, m: cultus, vestis, aspectus
hirsūtus-a-um: capillātus
ibīdem: eōdem locō
immisceō, immiscēre, immiscuī, immixtus (cum cāsibus accūsātīvō et datīvō): jungō, misceō
inclutus-a-um: clārus, eximius, ēgregius
incolumis-e: salvus
indūtiae-ārum, f: bellī cessātiō ad tempus; differunt ā pāce ac foedere, quae in perpetuum dantur
inhūmānus-a-um: hūmānitātis expers; crūdēlis, ferōx
integer, integra, integrum: salvus, incolumis

invādō, invādere, invāsī, invāsus: ingredior cum vī et impetū
laetitia-ae, f: gaudium
lassus-a-um: fessus, fatīgātus
lātrātus-ūs, m: sonus quem canēs ēmittunt
libet, libēre, libuit (impersonal verb): placet
lībra-ae, f: *unit of weight, pound*
maereō, maerēre: lūgeō, doleō
margarīta-ae, f: gemma quae in ostreā nāscitur; saepe pōnitur prō nōmine fēminae, ut hodiē "*Margaret*"
mendāx (gen, mendācis): quī mentīrī solet: falsus, fallāx
mercēs, mercēdis, f: pretium quod prō operā et labōre alicui solvitur
moderor-ārī-ātus sum: temperō
monumentum-ī, n: tumulus, sepulchrum
nota-ae, f: sīgnum, indicium; dēdecus
obses, obsidis, m&f: is quī in bellō imperiō alterīus trāditur ad fidem servandam; pignus
pāvō, pāvōnis, m: avis formōsa, Jūnōnī sacra, plūmīs suīs nōtissima
perfidia-ae, f: perjūrium
perfuga-ae, m&f: quī suā sponte ad hostēs fugit, sīve mīles sīve servus
perūrō, perūrere, perussī, perustus: igne vāstō
piget, pigēre, piguit (impersonal verb): molestum est
piscīna-ae, f: lacus ubī piscēs congregantur; est quoque pars balneōrum ubī hominēs natant
pondō, n (defect noun, abl sg only): *by weight, by pounds*
prandium-ī, n: cibus quī māne sūmitur
propinquus-ī, m: quī sanguine jūnctus est; Anglicē, *relative*
prōvidus-a-um: prūdēns, frūgī
repulsa-ae, f: rejectiō
scorpios-ī (et scorpiō, scorpiōnis), m: animal hominī noxium
sermō, sermōnis, f: colloquium; "sermōnem habeō" sīgnat "loquor"

scorpiō

sinister, sinistra, sinistrum: oppōnitur "dextra"; īnfēlīx, īnfaustus
sōlitūdō, sōlitūdinis, f: locus dēsertus
stabilis-e: ad standum aptus; firmus, fīxus
strēnuus-a-um: fortis, ācer, dūrus

subeō, subīre, subiī: patior, experior
submittō, submittere, submīsī, submissus: āmittō
supellectilis (vel supellex), supellectilis, f: apparātus domesticus ut pōcula, vestis, et id genus
urgeō, urgēre, ursī: excitō, suscitō, moveō
vacō-āre-āvī: inānis sum; hīc, ōtium habeō
verbus, verberis, n: ictus
vicissim: per vicēs

UNIT 20

Eutropī Breviārium

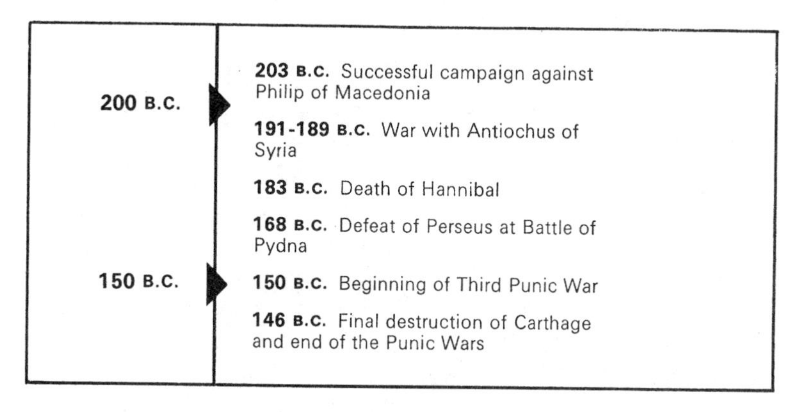

Liber Quārtus

1. Trānsāctō Pūnicō bellō, secūtum est Macedonicum contrā Philippum rēgem.

2. Quīngentēsimō quīnquāgēsimō et prīmō (DLI) annō ab Urbe conditā [198-197 B.C.],[1] Titus Quīntius Flāminius adversum Philippum rem prospere gessit. Pāx eī data est hīs lēgibus: nē Graeciae cīvitātibus quās Rōmānī contrā eum dēfenderant bellum īnferret, captīvōs et trānsfugās redderet, quīnquāgintā (L) sōlās nāvēs habēret, reliquās Rōmānīs dēderet, per annōs decem quaterna (IV) mīlia pondō argentī praestāret et obsidem daret fīlium suum Dēmētrium. Titus Quīntius etiam Lacedaemoniīs intulit bellum. Ducem eōrum Nabidem vīcit et quibus voluit condiciōnibus in fidem accēpit. Ingentī glōriā dūxit ante currum nōbilissimōs obsidēs, Dēmētrium, Philippī fīlium, et Armenem, Nabidis.

3. Trānsāctō bellō Macedonicō, secūtum est Syriacum contrā Antiochum rēgem, Pūbliō Cornēliō Scīpiōne, Mārcō Acīliō Glabriōne cōnsulibus [191 B.C.]. Huic Antiochō Hannibal sē jūnxerat, Carthāginem patriam suam metū nē Rōmānīs trāderētur

[1]Note that Eutropius' calculations erroneously place the campaign of Flaminius in 203 B.C., instead of the standard dates of 198-197 B.C.

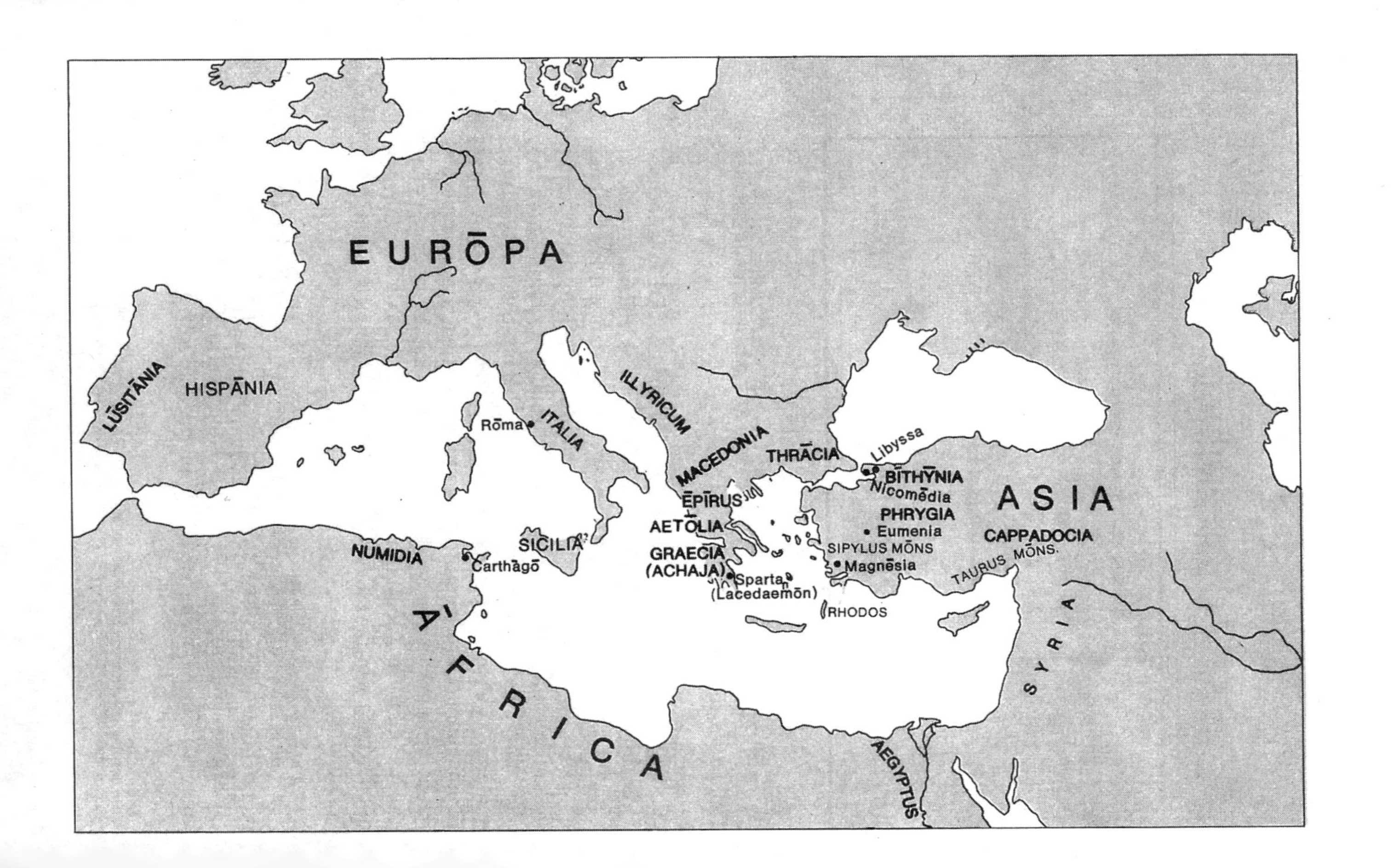
EURŌPA
LŪSITĀNIA
HISPĀNIA
Rōma
ITALIA
ILLYRICUM
MACEDONIA
THRĀCIA
Libyssa
BĪTHȲNIA
Nīcomēdia
ASIA
ĒPĪRUS
AETŌLIA
PHRYGIA
Eumenia
CAPPADOCIA
SICILIA
NUMIDIA
Carthāgō
GRAECIA
(ACHAJA)
Sparta
(Lacedaemōn)
SIPYLUS MŌNS
Magnēsia
TAURUS MŌNS.
RHODOS
SYRIA
ĀFRICA
AEGYPTUS

relinquēns. Mārcus Acīlius Glabriō in Achajā bene pūgnāvit. Castra rēgis Antiochī nocturnā pūgnā capta sunt, ipse fugātus. Philippō, quia contrā Antiochum Rōmānīs fuisset auxiliō, fīlius Dēmētrius redditus est.

4. Lūciō Cornēliō Scīpiōne et Gajō Laeliō cōnsulibus, Scīpiō Āfricānus frātrī suō Lūciō Cornēliō Scīpiōnī cōnsulī lēgātus contrā Antiochum profectus est. Hannibal, quī cum Antiochō erat, nāvālī proeliō victus est. Ipse posteā Antiochus circā Sipylum ad Magnēsiam, Asiae cīvitātem, ā cōnsule Cornēliō Scīpiōne ingentī proeliō fūsus est. Auxiliō fuit Rōmānīs in eā pūgnā Eumenēs, Attalī rēgis frāter, quī Eumeniam in Phrygiā condidit. Quīnquāgintā (L) mīlia peditum, tria equitum eō certāmine ex parte rēgis occīsa sunt. Tum rēx pācem peti'it. Īsdem condiciōnibus data est ā Senātū quamquam victō quibus ante offerēbātur: ut ex Eurōpā et Asiā recēderet atque intrā Taurum sē continēret, decem mīlia talentōrum et vīgintī obsidēs praebēret, Hannibalem concitātōrem bellī dēderet. Eumenī rēgī dōnātae sunt ā Senātū omnēs Asiae cīvitātēs quās Antiochus bellō perdiderat. Et Rhodiīs, quī auxilium Rōmānīs contrā rēgem Antiochum tulerant, multae urbēs concessae sunt. Scīpiō Rōmam rediit, ingentī glōriā triumphāvit. Nōmen et ipse ad imitātiōnem frātris "Asiagenēs" accēpit, quia Asiam vīcerat, sīc utī frāter ipsīus propter Āfricam domitam "Āfricānus" appellābātur.

5. Spuriō Postumiō Albīnō, Quīntō Mārcō Philippō cōnsulibus [189 B.C.], Mārcus Fulvius dē Aetōlīs triumphāvit. Hannibal, quī victō Antiochō nē Rōmānīs trāderētur ad Prūsiam,[1] Bīthȳniae rēgem, fūgerat, repetītus etiam ab eō est per Titum Quīntium Flāminium. Et cum trādendus Rōmānīs esset, venēnum bibit et apud Libyssam in fīnibus Nīcomēdēnsium sepultus est [183 B.C.].

6. Phillippō rēge Macedoniae mortuō, quī et adversum Rōmānōs bellum gesserat et posteā Rōmānīs contrā Antiochum auxilium tulerat, fīlius ejus Perseus in Macedoniā rebellāvit, ingentibus cōpiīs ad bellum parātīs. Nam adjūtōrēs habēbat Cotyn, Thrāciae regem, et rēgem Illyricī, Gentium nōmine. Rōmānīs autem in auxiliō erant Eumenēs Asiae rēx, Ariaratus Cappadociae, Antiochus Syriae, Ptolemaeus Aegyptī, Masinissa

[1]Except for the nominative form *Prūsiās*, this Greek noun is declined like a first declension Latin noun.

Numidiae. Prūsiās autem Bīthyniae, quamquam sorōrem Perseī uxōrem habēret, utrīsque sē aequum praebuit. Dux Rōmānōrum Pūblius Licinius cōnsul contrā eum missus est et ā rēge gravī proeliō victus. Neque tamen Rōmānī quamquam superātī rēgī petentī pācem praestāre voluērunt nisī hīs condiciōnibus: ut sē et suōs Senātuī et populō Rōmānō dēderet. Mox missus contrā eum Lūcius Aemilius Paulus cōnsul et in Illyricum Gajus Anicius praetor contrā Gentium. Sed Gentius facile ūnō proeliō victus mox sē dēdidit. Māter ejus et uxor et duo fīliī frāterque simul in potestātem Rōmānōrum vēnērunt. Ita bellō intrā trīgintā (XXX) diēs perfectō, ante cognitum est Gentium victum quam coeptum bellum nūntiārētur.[1]

7. Cum Perseō autem Aemilius Paulus cōnsul tertiō diē ante Nōnās Septembrēs dīmicāvit vīcitque eum vīgintī mīlibus peditum ejus occīsīs [168 B.C.]. Equitātus cum rēge integer fūgit. Rōmānōrum centum mīlitēs āmissī sunt. Urbēs Macedoniae omnēs quās rēx tenuerat Rōmānīs sē dēdidērunt. Ipse rēx cum dēsererētur ab amīcīs vēnit in Paulī potestātem. Sed honōrem eī Aemilius Paulus cōnsul nōn quasī victō habuit; nam et volentem ad pedēs sibī cadere nōn permīsit et juxtā sē in sellā collocāvit. Macedonibus et Illyriīs hae lēgēs ā Rōmānīs datae: ut līberī essent et dīmidium eōrum tribūtōrum praestārent quae rēgibus praestitissent, ut appārēret populum Rōmānum prō aequitāte magis quam avāritiā dīmicāre. Itaque in conventū īnfīnītōrum populōrum Paulus hoc prōnūntiāvit et lēgātiōnēs multārum gentium quae ad eum vēnerant magnificentissimē convīviō pāvit, dīcēns ejusdem hominis esse dēbēre et bellō vincere et in convīviī apparātū ēlegantem esse.

8. Mox septuāgintā (LXX) cīvitātēs Ēpīrī quae rebellābant cēpit; praedam mīlitibus distribuit. Rōmam ingentī pompā rediit in nāvī Perseī, quae inūsitātae magnitūdinis fuisse trāditur, adeō ut sēdecim (XVI) ōrdinēs dīcātur habuisse rēmōrum. Triumphāvit autem magnificentissimē in currū aureō cum duōbus fīliīs utrōque latere adstantibus. Ductī sunt ante currum duo rēgis fīliī et ipse Perseus, quīnque et quadrāgintā (XLV) annōs nātus. Post eum etiam Anicius dē Illyriīs triumphāvit. Gentius cum frātre et fīliīs ante currum ductus est. Ad hoc spectāculum rēgēs multārum

[1]This reflects the slowness of communication in ancient times.

gentium Rōmam vēnērunt, inter aliōs etiam Attalus atque Eumenēs, Asiae rēgēs, et Prūsiās, Bīthȳniae. Magnō honōre exceptī sunt et permittente Senātū dōna quae attulērunt in Capitōliō posuērunt. Prūsiās etiam fīlium suum Nīcomēdēn Senātuī commendāvit.

9. Īnsequentī annō Lūcius Memmius in Lūsitāniā bene pūgnāvit. Mārcellus posteā cōnsul rēs ibīdem prosperās gessit.

10. Tertium deinde bellum contrā Carthāginem suscipitur, sescentēsimō et alterō (DCII) ab Urbe conditā annō [150 B.C.], Lūciō Manliō Cēnsōrīnō et Mārcō Maniliō cōnsulibus, annō quīnquāgēsimō prīmō (LI) post quam secundum Pūnicum trānsāctum erat. Eī profectī Carthāginem oppūgnāvērunt.

Contrā eōs Hasdrubal dux Carthāginiēnsium dīmicābat. Famea dux alius equitātuī Carthāginiēnsium praeerat. Scīpiō tum, Scīpiōnis Āfricānī nepōs, tribūnus ibī mīlitābat. Hujus apud omnēs ingēns metus et reverentia erat. Nam et parātissimus ad dīmicandum et cōnsultissimus habēbātur. Itaque per eum multa ā cōnsulibus prospere gesta sunt, neque quicquam magis vel Hasdrubal vel Famea vītābant quam contrā eam Rōmānōrum partem committere ubī Scīpiō dīmicāret.

11. Per idem tempus Masinissa, rēx Numidārum per annōs sexāgintā (LX) ferē amīcus populī Rōmānī,[1] annō vītae nōnāgēsimō septimō (XCVII) mortuus, quadrāgintā et quattuor (XLIV) fīliīs relictīs, Scīpiōnem dīvīsōrem rēgnī inter fīliōs suōs esse jussit.

12. Cum igitur clārum Scīpiōnis nōmen esset, juvenis adhūc cōnsul est factus et contrā Carthāginem missus. Is eam cēpit ac dīruit. Spolia ibī inventa quae variārum cīvitātum excidiīs Carthāgō collēgerat et ōrnāmenta urbium cīvitātibus Siciliae, Italiae, Āfricae reddidit quae sua recognōscēbant. Ita Carthāgō septingentēsimō (DCC) annō quam condita erat dēlēta est [146 B.C.]. Scīpiō nōmen quod avus ejus accēperat meruit, scīlicet ut propter virtūtem etiam ipse Āfricānus jūnior vocārētur.

[1]*amīcus populī Rōmānī*: a technical term bestowed upon a ruler who enjoyed friendly relations with Rome

Sententiae

1. Forsan et haec ōlim meminisse juvābit. Vergil
2. Dum modo sit dīves, barbarus ipse placet. Ovid
3. Nōn licet omnibus adīre Corinthum. Anonymous
   Corinth was a town famous for amusement.
4. Ultima semper
   exspectanda diēs hominī est, dīcīque beātus
   ante obitum nēmō suprēmaque fūnera dēbet.
   Ovid
5. Jūcundissima nāvigātiō juxtā terram; ambulātiō juxtā mare. Anonymous
6. Optimum est patī quod ēmendāre nōn possīs. Anonymous
7. Quid prōdest forīs esse strēnuum, sī domī male vīvitur? Valerius Maximus
8. Laus nova nisi oritur, etiam vetus āmittitur. Publilius Syrus
9. Decet verēcundum esse adulēscentem. Plautus
10. Altissima quaeque flūmina minimō sonō lābuntur. Curtius

Carmina

1. Gellius aedificat semper: modo līmina pōnit,
   nunc foribus clāvēs aptat emitque serās,
   nunc hās, nunc illās reficit mūtatque fenestrās.
   Dum tantum aedificet, quidlibet ille facit,
   5 ōrantī nummōs ut dīcere possit amīcō
   ūnum illud verbum Gellius, "Aedificō."
   Martial

In versū prīmō, "modo" sīgnificat "nūper."

2. Nīl recitās et vīs, Māmerce, poēta vidērī.
   Quidquid vīs estō, dum modo nīl recitēs.
   Martial

Estō is the singular of the Second Imperative of *sum*. This form does not occur in the programmed text, but should offer no trouble. The signal for the singular is *-tō*; the plural is rather rare. Some verbs, including *esse*, rarely if ever use the regular imperative and are found most often with this form in *-tō* instead. For example, the imperative of *scīre* is *scītō*; the regular (or first) imperative of this verb does not occur.

The difference in meaning between the two forms of the imperative is slight. For verbs with both imperatives, the Second Imperative in *-tō* is used in formal language such as in laws and prayers, and in informal language such as in personal letters.

3. This poem is a graceful compliment to Martial's friend Quintus Ovidius.

> Sī crēdis mihi, Quīnte, quod merēris,
> nātālīs, Ovidī, tuās Aprīlīs
> ut nostrās amo Mārtiās Kalendās.
> Fēlīx utraque lūx diēsque nōbīs
> 5 sīgnandī meliōribus lapillīs.
> Hic vītam tribuit sed hicc amīcum.
> Plūs dant, Quīnte, mihī tuae Kalendae.
>
> Martial

In versū secundō, "Aprīlīs" sīgnat "Kalendās Aprīlīs." In versū quīntō, "meliōrēs lapillī" sunt lapidēs albī, quia albō lapide prosperōs, nigrō diēs īnfaustōs sīgnābant Rōmānī.

4. To understand this poem, it is necessary to know that Zoilus had been a slave and that legally a slave had no parents.

> Jūs tibi nātōrum vel septem, Zōile, dētur,
> dum mātrem nēmō det tibi, nēmo patrem.
>
> Martial

- The next selections include two poems and five bits of prose by Dionysius Cato. In these seven items, he uses the Second Imperative three times. (For an explanation of this imperative, see note to Poem 2 above.) Which verbs are in this new form?
- He uses the imperative of a deponent verb once. What is the form?
- Where does he use the #10 form in a negative command?

5. Exiguum mūnus cum dat tibi pauper amīcus,
   accipitō laetus, plēnē et laudāre mementō.

6. Contrā verbōsōs nōlī contendere verbīs:
   sermo datur cūnctīs, animī sapientia paucīs.

7. Nēminem rīserīs.

8. Virtūte ūtere.

9. Āleam fuge.

10. Litterās disce.

11. Bonō benefacitō.

12. Lupus et Gruis

Quī pretium meritī ab improbīs dēsīderat
bis peccat: prīmum quoniam indīgnōs adjuvat;
impūne abīre deinde quia jam nōn potest.

Os dēvorātum fauce cum haerēret lupī,
5 magnō dolōre victus coepit singulōs
illicere pretiō ut illud extraherent malum.
Tandem persuāsa est jūre jūrandō gruis,
gulaeque crēdēns collī longitūdinem
perīculōsam fēcit medicīnam lupō.

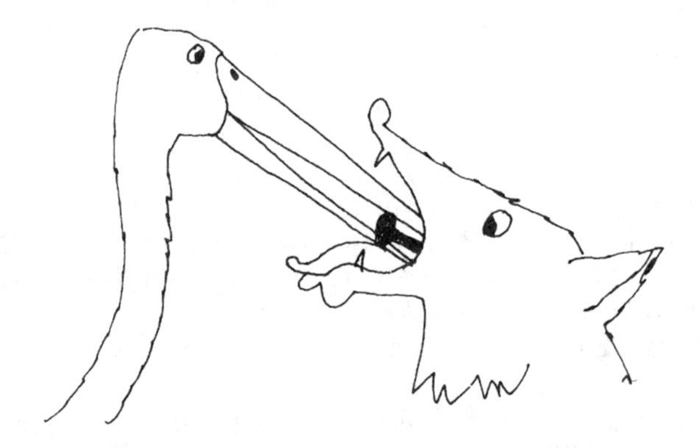

10 Prō quō cum pāctum flāgitāret praemium,
"Ingrāta es" inquit "ōre quae nostrō caput
incolume abstulerīs et mercēdem postulēs."

Phaedrus

Lūsus

This is the most famous of all word squares in the Western world.

S A T O R
A R E P O
T E N E T
O P E R A
R O T A S

Unlike the word square in Unit 16, these words form a sentence —and one which is intelligible: "The sower, Arepo, holds the wheels with his labor." Note that this can be read horizontally from left to right, beginning at the top; across from right to left, beginning at the bottom; vertically from the top down, beginning at the left; and from the bottom up, beginning at the lower right-hand corner.

Everything is clear except who or what *Arepo* was. There is a word *arepo* in the Celtic language (spoken by the Gauls) which means "plow." Moreover, some ancient plows had wheels. It may be that this sentence had some secret religious significance.

There is an additional factor that makes this word square an amazing one. In the Latin version of the New Testament, the Lord's Prayer begins with the words *Pater Noster* ("Our Father"). These two words, *Pater Noster*, appear when the 25 letters of the *Sator* square are rearranged in the shape of a cross, like this:

```
                A

                P
                A
                T
                E
                R
A   P A T E R N O S T E R   O
                O
                S
                T
                E
                R

                O
```

But what about the *A* and the *O*? The first letter of the Greek alphabet is Alpha (A) and the last is Omega (O). In Christian thought, Alpha and Omega symbolize the beginning and the end, that is, God.

It may be incorrect to class this as a *Lūsus*, or word game, since the *Sator* square once was considered sacred (or perhaps magical) some two thousand years ago; we know that it was used as a Christian amulet (or good-luck piece) for centuries during the early part of the Christian Era. It was even found in Pompeii, the town destroyed by the eruption of Mt. Vesuvius in A.D. 79. However, some scholars have argued that this date was a little too early for the appearance of a Christian symbol in a small city of Italy.

Just to complicate matters, the sign of a cross has since been discovered painted on the wall of a room at Herculaneum. However, like the question of the *Sator* square in Pompeii, the question is still being debated as to whether the cross at Herculaneum was really a Christian symbol at that time.

Index Verbōrum

adeō, adīre, adiī (saepe capit objectum): accēdō
adjūtor, adjūtōris, m: is quī opem fert
adstō, adstāre, adstitī: prope stō, cōram stō
aequitās, aequitātis, f: jūstitia
ālea-ae, f: *one of a pair of dice; gambling*
ambulātiō, ambulātiōnis, f: āctiō ambulandī; iter quod pedibus facimus
appāreō, appārēre, appāruī: videor
aptō-āre–āvī-ātus: cum cūrā jungō; Anglicē, *fit*
avus-ī, m: pater meī patris vel mātris
benefaciō, benefacere, benefēcī, benefactus (regit cāsum accūsātīvum): beneficium dō
concitātor, concitātōris, m: auctor; is quī incipit
cōnsultus-a-um: doctus, perītus
conventus-ūs, m: congregātiō hominum
Corinthus-ī, f: urbs Graeciae nōta

decet, decēre, decuit (impersonal verb): aptum vel honestum est
dīruō, dīruere, dīruī, dīrutus: dēleō, ēvertō
dīvīsor, dīvīsōris, m: quī dīvidit
dum modo (regit modum subjūnctīvum): dum tantum; Anglicē, *provided that*
ēlegāns (gen, ēlegantis): *possessed of good taste*
flāgitō-āre-āvī-ātus: cum vī et clamōre postulō
fundō, fundere, fūdī, fūsus: ēmittō, et dīcitur saepius dē liquōribus; solvō, spargō, dējiciō; hīc, vincō, turbō, superō, struō, sternō
gruis, gruis, f: avis cujusdam generis rōstrō longō; Anglicē, *crane*
illiciō, illicere, illēxī, illectus: blandīs verbīs invītō
inūsitātus-a-um: nōn solitus; novus, mīrābilis
jūnior (gen, jūniōris): magis juvenis, minor nātū; oppōnitur "senior"
juxtā (praepositiō quae cāsum accūsātīvum regit): apud, prope
lapillus-ī, m: lapis parvulus
latus, lateris, n: in corpore animālis est pars dextra et sinistra inter ventrem et dorsum
līmen, līminis, n: lignum aut lapis trānsversus in jānuā sīve superior sīve īnferior

magnificenter: ēleganter
medicīna-ae, f: cūra aegrōrum
nāvigātiō, nāvigātiōnis, f: iter maritimum
ōlim: quōdam tempore; hīc, quōdam tempore futūrō
ōrnāmentum-ī, n: decus
pāctus-a-um: prōmissus
permittō, permittere, permīsī, permissus: sinō, patior

priusquam (subord conj also written as *prius . . . quam*): *before*
quamquam: etiam sī
quaternī-ae-a: *four each, in sets of four*
recognōscō, recognōscere, recognōvī, recognitus: cognōscō quod anteā vīdī, āgnōscō
reficiō, reficere, refēcī, refectus: reparō
reverentia-ae, f: pudor ac metus
sator, satōris, m: quī serit
sēcrētus-a-um: remōtus, abditus, latēns
sella-ae, f: sēdēs; et saepe est sīgnum magistrātūs

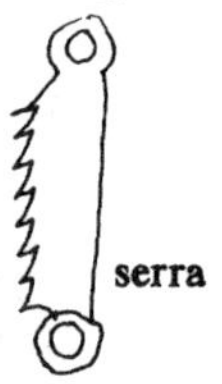

serra-ae, f: īnstrūmentum quod foribus clausīs oppōnitur
trānsfuga-ae, m&f: perfuga; quī ad hostēs fugit
tribūtum-ī, n: pecūnia quae ā prīvātīs fiscō reī pūblicae solvitur
verēcundus-a-um: pudīcus

UNIT 21

Eutropī Breviārium

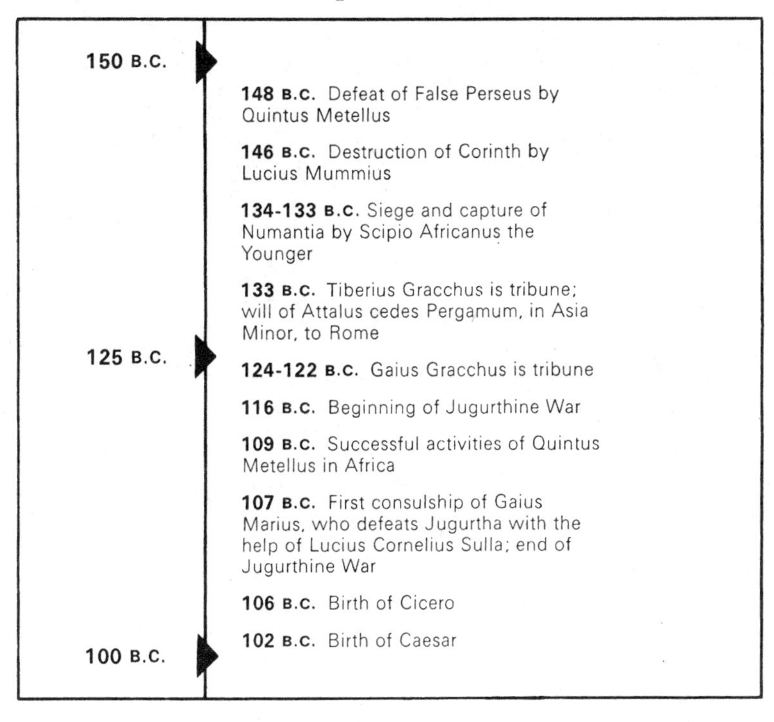

Liber Quārtus

13. Interim in Macedoniā quīdam Pseudophilippus[1] arma mōvit et Rōmānum praetōrem Pūblium Juventium contrā sē missum ad interneciōnem vīcit. Post eum Quīntus Caecilius Metellus dux ā Rōmānīs contrā Pseudophilippum missus est et, quīnque et vīgintī mīlibus ejus occīsīs, Macedoniam recēpit, ipsum etiam Pseudophilippum in potestātem suam redēgit [148 B.C.].

14. Corinthiīs quoque bellum indictum est, nōbilissimae Graeciae cīvitātī, propter injūriam lēgātōrum Rōmānōrum. Hanc Mummius cōnsul cēpit et dīruit [146 B.C.]. Trēs igitur Rōmae simul celeberrimī triumphī fuērunt: Āfricānī ex Āfricā, ante

[1]Pseudophilippus: vir quī simulābat sē esse Philippum, fīlium Perseī rēgis

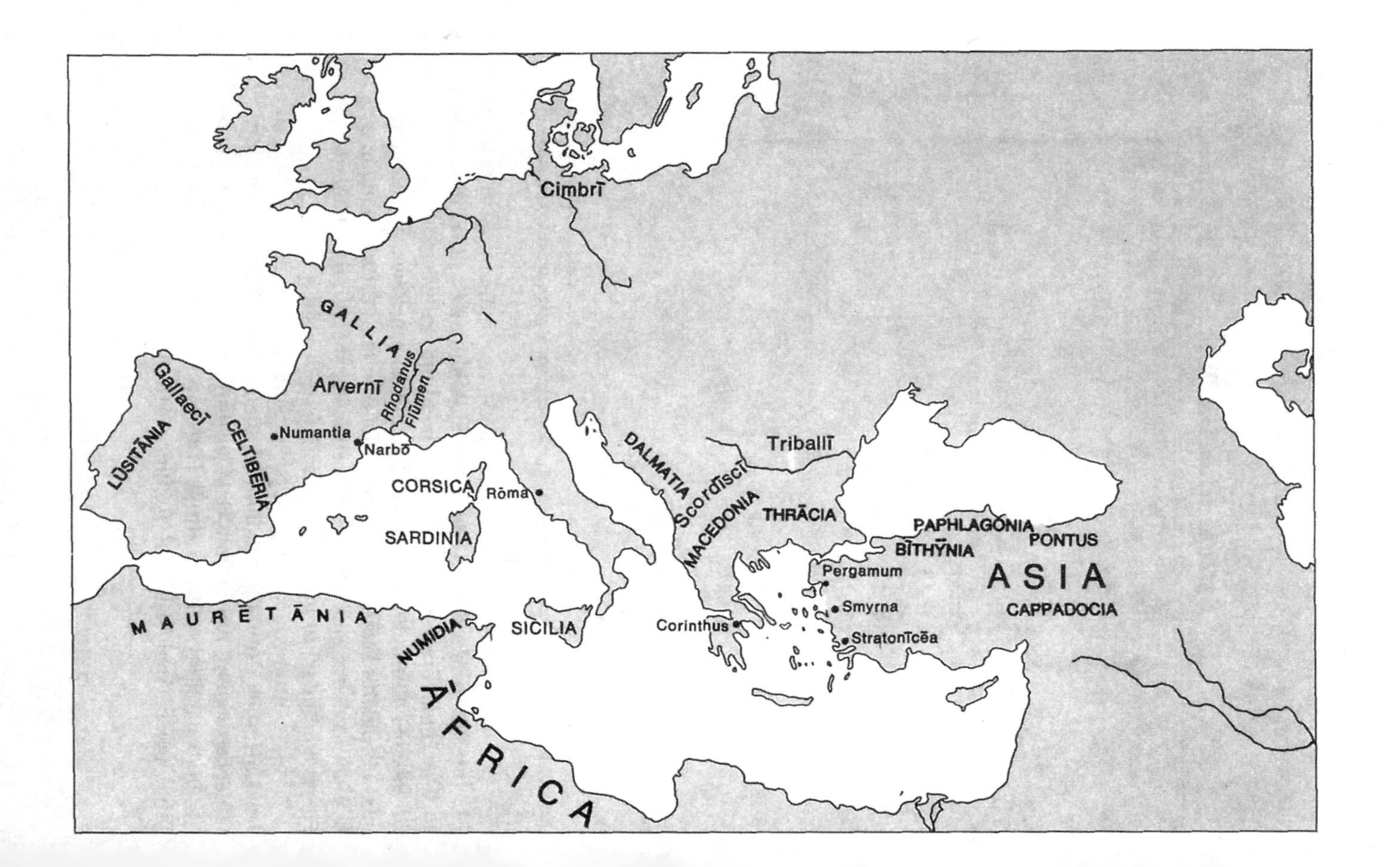
Cimbrī
GALLIA
Arvernī
Rhodanus Flūmen
Gallaecī
LŪSITĀNIA
CELTIBĒRIA
Numantia
Narbō
CORSICA
Rōma
SARDINIA
DALMATIA
Scordiscī
MACEDONIA
Triballī
THRĀCIA
PAPHLAGŌNIA
BĪTHȲNIA
PONTUS
ASIA
CAPPADOCIA
Pergamum
Smyrna
Stratonīcēa
Corinthus
SICILIA
MAURĒTĀNIA
NUMIDIA
ĀFRICA

cujus currum ductus est Hasdrubal, Metellī ex Macedoniā, cujus currum praecessit Andriscus īdem quī et Pseudophilippus, Mummī ex Corinthō, ante quem sīgna aēnea et pictae tabulae et alia urbis clārissimae ōrnāmenta praelāta sunt.

15. Iterum in Macedoniā Pseudoperseus, quī sē Perseī fīlium esse dīcēbat, collēctīs servitiīs, rebellāvit, et cum sēdecim (XVI) mīlia armātōrum habēret, ā Tremelliō quaestōre superātus est.

16. Eōdem tempore Metellus in Celtibēriā apud Hispānōs rēs ēgregiās gessit. Successit eī Quīntus Pompejus. Nec multō post Quīntus quoque Caepiō ad idem bellum missus est quod quīdam Viriātus contrā Rōmānōs in Lūsitāniā gerēbat. Quō metū Viriātus ā suīs interfectus est, cum quattuordecim (XIV) annīs Hispāniās adversus Rōmānōs mōvisset. Pāstor prīmō fuit, mox latrōnum dux, postrēmō tantōs ad bellum populōs concitāvit ut adsertor contrā Rōmānōs Hispāniae putārētur. Et cum interfectōrēs ejus praemium ā Caepiōne cōnsule peterent, respōnsum est numquam Rōmānīs placuisse imperātōrem ā suīs mīlitibus interficī.

17. Quīntus Pompejus deinde cōnsul ā Numantīnīs, quae Hispāniae cīvitās fuit opulentissima, superātus pācem īgnōbilem fēcit. Post eum Gajus Hostīlius Mancīnus cōnsul iterum cum Numantīnīs pācem fēcit īnfāmem, quam populus et Senātus jussit īnfringī atque ipsum Mancīnum hostibus trādī ut in illō quem auctōrem foederis habēbant injūriam solūtī foederis vindicārent. Post tantam igitur īgnōminiam, quā ā Numantīnīs bis Rōmānī exercitūs fuerant subjugātī, Pūblius Scīpiō Āfricānus secundō cōnsul factus et ad Numantiam missus est [134 B.C.]. Is prīmum mīlitem vitiōsum et īgnāvum exercendō magis quam pūniendō sine aliquā acerbitāte corrēxit; tum multās Hispāniae cīvitātēs partim cēpit, partim in dēditiōnem accēpit, postrēmō ipsam Numantiam diū obsessam famē cōnfēcit et ā solō ēvertit, reliquam prōvinciam in fidem accēpit.

18. Eōdem tempore Attalus, rēx Asiae, frāter Eumenis, mortuus est hērēdemque populum Rōmānum relīquit [133 B.C.]. Ita imperiō Rōmānō per testāmentum Asia accessit.

19. Mox Decimus Jūnius Brūtus dē Callaecīs et Lūsitānīs magnā glōriā triumphāvit. Et Pūblius Scīpiō Āfricānus dē Numantīnīs

secundum triumphum ēgit quārtō decimō annō post quam priōrem dē Āfricā ēgerat.

20. Mōtum interim in Asiā bellum ab Aristonīcō, Eumenis fīliō, quī ex concubīnā susceptus fuerat. Hic Eumenēs frāter Attalī fuerat. Adversus eum missus Pūblius Licinius Crassus īnfīnīta rēgum habuit auxilia. Nam et Bīthȳniae rēx Nicomēdēs Rōmānōs jūvit et Mithridātēs Ponticus, cum quō bellum posteā gravissimum fuit, et Ariarāthēs Cappadox et Pylaemenēs Paphlagōn. Victus est tamen Crassus et in proeliō interfectus. Caput ipsīus Aristonīcō oblātum est, corpus Smyrnae sepultum. Posteā Perpenna cōnsul Rōmānus, quī successor Crassō veniēbat, audītā bellī fortūnā, ad Asiam celerāvit et aciē victum Aristonīcum apud Stratonīcēn cīvitātem, quō cōnfūgerat, famē ad dēditiōnem compulit [130 B.C.]. Aristonīcus jussū Senātūs Rōmae in carcere strangulātus est. Triumphārī enim dē eō nōn poterat, quia Perpenna apud Pergamum Rōmam rediēns diem obierat.

21. Lūciō Caeciliō Metellō et Titō Quīntiō Flāminīnō cōnsulibus, Carthāgō in Āfricā jussū Senātūs reparāta est, quae nunc manet, annīs duōbus et vīgintī postquam ā Scīpiōne fuerat ēversa. Dēductī sunt cīvēs Rōmānī.

22. Annō sescentēsimō vīcēsimō septimō (DCXXVII) ab Urbe conditā Gajus Cassius Longīnus et Sextus Domitius Calvīnus cōnsulēs Gallīs trānsalpīnīs bellum intulerunt et Arvernōrum tunc nōbilissimae cīvitātī atque eōrum ducī Bituītō, īnfīnītamque multitūdinem juxtā Rhodanum fluvium interfēcērunt. Praeda ex torquibus Gallōrum ingēns Rōmam perlāta est. Bituītus sē Domitiō dēdidit atque ab eō Rōmam dēductus est, magnāque glōriā cōnsulēs ambō triumphāvērunt.

23. Mārcō Porciō Catōne et Quīntō Mārciō Rēge cōnsulibus, sescentēsimō trīcēsimō et tertiō (DCXXXIII) annō ab Urbe conditā, Narbōne in Galliā colōnia dēducta est. Annōque post ā Lūciō Caeciliō Metellō et Quīntō Mūciō Scaevolā cōnsulibus dē Dalmatiā triumphātum est.

24. Ab Urbe conditā annō sescentēsimō trīcēsimō quīntō Gajus Catō cōnsul Scordīscīs intulit bellum īgnōminiōsēque pūgnāvit.

25. Gajō Caeciliō Metellō et Gnaeō Carbōne cōnsulibus, duo Metellī frātrēs eōdem diē alterum ex Thrāciā, alterum ex Sardiniā triumphum ēgērunt, nūntiātumque Rōmae est Cimbrōs ē Galliā in Italiam trānsīsse.

26. Pūbliō Scīpiōne Nāsīcā et Lūciō Calpurniō Bēstiā cōnsulibus [116 B.C.], Jugurthae Numidārum rēgī bellum illātum est, quod Adherbalem et Hiempsālem, Micipsae fīliōs, frātres suōs, rēgēs et populī Rōmānī amīcōs, interēmisset. Missus adversum eum cōnsul Calpurnius Bēstia. Corruptus rēgis pecūniā pācem cum eō flāgitiōsissimam fēcit, quae ā Senātū reprobāta est. Posteā contrā eundem īnsequentī annō Spurius Postumius Albīnus profectus est. Is quoque per frātrem īgnōminiōsē contrā Numidās pūgnāvit.

27. Tertiō missus Quīntus Caecilius Metellus cōnsul [109 B.C.]. Is exercitum ingentī sevēritāte et moderātiōne corrēctum, cum nihil in quemquam cruentum faceret, ad disciplīnam Rōmānam redūxit. Jugurtham variīs proeliīs vīcit, elephantōs ejus occīdit vel cēpit, multās cīvitātēs ipsīus cēpit, et cum jam fīnem bellō positūrus esset, successum est eī ā Gajō Mariō.[1] Is Jugurtham et Bocchum, Maurētāniae rēgem, quī auxilium Jugurthae ferre coeperat, pariter superāvit. Aliquanta et ipse oppida Numidiae cēpit bellōque terminum posuit, captō Jugurthā per quaestōrem suum Cornēlium Sullam, ingentem virum, trādente Bocchō Jugurtham, quī prō eō ante pūgnāverat. Ā Mārcō Jūniō Sīlānō, collēgā Quīntī Metellī, Cimbrī in Galliā victī sunt et ā Minuciō Rūfō in Macedoniā Scordīscī et Triballī et ā Servīliō Caepiōne in Hispāniā Lūsitānī. Āctī sunt et duo triumphī dē Jugurthā, prīmus per Metellum, secundus per Marium. Ante currum tamen Mariī Jugurtha cum duōbus fīliīs ductus est catēnātus et mox jussū cōnsulis in carcere strangulātus.

[1]*successum est . . . Mariō*: "succession was done to him by Gaius Marius"; that is, Marius succeeded him.

Sententiae

1. Stultitia est vēnātum dūcere invītās canēs. Plautus
2. Nūlla causa jūsta cuiquam esse potest contrā patriam arma capiendī. Cicero
3. Neque habet plūs sapientiae quam lapis. Plautus
4. Nūlla tempestās magna perdūrat; procellae quantō plūs habent vīrium, tantō minus temporis. Seneca
5. Nūlla possessiō, nūlla vīs aurī et argentī plūris quam virtūs aestimanda. Cicero

   Words showing value after a verb like *aestimō* are in the genitive case, like *plūris* above.
6. Nēmō est tam senex quī sē annum nōn putet posse vīvere. Cicero

   The accusative of words of time (like *annum*) is used with verbs to show how long the action lasts.
7. Septem hōrās dormī'sse sat est juvenīque senīque. Medieval
8. Viam quī nescit quā dēveniat ad mare,
   eum oportet amnem quaerere comitem sibī.

   Plautus
9. Rāra avis in terrīs nigrōque simillima cycnō. Juvenal

   Juvenālis, ut saepe, dē fēminīs male loquitur. Hīc dīcit fēminās pudīcās rārās esse.
10. Nōn aquā, nōn ignī, ut ajunt, locīs plūribus ūtimur quam amīcitiā. Cicero

Carmina

1. Mūnera quod senibus viduīsque ingentia mittis,
   vīs tē mūnificum, Gargiliāne, vocem?
   Sordidius nihil est, nihil est tē spurcius ūnō,
   quī potes īnsidiās "dōna" vocāre tuās.
5 Sīc avidīs fallāx indulget piscibus hāmus;
   callida sīc stultās dēcipit ēsca ferās.
   Quod sit lārgīrī, quid sit dōnāre docēbō,
   sī nescīs: dōnā, Gargiliāne, mihī.

   Martial

2. "Dīc vērum mihi, Mārce, dīc, amābō;
nīl est quod magis audiam libenter."
Sīc et cum recitās tuōs libellōs,
et causam quotiēns agis clientis,
5 ōrās, Gallice, mē rogāsque semper.
Dūrum est mē tibi quod petis negāre.
Vērō vērius ergo quid sit audī:
vērum, Gallice, nōn libenter audīs.

Martial

In line 1, *amābō* means "I will love you (for doing this)"; it was a polite way of asking a favor, similar to "please" in English.

Here are two more distichs from Dionysius Cato, together with six pieces of advice in prose.

3. Contrā hominem jūstum prāvē contendere nōlī;
semper enim deus injūstās ulcīscitur īrās.

4. Adversum nōtum nōlī contendere verbīs:
līs verbīs minimīs interdum maxima crēscit.

5. Deō supplicā.

6. Parentēs amā.

7. Cognātōs cole.

8. Datum servā.

9. Forō parce.

10. Cum bonīs ambulā.

Lūsūs

Aenigmata Symphosiī

1. Trēs mihi sunt dentēs, ūnus quōs continet ōrdō.
   Ūnus praetereā dēns est et sōlus in īmō;
   mēque tenet nūmen, ventus timet, aequora cūrant.
   Respōnsum est ______.

2. Ipsa gravis nōn sum, sed aquae mihi pondus inhaeret.
   Vīscera tōta tument patulīs diffūsa cavernīs.
   Intus lympha latet, sed nōn sē sponte profundit.
   Respōnsum est ______.

3. Aere rigēns curvō patulōs compōnor in orbēs.
   Mōbilis est intus linguae crepitantis imāgō.
   Nōn resonō positus, mōtus longēque resultō.
   Respōnsum est ______.

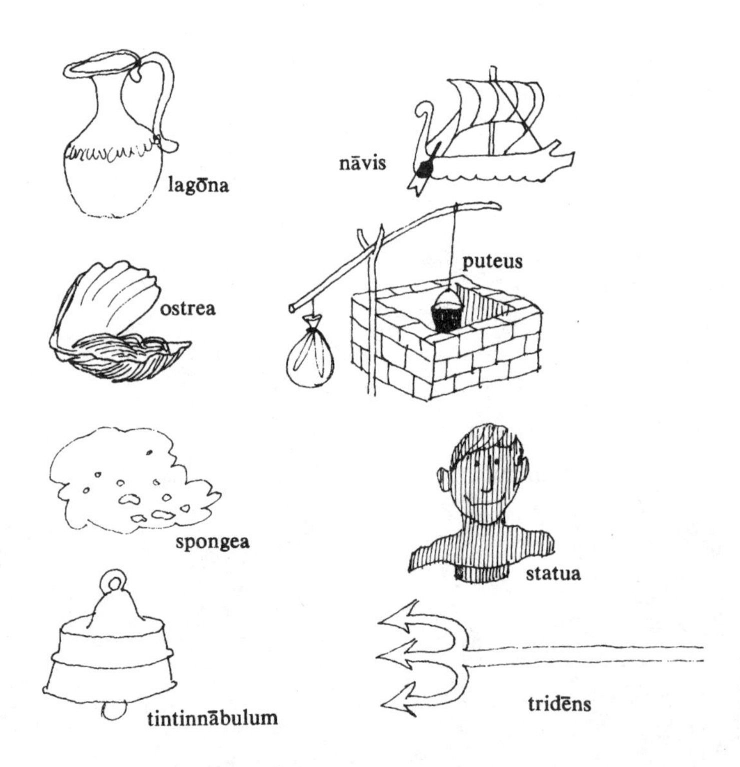

Index Verbōrum

acerbitās, acerbitātis, f: sevēritās
adsertor, adsertōris, m: quī līberat vel servat; concitātor
aēneus-a-um: ex aere metallō factus
catēnō-āre-āvī-ātus: catēnīs vinciō; vinculīs ligō
celeber, celebris, celebre: frequēns; clārus, nōtus, nōbilis
cognātus-ī, m: cōnsanguineus, necessārius
concubīna-ae, f: mulier quam vir domī habet sed quam in mātrimōnium nōn dūxit; differt igitur ā "mātrōna" vel "uxor"
crepitō-āre-āvī: resonō
cruentus-a-um: sanguine madidus; ferōx, crūdēlis, atrōx
disciplīna-ae, f: ratiō, modus, moderātiō, doctrīna, ēducātiō
flāgitiōsus-a-um: turpis, īnfāmis, īgnōbilis
īgnōbilis-e: turpis, īnfāmis; sine honōre
īgnōminia-ae, f: dēdecus
īgnōminiōsus-a-um: turpis, īnfāmis, īgnōbilis, flāgitiōsus
indulgeō, indulgēre, indulsī (regit cāsum accūsātīvum vel datīvum): concēdō, serviō, lārgior
īnfringō, īnfringere, īnfrēgī, īnfrāctus: frangō
interneciō, interneciōnis, f: excidium, exitium, nex, clādēs
interim: inter hās rēs, intereā
invītus-a-um: nōlēns
jussū, m (tantum in cāsū ablātīvō): mandātō
lārgior-īrī-ītus sum: lārgē praestō, dōnō, dō, praebeō
libenter: cupidē, cum gaudiō
moderātiō, moderātiōnis, f: āctiō moderandī vel temperandī vel corrigendī; imperium, potestās
mūnificus-a-um: lārgus
partim: quādam ex parte
perdūrō-āre-āvī: maneō, persevērō
postrēmus-a-um: ultimus, extrēmus; "postrēmō" sīgnat "tandem"
praetor, praetōris, m: magistrātus Rōmānus cōnsulī īnferior, aliīs magistrīs superior
quaestor, quaestōris, m: magistrātus Rōmānus, īnferior praetōrī cōnsulīque. Aliī quaestōrēs pecūniam pūblicam, aliī lītēs cūrābant; aliī in rē mīlitārī cōnsulēs adjuvābant.
reprobō-āre-āvī-ātus: nōn probō; repudiō, recūsō

resonō-āre, resonuī: sonum ēmittō; sonō
servitium-ī, n: servitūdō, mancipium; manus servōrum
spurcus-a-um: foedus, sordidus, fallāx
strangulō-āre-āvī-ātus: gulam alicujus premō et spīritum interclūdō
subjugō-āre-āvī-ātus: sub jugum mittō; vincō, perdomō, subigō
supplicō-āre-āvī-ātus: precor, ōrō
terminus-ī, m: fīnis, cessātiō
trānsalpīnus-a-um: quī trāns Alpēs est
viduus-a-um: quī sine conjuge est

UNIT 22

Eutropī Breviārium

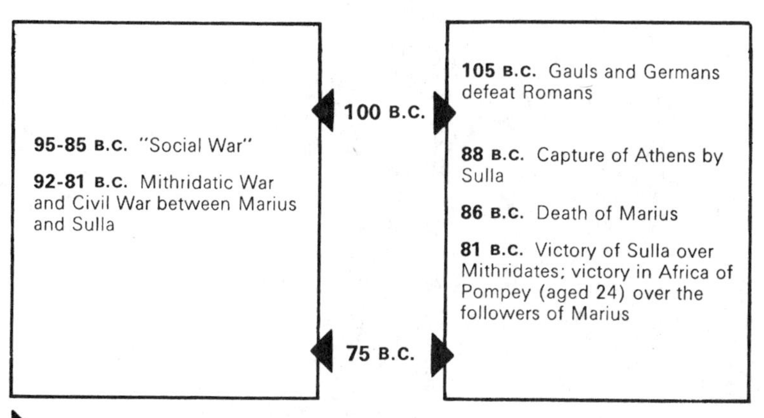

Note: *Although Eutropius dates the Social War from 95 B.C., other authorities believe that full scale warfare did not break out until 90 B.C. Similarly, Eutropius puts the end of this war at 85 B.C.; others would say 88 B.C.*

In a civil war, the outbreak and cessation of hostilities are often not clear-cut. The dates for the civil war between Marius and Sulla are therefore somewhat arbitrary, particularly since the followers of Marius continued the war even after his death.

Liber Quīntus

1. Dum bellum in Numidiā contrā Jugurtham geritur [105 B.C.], Rōmānī cōnsulēs Mārcus Manlius et Quīntus Caepiō ā Cimbrīs et Teutonibus et Tigurīnīs et Ambronibus, quae erant Germānōrum et Gallōrum gentēs, victī sunt juxtā flūmen Rhodanum, et ingentī interneciōne etiam castra sua et magnam partem exercitūs perdidērunt. Timor Rōmae grandis fuit, quantus vix Hannibalis tempore Pūnicī bellī, nē iterum Gallī Rōmam redīrent. Ergō Marius post victōriam Jugurthīnam secundō cōnsul est factus, bellumque contrā Cimbrōs et Teutonēs dēcrētum est. Tertiō quoque eī et quārtō dēlātus est cōnsulātus, quia bellum Cimbricum prōtrahēbātur. Sed in quārtō cōnsulātū collēgam habuit Quīntum Lutātium Catulum. Cum Cimbrīs itaque cōnflīxit et duōbus proeliīs[1] ducenta (CC) mīlia hostium cecīdit, octōgintā (LXXX) mīlia cēpit et ducem eōrum Teutobodum, propter quod meritum absēns quīntō cōnsul est factus.

[1]duōbus proeliīs: apud Aquās Sextiās, oppidum Galliae

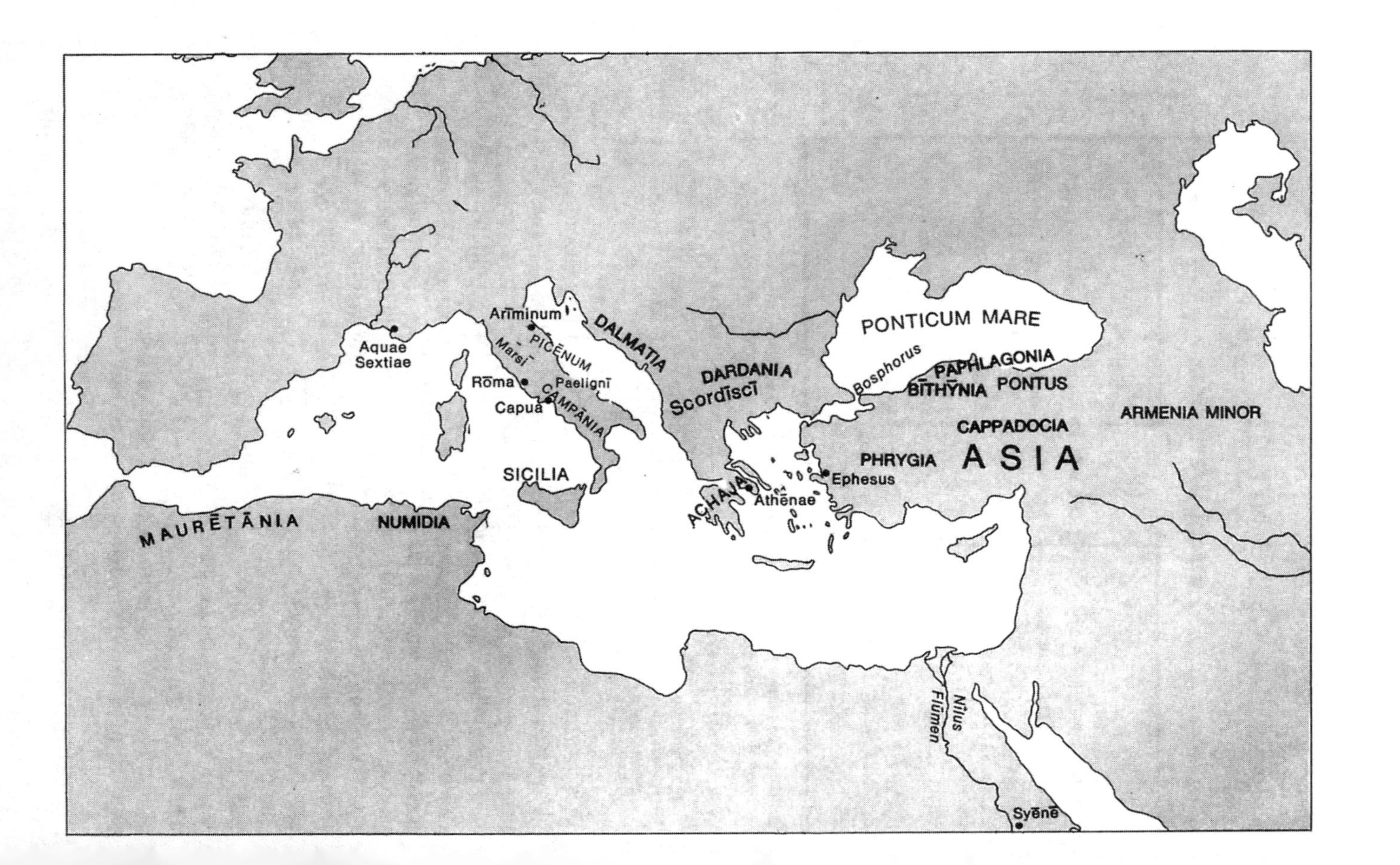
Arīminum
DALMATIA
PICĒNUM
Marsī
Aquae
Sextiae
Rōma
Paelignī
Capua
CAMPĀNIA
DARDANIA
Scordiscī
PONTICUM MARE
Bosphorus
PAPHLAGONIA
BĪTHȲNIA
PONTUS
ARMENIA MINOR
CAPPADOCIA
PHRYGIA
ASIA
Ephesus
SICILIA
ACHAIA
Athēnae
MAURĒTĀNIA
NUMIDIA
Nīlus
Flūmen
Syēnē

2. Intereā Cimbrī et Teutonēs, quōrum cōpia adhūc īnfīnīta erat, ad Italiam trānsiērunt. Iterum ā Gajō Mariō et Quīntō Catulō contrā eōs dīmicātum est, sed ā Catulī parte fēlīcius. Nam proeliō quod simul ambō gessērunt centum quādrāgintā (CXL) mīlia aut in pūgnā aut in fugā caesa sunt, sexāgintā (LX) mīlia capta. Rōmānī mīlitēs ex utrōque exercitū trecentī (CCC) periērunt. Tria et trīgintā (XXXIII) Cimbrīs sīgna sublāta sunt. Ex hīs exercitus Mariī duo reportāvit, Catulī exercitus ūnum et trīgintā (XXXI). Is bellī fīnis fuit; triumphus utrīque dēcrētus est.

3. Sextō Jūliō Caesare et Lūciō Mārciō Philippō cōnsulibus [95 B.C.], sescentēsimō quīnquāgēsimō nōnō (DCLIX) annō ab Urbe conditā, cum prope[1] alia omnia bella cessārent, in Italiā gravissimum bellum Pīcentēs, Mārsī, Paelignīque mōvērunt, quī, cum annīs numerōsīs jam populō Rōmānō oboedīrent, tum lībertātem sibī aequam adserere coepērunt. Perniciōsum ad modum hoc bellum fuit. Pūblius Rutīlius cōnsul in eō occīsus est, Caepiō nōbilis juvenis, Porcius Catō alius cōnsul. Ducēs autem adversus Rōmānōs Pīcentibus et Mārsīs fuērunt Titus Vettius, Hierius Asinius, Titus Herennius, Aulus Cluentius. Ā Rōmānīs bene contrā eōs pūgnātum est ā Gajō Mariō, quī sexiēns cōnsul fuerat, et ā Gnaeō Pompejō, maximē tamen ā Lūciō Cornēliō Sullā, quī inter alia ēgregia ita Cluentium hostium ducem cum magnīs cōpiīs fūdit ut ex suīs ūnum āmitteret. Quadrienniō cum gravī tamen calamitāte hoc bellum tractum est. Quīntō dēmum annō fīnem accēpit per Lūcium Cornēlium Sullam cōnsulem, cum anteā in eōdem bellō ipse multa strēnuē sed praetor ēgisset.

4. Annō Urbis conditae sescentēsimō sexāgēsimō secundō (DCLXII) prīmum Rōmae Bellum Cīvīle commōtum est, eōdem annō etiam Mithridāticum [92 B.C.]. Causam Bellō Cīvīlī Gajus Marius sexiēns cōnsul dedit. Nam cum Sulla cōnsul contrā Mithridātēn gestūrus bellum, quī Asiam et Achajam occupāverat, mitterētur isque exercitum in Campāniā paulisper tenēret, ut Bellī Sociālis, dē quō dīximus, quod intrā Italiam gestum fuerat, reliquiae tollerentur, Marius affectāvit ut ipse ad bellum Mithridāticum mitterētur. Quā rē Sulla commōtus cum exercitū ad Urbem vēnit. Illīc contrā Marium et Sulpicium dīmicāvit,

[1]prope: ferē, paene

prīmus urbem Rōmam armātus ingressus est, Sulpicium interfēcit, Marium fugāvit, atque ita, ōrdinātīs cōnsulibus in futūrum annum Gnaeō Octāviō et Lūciō Cornēliō Cinnā, ad Asiam profectus.

5. Mithridātēs enim, quī Pontī rēx erat atque Armeniam Minōrem et tōtum Ponticum Mare in circuitū cum Bosphorō tenēbat, prīmum Nicomēdēn, amīcum populī Rōmānī, Bīthȳniā voluit expellere Senātuīque mandāvit bellum sē eī propter injūriās quās passus fuerat illātūrum. Ā Senātū respōnsum, sī id faceret, quod bellum ā Rōmānīs et ipse paterētur. Quā rē īrātus Cappadociam statim occupāvit et ex eā Ariobarzānēn, rēgem et amīcum populī Rōmānī, fugāvit. Mox etiam Bīthȳniam invāsit et Paphlagoniam [89 B.C.], pulsīs ex eā rēgibus amīcīs populī Rōmānī Pylaemene et Nicomēde. Inde Ephesum contendit et per omnem Asiam litterās mīsit, ut ubīcumque inventī essent cīvēs Rōmānī ūnō diē occīderentur.

6. Intereā etiam Athēnae, cīvitās Achajae, ab Aristōne Athēniēnsī Mithridātī trādita est. Mīserat enim jam ad Achajam Mithridātēs Archelāum ducem suum cum centum et vīgintī (CXX) mīlibus equitum ac peditum, per quem etiam reliqua Graecia occupāta est. Sulla Archelāum apud Pīraeum[1] non longē ab Athēnīs obsēdit, ipsās Athēnās cēpit [86 B.C.]. Posteā commissō proeliō contrā Archelāum ita eum vīcit, ut ex centum vīgintī mīlibus vix decem Archelāō superessent, ex Sullae exercitū tredecim (XIII) tantum hominēs interficerentur. Hāc pūgnā Mithridātēs cognitā, septuāgintā (LXX) mīlia lēctissima ex Asiā Archelāō mīsit, contrā quem iterum Sulla commīsit. Prīmō proeliō quīndecim mīlia hostium interfecta sunt et fīlius Archelāī Diogenēs; secundō omnēs Mithridātis cōpiae exstīnctae sunt, Archelāus ipse trīduō nūdus in palūdibus latuit. Hāc rē audītā, Mithridātēs jussit cum Sullā dē pāce agī.

7. Interim eō tempore Sulla etiam Dardanōs, Scordīscōs, Dalmatās, et Maedōs partim vīcit, aliōs in fidem accēpit. Sed cum lēgātī ā rēge Mithridāte quī pācem petēbant vēnissent, nōn aliter sē datūrum Sulla esse respondit, nisī rēx, relictīs hīs quae occupāverat, ad rēgnum suum redīsset. Posteā tamen ad colloquium ambō vēnērunt. Pāx inter eōs ōrdināta est, ut Sulla ad

[1]Pīraeum: Pīraeus portus Athēnārum est.

Bellum Cīvīle festīnāns ā tergō perīculum nōn habēret. Nam dum Sulla in Achajā atque Asiā Mithridātēn vincit, Marius, quī fugātus erat, et Cornēlius Cinna, ūnus ex cōnsulibus, bellum in Italiā reparāvērunt et ingressī urbem Rōmam nōbilissimōs ē Senātū et cōnsulārēs virōs interfēcērunt, multōs prōscrīpsērunt, ipsīus Sullae domō ēversā, fīliōs et uxōrem ad fugam compulērunt [87 B.C.]. Ūniversus reliquus Senātus ex Urbe fugiēns ad Sullam in Graeciam vēnit ōrāns ut patriae subvenīret. Ille in Italiam trājēcit Bellum Cīvīle gestūrus adversus Norbānum et Scīpiōnem cōnsulēs. Prīmō proeliō contrā Norbānum dīmicāvit nōn longē ā Capuā. Tum sex mīlia ejus cecīdit, sex cēpit, centum vīgintī quattuor (CXXIV) suōs āmīsit. Inde etiam ad Scīpiōnem sē convertit et ante proelium tōtum ejus exercitum sine sanguine in dēditiōnem accēpit.

8. Sed cum Rōmae mūtātī cōnsulēs essent, Marius, Marī fīlius, ac Papīrius Carbō cōnsulātum accēpissent, Sulla contrā Marium jūniōrem dīmicāvit et quīndecim (XV) mīlibus ejus occīsīs, quadringentōs (CCCC) dē suīs perdidit. Mox etiam Urbem ingressus est. Marium, Marī fīlium, Praenestem persecūtus obsēdit et ad mortem compulit [82 B.C.]. Rursus pūgnam gravissimam habuit contrā Lampōnium et Carrinātem, ducēs partis Mariānae, ad portam Collīnam. Septuāgintā (LXX) mīlia hostium in eō proeliō contrā Sullam fuisse dīcuntur. Duodecim mīlia sē Sullae dēdidērunt, cēterī in aciē, in castrīs, in fugā, insatiābilī īrā victōrum cōnsūmptī sunt. Gnaeus quoque Carbō cōnsul alter ab Arīminō ad Siciliam fūgit et ibī per Gnaeum Pompejum interfectus est, quem adulēscentem Sulla atque annōs ūnum et vīgintī nātum, cognitā ejus industriā, exercitibus praefēcerat, ut secundus ā Sullā habērētur.

9. Occīsō ergō Carbōne, Siciliam Pompejus recēpit. Trānsgressus inde ad Āfricam Domitium, Mariānae partis ducem, et Hierdam, rēgem Maurētāniae, quī Domitiō auxilium ferēbat, occīdit. Post haec Sulla dē Mithridāte ingentī glōriā triumphāvit [81 B.C.]. Gnaeus etiam Pompejus, quod nūllī Rōmānōrum tribūtum erat, quārtum et vīcēsimum annum agēns dē Āfricā triumphāvit. Hunc fīnem habuērunt duo bella fūnestissima, Italicum, quod et Sociāle dictum est, et Cīvīle, quae ambō tracta sunt per annōs decem. Cōnsūmpsērunt autem ultrā centum quīnquāgintā (CL) mīlia hominum, virōs cōnsulārēs quattuor

et vīgintī, praetōriōs septem, aedīlīciōs sexāgintā (LX), senātōrēs ferē duocentī (CC).

Sententiae

- In which sentences is there an impersonal verb (with forms only in the third person singular)?
- In which is the complement of the verb in the genitive?

1. Suae quemque fortūnae maximē paenitet. Cicero
2. Scelere vēlandum est scelus. Seneca
3. Nōn rēfert quam multōs librōs sed quam bonōs habeās. Anonymous
4. Scientia quae est remōta ā jūstitiā calliditās potius quam sapientia est appellanda. Cicero
5. Nōn dēs rēs cūnctās quae optat avāra voluptās:
   nōn catulō dētur, quotiēns sua cauda movētur. Medieval
6. Suum quisque nōscat ingenium, ācremque sē et bonōrum et vitiōrum suōrum jūdicem praebeat. Cicero.
7. Sequitur superbōs ultor ā tergō deus. Seneca
8. Firmissima est inter parēs amīcitia. Curtius
9. In cane sagācitās prīma est sī investīgāre dēbet ferās, cursus sī cōnsequī, audācia sī mordēre et invādere. Seneca
10. Vīnum etiam senēs addūcit ut saltent vel nōlentēs. Translation of Eriphus

Carmina

1. Vīcīnus meus est manūque tangī
dē nostrīs Novius potest fenestrīs.
Quis nōn invideat mihī putetque
hōrīs omnibus esse mē beātum,
5 jūnctō cui liceat fruī sodāle?
Tam longē est mihi quam Terentiānus,
quī nunc Nīliacam regit Syēnēn.
Nōn convīvere nec vidēre saltem,
nōn audīre licet; nec Urbe tōtā
10 quisquam est tam prope tam proculque nōbīs.
Migrandum est mihi longius: vel illī
vīcīnus Noviō vel inquilīnus
sit, sī quis Novium vidēre nōn vult. Martial

Septimō in versū "Syēnēn" est forma Graeca, cāsūs accūsātīvī.

2. To understand this poem one must know that the Greeks and Romans regarded the panther as a lovable animal that rarely injured others.

Panthēra et Pāstōrēs

Solet ā dēspectīs pār referrī grātia.

Panthēra imprūdēns ōlim in foveam dēcidit.
Vīdēre agrestēs. Aliī fūstēs congerunt,
aliī onerant saxīs. Quīdam contrā miseritī
5 peritūrae quippe, quae nēminem laesit,
mīsēre pānem ut sustinēret spīritum.
Nox īnsecūta est. Abeunt sēcūrī domum,
quasī inventūrī mortuam postrīdiē.
At illa, vīrēs ut refēcit languidās,
10 vēlōcī saltū foveā sēsē līberat
et in cubīle concitō properat gradū.
Paucīs diēbus interpositīs, prōvolat,
pecus trucīdat, ipsōs pāstōrēs necat,
et cūncta vāstāns saevit īrātō impetū.
15 Tum sibi timentēs, quī ferae pepercerant
damnum haud recūsant, tantum prō vītā rogant.
At illa: "Meminī quis mē saxō peti'erit,
quis pānem dederit. Vōs timēre absistite;
illīs revertor hostis quī mē laesērunt."

Phaedrus

Ōrātiō Solūta

The singular imperative of deponent verbs is not taught in the programmed text. The form may be recognized by the signal {*-re*} added to the imperfective stem. Identify the deponent imperatives in these eight pieces of advice from Dionysius Cato.

1. Nihil mentīre.

2. Īrācundiam rege.

3. Parentem patientiā vince.

4. Patere lēgem quam ipse tuleris.

5. Pauca in convīviō loquere.

6. Miserum nōlī irrīdēre.

7. Minimē jūdicā.

8. Aliēnum nōlī concupīscere.

Lūsūs

1. Here is another anagram. We have omitted the last word in the poem to see if you can supply it. It is a verb that patterns with the ablative, and is an anagram of each of the italicized words in the poem.

Dē Fidē

Rēcta fidēs, *certa* est, *arcet* mala schismata; nōn est,
sīcut *crēta*, fidēs fictilis; arte ......

Owen

2. We now come to the anagram for which all the others were only a preparation. According to the New Testament, the Roman magistrate Pontius Pilate said to Jesus, who had spoken about truth, "*Quid est vēritās*?" (John 18.38).

From the fourteen letters of those words, a fascinating anagram was composed, consisting of four Latin words that were supposed to be the answer given by Jesus to Pilate. If an English translation of this reply were "The man who is present," what would the Latin version be? Ignore the macrons in finding the answer.

Index Verbōrum

absistō, absistere, abstitī: dēsistō
adserō, adserere, adseruī, adsertus: dēfendō; rogō, poscō
aedīlīcius-ī, m: vir quī aedīlis fuit, quae dīgnitās apud Rōmānōs magna erat sed minor cōnsule vel praetōre
agrestis-e: rūsticus, rūsticānus
arceō, arcēre, arcuī: prohibeō, vētō
armātus-a-um: arma habēns
audācia-ae, f: fortitūdō

circuitus-ūs, m: circus, circulus, orbis
concupīscō, concupīscere, concupīvī: praeter modum volō, intemperanter cupiō, appetō
convīvō, convīvere, convīxī: cum aliquō vīvō; amīcus sum
dēspectus-a-um: contemptus
festīnō-āre-āvī: contendō, properō
fictilis-e: *made of clay or earth*
fūnestus-a-um: perniciōsus, mortiferus
fūstis, fūstis, m: lignum ad verberandum aptum; baculum
industria-ae, f: dīligentia, vīs, ingenium
inquilīnus-ī, m: is quī suam domum nōn possidet sed in domiciliō aliēnō habitat
īnsatiābilis-e: quī satiārī nōn potest
interpōnō, interpōnere, interposuī, interpositus: interjiciō
īrācundia-ae, f: īra
languidus-a-um: īnfirmus, dēficiēns, aeger
lēctus-a-um: eximius, praestāns, īnsīgnis
Mariānus-a-um: ad Marium pertinēns, quī Mariō servit
misereor, miserērī, miseritus sum (cāsum genitīvum regēns): ob alicujus miseriam dolōrem animō capiō
numerōsus-a-um: multus
oboediō-īre-īvī-ītus (regit cāsum datīvum): pāreō, obsequor
paenitet, paenitēre, paenituit (regit cāsum genitīvum): *makes one sorry*
panthēra-ae, f: fera cujusdam generis

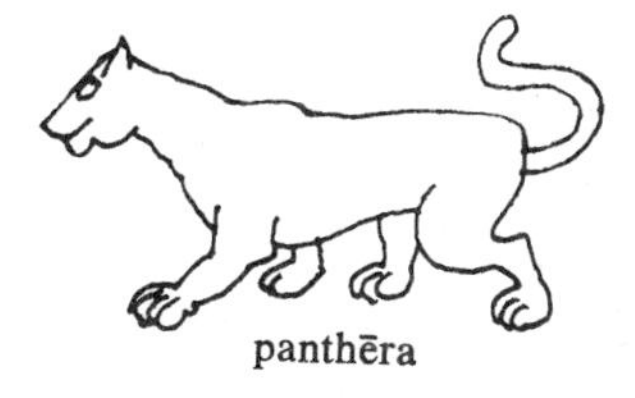
panthēra

paulisper: parvō tempore
perniciōsus-a-um: damnōsus
postrīdiē: proximō diē
prope: ferē, paene
prōscrībō, prōscrībere, prōscrīpsī, prōscrīptus: nōmina scrībō eōrum quī interficiendī sunt
prōtrahō, prōtrahere, prōtrāxī, prōtractus: extendō
quippe: scīlicet, certē, sine dubiō

saeviō-īre-īvī: īrāscor; saevus sum; crūdēliter agō
sagācitās, sagācitātis, f: acūta vīs odōrandī in canibus
saltem: quidem, certē
schisma, schismatis, n: discordia, līs
sexiēns: sex vicibus
sociālis-e: ad socium pertinēns
sodālis, sodālis, m&f: socius, comes, amīcus, amīca
subveniō, subvenīre, subvēnī (cāsum datīvum regēns): ad auxilium veniō
trājiciō, trājicere, trājēcī, trājectus: jaciō; moveō, trānsferō; trānseō
trīduum-ī, n: spatium trium diērum
trucīdō-āre-āvī-ātus: necō, caedō, occīdō, interficiō
ubīcumque: quibus in locīs
ultor, ultōris, m: quī vindicat, quī ulcīscitur
ultrā (praepositiō cāsum accūsātīvum regēns): trāns, praeter
vel (intensifier): etiam

UNIT 23

In this section of Eutropius it is interesting to observe how the material success of the Romans leads to new problems. The more territory they conquer, the more their difficulties grow.

One can also sense the intoxication of power felt by the victorious Roman generals. Although still accountable to the Senate, the generals were so far away that they often could dispose of cities and even kingdoms as they wished.

Throughout Book Six, Eutropius follows a chronological system which differs from the standard dates (given in the time line and between square brackets in the text) by two years.

Because of the unusually high number of geographical names in this Unit, minor cities and tribes will not be included on the map.

Eutropī Breviārium

Liber Sextus

1. Mārcō Aemiliō Lepidō, Quīntō Catulō cōnsulibus, cum Sulla rem pūblicam composuisset, bella nova exarsērunt, ūnum in Hispāniā, aliud in Pamphȳliā et Ciliciā, tertium in Macedoniā, quārtum in Dalmatiā [80 B.C.]. Nam Sertōrius, quī partium Mariānārum fuerat, timēns fortūnam cēterōrum quī interēmptī erant ad bellum commōvit Hispāniās. Missī sunt contrā eum ducēs Quīntus Caecilius Metellus, fīlius ejus quī Jugurtham rēgem vīcit, et Lūcius Domitius praetor. Ā Sertōrī duce Hirtulejō Domitius occīsus est. Metellus variō successū contrā Sertōrium dīmicāvit. Posteā cum impār pūgnae sōlus putārētur, Gnaeus Pompejus ad Hispāniās missus est. Ita duōbus ducibus adversīs, Sertōrius fortūnā variā saepe pūgnāvit. Octāvō dēmum annō per suōs occīsus est, et fīnis eī bellō datus per Gnaeum Pompejum adulēscentem et Quīntum Metellum Pium, atque omnēs prope Hispāniae in diciōnem populī Rōmānī redāctae [72 B.C.].

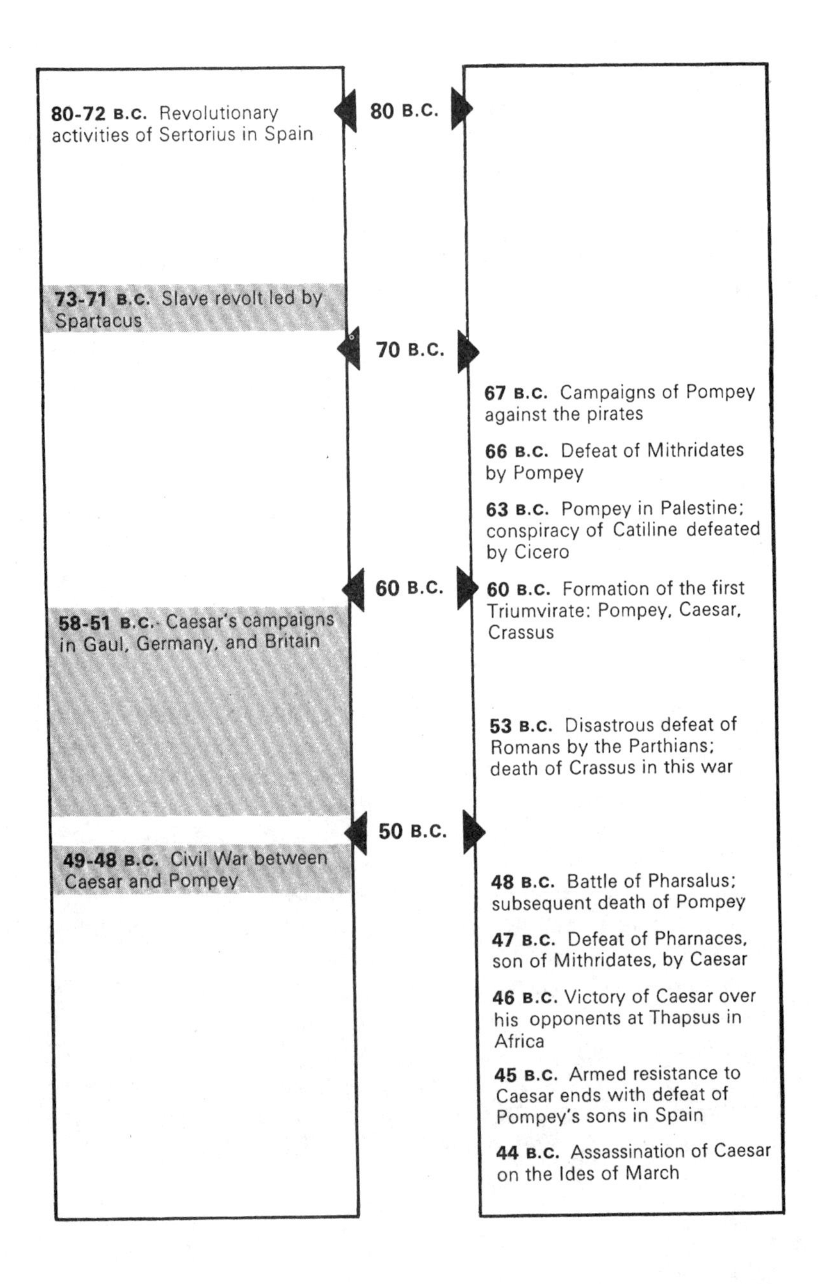
80-72 B.C. Revolutionary activities of Sertorius in Spain
80 B.C.
73-71 B.C. Slave revolt led by Spartacus
70 B.C.
67 B.C. Campaigns of Pompey against the pirates
66 B.C. Defeat of Mithridates by Pompey
63 B.C. Pompey in Palestine; conspiracy of Catiline defeated by Cicero
60 B.C.
60 B.C. Formation of the first Triumvirate: Pompey, Caesar, Crassus
58-51 B.C. Caesar's campaigns in Gaul, Germany, and Britain
53 B.C. Disastrous defeat of Romans by the Parthians; death of Crassus in this war
50 B.C.
49-48 B.C. Civil War between Caesar and Pompey
48 B.C. Battle of Pharsalus; subsequent death of Pompey
47 B.C. Defeat of Pharnaces, son of Mithridates, by Caesar
46 B.C. Victory of Caesar over his opponents at Thapsus in Africa
45 B.C. Armed resistance to Caesar ends with defeat of Pompey's sons in Spain
44 B.C. Assassination of Caesar on the Ides of March

2. Ad Macedoniam missus est Appius Claudius post cōnsulātum. Levia proelia habuit contrā variās gentēs quae Rhodopam prōvinciam incolēbant, atque ibī morbō mortuus est. Missus eī successor Gajus Scrībōnius Cūriō post cōnsulātum. Is Dardanōs vīcit et ūsque ad Dānuvium penetrāvit, triumphumque meruit et intrā triennium bellō fīnem dedit.

3. Ad Ciliciam et Pamphȳliam missus est Pūblius Servīlius ex cōnsule,[1] vir strēnuus. Ciliciam subēgit, Lyciae urbēs clārissimās oppūgnāvit et cēpit, in hīs Phasēlida, Olympum, Cōrycum Ciliciae. Isaurōs quoque aggressus ad diciōnem redēgit atque intrā triennium bellō fīnem dedit. Prīmus omnium Rōmānōrum in Taurō iter fecit. Revertēns triumphum accēpit et nōmen Isauricī meruit.

4. Ad Illyricum missus est Gajus Coscōnius prō cōnsule.[2] Multam partem Dalmatiae subēgit, Salōnās cēpit et, compositō bellō, Rōmam post biennium rediit.

5. Īsdem temporibus cōnsul Mārcus Aemilius Lepidus, Catulī collēga, Cīvīle Bellum voluit commovēre, intrā ūnam tamen aestātem mōtus ejus oppressus est. Ita ūnō tempore multī simul triumphī fuērunt, Metellī ex Hispāniā, Pompejī secundus ex Hispāniā, Cūriōnis ex Macedoniā, Servīlī ex Isauriā.

6. Annō Urbis conditae sescentēsimō septuāgēsimō sextō (DCLXXVI) Lūciō Liciniō Lūcullō et Mārcō Aurēliō Cottā cōnsulibus, mortuus est Nīcomēdēs, rēx Bīthȳniae, et per testāmentum populum Rōmānum fēcit hērēdem [74 B.C.]. Mithridātēs, pāce ruptā, Bīthȳniam et Asiam rursus voluit invādere. Adversus eum ambō cōnsulēs missī variam habuēre fortūnam. Cotta apud Chalcēdona victus ab eō aciē, etiam intrā oppidum coāctus est et obsessus. Sed cum sē inde Mithridātēs Cȳzicum trānstulisset, ut Cȳzicō captā, tōtam Asiam invāderet, Lūcullus eī alter cōnsul occurrit. Ac dum Mithridātēs in obsidiōne Cȳzicī commorātur ipse eum ā tergō obsēdit famēque cōnsūmpsit et multīs proeliīs vīcit, postrēmō Bȳzantium, quae nunc Cōnstantīnopolis est, fugāvit. Nāvālī quoque proeliō ducēs

[1] ex cōnsule: post cōnsulātum
[2] prō cōnsule: potestāte cōnsulārī

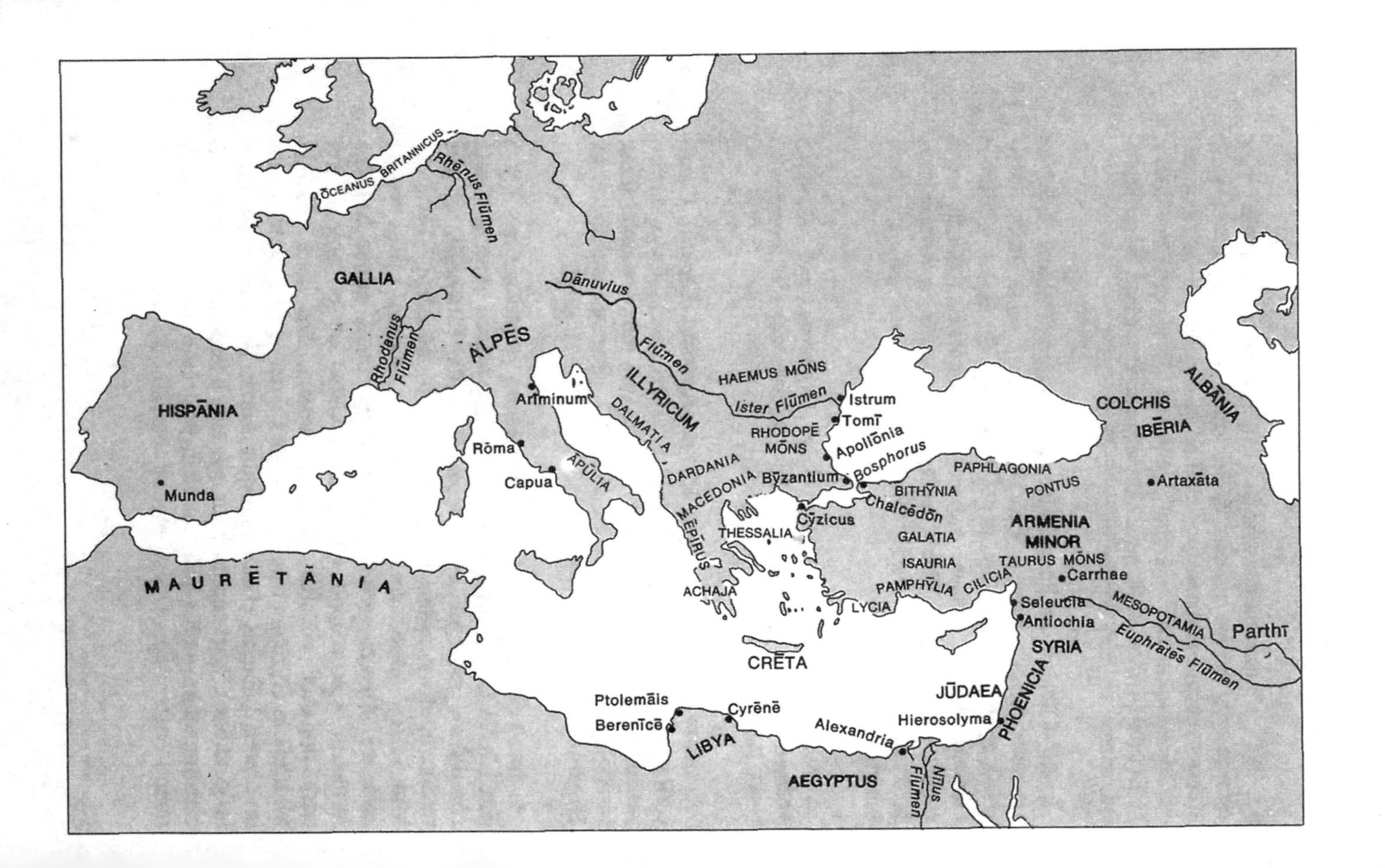
ŌCEANUS BRITANNICUS
Rhēnus Flūmen
GALLIA
Dānuvius Flūmen
Rhodanus Flūmen
ĀLPĒS
HISPĀNIA
Munda
Arīminum
Rōma
Capua
ĀPŪLIA
ILLYRICUM
DALMATIA
HAEMUS MŌNS
Ister Flūmen
Istrum
Tomī
RHODOPĒ MŌNS
Apollōnia
Bosphorus
DARDANIA
Byzantium
MACEDONIA
Cyzicus
Chalcēdōn
BITHȲNIA
PAPHLAGONIA
PONTUS
THESSALIA
ĒPĪRUS
ACHAJA
GALATIA
ISAURIA
PAMPHȲLIA
CILICIA
LYCIA
ARMENIA MINOR
TAURUS MŌNS
Carrhae
COLCHIS
IBĒRIA
ALBĀNIA
Artaxāta
MESOPOTAMIA
Parthī
Euphrātēs Flūmen
Seleucia
Antiochia
SYRIA
MAURĒTĀNIA
CRĒTA
Ptolemāis
Berenīcē
Cyrēnē
LIBYA
Alexandria
AEGYPTUS
Nīlus Flūmen
Hierosolyma
JŪDAEA
PHOENICIA

ejus Lūcullus oppressit. Ita ūnā hieme et aestāte ā Lūcullō ad centum ferē mīlia rēgis exstīncta sunt.

7. Annō urbis Rōmae sescentēsimō septuāgēsimō octāvō (DCLXXVIII) Macedoniam prōvinciam Mārcus Licinius Lūcullus accēpit, cōnsobrīnus Lūcullī quī contrā Mithridātēn bellum gerēbat. Et in Italiā novum bellum subitō commōtum est. Septuāgintā enim quattuor (LXXIV) gladiātōrēs, ducibus Spartacō, Crixō, et Oenomāō, effrāctō Capuae lūdō,[1] fūgērunt, et per Italiam vagantēs paene nōn levius bellum in eā quam Hannibal mōverat parāvērunt. Nam multīs ducibus et duōbus simul Rōmānōrum cōnsulibus victīs, sexāgintā (LX) ferē mīlium armātōrum exercitum congregāvērunt; victīque sunt in Āpūliā ā Mārcō Liciniō Crassō prō cōnsule [71 B.C.], et post multās calamitātēs Italiae tertiō annō bellō huic est fīnis impositus.

8. Sescentēsimō octōgēsimō prīmō (DCLXXXI) annō Urbis conditae, Pūbliō Cornēliō Lentulō et Gnaeō Aufidiō Oreste cōnsulibus, duo tantum gravia bella in imperiō Rōmānō erant, Mithridāticum, et Macedonicum. Haec duo Lūcullī agēbant, Lūcius Lūcullus et Mārcus Lūcullus. Lūcius ergō Lūcullus post pūgnam Cȳzicēnam, quā vīcerat Mithridātēn, et nāvālem, quā ducēs ejus oppresserat, persecūtus est eum, et, receptā Paphlagoniā atque Bīthȳniā, etiam rēgnum ejus invāsit, Sinōpēn et Amīson,[2] cīvitātēs Pontī nōbilissimās, cēpit. Secundō proeliō apud Cabīra cīvitātem, quō ingentēs cōpiās ex omnī rēgnō addūxerat Mithridātēs, cum trīgintā (XXX) mīliā lēctissima rēgis ā quīnque mīlibus Rōmānōrum vāstāta essent, Mithridātēs fugātus est, castra ejus dīrepta. Armenia quoque Minor quam tenuerat eīdem sublāta est. Susceptus tamen est Mithridātēs post fugam ā Tigrāne, Armeniae rēge, quī tum ingentī glōriā imperābat, Persās saepe vīcerat, Mesopotamiam occupāverat et Syriam et Phoenīcēs[3] partem [70 B.C.].

9. Ergō Lūcullus repetēns hostem fugātum etiam rēgnum Tigrānis, quī Armeniīs imperābat, ingressus est. Tigrānocertam, cīvitātem Arzianēnae nōbilissimam rēgnī Armeniacī, cēpit, ipsum

[1]lūdō: scīlicet lūdus ubī exercentur gladiātōrēs
[2]Sinōpēn et Amīson: formae Graecae, cāsūs accūsātīvī
[3]Phoenīcēs: forma Graeca, cāsūs genitīvī

rēgem cum septem mīlibus quīngentīs ($\overline{\text{VII}}$D) clībanāriīs et centum mīlibus sagittāriōrum et armātōrum venientem, decem et octō mīlia mīlitum habēns, ita vīcit ut magnam partem Armeniōrum dēlēverit. Inde Nisibin profectus eam quoque cīvitātem cum rēgis frātre cēpit. Sed hī quōs in Pontō Lūcullus relīquerat cum exercitūs parte ut regiōnēs victās et jam Rōmānōrum tuērentur neglegenter sē et avārē agentēs occāsiōnem iterum Mithridātī in Pontum irrumpendī dedērunt, atque ita bellum renovātum est. Lūcullō parantī, captā Nisibī, contrā Persās expedītiōnem successor est missus [68 B.C.].

10. Alter autem Lūcullus, quī Macedoniam administrābat, Bessīs prīmus Rōmānōrum intulit bellum atque eōs ingentī proeliō in Haemō monte superāvit. Oppidum Uscudamam, quod Bessī habitābant, eōdem diē quō aggressus est vīcit, Cabylēn cēpit, ūsque Dānuvium penetrāvit. Inde multās suprā Pontum positās cīvitātēs aggressus est. Illīc Apollōniam ēvertit, Callātim, Parthenopolim, Tomōs, Istrum, Burziaōnem cēpit, bellōque cōnfectō, Rōmam rediit. Ambō triumphāvērunt, tamen Lūcullus, quī contrā Mithridātēn pūgnāverat, majōre glōriā, cum tantōrum rēgnōrum victor redī'sset.

11. Cōnfectō bellō Macedonicō, manente Mithridāticō, quod recēdente Lūcullō rēx, collēctīs auxiliīs, reparāverat, bellum Crēticum ortum est. Ad id missus Quīntus Caecilius Metellus ingentibus proeliīs intrā triennium omnem prōvinciam cēpit, appellātusque est "Crēticus" atque ex īnsulā triumphāvit. Quō tempore Libya quoque Rōmānō imperiō per testāmentum Apionis, quī rēx ejus fuerat, accessit, in quā inclutae urbēs erant Berenīcē, Ptolemāis, Cyrēnē.

12. Dum haec geruntur, pīrātae omnia maria īnfēstābant ita ut Rōmānīs tōtō orbe victōribus sōla nāvigātiō tūta nōn esset. Quā rē id bellum Gnaeō Pompejō dēcrētum est [67 B.C.]. Quod intrā paucōs mēnsēs ingentī et fēlīcitāte et celeritāte cōnfēcit. Mox eī dēlātum etiam bellum contrā rēgēs Mithridātēn et Tigrānēn [66 B.C.]. Quō susceptō Mithridātēn in Armeniā Minōre nocturnō proeliō vīcit, castra dīripuit, quadrāgintā (XL) mīlia ejus occīdit, vīgintī tantum dē exercitū suō perdidit et duōs centuriōnēs. Mithridātēs cum uxōre fūgit et duōbus comitibus.

Neque multō post cum in suōs saevīret, Pharnācis fīliī suī apud mīlitēs sēditiōne ad mortem coāctus venēnum hausit.[1] Hunc fīnem habuit Mithridātēs, periit apud Bosphorum. Vir ingentis industriae cōnsiliīque rēgnāvit annīs sexāgintā (LX), vīxit septuāgintā duōbus (LXXII), contrā Rōmānōs bellum habuit annīs quadrāgintā (XL).

13. Tigrānī deinde Pompejus bellum intulit. Ille sē eī dēdidit et in castra Pompejī sextō decimō mīliāriō ab Artaxātā vēnit ac diadēma[2] suum, cum prōcubuisset ad genua Pompeji, in manibus ipsīus collocāvit. Quod eī Pompejus reposuit honōrificēque eum habitum rēgnī tamen parte mulcāvit et grandī pecūniā. Adēmpta est eī Syria, Phoenīcē, Sophanēnē, sex mīlia praetereā talentōrum argentī quae populō Rōmānō daret, quia bellum sine causā Rōmānīs commōvisset.

14. Pompejus mox etiam Albānīs bellum intulit et eōrum rēgem Orōdēn ter vīcit, postrēmō per epistulās ac mūnera rogātus veniam eī ac pācem dedit. Ibēriae quoque rēgem Artacēn vīcit aciē et in dēditiōnem accēpit. Armeniam Minōrem Dejotarō, Galatiae rēgī, dōnāvit, quia socius bellī Mithridāticī fuerat. Attalō et Pylaemēnī Paphlagoniam reddidit. Aristarchum Colchīs rēgem imposuit. Mox Itūraeōs et Ārabās vīcit et, cum vēnisset in Syriam, Seleuciam vīcīnam Antiochīae cīvitātem lībertāte dōnāvit, quod rēgem Tigrānēn nōn recēpisset. Antiochēnsibus obsidēs reddidit. Aliquantum agrōrum Daphnēnsibus dedit, quō lūcus ibī spatiōsior fieret, dēlectātus locī amoenitāte et aquārum abundantiā [63 B.C.]. Inde ad Jūdaeam trānsgressus Hierosolyma, caput gentis, tertiō mēnse cēpit, duodecim mīlibus Jūdaeōrum occīsīs, cēterīs in fidem acceptīs. Hīs gestīs, in Asiam sē recēpit et fīnem antīquissimō bellō dedit.

15. Mārcō Tulliō Cicerōne ōrātōre et Gajō Antōniō cōnsulibus, annō Urbis conditae sescentēsimō octōgēsimō nōnō (DCLXXXIX), Lūcius Sergius Catilīna, nōbilissimī generis vir sed ingeniī prāvissimī, ad dēlendam patriam conjūrāvit cum quibusdam clārīs quidem sed audācibus virīs [63 B.C.].

[1] *venēnum hausit*: In shortening the story, Eutropius gives the wrong impression. Although Mithridates did take poison, this suicide attempt failed because he had been immunizing himself for years against poisons. He then stabbed himself but not mortally. Finally a merciful bystander gave him his death blow.
[2] diadēma: forma Graeca, et est neutrīus generis, cāsūs accūsātīvī

Ā Cicerōne Urbe expulsus est. Sociī ejus dēprehēnsī in carcere strangulātī sunt. Ab Antōniō alterō cōnsule Catilīna ipse victus proeliō et interfectus.

16. Sescentēsimō nōnāgēsimō (DCXC) annō Urbis conditae, Decimō Jūniō Sīlānō et Lūciō Mūrēnā cōnsulibus, Metellus dē Crētā triumphāvit, Pompejus dē bellō pīrāticō et Mithridāticō. Nūlla umquam pompa triumphī similis fuit. Ductī sunt ante ejus currum fīliī Mithridātis, fīlius Tigrānis, et Aristobulus, rēx Jūdaeōrum; praelāta est ingēns pecūnia, aurī atque argentī īnfīnītum. Hōc tempore nūllum per orbem terrārum grave bellum erat.

17. Annō Urbis conditae sescentēsimō nōnāgēsimō tertiō (DCXCIII), Gajus Jūlius Caesar, quī posteā imperāvit, cum Lūciō Bibulō cōnsul est factus [59 B.C.]. Dēcrēta est eī Gallia et Illyricum cum legiōnibus decem. Is prīmōs vīcit Helvētiōs, quī nunc Sēquanī appellantur, deinde vincendō per bella gravissima ūsque ad Ōceanum Britannicum prōcessit. Domuit autem annīs novem ferē omnem Galliam, quae inter Alpēs, flūmen Rhodanum, Rhēnum, et Ōceanum est et circuitū patet ad bis et trīciēns centēna (MMMCC) mīlia passuum.[1] Britannīs mox bellum intulit, quibus ante eum nē nōmen quidem Rōmānōrum cognitum erat. Eōs quoque victōs, obsidibus acceptīs, stipendiāriōs fēcit. Galliae autem tribūtī nōmine annuum imperāvit sestertium quadringentiēns (CCCC),[2] Germānōsque trāns Rhēnum aggressus immānissimīs proeliīs vīcit.[3] Inter tot successūs ter male pūgnāvit, apud Arvernōs semel praesēns et absēns in Germāniā bis. Nam lēgātī ejus duo Titūrius et Aurunculejus per īnsidiās caesī sunt.

18. Circā eadem tempora annō Urbis conditae sescentēsimō nōnāgēsimō septimō (DCXCVII) Mārcus Licinius Crassus, collēga Gnaeī Pompejī Magnī, in cōnsulātū secundō contrā Parthōs missus est, et cum circā Carrhās contrā ōmen et auspicia dīmicā'sset, ā Surēnā, Orōdis rēgis duce, victus [53 B.C.]. Ad postrēmum interfectus est cum fīliō, clārissimō et praestantissimō

[1] *ad bis et trīciēns centēna mīlia passuum*: about 3,200 miles

[2] *sestertium quadringentiēns*: 40,000,000 sesterces; in Roman terms, "400 times 100,000 sesterces." It is meaningless to try to convert this to modern currency. However, we know that to be a member of the equestrian order whose members represented the wealthy class, a Roman had to be worth 400,000 sesterces. The annual tribute of Gaul was therefore equivalent in value to the minimum estate of a hundred Romans of equestrian rank—a tribute which hardly seems excessive.

[3] immānissimīs proeliīs vīcit: Errat Eutropius; nūlla proelia grandia fuērunt trāns Rhēnum.

juvene. Reliquiae exercitūs per Gajum Cassium quaestōrem servātae sunt, quī singulārī animō perditās rēs tantā virtūte restituit ut Persās rediēns trāns Euphrātēn crēbrīs proeliīs vinceret.

19. Hinc jam Bellum Cīvīle successit, exsecrandum et lacrimābile, quō praeter calamitātēs quae in proeliīs accidērunt etiam populī Rōmānī fortūna mūtāta est. Caesar enim rediēns ex Galliā victor coepit poscere alterum cōnsulātum atque ita ut sine dubietāte aliquā eī dēferrētur. Contrādictum est ā Mārcellō cōnsule, ā Bibulō, ā Pompejō, ā Catōne, jussusque, dīmissīs exercitibus, ad Urbem redīre. Propter quam injūriam ab Arīminō, ubī mīlitēs congregātōs habēbat, adversum patriam cum exercitū vēnit. Cōnsulēs cum Pompejō Senātusque omnis atque ūniversa nōbilitās ex Urbe fūgit et in Graeciam trānsiit. Apud Ēpīrum, Macedoniam, Achajam, Pompejō duce, Senātus contrā Caesarem bellum parāvit.

20. Caesar vacuam Urbem ingressus dictārōrem sē fēcit [49 B.C.]. Inde Hispāniās petiit. Ibī Pompejī exercitūs validissimōs et fortissimōs cum tribus ducibus Lūciō Āfrāniō, Mārcō Petrejō, Mārcō Varrōne, superāvit. Inde reversus in Graeciam trānsiit, adversum Pompejum dīmicāvit. Prīmō proeliō victus est et fugātus; ēvāsit tamen, quia, nocte interveniente, Pompejus sequī nōluit, dīxitque Caesar nec Pompejum scīre vincere et illō tantum diē sē potuisse superārī. Deinde in Thessaliā apud Palaeopharsālum,[1] prōductīs utrimque ingentibus cōpiīs, dīmicāvērunt. Pompejī aciēs habuit quadrāgintā (XL) mīlia peditum, equitēs in sinistrō cornū sescentōs (DC), in dextrō quīngentōs (D), praetereā tōtīus Orientis auxilia,[2] tōtam nōbilitātem, innumerōs senātōrēs, praetōriōs, cōnsulārēs et quī magnōrum jam bellōrum victōrēs fuissent. Caesar in aciē suā habuit peditum nōn integra[3] trīgintā (XXX) mīlia, equitēs mīlle.

21. Numquam adhūc Rōmānae cōpiae in ūnum neque majōrēs neque meliōribus ducibus convēnerant, tōtum terrārum orbem facile subāctūrae, sī contrā barbarōs dūcerentur. Pūgnātum tamen est ingentī contentiōne, victusque ad postrēmum Pompejus

[1]Palaeopharsālum: scīlicet hoc nōmen sīgnat "Vetus Pharsālus."
[2]auxilia: mīlitēs leviter armātī
[3]nōn integra: paene, ferē

et castra ejus dīrepta sunt [48 B.C.]. Ipse fugātus Alexandriam peti'it, ut ā rēge Aegyptī, cui tūtor ā Senātū datus fuerat propter juvenīlem ejus aetātem, acciperet auxilia. Quī fortūnam magis quam amīcitiam secūtus occīdit Pompejum, caput ejus et ānulum Caesarī mīsit. Quō cōnspectō Caesar lacrimās fūdisse dīcitur, tantī virī intuēns caput et generī quondam suī.

22. Mox etiam Caesar Alexandriam vēnit. Ipsī quoque Ptolemaeus parāre voluit īnsidiās, quā causā bellum rēgī illātum est. Victus in Nīlō periit inventumque est ejus corpus cum lōrīcā aureā. Caesar Alexandriā potītus rēgnum Cleopātrae dedit, Ptolemaeī sorōrī, cum quā cōnsuētūdinem stuprī habuerat. Rediēns inde Caesar Pharnacēn, Mithridātis Magnī fīlium, quī Pompejō in auxilium apud Thessaliam fuerat, rebellantem in Pontō et multās populī Rōmānī prōvinciās occupantem, vīcit aciē [47 B.C.],[1] posteā ad mortem coēgit.

23. Inde Rōmam regressus tertiō sē cōnsulem fēcit cum Mārcō Aemiliō Lepidō, quī eī magister equitum dictātōrī ante annum fuerat. Inde in Āfricam profectus est, ubī īnfīnīta nōbilitās cum Jubā Maurētāniae rēge bellum reparāverat. Ducēs autem Rōmānī erant Pūblius Cornēlius Scīpiō ex genere antīquissimō Scīpiōnis Āfricānī (hic etiam socer Pompejī fuerat), Mārcus Petrejus, Quīntus Vārus, Mārcus Porcius Catō, Lūcius Cornēlius Faustus, Sullae dictātōris fīlius. Contrā hōs commissō proeliō, post multās dīmicātiōnēs, victor fuit Caesar [46 B.C.]. Catō, Scīpiō, Petrejus, Juba ipsī sē occīdērunt. Faustus, Sullae quondam dictātōris fīlius, Pompejī gener, ā Caesare interfectus est.

24. Post annum Caesar Rōmam regressus quārtō sē cōnsulem fēcit et statim ad Hispāniās est profectus, ubī Pompejī fīliī, Gnaeus Pompejus et Sextus Pompejus, ingēns bellum praeparāverant. Multa proelia fuērunt, ultimum apud Mundam cīvitātem, in quō adeō Caesar paene victus est ut, fugientibus suīs, sē voluerit occīdere, nē post tantam reī mīlitāris glōriam in potestātem adulēscentium nātus annōs sex et quīnquāgintā (LVI) venīret. Dēnique, reparātīs suīs, vīcit [45 B.C.]. Et Pompejī fīlius major occīsus est, minor fūgit.

[1]vīcit aciē: apud oppidum Zēlam, unde haec verba, "Vēnī, vīdī, vīcī."

25. Inde Caesar, bellīs cīvīlibus tōtō orbe compositīs, Rōmam rediit. Agere īnsolentius coepit et contrā cōnsuētūdinem Rōmānae lībertātis. Cum ergō et honōrēs ex suā voluntāte praestāret quī ā populō ante dēferēbantur, nec Senātuī ad sē venientī assurgeret aliaque rēgia et paene tyrannica faceret, conjūrātum est in eum ā sexāgintā (LX) vel amplius senātōribus equitibusque Rōmānīs. Praecipuī fuērunt inter conjūrātōs duo Brūtī ex eō genere Brūtī quī prīmus Rōmae cōnsul fuerat et rēgēs expulerat, Gajus Cassius et Servīlius Casca. Ergō Caesar cum Senātūs diē inter cēterōs vēnisset ad curiam, tribus et vīgintī vulneribus cōnfossus est [March 15, 44 B.C.].

Sententiae

By this point in the course, your readings are becoming more and more interrelated. For example, *Sententia* 7 is taken from a speech by Cicero, urging that the command of the war against Mithridates be given to Pompey.

1. Cōnsequitur quodcumque petit. Motto
2. Quodcumque libuit facere victōrī, licet. Seneca
3. Crētizandum est cum Crēte. Anonymous
   In antiquity the inhabitants of Crete had a reputation for being accomplished liars.
4. Trīste . . . est nōmen ipsum carendī. Cicero
5. Longius aut propius mors sua quemque manet. Propertius
6. Fatētur facinus is quī jūdicium fugit. Publilius Syrus
7. Exīstimō in summō imperātōre quattuor hās rēs inesse oportēre: scientiam reī mīlitāris, virtūtem, auctōritātem, fēlīcitātem. Cicero
8. Cantābit vacuus cōram latrōne viātor. Juvenal
9. Tempora lābuntur mōre fluentis aquae. Motto on sundial
10. Sed quō Fāta trahunt, virtūs sēcūra sequētur. Lucan

Carmina

1. Mithridates, whose death is described earlier in this Unit (in Chapter 12 of Eutropius), is said to have built up an immunity to poisons by taking small portions of them over many years.

Prōfēcit pōtō Mithridātēs saepe venēnō
toxica nē possent saeva nocēre sibī.
Tū quoque cāvistī cēnandō tam male semper
nē possīs umquam, Cinna, perīre famē.

Martial

2. Lupus ad Canem

Quam dulcis sit lībertās, breviter prōloquar.

Canī perpāstō maciē cōnfectus lupus
forte occucurrit. Dein salūtātī in vicem
ut restitērunt: "Unde sīc, quaesō, nitēs?
5 Aut quō cibō fēcistī tantum corporis?
Ego, quī sum longē fortior, pereō famē."
Canis simpliciter: "Eadem est condiciō tibī,
praestāre dominō sī pār officium potes."
"Quod?" inquit ille. "Custōs ut sīs līminis,
10 ā fūribus tueāris et noctū domum.
Affertur ultrō pānis; dē mēnsā suā
dat ossa dominus; frusta jactat familia,
et quod fastīdit quisque pulmentārium.
Sīc sine labōre venter implētur meus."
15 "Ego vērō sum parātus. Nunc patior nivēs
imbrēsque in silvīs asperam vītam trahēns.
Quantō est facilius mihi sub tēctō vīvere
et ōtiōsum lārgō satiārī cibō!"
"Venī ergō mēcum!" Dum prōcēdunt, aspicit
20 lupus ā catēnā collum dētrītum canī.
"Unde hocc, amīce?" "Nīl est." "Dīc, quaesō, tamen!"
"Quia videor ācer, alligant mē interdiū,
lūce ut quiēscam et vigilem nox cum vēnerit;
crepusculō solūtus, quā vīsum est, vagor."
25 "Age, abīre sī quō est animus, est licentia?"
"Nōn plānē est" inquit. "Fruere quae laudās, canis;
rēgnāre nōlo, līber ut nōn sim mihī."

Phaedrus

In poetry, *ā* or *ab* is sometimes used with non-personal nouns, as in *ā catēnā* in line 20 above.

Ōrātiō Solūta

In the next ten sayings, all from Dionysius Cato, identify each occurrence of (a) the second imperative, and (b) the imperative of a deponent verb.

1. Magistrātum metue.
2. Verēcundiam servā.
3. Rem tuam custōdī.
4. Dīligentiam adhibē.
5. Familiam cūrā.
6. Cui dēs vidētō.
7. Convīvāre rārō.
8. Quod satis est dormī.
9. Conjugem amā.
10. Blandus estō.

Īnscrīptiō

Distributive numerals were used in Latin poetry to avoid the more commonplace numerals. A similar substitution for a common number is found in Lincoln's Gettysburg Address, where he says "Four score and seven years ago" instead of "Eighty-seven years ago." In the inscription below, *quīnōs dēnōs* means "in sets of fifteen."

D.M.

Servīlia Īrēnē, reverēns, pia, casta, pudīca,
bis quīnōs dēnōs et sex prōvecta per annōs,
sit tibi terra levis, cinerēs quoque flōre tegantur.

Lūsūs

Aenigmata Symphosiī

1. Terra fuī prīmō, latebrīs abscondita dūrīs.
   Nunc aliud pretium flammae nōmenque dedērunt,
   nec jam terra vocor, licet ex mē terra parētur.
   Respōnsum est _____.

2. Dēns ego sum magnus populīs cognātus Eōīs;
   nunc ego per partēs in corpora multa recessī,
   nec remanent vīrēs, sed formae grātia mānsit.
   Respōnsum est _____.

3. Inter saxa fuī, quae mē contrīta premēbant;
   vix tamen effūgī tōtīs collīsa medullīs;
   et jam forma mihī minor est, sed cōpia major.
   Respōnsum est _____.

Index Verbōrum

abscondō, abscondere, abscondī, absconditus: cēlō, abdō, occultō
abundantia-ae, f: cōpia
amoenitās, amoenitātis, f: voluptās, grātia; Anglicē, *loveliness*
assurgō, assurgere, assurrēxī, assurrēctus: surgō, mē levō
centuriō, centuriōnis, m: dux quī centum mīlitibus imperat [*roughly equivalent to a sergeant*]
clībanārius-ī, m: *soldier clad in chain mail*
collīdō, collīdere, collīsī, collīsus: conterō, minuō, molō, dēminuō, premō, percutiō
commoror-ārī-ātus sum: moror, cūnctor
conjūrō-āre-āvī-ātus: cōnspīrō
cōnsobrīnus-ī, m: fīlius sorōris meae mātris
contentiō, contentiōnis, f: certāmen, pūgna, dīmicātiō
cornū-ūs, n: extrēma pars aciēī
crēber, crēbra, crēbrum: frequēns
crepusculum-ī, n: vesper
Crēs, Crētis, m&f: incola Crētae
Crētizō-āre-āvī: mōre Crētum agō, hoc est, mentior
cūria-ae, f: sēdēs ac templum pūblicī cōnsiliī, ubī Senātus convenit
dēlectō-āre-āvī-ātus: juvō; laetum faciō; Anglicē, *please*
dēprehendō, dēprehendere, dēprehendī, dēprehēnsus: prendō, capiō
dēterō, dēterere, dētrīvī, dētrītus: terō, collīdō, dēminuō
diadēma, diadēmatis, n: corōna
diciō, diciōnis, f: potestās, imperium
dīmicātiō, dīmicātiōnis, f: proelium, certāmen, pūgna
dubietās, dubietātis, f: dubitātiō, mora
effringō, effringere, effrēgī, effrāctus: frangō, rumpō
Eōus-a-um: quī ex sōle oriente est
epistula-ae, f: nūntius scrīptus; litterae, tabula
exardeō, exardēre, exarsī, exarsus: ardeō, ūror; incipiō
exsecror-ārī-ātus sum: *curse*
facinus, facinoris, n: crīmen, scelus
farīna-ae, f: frūmentum molitum
fastīdiō-īre-īvī-ītus: respuō, contemnō, damnō
fateor, fatērī, fassus sum: plānē dīcō; admittō
frustum-ī, n: pars minūta cibī

genū, genūs, n: pars corporis hūmānī
hauriō, haurīre, hausī, haustus: bibō
immānis-e: grandis, magnus, vastus; ferōx, ācer, ferus, dūrus, saevus
īnfēstō-āre-āvī-ātus: vexō
interveniō, intervenīre, intervēnī: intercēdō
lōrīca-ae, f: *breastplate*
maciēs-ēī, f: *leanness*
medulla-ae, f: pars interior plantae aut ossis aut grānī; Anglicē, *pith, marrow, kernel*
niteō, nitēre, nituī: fulgeō, splendēscō, lūceō
obsidiō, obsidiōnis, f: *siege*
penetrō-āre-āvī-ātus: ingredior, perveniō
perpāscō, perpāscere, perpāvī, perpāstus: bene pāscō
pīrāta-ae, m: praedō maritimus, latrō maris
pīrāticus-a-um: ad pīrātās pertinēns
pōtō, pōtāre, pōtāvī, pōtus: bibō
pulmentārium-ī, n: cibus quī cum pāne editur; cibus
rēgius-a-um: ad rēgem pertinēns; superbus
sagittārius-ī, m: mīles arcū armātus
stīpendiārius-a-um: quī stīpendium vel tribūtum alterī solvit
successor, successōris, m: is quī potestātem in vicem accipit; is quī alterum sequitur
toxicum-ī, n: venēnum
trīciēns: trīgintā vicibus
tūtor, tūtōris, m: dēfēnsor; Anglicē, *guardian*
tyrannicus-a-um: ad tyrannum pertinēns; superbus, crūdēlis
utrimque: ab utrāque parte, ab ambābus partibus
vacuus-a-um: inānis; oppōnitur "plēnus"

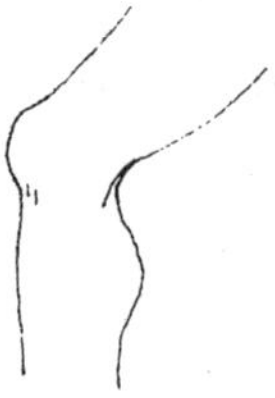

genū

UNIT 24

Eutropī Breviārium

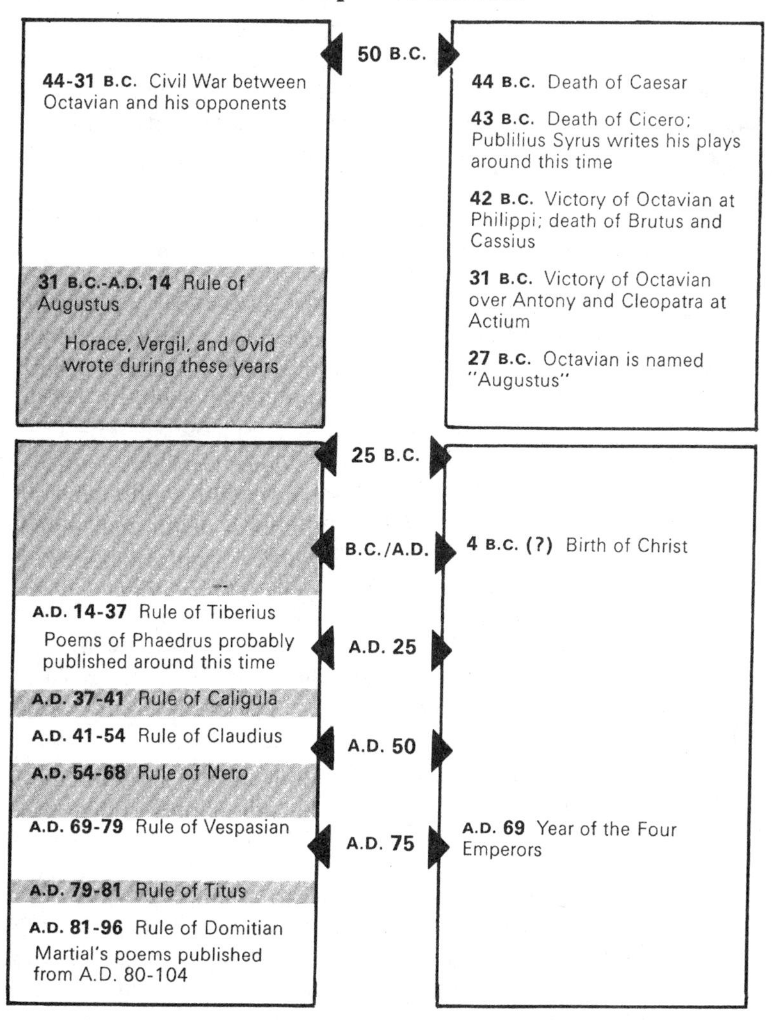

Liber Septimus

This final selection from Eutropius describes what happened in the first century of the Roman Empire, from the rule of Augustus to the rule of Domitian. In it will occur many names which have appeared in other parts of the course.

1. Annō Urbis septingentēsimō ferē ac nōnō interfectō Caesare [44 B.C.], Cīvīlia Bella reparāta sunt. Percussōribus enim Caesaris Senātus favēbat. Antōnius cōnsul partium Caesaris Cīvīlī Bellō opprimere eōs cōnābātur. Ergō turbātā rē pūblicā, multa Antōnius scelera committēns ā Senātū hostis jūdicātus est. Missī ad eum persequendum duo cōnsulēs Pānsa et Hirtius et Octāvius adulēscēns annōs duodēvīgintī nātus, Caesaris nepōs, quem ille testāmentō hērēdem relīquerat et nōmen suum ferre jusserat. Hic est quī posteā "Augustus" est dictus et rērum potītus. Quā rē profectī contrā Antōnium trēs ducēs vīcērunt eum [43 B.C.]. Ēvēnit tamen ut victōrēs cōnsulēs ambō morerentur. Quā rē trēs exercitūs ūnī Caesarī Augustō pāruērunt.

In using the honorary name "Augustus" in the last sentence of Chapter 1 above, Eutropius is anticipating historical events somewhat, since that name was not conferred on Octavian until 27 B.C. But it is in fact difficult to know what name to use in reference to this man, since he had several different names in the course of his life. He was born *Gajus Octāvius*. On his adoption by Julius Caesar (in accordance with a provision in Caesar's will), he took his adopted father's name and added *Octāviānus* to show that he had previously been a member of the Octavian *gēns*. He was therefore called *Gajus Jūlius Caesar Octāviānus*. Although historians have generally called him "Octavian" because of his career before 27 B.C., he himself apparently used the name *Caesar* rather than *Octāviānus*. After 27 B.C. he added *Augustus*; his name was then *Gajus Jūlius Caesar Octāviānus Augustus*. The name *Octāviānus* by itself seems to have been used during his lifetime only by his detractors, who wished to emphasize the fact that his natural father was Octavius, not Julius Caesar.

2. Fugātus Antōnius, āmissō exercitū, cōnfūgit ad Lepidum, quī Caesaris magister equitum fuerat et tum mīlitum cōpiās grandēs habēbat. Ā quō susceptus est. Mox, Lepidō operam dante, Caesar pācem cum Antōniō fēcit et quasī vindicātūrus patris suī mortem, ā quō per testāmentum fuerat adoptātus, Rōmam cum exercitū profectus extorsit ut sibī vīcēsimō annō cōnsulātus darētur. Senātum prōscrīpsit, cum Antōniō ac Lepidō rem pūblicam armīs tenēre coepit. Per hōs etiam Cicerō ōrātor occīsus est multīque aliī nōbilēs [43 B.C.].

3. Intereā Brūtus et Cassius, interfectōrēs Caesaris, ingēns bellum mōvērunt. Erant enim per Macedoniam et Orientem[1] multī exercitūs quōs occupāvērunt. Profectī igitur contrā eōs Caesar Octāviānus Augustus et Mārcus Antōnius (remānserat enim ad dēfendendam Italiam Lepidus) apud Phillippōs, Macedoniae urbem, contrā eōs pūgnāvērunt [42 B.C.]. Prīmō proeliō victī sunt Antōnius et Caesar, periit tamen dux nōbilitātis Cassius, secundō Brūtum et īnfīnītam nōbilitātem, quae cum illīs bellum gesserat, victam interfēcērunt. Ac sīc inter eōs dīvīsa est rēs pūblica ut Augustus Hispāniās, Galliās, Italiam tenēret, Antōnius Asiam, Pontum, Orientem [40 B.C.]. Sed in Italiā Lūcius Antōnius cōnsul Bellum Cīvīle commōvit frāter ejus quī cum Caesare contrā Brūtum et Cassium dīmicāverat. Is apud Perusiam, Tusciae cīvitātem, victus et captus est neque occīsus.

4. Interim ā Sextō Pompejō Gnaeī Pompejī fīliō ingēns bellum in Siciliā commōtum est [39 B.C.], hīs quī superfuerant ex partibus Brūtī Cassiīque ad eum cōnfluentibus. Bellātum per Caesarem Augustum Octāviānum et Mārcum Antōnium adversus Sextum Pompejum est. Pāx postrēmō convēnit.

5. Eō tempore Mārcus Agrippa in Aquitāniā rem prospere gessit. Et Lūcius Ventidius Bassus irrumpentēs in Syriam Persās tribus proeliīs vīcit. Pacorum, rēgis Orōdis fīlium, interfēcit eō ipsō diē quō ōlim Orōdēs Persārum rēx per ducem Surēnam Crassum occīderat. Hic prīmus dē Parthīs jūstissimum triumphum Rōmae ēgit.

6. Interim Pompejus pācem rūpit et nāvālī proeliō victus fugiēns ad Asiam interfectus est. Antōnius, quī Orientem et Asiam tenēbat, repudiātā sorōre Caesaris Augustī Octāviānī, Cleopātram rēgīnam Aegyptī dūxit uxōrem. Contrā Persās etiam ipse pūgnāvit. Prīmīs eōs proeliīs vīcit, regrediēns tamen famē et pestilentiā labōrāvit et cum īnstārent Parthī fugientī, ipse prō victō recessit.

7. Hic quoque ingēns Bellum Cīvīle commōvit, cōgente uxōre Cleopātrā rēgīnā Aegyptī, dum cupiditāte muliebrī optat etiam

[1] *Orientem:* In the time of Eutropius the provinces were grouped under four larger divisions called "prefectures" and named *Italia, Gallia, Illyricum,* and *Oriēns.* It is a little difficult, however, to discover just what areas Eutropius had in mind, since just below he says that Mark Antony held *Asia, Pontus,* and *Oriēns.* He seems to be using the term in a broad, non-technical sense, as we speak of the "East" or the "Midwest."

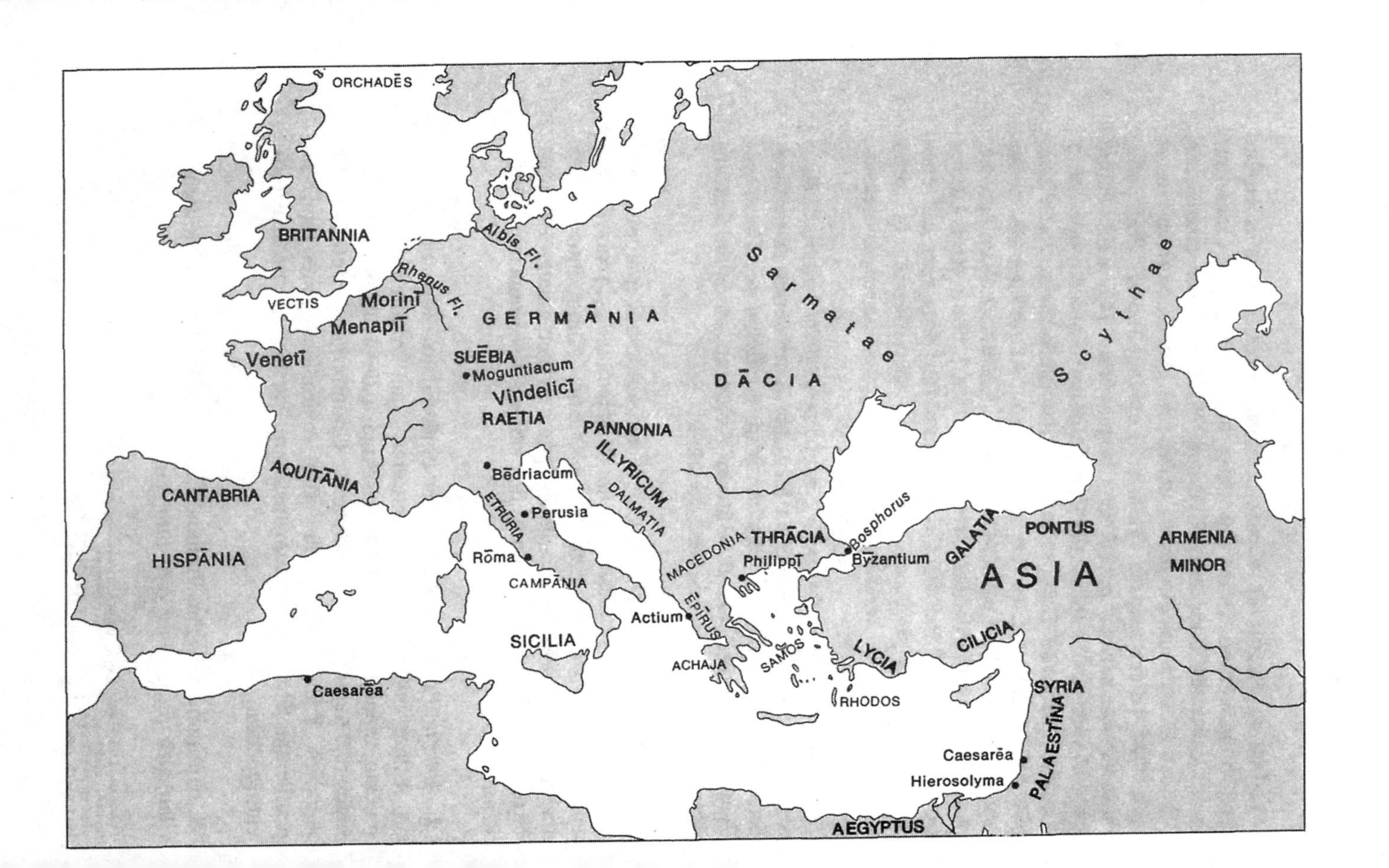
ORCHADĒS
BRITANNIA
VECTIS
Morinī
Menapiī
Venetī
Rhenus Fl.
Albis Fl.
GERMĀNIA
SUĒBIA
Moguntiacum
Vindelicī
RAETIA
Sarmatae
Scythae
DĀCIA
PANNONIA
ILLYRICUM
DALMATIA
AQUITĀNIA
CANTABRIA
HISPĀNIA
Bēdriacum
ETRŪRIA
Perusia
Rōma
CAMPĀNIA
SICILIA
Caesarēa
Actium
EPĪRUS
ACHAJA
MACEDONIA
THRĀCIA
Philippī
Bosphorus
Bȳzantium
SAMOS
RHODOS
LYCIA
CILICIA
GALATIA
PONTUS
ASIA
ARMENIA
MINOR
SYRIA
PALAESTĪNA
Caesarēa
Hierosolyma
AEGYPTUS

in Urbe rēgnāre. Victus est ab Augustō nāvālī pūgnā clārā et illūstrī apud Actium [31 B.C.], quī locus in Ēpīrō est, ex quā fūgit in Aegyptum et, dēspērātīs rēbus, cum omnēs ad Augustum trānsīrent, ipse sē interēmit. Cleopātra sibī aspidem admīsit et venēnō ejus exstīncta est [30 B.C.]. Aegyptus per Octāviānum Augustum imperiō Rōmānō adjecta est, prōpositusque eī Gnaeus Cornēlius Gallus. Hunc prīmum Aegyptus Rōmānum jūdicem habuit.

8. Ita bellīs tōtō orbe cōnfectīs, Octāviānus Augustus Rōmam rediit duodecimō annō quam cōnsul fuerat [29 B.C.]. Ex eō rem pūblicam per quadrāgintā et quattuor annōs sōlus obtinuit, ante enim duodecim annōs cum Antōniō et Lepidō tenuerat. Ita ab initiō prīncipātūs ejus ūsque ad fīnem quīnquāgintā et sex annī fuērunt. Obiit autem septuāgēsimō sextō annō morte commūnī[1] in oppidō Campāniae Atellā [A.D. 14]. Rōmae in Campō Mārtiō sepultus, vir quī nōn immeritō ex maximā parte deō similis est putātus: neque enim facile ūllus eō aut in bellīs fēlīcior fuit aut in pāce moderātior. Quadrāgintā et quattuor annīs quibus sōlus gessit imperium cīvīlissimē vīxit, in cūnctōs līberālissimus, in amīcōs fīdissimus, quōs tantīs ēvēxit honōribus ut paene aequāret fastīgiō suō.

9. Nūllō tempore ante eum magis Rōmāna rēs flōruit. Nam exceptīs Cīvīlibus Bellīs, in quibus invictus fuit, Rōmānō adjēcit imperiō Aegyptum, Cantabriam, Dalmatiam (saepe ante victam sed penitus tum subāctam), Pannoniam, Aquitāniam, Illyricum, Raetiam, Vindelicōs et Salassōs in Alpibus, omnēs Pontī maritimās cīvitātēs, in hīs nōbilissimās Bosphorum et Panticapaeum. Vīcit autem proeliīs Dācōs. Germānōrum ingentēs cōpiās cecīdit, ipsōs quoque trāns Albim Fluvium summōvit, quī in barbaricō longē ultrā Rhēnum est. Hoc tamen bellum per Drūsum prīvīgnum suum administrāvit, sīcut per Tiberium, prīvīgnum alterum, Pannonicum, quō bellō quadrāgintā captīvōrum mīlia ex Germāniā trānstulit et suprā rīpam Rhēnī in Galliā collocāvit. Armeniam ā Parthīs recēpit. Obsidēs, quod nūllī anteā, Persae eī dedērunt. Reddidērunt etiam sīgna[2] Rōmāna quae Crassō victō adēmerant.

[1]morte commūnī: id est, senectūte periit, nōn vī neque cāsū
[2]sīgna: Sīgna āmittere erat maximum dēdecus. Ob sīgna reddita fuit Rōmae magnum gaudium.

10. Scythae et Indī, quibus anteā Rōmānōrum nōmen incognitum fuerat, mūnera et lēgātōs ad eum mīsērunt. Galatia quoque sub hōc prōvincia facta est, cum anteā rēgnum fuisset, prīmusque eam Mārcus Lollius prō praetōre administrāvit. Tantō autem amōre etiam apud barbarōs fuit ut rēgēs populī Rōmānī amīcī in honōrem ejus conderent. cīvitātēs, quās "Caesarēās" nōminārent, sīcut in Maurētāniā ā rēge Jubā et in Palaestīnā, quae nunc urbs est clārissima. Multī autem rēgēs ex rēgnīs suīs vēnērunt ut eī obsequerentur, et habitū Rōmānō togātī scīlicet ad vehiculum vel equum ipsīus cucurrērunt. Moriēns "Dīvus"[1] appellātus [A.D. 14]. Rem pūblicam beātissimam Tiberiō successōrī relīquit, quī prīvīgnus eī, mox gener, postrēmō adoptiōne fīlius fuerat.

11. Tiberius ingentī sōcordiā imperium gessit, gravī crūdēlitāte, scelestā avāritiā, turpī libīdine. Nam nusquam ipse pūgnāvit, bella per lēgātōs gessit suōs. Quōsdam rēgēs per blanditiās ad sē ēvocātōs numquam remīsit, in quibus Archelāum Cappadocem, cujus etiam rēgnum in prōvinciae formam redēgit et maximam cīvitātem appellārī nōmine suō jussit, quae nunc "Caesarēa" dīcitur, cum "Mazaca" anteā vocārētur. Hic tertiō et vīcēsimō imperiī annō, aetātis septuāgēsimō octāvō, ingentī omnium gaudiō mortuus est in Campāniā [A.D. 37].

Eutropius is too harsh. Modern scholars are generally agreed that Tiberius was a better ruler than Eutropius' description would indicate, in spite of the unfavorable testimony of the two leading historians for this period, Suetonius and Tacitus.

12. Successit eī Gajus Caesar [A.D. 37], cognōmentō "Caligula," Drūsī, prīvīgnī Augustī, et ipsīus Tiberī nepōs,[2] scelerātissimus ac fūnestissimus et quī etiam Tiberī dēdecora pūrgāverit. Bellum contrā Germānōs suscēpit et ingressus Suēbiam nihil strēnuē fēcit. Stupra sorōribus intulit, ex ūnā etiam nātam fīliam cognōvit.[3] Cum adversum cūnctōs ingentī avāritiā, libīdine, crūdēlitāte saevīret, interfectus in palātiō est annō aetātis vīcēsimō nōnō, imperiī tertiō, mēnse decimō, diē octāvō [A.D. 41].

[1] *Dīvus:* This word, like *Augustus,* became part of his name.
[2] nepōs: Haec vōx duās sīgnificātiōnēs habet. Nam "nepōs" est is quī est fīlius meī fīliī vel fīliae; "nepōs" est quoque fīlius meī frātris vel sorōris. Ergō Caligula erat nepōs et Drūsī et Tiberī, sed Drūsus eī erat avus, et Tiberius, patruus. (But Tiberius was actually not the uncle but the great-uncle of Caligula.)
[3] *fīliam cognōvit:* formally recognized as his daughter

In the first few months of his reign Caligula was immensely popular. He brought back senators who had been exiled by Tiberius, reformed taxes, and lifted censorship. But he had always been in poor health, and after six months he became seriously ill; whether as a result of this or not, his whole personality changed. No story about him (according to Suetonius, he was said to have thought of making his horse consul) is too absurd to be rejected.

13. Post hunc Claudius fuit [A.D. 41], patruus Caligulae, Drūsī quī apud Mogontiacum monumentum habet fīlius, cujus et Caligula nepōs erat. Hic mediē[1] imperāvit, multa gerēns tranquillē atque moderātē, quaedam crūdēliter et īnsulsē. Bellum Britannīs intulit, quam nūllus Rōmānōrum post Gajum Caesarem attigerat, eāque dēvictā per Gnaeum Sentium et Aulum Plautium, illūstrēs ac nōbilēs virōs, triumphum celebrem ēgit. Quāsdam īnsulās etiam ultrā Britanniās in Ōceanō positās imperiō Rōmānō addidit, quae appellantur "Orchadēs"; fīliō autem suō "Britannicī" nōmen imposuit. Tam cīvīlis autem circā quōsdam amīcōs exstitit, ut etiam Plautium nōbilem virum, quī expedītiōne Britannicā multa ēgregia fēcerat, triumphantem ipse prōsequerētur et cōnscendentī Capitōlium laevus incēderet. Is vīxit annōs quattuor et sexāgintā, imperāvit quattuordecim. Post mortem cōnsecrātus est dīvusque appellātus [A.D. 54].

14. Successit huic Nerō [A.D. 54], Caligulae avunculō suō simillimus, quī Rōmānum imperium et dēformāvit et minuit, inūsitātae luxuriae sūmptuumque, ut quī[2] exemplō Gajī Caligulae in calidīs et frīgidīs lavāret unguentīs, rētibus aureīs piscārētur, quae blattīnīs fūnibus[3] extrahēbat. Īnfīnītam Senātūs partem interfēcit, bonīs omnibus hostis fuit. Ad postrēmum sē tantō dēdecore prōstituit ut et saltāret et cantāret in scaenā citharoedicō habitū vel tragicō. Parricīdia multa commīsit, frātre, uxōre,[4] mātre interfectīs. Urbem Rōmam incendit ut spectāculī ejus imāginem cerneret, quālī ōlim Troja capta arserat. In rē mīlitārī nihil omnīnō ausus Britanniam paene āmīsit. Nam duo sub eō nōbilissima oppida capta illīc atque ēversa sunt. Armeniam Parthī

[1]mediē: id est, neque bene neque male
[2]*ut quī:* so that he was the kind of person who
[3]blattīnīs fūnibus: Quidquid ex purpurā vel mūrice factum est fuit maximī pretiī.
[4]uxōre: Interfēcit scīlicet duās quidem uxōrēs.

sustulērunt legiōnēsque Rōmānās sub jugum mīsērunt. Duae tamen sub eō prōvinciae factae sunt, Pontus Polemōniacus, concēdente rēge Polemōne, et Alpēs Cottiae, Cottiō rēge dēfūnctō.

15. Per haec Rōmānō orbī exsecrābilis ab omnibus simul dēstitūtus est et ā Senātū hostis jūdicātus; cum quaererētur ad poenam (quae poena erat tālis, ut nūdus per pūblicum ductus furcā capitī ejus īnsertā virgīs ūsque ad mortem caederētur atque ita praecipitārētur ā saxō),[1] ē palātiō fūgit et in suburbānō lībertī suī, quod est inter Salāriam et Nōmentānam Viam ad quārtum Urbis mīliārium, sē interfēcit. Aedificāvit Rōmae thermās, quae ante "Nerōniānae" dictae, nunc "Alexandriānae" appellantur. Obiit trīsēsimō et alterō aetātis annō, imperiī quārtō decimō, atque in eō omnis Augustī familia cōnsūmpta est [A.D. 68].

The career of Nero is similar in certain ways to that of Caligula. The beginning of Nero's rule, like that of Caligula, was marked by kindness and great popularity. But the responsibilities of high office proved too great for him. Becoming suspicious and oppressive, he took action which inspired dissatisfaction and plots to remove him; these in turn resulted in a vicious circle of more repression by Nero and more resentment by his subjects. Like Caligula, his cruelty passed all normal limits.

There is not the slightest reason to believe that he was responsible for the burning of Rome. What is significant, however, is that he was so unpopular that the people charged him with such a crime. It is also interesting that Eutropius considered Nero's singing and dancing in public to be among the most disgraceful of his actions.

16. Huic Servius Galba successit, antīquissimae nōbilitātis senātor, cum septuāgēsimum et tertium annum ageret aetātis, ab Hispānīs et Gallīs[2] imperātor ēlēctus, mox ab ūniversō exercitū libenter acceptus [A.D. 68]. Nam prīvāta ejus vīta īnsīgnis fuerat mīlitāribus et cīvīlibus rēbus. Saepe cōnsul, saepe prō cōnsule, frequenter dux in gravissimīs bellīs. Hujus breve imperium fuit et quod bona habēret exōrdia, nisī ad sevēritātem

[1]ā saxō: ab illō Montis Capitōlīnī saxō quod "Tarpejum" vocātur, unde convictī dējiciēbantur
[2]ab Hispānīs et Gallīs: ā mīlitibus scīlicet

prōpēnsior vidērētur. Īnsidiīs tamen Othōnis occīsus est imperiī mēnse septimō. Jugulātus in Forō Rōmae sepultusque in hortīs suīs, quī sunt Aurēliā Viā non longē ab urbe Rōmā [A.D. 69].

17. Othō, occīsō Galbā, invāsit imperium, māternō genere nōbilior quam paternō, neutrō tamen obscūrō [A.D. 69]. In prīvātā vītā mollis et Nerōnis familiāris, in imperiō documentum suī nōn potuit ostendere. Nam cum īsdem temporibus quibus Othō Galbam occīderat etiam Vitellius factus esset ā Germāniciānīs exercitibus imperātor, bellō contrā eum susceptō cum apud Bētriacum in Italiā levī proeliō victus esset, ingentēs tamen cōpiās ad bellum habēret, sponte sēmet occīdit; et petentibus mīlitibus, nē tam citō dē bellī dēspērāret ēventū, cum tantī sē nōn esse dīxisset, ut propter eum Bellum Cīvīle movērētur, voluntāriā morte obiit trīcēsimō et octāvō aetātis annō, nōnāgēsimō et quīntō imperiī diē [A.D. 69].

18. Dein Vitellius imperiō potītus est, familiā honōrātā magis quam nōbilī [A.D. 69]. Nam pater ejus nōn ad modum clārē nātus trēs tamen ōrdināriōs gesserat cōnsulātūs. Hic cum multō dēdecore imperāvit et gravī saevitiā nōtābilis, praecipuē ingluviē et vorācitāte, quippe cum dē diē saepe quārtō vel quīntō ferātur epulātus. Nōtissima certē cēna memoriae mandāta est, quam eī Vitellius frāter[1] exhibuit, in quā super cēterōs sūmptūs duo mīlia piscium, septem avium apposita trāduntur. Hic cum Nerōnī similis esse vellet atque id adeō prae sē ferret ut etiam exsequiās Nerōnis, quae humiliter sepultae fuerant, honōrāret, ā Vespasiānī ducibus occīsus est; interfectō prius in Urbe Sabīnō Vespasiānī imperātōris frātre, quem cum Capitōliō incendit.[2] Interfectus autem est magnō dēdecore: tractus per urbem Rōmam pūblicē nūdus, ērēctō comā capite[3] et subjectō ad mentum gladiō, stercore in vultum et pectus ab omnibus obviīs appetītus, postrēmō jugulātus et in Tiberim dējectus etiam commūnī caruit sepultūrā.[4] Periit autem aetātis annō septimō et quīnquāgēsimō, imperiī mēnse octāvō et diē ūnō [A.D. 69].

[1]Vitellius frāter: Hic Vitellius erat frāter imperātōris Vitellī.
[2]incendit: Errat Eutropius. Vitellius Sabīnum, Vespasiānī frātrem, in templum Jovis Optimī Maximī in Monte Capitōlīnō situm compulit; dein templum incēnsum est et Sabīnus, contrā voluntātem Vitellī, necātus et corpus ejus in Tiberim conjectum est.
[3]ērēctō comā capite: Aliquis comam ejus ita tenuit ut caput ērēctum esset.
[4]commūnī caruit sepultūrā: Id est, sepultūra omnibus commūnis est, nisī Vitelliō, cujus corpus nōn sepultum sed in flūmen dējectum est.

19. Vespasiānus huic successit [A.D. 69],[1] factus apud Palaestīnam imperātor, prīnceps obscūrē quidem nātus, sed optimīs comparandus, prīvātā vītā illūstris, ut quī ā Claudiō in Germāniam et deinde in Britanniam missus trīciēns et bis (XXXII) cum hoste cōnflīxerit, duās validissimās gentēs, vīgintī oppida, īnsulam Vectam Britanniae proximam, Imperiō Rōmānō adjēcerit. Rōmae sē in imperiō moderātissimē gessit. Pecūniae tantum avidior fuit, ita ut eam nūllī injūstē auferret. Quam cum omnī dīligentiae prōvīsiōne colligeret, tamen studiōsissimē lārgiēbātur, praecipuē indigentibus. Nec facile ante eum cujusquam prīncipis vel major est līberālitās comperta vel jūstior. Placidissimae lēnitātis, ut quī majestātis quoque contrā sē reōs nōn facile pūni'erit ultrā exiliī poenam. Sub hōc Judaea Rōmānō accessit imperiō et Hierosolyma, quae fuit urbs nōbilissima Palaestīnae. Achajam, Lyciam, Rhodum, Bȳzantium, Samum, quae līberae ante id tempus fuerant, item Thrāciam, Ciliciam, Commāgēnēn, quae sub rēgibus amīcīs ēgerant, in prōvinciārum formam redēgit.

20. Offēnsārum et inimīcitiārum immemor fuit, convīcia ā causidicīs et philosophīs in sē dicta leviter tulit, dīligēns tamen coërcitor disciplīnae mīlitāris. Hic cum fīliō Titō dē Hierosolymīs triumphāvit. Per haec cum Senātuī et populō, postrēmō cūnctīs amābilis ac jūcundus esset, prōfluviō ventris exstīnctus est in vīllā propriā circā Sabīnōs, annum agēns sexāgēsimum nōnum, imperiī nōnum et diem septimum, atque inter dīvōs relātus est [A.D. 79]. Genitūram fīliōrum ita cognitam habuit[2] ut cum multae contrā eum conjūrātiōnēs fierent, quās patefactās ingentī dissimulātiōne contempsit, in Senātū dīxerit aut fīliōs sibī successūrōs aut nēminem.

21. Huic Titus fīlius successit [A.D. 79], quī et ipse "Vespasiānus" est dictus, vir omnium virtūtum genere mīrābilis adeō ut amor et dēliciae hūmānī generis dīcerētur, fācundissimus, bellicōsissimus, moderātissimus. Causās Latīnē ēgit, poēmata et tragoediās Graecē composuit. In oppūgnātiōne Hierosolymōrum sub patre mīlitāns duodecim prōpūgnātōrēs duodecim sagittārum cōnfīxit ictibus. Rōmae tantae cīvīlitātis in imperiō fuit ut nūllum

[1] Ergō hōc ūnō annō quattuor virī imperātōrēs Rōmānī factī sunt.
[2] *Genitūram fīliōrum ita cognitam habuit:* "He believed so thoroughly in the horoscope of his sons." The Romans of this period were intensely interested in astrology and were much influenced by it.

omnīnō pūnīret, convictōs adversum sēsē conjūrātiōnis et dīmīserit et in eādem familiāritāte quā anteā habuerit. Facilitātis et līberālitātis tantae fuit ut cum nūllī quicquam negāret et ab amīcīs reprehenderētur, responderit nūllum trīstem dēbēre ab imperātōre discēdere, praetereā cum quādam diē in cēnā recordātus fuisset nihil sē illō diē cuiquam praestitisse, dīxerit, "Amīcī, hodiē diem perdidī." Hic Rōmae amphitheātrum[1] aedificāvit et quīnque mīlia ferārum in dēdicātiōne ejus occīdit [A.D. 80].

22. Per haec inūsitātō favōre dīlēctus morbō periit in eā quā pater vīllā post biennium, mēnsēs octō, diēs vīgintī quam imperātor erat factus, aetātis annō alterō et quadrāgēsimō [A.D. 81]. Tantus lūctus eō mortuō pūblicus fuit ut omnēs tamquam in propriā doluerint orbitāte. Senātus, obitū ipsīus circā vesperam nūntiātō, nocte, irrūpit in cūriam et tantās eī mortuō laudēs grātiāsque congessit quantās nec vīvō umquam ēgerat nec praesentī. Inter dīvōs relātus est.

23. Domitiānus mox accēpit imperium [A.D. 81], frāter ipsīus jūnior, Nerōnī aut Caligulae aut Tiberiō similior quam patrī vel frātrī suō. Prīmīs tamen annīs moderātus in imperiō fuit; mox ad ingentia vitia prōgressus libīdinis, īrācundiae, crūdēlitātis, avāritiae tantum in sē odiī concitāvit ut merita et patris et frātris abolēret.[2] Interfēcit nōbilissimōs ē Senātū. "Dominum" sē et "Deum" prīmus appellārī jussit. Nūllam sibī nisī auream et argenteam statuam in Capitōliō passus est pōnī. Cōnsobrīnōs suōs interfēcit. Superbia quoque in eō exsecrābilis fuit. Expedītiōnēs quattuor habuit, ūnam adversum Sarmatās, alteram adversum Cattōs, duās adversum Dācōs. Dē Dācīs Cattīsque duplicem triumphum ēgit, dē Sarmatīs sōlam lauream ūsurpāvit.[3] Multās tamen calamitātēs īsdem bellīs passus est; nam in Sarmatiā legiō ejus cum duce interfecta est, et ā Dācīs, Oppius Sabīnus cōnsulāris et Cornēlius Fuscus praefectus praetōriō,[4] cum magnīs exercitibus occīsī sunt. Rōmae quoque multa opera fēcit, in hīs Capitōlium et Forum trānsitōrium,[5] Dīvōrum Porticūs,

[1]amphitheātrum: id quod posteā "Colossēus" appellātum est
[2]merita . . . abolēret: Ut cantat Mārtiālis,
Flāvia gēns, quantum tibi tertius abstulit hērēs!
Paene fuit tantī nōn habuisse duōs.
[3]lauream ūsurpāvit: id est, nōn triumphāvit. Prō triumphō rāmum laureae arboris ad Capitōlium tulit. Cum esset triumphō minor honor, nōn clārum est cūr dīcat Eutropius "ūsurpāvit."
[4]praefectus praetōriō: Officium ejus erat mīlitēs dūcere quī imperātōrem ipsum tuēbantur.
[5]trānsitōrium: id est, fēcit viās quibus per Forum et Capitōlium eātur.

Īsēum ac Serāpēum et Stadium. Vērum cum ob scelera ūniversīs exōsus esse coepisset, interfectus est suōrum conjūrātiōne in palātiō annō aetātis quadrāgēsimō quīntō, imperiī quīntō decimō [A.D. 96]. Fūnus ejus ingentī dēdecore per vespillōnēs exportātum et īgnōbiliter est sepultum.

After the death of Domitian, Rome was ruled by a series of emperors who governed so successfully that they are known today as the "Five Good Emperors." These men—Nerva, Trajan, Hadrian, Antoninus Pius, and Marcus Aurelius—brought about an extended period of peace and material prosperity that was perhaps unmatched until the present day.

Sententiae

1. Ūtendum est aetāte: citō pede lābitur aetās. Ovid
2. Aedificāre in tuō propriō solō nōn licet quod alterī noceat. Legal
3. Tempus erit, quō vōs speculum vīdisse pigēbit. Ovid

   Most of the Greek and Roman writers were unable to see beauty in anyone except the young; this is one of many classical references to women losing their attractiveness as they grow old.
4. Oportet ferrum tundere, dum rubet. Anonymous
5. Rēbus in hūmānīs tria sunt dīgnissima laude:
uxor casta, bonus socius, sincērus amīcus.
Medieval

Carmina

1. Mūnera quī tibi dat locuplētī, Gaure, senīque,
sī sapis et sentīs, hoc tibi ait, "Morere."
Martial

2. Ōdī tē quia bellus es, Sabelle.
Rēs est pūtida bellus et Sabellus.
Bellum dēnique mālo quam Sabellum.
Tābēscās utinam, Sabelle, bellē.
Martial

Tertiō in versū, "bellum" nōn est adjectīvum [bellus-a-um], sed nōmen [bellum-ī, n].

Ōrātiō Solūta

Our final selection from Roman history comes from Book Four of *Dē Bellō Gallicō*, in which Caesar reports on his invasion of Britain in 55 B.C. Historically this expedition was of little importance. Although Caesar defeated the Britons, he had to go back the next year in another equally ineffective attempt. After this, Britain was left alone for more than one hundred years until the successful invasion by the generals of Claudius, which Eutropius recounts in Book Seven, Chapter 13.

As shown in the filmstrip describing his life, Julius Caesar was a complex man whose actions were not always easy to understand. Was it necessary for the safety of Rome that so many Gauls be massacred? What did his invasion of Britain accomplish that could justify the heavy losses to the natives? And the ghastly Civil War with Pompey—was all that just so he might rule?

It would be wrong to think that Caesar was driven only by personal ambition. There can be no doubt about his determination to correct the abuses of the small group of aristocrats who were ruling Rome so unsuccessfully. In any case, whether because of Caesar's attempts at reform or in spite of them, the Roman state survived for another five hundred years.

In 55 B.C., just before his invasion of Britain, Caesar took an action which many Romans felt exceeded his authority as governor of Gaul. In an incredible display of his engineers' skill, Caesar tamed the broad and swift Rhine with a bridge built in ten days, marched across with his men, scolded the Germans for their frequent incursions into Gaul, and then came back—taking the bridge with him!

The political situation was now apparently quiet, but this amazing man could not tolerate inaction for long. Only a few weeks were left to the summer; what to do? The answer suddenly came to him: Britain! He would make a trip to Britain to see what it was like.

Was this expedition really planned so casually? Judge for yourselves after reading Caesar's own account below. In his narrative there is a lot of action but the story is easy to follow. Several things go wrong—the cavalry does not arrive, and the Romans must quickly adapt to an unfamiliar terrain and a new style of fighting. In such adversity Caesar's brilliance stands out far more clearly than in other situations where he appears to win victories with ridiculous ease. And through it all he is supported by the magnificent discipline of the Roman troops and their unlimited faith in the leader who had never let them down.

Following the Latin text of Chapters 20 to 26 is an English summary of the remaining text (through Chapter 38) of Book Four.

Dē Bellō Gallicō

Liber Quārtus

20. Exiguā parte aestātis reliquā, Caesar, etsī in hīs locīs, quod omnis Gallia ad septentriōnēs vergit, mātūrae sunt hiemēs, tamen in Britanniam proficīscī contendit, quod omnibus ferē Gallicīs bellīs hostibus nostrīs inde sumministrāta auxilia intellegēbat et, sī tempus annī ad bellum gerendum dēficeret, tamen magnō sibī ūsuī fore[1] arbitrābātur, sī modo īnsulam adīsset et genus hominum perspexisset, loca, portūs, aditūs cognōvisset; quae omnia ferē Gallīs erant incognita. Neque enim temere praeter mercātōrēs illō[2] adiit quisquam neque eīs ipsīs quicquam praeter ōram maritimam atque eās regiōnēs quae sunt contrā Galliās nōtum est.

Itaque vocātīs ad sē undique mercātōribus, neque quanta esset īnsulae magnitūdō, neque quae aut quantae nātiōnēs incolerent, neque quem ūsum bellī habērent aut quibus īnstitūtīs ūterentur, neque quī essent ad majōrum nāvium multitūdinem idōneī portūs reperīre poterat.

21. Ad haec cognōscenda, prius quam perīculum faceret, idōneum esse arbitrātus Gajum Volusēnum cum nāvī longā[3] praemittit. Huic mandat ut, explōrātīs omnibus rēbus, ad sē quam prīmum revertātur. Ipse cum omnibus cōpiīs in Morinōs proficīscitur,

[1]fore: futūrum esse
[2]illō: illūc, ad illum locum
[3]cum nāvī longā: "nāvis longa" erat nāvis ad bellandum apta, rēmīs prōpulsa.

quod inde erat brevissimus in Britanniam trājectus.[1] Hūc nāvīs undique ex fīnitimīs regiōnibus et quam superiōre aestāte ad Veneticum bellum effēcerat classem jubet convenīre.

Interim, cōnsiliō ejus cognitō et per mercātōrēs perlātō ad Britannōs, ā complūribus īnsulae cīvitātibus ad eum lēgātī veniunt quī polliceantur obsidēs dare atque imperiō populī Rōmānī obtemperāre. Quibus audītīs, līberāliter pollicitus hortātusque ut in eā sententiā permanērent, eōs domum remittit et cum eīs ūnā Commium, quem ipse, Atrebātibus superātīs, rēgem ibī cōnstituerat, cujus et virtūtem et cōnsilium probābat et quem sibī fidēlem esse arbitrābātur cujusque auctōritās in hīs regiōnibus magnī habēbātur, mittit. Huic imperat quās possit adeat cīvitātēs hortēturque ut populī Rōmānī fidem sequantur sēque celeriter eō ventūrum nūntiet. Volusēnus, perspectīs regiōnibus omnibus, quantum eī facultātis darī potuit quī nāvī ēgredī ac sē barbarīs committere nōn audēret, quīntō diē ad Caesarem revertitur quaeque ibī perspexisset renūntiat.

22. Dum in hīs locīs Caesar nāvium parandārum causā morātur, ex magnā parte Morinōrum ad eum lēgātī vēnērunt quī sē dē superiōris temporis cōnsiliō excūsārent, quod hominēs barbarī et nostrae cōnsuētūdinis imperītī bellum populō Rōmānō fēcissent sēque ea quae imperā'sset factūrōs pollicērentur. Hoc sibī Caesar satis opportūnē accidisse arbitrātus, quod neque post tergum hostem relinquere volēbat neque bellī gerendī propter annī tempus facultātem habēbat neque hās tantulārum rērum occupātiōnēs Britanniae antepōnendās jūdicābat, magnum eīs numerum obsidum imperat; quibus adductīs, eōs in fidem recēpit.

Nāvibus circiter octōgintā onerāriīs coāctīs contractīsque, quod satis esse ad duās trānsportandās legiōnēs exīstimābat, quod praetereā nāvium longārum habēbat quaestōrī, lēgātīs, praefectīsque distribuit. Hūc accēdēbant duodēvīgintī onerāriae nāvēs, quae ex eō locō ab mīlibus passuum octō [2] ventō tenēbantur quō minus in eundem portum venīre possent; hās equitibus distribuit. Reliquum exercitum Quīntō Titūriō Sabīnō et Lūciō Aurunculejō

[1] brevissimus . . . trājectus: portus forte fuit is quī hodiē *Boulogne* vocātur.
[2] *ab mīlibus passuum octō:* eight miles away. With a measure of distance, *ab* (a noun substitutor for *ab hōc locō*) means "away."

Cottae lēgātīs in Menapiōs atque in eōs pāgōs Morinōrum ab quibus ad eum lēgātī nōn vēnerant dūcendum dedit; Pūblium Sulpicium Rūfum lēgātum cum eō praesidiō quod satis esse arbitrābātur portum tenēre jussit.

23. Hīs cōnstitūtīs rēbus, nactus idōneam ad nāvigandum tempestātem tertiā ferē vigiliā[1] solvit[2] equitēsque in ulteriōrem portum prōgredī et nāvīs cōnscendere et sē sequī jussit. Ā quibus cum paulō tardius esset administrātum, ipse hōrā circiter diēī quārtā cum prīmīs nāvibus Britanniam attigit atque ibī[3] in omnibus collibus expositās hostium cōpiās armātās cōnspexit. Cujus locī haec erat nātūra atque ita montibus angustīs mare continēbātur utī ex locīs superiōribus in lītus tēlum adigī posset. Hunc ad ēgrediendum nēquāquam idōneum locum arbitrātus, dum reliquae nāvēs eō convenīrent ad hōram nōnam in ancorīs exspectāvit.

Interim, lēgātīs tribūnīsque mīlitum convocātīs, et quae ex Volusēnō cognō'sset et quae fierī vellet ostendit; monuitque ut reī mīlitāris ratiō, maximē ut maritimae rēs postulārent ut quae celerem atque īnstabilem mōtum habērent, ad nūtum et ad tempus omnēs rēs ab eīs administrārentur. Hīs dīmissīs, et ventum et aestum ūnō tempore nactus secundum, datō sīgnō et sublātīs ancorīs, circiter mīlia passuum septem ab eō locō prōgressus apertō ac plānō lītore[4] nāvīs cōnstituit.

24. At barbarī, cōnsiliō Rōmānōrum cognitō, praemissō equitātū et essedāriīs, quō plērumque genere in proeliīs ūtī cōnsuē'runt, reliquīs cōpiīs subsecūtī nostrōs nāvibus ēgredī prohibēbant. Erat ob hās causās summa difficultās: quod nāvēs propter magnitūdinem nisī in altō cōnstituī nōn poterant; mīlitibus, autem, īgnōtīs locīs, impedītīs manibus, magnō et gravī onere armōrum oppressīs, simul et dē nāvibus dēsiliendum et in flūctibus cōnsistendum et cum hostibus erat pūgnandum, cum illī aut ex āridō aut paulum in aquam prōgressī, omnibus membrīs expedītīs, nōtissimīs locīs, audācter tēla conjicerent et equōs īnsuēfactōs incitārent. Quibus rēbus nostrī perterritī atque hujus omnīnō

[1]tertiā ferē vigiliā: hic diēs fuit septimus ante Kalendās Septembrīs.
[2]solvit: scīlicet, nāvīs solvit, id est, profectus est.
[3]ibī: prope eum locum quī hodiē Anglicē *Dover* appellātur.
[4]lītore: ē nōn nūllōrum conjectūrā hic locus hodiē *Walmer* nōminātur.

generis pūgnae imperītī, nōn eādem alacritāte ac studiō quō in pedestribus ūtī proeliīs cōnsuē'rant ūtēbantur.

25. Quod ubī Caesar animadvertit, nāvīs longās, quārum et speciēs erat barbarīs inūsitātior et mōtus ad ūsum expedītior, paulum removērī ab onerāriīs nāvibus et rēmīs incitārī et ad latus apertum[1] hostium cōnstituī atque inde fundīs, sagittīs, tormentīs hostīs prōpellī ac summovērī jussit; quae rēs magnō ūsuī nostrīs fuit. Nam et nāvium figūrā et rēmōrum mōtū et inūsitātō genere tormentōrum permōtī barbarī cōnstitērunt ac paulum modo pedem rettulērunt. Atque nostrīs mīlitibus cūnctantibus, maximē propter altitūdinem maris, quī Decimae Legiōnis aquilam[2] ferēbat, contestātus deōs ut ea rēs legiōnī fēlīciter ēvenīret, "Dēsilite," inquit, "mīlitēs, nisī vultis aquilam hostibus prōdere: egō certē meum reī pūblicae atque imperātōrī officium praestiterō." Hoc cum vōce magnā dīxisset, sē ex nāvī prōjēcit atque in hostīs aquilam ferre coepit. Tum nostrī, cohortātī inter sē nē tantum dēdecus admitterētur, ūniversī ex nāvī dēsiluērunt. Hōs item ex proximīs nāvibus cum cōnspexissent, subsecūtī hostibus appropinquā'runt.

26. Pūgnātum est ab utrīsque ācriter. Nostrī tamen, quod neque ōrdinēs servāre neque firmiter īnsistere neque sīgna subsequī poterant atque alius aliā ex nāvī quibuscumque sīgnīs occurrerat sē aggregābat, magnopere perturbābantur. Hostēs vērō, nōtīs omnibus vadīs, ubī ex lītore aliquōs singularīs ex nāvī ēgredientīs cōnspexerant, incitātīs equīs impedītōs adoriēbantur; plūrēs paucōs circumsistēbant; aliī ab latere apertō in ūniversōs tēla conjiciēbant.

Quod cum animadvertisset Caesar, scaphās longārum nāvium, item speculātōria nāvigia mīlitibus complērī jussit et, quōs labōrantīs cōnspexerat, hīs subsidia submittēbat. Nostrī, simul in āridō cōnstitērunt, suīs omnibus cōnsecūtīs, in hostīs impetum fēcērunt atque eōs in fugam dedērunt; neque longius prōsequī potuērunt, quod equitēs cursum tenēre atque īnsulam capere nōn potuerant. Hoc ūnum ad prīstinam fortūnam Caesarī dēfuit.

[1]ad latus apertum: latus apertum aciēī est latus dextrum, quod mīlitēs scūtum bracchiō laevō gerentēs contrā tēla quae ab dextrā parte mittuntur facile sē dēfendere nōn possunt.
[2]aquilam: sīgnum legiōnis. Eam āmittere summum dēdecus legiōnī fuisset.

So Caesar and his men narrowly escaped the disaster that could have resulted from his failure to obtain adequate information. The Britons surrendered only four days after Caesar's arrival. But all was not yet over. The ships carrying the cavalry, which had been unable to sail with Caesar (as described in Chapter 23), finally came in sight of the camp, only to be driven off by a sudden storm and be forced to return to France.

That same night, disaster struck. It was the night of the full moon, when the tides are highest. Unbelievably, Caesar says that the Romans were not aware of this fact (although they had had experience with tides on the French coast). Be that as it may, both the warships drawn up on the beach and the transports lying at anchor were severely damaged, the former by the tide and the latter by the storm.

Cut off from returning to the Continent, without sufficient provisions to spend the winter, the Romans thought their cause looked desperate. So did the Britons, who decided to form a conspiracy for the purpose of breaking the treaty. Caesar suspected they would do just this, and urged his troops on to great efforts to repair enough ships to get them back to France.

When the rebellious Britons appeared before his camp, Caesar did not wait behind its walls. Instead, he marched out of camp, attacked, and won a decisive victory. Again the Britons sued for peace, which Caesar granted but with a demand for twice the original number of hostages. Then, since the stormy fall season was near, he set sail in his leaky ships on the first day of good weather and brought them all safely home.

The Britons were so sure that he would never return that only two of the tribes bothered to send the hostages they had promised. In the following year (54 B.C.) Caesar led a second expedition which lasted several months but which was equally unsuccessful. The Romans maintained a "hands-off" policy until the reign of Claudius a century later, when the southern part of Britain was occupied. Eventually the whole island except Scotland was thoroughly Romanized.

Lūsus

The following stone is reported to have been discovered in Colorado. Can you read the inscription?

Index Verbōrum

aboleō, abolēre, abolēvī (vel aboluī), abolitus: removeō, dēleō
adigō, adigere, adēgī, adāctus: agō, mittō, jaciō
aditus-ūs, m: ingressus, accessiō
aestus-ūs, m: mōtus maris; Anglicē, *tide*
aggregō-āre-āvī-ātus: congregō, colligō, conjugō
alacritās, alacritātis, f: studium, celeritās
amphitheātrum-ī, n: aedificium formā circulī vel ōvī in ūsum spectāculōrum exstrūctum
appropinquō-āre-āvī: accēdō
aspis, aspidis, f: vīpera, anguis, serpēns
avunculus-ī, m: frāter mātris meae
barbaricum-ī, n: terra barbara, terra peregrīna
bellicōsus-a-um: ad bellum gerendum aptus, virtūte bellī valēns
blattīnus-a-um: purpureus
causidicus-ī, m: is quī causās agit
circumsistō, circumsistere, circumstitī: circumdō
citharoedicus-a-um: pertinēns ad eum quī lyrā cantat
cīvīlis-e: benīgnus, lārgus
cīvīlitās, cīvīlitātis, f: lēnitās, benīgnitās, līberālitās
clam: sēcrētō, fūrtim, latenter, occultē

coërcitor, coërcitōris, m: quī coercet et continet ac servat
cognōmentum-ī, n: cognōmen
conjiciō, conjicere, conjēcī, conjectus: cum vī jaciō
colloquor, colloquī, collocūtus sum: simul loquor
comprehendō, comprehendere, comprehendī, comprehēnsus: prendō, dēprehendō, capiō, intellegō
cōnscendō, cōnscendere, cōnscendī: ascendō
cōnsecrō-āre-āvī-ātus: sacrum faciō
contestor-ārī-ātus sum: testem invocō; precor, ōrō
contrahō, contrahere, contrāxī, contractus: colligō, congregō
convictus-a-um: damnātus, nocēns
coörior, coörīrī, coörtus sum: orior
dēformō-āre-āvī-ātus: corrumpō
dēsiliō, dēsilere, dēsiluī: saltū dēscendō
dispersus-a-um: variīs locīs positus; sparsus, disjectus
dissimulātiō, dissimulātiōnis, f: neglegentia
epulor-ārī-ātus sum: cēnō
essedārius-ī, m: quī ex currū, mōre Britannōrum, pūgnat
ēvehō, ēvehere, ēvēxī, ēvectus: tollō, levō, adjuvō, efferō, exportō
ēveniō, ēvenīre, ēvēnī: accidō
excūsō-āre-āvī-ātus: satisfaciō, culpam removeō, pūrgō
exōsus-a-um: exsecrābilis, invīsus
expedītiō, expedītiōnis, f: iter mīlitāre
exsecrābilis-e: quī odiō est; exōsus, invīsus
extorqueō, extorquēre, extorsī, extortus: ēripiō; vī obtineō
facilitās, facilitātis, f: līberālitās, benīgnitās
fācundus-a-um: disertus, ēloquēns, loquāx
familiāritās, familiāritātis, f: amīcitia
funda-ae, f: īnstrūmentum quō lapis manū jacitur sīve in ferās sīve in hostem
fūnis, fūnis, m: *rope*
furca-ae, f: *large fork with two prongs, used in farm work; also, instrument of execution shaped like a fork. (The smaller utensil of the same shape was not used by the Romans for eating.)*

furca

genitūra-ae, f: *horoscope*
hiems, hiemis, f: pars annī frīgidissima, inter autumnum et vēr; tempestās, imber, turbō
honōrō-āre-āvī-ātus: honōre colō
hūc (noun substitutor): ad hunc locum; ad hoc tempus
idōneus-a-um: aptus, commodus
illūstris-e: clārus, nōtus, ēgregius
immemor (gen, immemoris): quī nōn meminit; quī facile īgnōscit
imprūdentia-ae, f: īgnōrantia
indigēns (gen, indigentis): inops
ineō, inīre, iniī: incipiō
ingluviēs-ēī, f: gula; cibī cupīdō; vorācitās
īnsistō, īnsistere, īnstitī: cōnsistō
īnstabilis-e: incertus, mōbilis
īnsuēfactus-a-um: doctus, perītus
īnsulsus-a-um: absurdus, rīdiculus
jugulō-āre-āvī-ātus: *cut the throat*
laurea-ae, f: arbor Apollinī sacra; Anglicē, *laurel tree (not to be confused with the low shrub of the same name)*
libīdō, libīdinis, f: studium, cupīdō (saepe malō sēnsū)
majestās, majestātis, f: magnitūdō, decus, dīgnitās Senātūs vel prīncipis vel imperātōris aut etiam virī prīvātī, ob quam honor et reverentia illī dēbētur
mentum-ī, n: pars capitis ōrī subjecta
mōbilitās, mōbilitātis, f: facultās movendī
moderātus-a-um: temperāns, modicus
muliebris-e: fēmineus

mentum

nāvigium-ī, n: nāvis
nēquāquam: minimē
nōtābilis-e: īnsīgnis, illūstris, clārus, ēgregius
nusquam: nūllō locō
nūtus-ūs, m: mōtus capitis, quō aliquid sīgnificāmus; mandātum, jussum, imperium
obscūrus-a-um: lūce carēns; opācus; īgnōtus, humilis
obtemperō-āre-āvī (regit cāsum datīvum): oboediō, pāreō, obsequor
occupātiō, occupātiōnis, f: *involvement*
offēnsa-ae, f: injūria
onerārius-a-um: aptus onera portandō
oppūgnātiō, oppūgnātiōnis, f: āctiō oppūgnandī; impetus

ōra-ae, f: margō; "ōra maritima" sīgnificat "lītus"
ōrdinārius-a-um: quī in ōrdine est; "cōnsul ōrdinārius" est magistrātus quī initiō annī, nōn in mediō annō prō aliquō, creātus est.
palātium-ī, n: domus Prīncipis, aula
parricīdium-ī, n: caedēs propinquī, ut mātris vel patris
paulātim (adv): brevī spatiō, brevī intervallō
pedester, pedestris, pedestre: ad peditem pertinēns; "pedestre proelium" oppōnitur equestrī aut nāvālī pūgnae.
penitus: intrā; plānē, funditus
percussor, percussōris, m: interfector, quī aliquem interficit
perfugium-ī, n: locus tūtus; refugium
perspiciō, perspicere, perspexī, perspectus: investīgō
pestilentia-ae, f: morbus complūrīs afficiēns
plērumque: magnā ex parte, ferē, plūrimum
poēma, poēmatis, n: carmen
praecipitō-āre-āvī-ātus: prōnum dējiciō
praefectus-ī, m: *officer, magistrate*
praetōrium-ī, n: manus mīlitum, imperātōris custōdiendī causā creāta
prīvīgnus-ī, m: fīlius marītī vel uxōris meae quī alterō parente caret; Anglicē, *stepson, stepdaughter*
proelior-ārī-ātus sum: contendō, pūgnō
prōfluvium-ī, n: *flow, discharge, flux; diarrhea*
prōpēnsus-a-um: inclīnātus, prōnus
prōpūgnātor, prōpūgnātōris, m: mīles leviter armātus quī ante aciem prōgreditur ut tēla mittat
prōstituō, prōstituere, prōstituī, prōstitūtus: *disgrace*
prōvideō, prōvidēre, prōvīdī, prōvīsus: ante cūrō, ante parō, praeparō
prōvīsiō, prōvīsiōnis, f: āctiō prōvidendī; cautiō
pūtidus-a-um: quī male olet
regiō, regiōnis, f: pars terrae, locus
reus-ī, m: quīcumque in jūdicium addūcitur; "reus majestātis" est quīcumque accūsātur crīminis quō laeditur Prīnceps
saevitia-ae, f: crūdēlitās, sevēritās
scaena-ae, f: pars theātrī ubī spectāculum praebētur
scapha-ae, f: parva nāvis quae nāvī majore vehitur
sōcordia-ae, f: stultitia
speculātōrius-a-um: ad explōrātōrēs pertinēns

stercus, stercoris, n: excrēmentum animālis; Anglicē, *manure*
subsequor, subsequī, subsecūtus sum: statim aut post sequor; īnsequor
suburbānum-ī, n: rūs suburbānum; ager proximus urbī
sumministrō-āre-āvī-ātus: praebeō, praestō
tābēscō, tābēscere, tābuī: liquor fīō; liquēscō; pereō
temere (adv, cum *-e* brevī): sine ratiōne, sine cōnsiliō; forte, cāsū, imprūdenter, stultē
togātus-a-um: togam gerēns
tragoedia-ae, f: fābula tragica
trājectus-ūs, m: iter
tormentum-ī, n: īnstrūmentum magnum quō saxum in hostīs ēmittitur

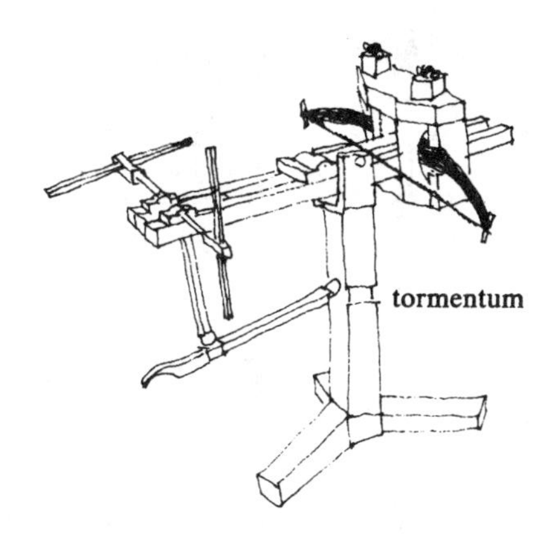

tranquillus-a-um: quiētus, placidus
trānsitōrius-a-um: viās habēns; pervius
tundō, tundere, tutudī, tūnsus: pulsō, verberō, icō
ultrā (praepositiō cāsum accūsātīvum regēns): trāns, praeter
ūsurpō-āre-āvī-ātus: occupō, meum faciō, ad mē capiō, extorqueō, vī obtineō vel occupō
vehiculum-ī, n: currus ad vehendum aptus
vespera-ae, f: initium noctis; vesper
virga-ae, f: parvus rāmus arboris vel fruticis
voluntārius-a-um: quī suā sponte agit
vorācitās, vorācitātis, f: cibī aviditās; ingluviēs

MAJOR DATES IN ROMAN HISTORY

Detailed time lines, corresponding to the Eutropius readings, can be found in Units 14 to 24.

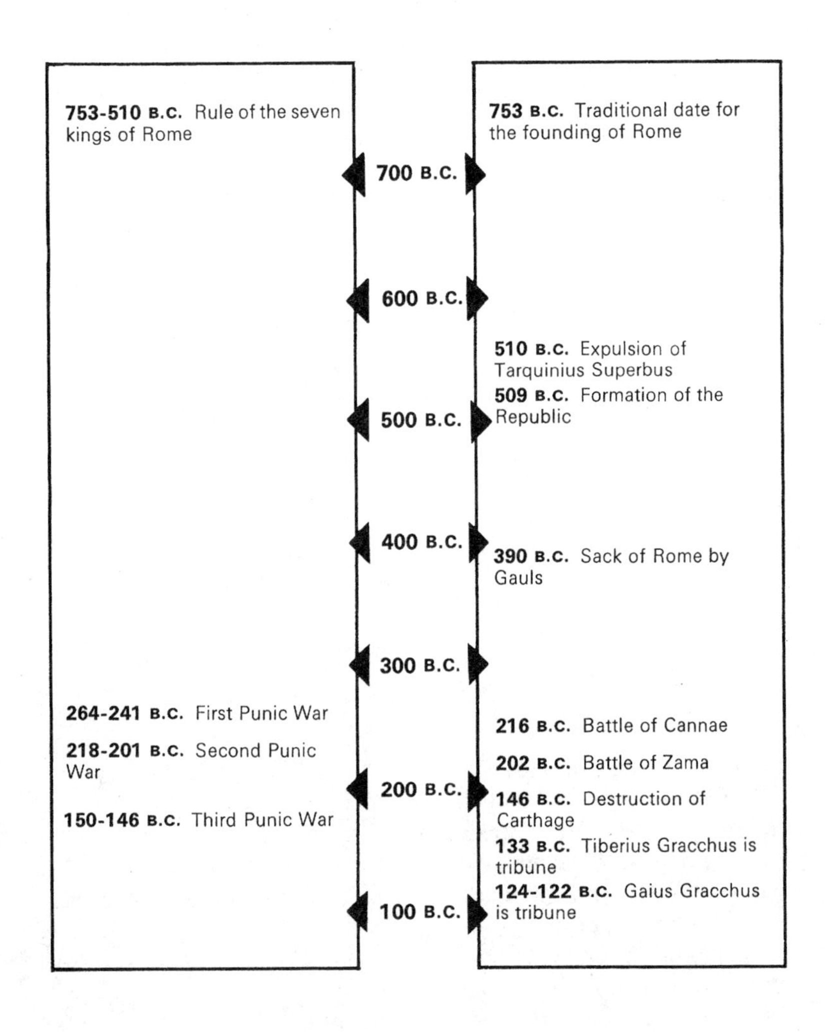

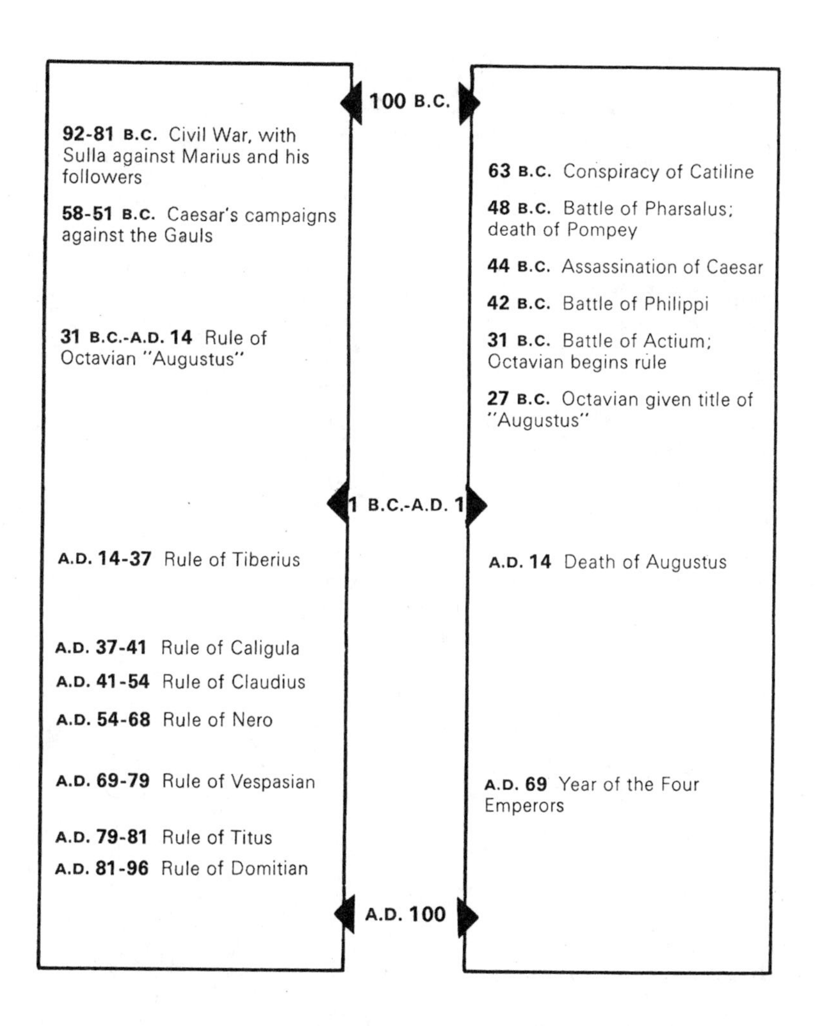
100 B.C.
92-81 B.C. Civil War, with Sulla against Marius and his followers
58-51 B.C. Caesar's campaigns against the Gauls
31 B.C.-A.D. 14 Rule of Octavian "Augustus"
63 B.C. Conspiracy of Catiline
48 B.C. Battle of Pharsalus; death of Pompey
44 B.C. Assassination of Caesar
42 B.C. Battle of Philippi
31 B.C. Battle of Actium; Octavian begins rule
27 B.C. Octavian given title of "Augustus"
1 B.C.-A.D. 1
A.D. 14-37 Rule of Tiberius
A.D. 37-41 Rule of Caligula
A.D. 41-54 Rule of Claudius
A.D. 54-68 Rule of Nero
A.D. 69-79 Rule of Vespasian
A.D. 79-81 Rule of Titus
A.D. 81-96 Rule of Domitian
A.D. 14 Death of Augustus
A.D. 69 Year of the Four Emperors
A.D. 100

VOCABULARY

The following list contains all words used in the programmed texts and readers of the ARTES LATINAE program, for both Level One and Level Two. Words occurring in the programmed texts are followed by the number of the Level and Unit in which they first appear.

We have usually omitted the fourth principal part of intransitive verbs, unless the supine or future active participle occurs in the program. Proper nouns pertaining to places, historical figures and families, gods, goddesses, and other mythological characters are listed separately in the section called *People and Places* immediately following the regular vocabulary.

Abbreviations used in this vocabulary are as follows:

abl	ablative	inf	infinitive
acc	accusative	interj	interjection
adj	adjective	interrog	interrogative
adv	adverb	irreg	irregular
comp	comparative	m	masculine
conj	conjunction	n	neuter
coord	coordinating	nom	nominative
dat	dative	perf	perfective
defect	defective	pl	plural
distrib	distributive	prep	preposition
f	feminine	sg	singular
gen	genitive	subj	subjunctive
indecl	indeclinable	subord	subordinating
indef	indefinite	super	superlative
indic	indicative	w	with

ā, ab (prep w abl): (away) from, by I, II
ab (noun substitutor): away from this place
abditus-a-um: secret
abdō, abdere, abdidī, abditus: hide II, 21
abdūcō, abdūcere, abdūxī, abductus: take away II, 21
abeō, abīre, abiī, abitūrus: go away I, 27
ablātīvus-a-um: ablative I, 22
aboleō, abolēre, abolēvī, abolitus: do away with, destroy, cancel out

abripiō, abripere, abripuī, abreptus: snatch away, drag off
abscondō, abscondere, abscondī, absconditus: conceal, hide away
absēns (adj, gen **absentis**): absent I, 19
absistō, absistere, abstitī: cease
absolvō, absolvere, absolvī, absolūtus: free, acquit I, 19
abstineō, abstinēre, abstinuī, abstentus: hold back, abstain from, refrain from II, 23
absum, abesse, āfuī, āfutūrus: be away, be absent, be missing II, 11
absūmō, absūmere, absūmpsī, absūmptus: consume
absurdus-a-um: foolish, ridiculous
abundantia-ae, f: abundance
abūtor, abūtī, abūsus sum: abuse
ac (coord conj): and; **idem ac,** same as I, 23; II, 12, 19
acadēmia-ae, f: school
accēdō, accēdere, accessī: approach, come near, come up (to someone); be added II, 23
accendō, accendere, accendī: light (a fire)
accidō, accidere, accidī: to happen (generally of misfortunes) I, 22
accipiō, accipere, accēpī, acceptus: take, receive, accept, hear, treat II, 4
accipiter, accipitris, m: hawk II, 7
accumbō, accumbere, accubuī: recline
accūsātīvus-a-um: accusative I, 22
accūsō-āre-āvī-ātus: accuse, find fault with II, 23
ācer, ācris, ācre: sharp, keen, fierce, vigorous, brave II, 24
acerbitās, acerbitātis, f: harshness, cruelty
acerbus-a-um: bitter I, 20
acervus-ī, m: heap
aciēs-ēī, f: battle line I, 10
Actaeus-a-um: pertaining to Attica; Athenian
āctiō, āctiōnis, f: action, doing I, 17
āctīvus-a-um: active
āctus-ūs, m: act
acūtus-a-um: sharp
ad (as qualifier w numbers): approximately
ad (prep w acc): to, towards, for, at, near, about
addecet, addecēre (impersonal verb used in 3d sg only): it is fitting

addō, addere, addidī, additus: add, join
addūcō, addūcere, addūxī, adductus: bring to lead; (with **ut** and subj) influence II, 19
adeō (noun substitutor): so much so, to this extent, in this way, thus, so II, 8
adeō, adīre, adiī, aditūrus: go to, approach, come II,8
adhaereō, adhaerēre, adhaesī, adhaesus: stick to, run around
adhibeō, adhibēre, adhibuī, adhibitus: apply (to) II, 23
adhūc (noun substitutor): up to now, up to this time, still, up to here II, 13
adigō, adigere, adēgī, adāctus: drive; hurl, throw (a weapon)
adimō, adimere, adēmī, adēmptus: take away
adipīscor, adipīscī, adeptus sum: obtain
aditus-ūs, m: approach, right of entrance, entrance to
adjectīvum-ī, n: adjective I, 25
adjiciō, adjicere, adjēcī, adjectus: add
adjungō, adjungere, adjūnxī, adjūnctus: join to, add
adjūtor, adjūtōris, m: helper
adjuvō, adjuvāre, adjūvī, adjūtus: help, assist, support I, 15
administrō-āre-āvī-ātus: manage, administer, do
admīror-ārī-ātus sum: admire, be astonished at, wonder at II, 22
admittō, admittere, admīsī, admissus: admit, give an audience, place against, let loose, allow II, 23
admoneō, admonēre, admonuī, admonitus: warn, advise, urge II, 15
ādoptiō, adoptiōnis, f: adoption
adoptō-āre-āvī-ātus: adopt
adorior, adorīrī, adortus sum: attack II, 22
adōrō-āre-āvī-ātus: adore, worship II, 1
adserō, adserere, adseruī, adsertus: claim, demand
adsertor, adsertōris, m: liberator, protector
adstō, adstāre, adstitī (w dat): stand near
adsum, adesse, adfuī: be present, be near II, 23
adulēscēns (adj, gen **adulēscentis**): young; as noun, young man II, 1
adulēscentia-ae, f: youth II, 18
aduncus-a-um: curved
adveniō, advenīre, advēnī: come to
adventus-ūs, m: arrival II, 20
adverbium-ī, n: adverb II, 14

adversus-a-um: opposed; as n noun, misfortune
adversus, adversum (prep w acc): opposite, against, adverse, unfortunate, difficult II, 3
advertō, advertere, advertī, adversus: turn toward; **animum advertere,** direct one's attention to, notice II, 24
advolō-āre-āvī-ātus: fly at, attack II, 8
aedēs, aedis, f: (sg) temple; (pl) building
aedificium-ī, n: building I, 29
aedificō-āre-āvī-ātus: build I, 27
aedīlīcius-ī, m: one who has been aedile
aedīlis, aedīlis, m: aedile (public official at Rome who had charge of the streets, traffic, markets, and public games)
aeger, aegra, aegrum: sick I, 6
aegrē (adv): with vexation, with difficulty
aegrē (qualifier): hardly, scarcely
aegrōtō-āre-āvī: be sick II, 10
aegrōtus-a-um: sick, ill
aēneus-a-um: bronze
aenigma, aenigmatis, n: riddle
aequālis-e: level, even, equal II, 13
Aequī-ōrum, m: a people of central Italy
aequinoctium-ī, n: the equinox
aequitās, aequitātis, f: justice
aequō-āre-āvī-ātus: make level; (w dat) make equal to; equalize II, 24
aequor, aequoris, n: flat level surface of a plain; sea
aequus-a-um: just, equal, fair, impartial, calm; **aequō animō,** with resignation, with calm II, 4
āēr, āeris, m: air
aes, aeris, n: copper, bronze, money II, 5
aestās, aestātis, f: summer
aestimō-āre-āvī-ātus: esteem, value, judge
aestīvus-a-um: relating to summer
aestus-ūs, m: seething, tide
aetās, aetātis, f: age II, 14
aeternitās, aeternitātis, f: eternity
aeternus-a-um: eternal
aethēr, aetheris, m (Greek form in acc, **aethera**): air
Aetōlī-ōrum, m: the Aetolians
aevum-ī, n: life, old age
Āfer, Āfra, Āfrum: Carthaginian

affectō-āre-āvī-ātus: aim at, aspire to
afferō, afferre, attulī, adlātus: carry to, bring to
afficiō, afficere, affēcī, affectus: affect, treat with, punish, do something to somebody, harm II, 2
affīgō, affīgere, affīxī, affīxus: fasten to, affix, put
affīnitās, affīnitātis, f: connection by marriage II, 23
afflīctō-āre-āvī-ātus: harass
afflīctus-a-um: afflicted
afflīgō, afflīgere, afflīxī, afflīctus: injure, kill, damage, conquer, overcome II, 16
affor-ārī-ātus sum: address, talk to
ager, agrī, m: land, field, country (as opposed to town) I, 27
aggredior, aggredī, aggressus sum: attack, venture to attack II, 21
aggregō-āre-āvī-ātus: attach
agitātiō, agitātiōnis, f: movement, agitation
agitō-āre-āvī-ātus: put in, drive, toss, agitate
agmen, agminis, n: marching column (of men or animals) II, 23
agnōscō, agnōscere, agnōvī, agnitus: recognize II, 16
agnus-ī, m: lamb I, 8
agō, agere, ēgī, āctus: drive, do, set in motion, act, conduct oneself; **agere causam,** plead a case; **agere grātiās,** give thanks; **agere triumphum,** celebrate a triumph; **quārtum annum agō et octōgēsimum,** I am in my eighty-fourth year I, 12, 20; II, 5
agrestis-e: rustic; as noun, farmer
agricola-ae, m: farmer
agrīcultūra-ae, f: agriculture
ajō (defect and irreg verb; only **ajō, ais, ait,** and **ajunt** in common use): say II, 7
āla-ae, f: wing
alacritās, alacritātis, f: quickness, eagerness
Albānī-ōrum, m: the Albans, inhabitants of Alba Longa, a city in Latium that was the birthplace of Romulus and Remus
albus-a-um: white
ālea-ae, f: gambling; one of a pair of dice
āles (adj, gen **ālitis**): winged; as f noun, bird II, 12
aliēnus-a-um: belonging to another; of another; belonging to someone else; unfavorable; as n noun, another man's property II, 7
aliquandō (noun substitutor): at some time, sometimes

aliquantus-a-um: of some size, not small; as n noun, some, a good deal; **post aliquantum,** after some time
aliquī, aliquae (or **aliqua**), **aliquod** (indef adj): some, any II, 22
aliquis, aliquid (indef pronoun): someone, something, anyone, anything II, 18
aliquot (indecl adj): some, several
aliter (adv): otherwise II, 4
alius-a-ud (adj and pronoun): another, other, different, else; **aliī . . . aliī,** some . . . others; **aliud . . . aliud,** one thing . . . another II, 4
alligō-āre-āvī-ātus: tie to, bandage, tie up II, 14
alloquor, alloquī, allocūtus sum: address
almus-a-um: nourishing, fostering, kind
alō, alere, aluī, altus: support, feed II, 23
altāria, altārium, n (pl only): altar
alter, altera, alterum: one of two; the other; **alter . . . alter,** (the) one . . . (the) other; as numeral, another, a second I, 30
altercor-ārī-ātus sum: dispute
alternus-a-um: alternating
altitūdō, altitūdinis, f: height; depth II, 21
altus-a-um: high, lofty; deep; tall (w comp) as n noun, the deep (sea) I, 26
alveus-ī, m: channel of a river
amābilis-e: lovable, loving, beloved
amātor, amātōris, m: lover
ambitiō, ambitiōnis, f: ambition
ambō, ambae, ambō (irreg): both II, 14
ambulātiō, ambulātiōnis, f: walk
ambulātor, ambulātōris, m: one who walks, lounger, peddler II, 10
ambulō-āre-āvī-ātus: walk
amīcitia-ae, f: friendship, treaty of friendship I, 17
amictus-ūs, m: clothing
amīcus-a-um: friendly: as noun, friend I, 11
āmissiō, āmissiōnis, f: loss
āmittō, āmittere, āmīsī, āmissus: lose I, 18
amnis, amnis, m: stream, river
amō-āre-āvī-ātus: love, like; **amābō,** I'll love you if you'll do it, please I, 17
amoenitās, amoenitātis, f: pleasantness, loveliness
amor, amōris, m: love, love affair; Amor, Cupid I, 17, 24

amphitheātrum-ī, n: amphitheater
amphora-ae, f: jug with two handles II, 13
amplector, amplectī, amplexus sum: embrace, esteem II, 15
ampliō-āre-āvī-ātus: enlarge, increase
amplus-a-um: large, full II, 24
an (interrogator and interrog coord conj): used with **utrum** to ask a double question, as in **Utrum bonus an malus est?** "Is he good or bad?"; used alone to ask a question with the alternative implied, as in **An bonus est?** "Is he good (or not)?" I, 8
anceps (adj, gen **ancipitis**): two-headed, uncertain, doubtful II, 24
ancilla-ae, f: female slave
ancora-ae, f: anchor
angelus-ī, m: angel
Anglicus-a-um: English II, 11
anguis-is, m&f: snake
angulus-ī, m: corner I, 10
angustiae-ārum, f: narrow pass, limitation II, 21
angustus-a-um: narrow, confined, steep, scarce, small, critical II, 18
anima-ae, f: spirit, soul, heart, breath of life; breeze II, 5, 13
animadvertō, animadvertere, animadvertī, animadversus: notice, punish II, 23
animal, animālis, n: animal I, 13
animus-ī, m: attitude, feeling, courage, confidence, spirit; **ūnō animō,** unanimously I, 16
anniculus-a-um: one year old
annus-ī, m: year II, 2
annuus-a-um: lasting for a year, annual II, 23
ānser, ānseris, m: goose
ante (prep w acc): before, in front of
ante (noun substitutor): before this, formerly
anteā (noun substitutor): before this, formerly II, 23
antehāc (noun substitutor): before this, formerly II, 13
Antemnātēs-ium, m: the inhabitants of Antemnae, Antemnatians
antenna-ae, f: sail-yard, spar
antepōnō, antepōnere, anteposuī, antepositus: put before, prefer
anterior, anterius (comp form only): (in the) front
antīquus-a-um: old, ancient
ānulus-ī, m: finger ring

anus-ūs, f: old lady I, 5
anxius-a-um: anxious
aper, aprī, m: wild boar I, 5
aperiō, aperīre, aperuī, apertus: uncover, lay bare, disclose, open I, 4, 18
apertūra-ae, f: opening I, 18
apertus-a-um: unclosed, accessible
apex, apicis, m: top
apis, apis, f: bee
apparātus-ūs, m: provision, equipment, furnishings
appāreō, appārēre, appāruī: appear
apparō-āre-āvī-ātus: prepare II, 17
appellō-āre-āvī-ātus: name, call, address; call into court, sue II, 17
appetō, appetere, appetīvī, appetītus: desire, drive (like **petō,** but stronger); attack II, 7
appōnō, appōnere, apposuī, appositus: place near, put to, put (food) before
appropinquō-āre-āvī-ātus: approach, draw near
Aprīlis-e: belonging to April, of April; as m noun, month of April II, 20
aptō-āre-āvī-ātus (w acc & dat): fit to
aptus-a-um: fitted to, suitable, appropriate
apud (prep w acc): at, near, by, with, among II, 18
Āpūlia-ae, f: a district of southern Italy
aqua-ae, f: water; aqueduct I, 13
aquaeductus-ūs, m: aqueduct
aquila-ae, f: eagle, an eagle as the standard of each Roman legion I, 5
Aquilō, Aquilōnis, m: the North Wind I, 28
aquōsus-a-um: watery
āra-ae, f: altar
arānea-ae, f: spider, web
arātrum-ī, n: plow
arbitrium-ī, n: judgment, command, recommendation
arbitror-ārī-ātus sum: judge, think II, 18
arbor, arboris, f: tree, mast II, 9
arca-ae, f: box
arceō, arcērī, arcuī: prevent
arcessō, arcessere, arcessīvī, arcessītus: summon, send for
arcus-ūs, m: bow, rainbow I, 10

ardaliō, ardaliōnis, m: busybody, jack of all trades II, 6
ardeō, ardēre, arsī: be on fire, burn with love II, 2
arduus-a-um: steep, lofty
argenteus-a-um: of silver
argentum-ī, n: silver II, 9
argūmentum-ī, n: argument, reasoning II, 8
arguō, arguere, arguī, argūtus: prove, show, criticize, accuse, blame, try to prove, argue, complain of II, 13
argūtus-a-um: clever, cunning, acute, sharp
āridus-a-um: dry, dried up; as n noun, dry ground II, 13
arma-ōrum, n (pl only): arms, war II, 19
armāmenta-ōrum, n (pl only): equipment (of a ship)
armātus-a-um: armed; as m noun, armed man
Armeniacus-a-um: Armenian
Armenius-a-um: Armenian
armō-āre-āvī-ātus: provide with arms
arō-āre-āvī-ātus: plow
ars, artis, f: skill, art, medicine, education, artifice I, 17, 21, 28
Artēs, Artium, f: the Arts
Arvernī-ōrum, m: people of south-central Gaul, the modern Auvergne
arvum-ī, n: field, region
arx, arcis, f: citadel, high fortified stronghold
ascendō, ascendere, ascendī: mount, climb, get on board (ship) II, 23
ascēnsus-ūs, m: climbing up, ascent II, 23
ascīscō, ascīscere, ascīvī, ascītus: receive II, 20
āscrībō, āscrībere, āscrīpsī, āscrīptus (ad + scrībō): assign to, attribute II, 7
asellus-ī, m: donkey II, 16
asinus-ī, m: donkey I, 5
aspectus-ūs, m: act of seeing, sight; look, appearance I, 18, 24
asper, aspera, asperum: rough, harsh, grating, difficult
aspiciō, aspicere, aspexī, aspectus: see, look, regard I, 15
aspis, aspidis, f: adder, asp
assurgō, assurgere, assurrēxī: stand up, rise; (w dat) rise in the presence of
astrologus-ī, m: astronomer, astrologer II, 6
astrum-ī, n: star, constellation II, 9
at (sentence connector): but I, 29
āter, ātra, ātrum: black, dark, gloomy

atheismus-ī, m: atheism
Athēniēnsis-e: Athenian
atomus-ī, f: atom
atque (variant of **ac;** coord conj): and, and also, as I, 23
Atrebās, Atrebatis, m: Atrebatian (member of a Gallic tribe)
ātrium-ī, n: main room in Roman house, with opening in the roof, which served many of the functions of the modern living room
atrōx (adj, gen **atrōcis**): cruel, horrible
Atticus-a-um: Athenian
attingō, attingere, attigī, attāctus: touch, attack II, 17
attribuō, attribuere, attribuī, attribūtus: assign to, give to
auctor, auctōris, m: author; **novus auctor,** innovator I, 12
auctōritās, auctōritātis, f: authority, prestige II, 19
audācia-ae, f: boldness, courage, bravery, rashness II, 23
audāx (adj, gen **audācis**): bold, brave, boldly II, 23
audeō, audēre, ausus sum (semi-deponent): dare II, 3
audiō-īre-īvī-ītus: hear, listen to I, 18
auferō, auferre, abstulī, ablātus (ab + ferō): take away, remove, steal II, 7
augeō, augēre, auxī, auctus: make larger, increase II, 23
augurium-ī, n: interpretation of omens, prophecy, interpretation
aula-ae, f: palace, court
aura-ae, f: air, breeze II, 16
aureus-a-um: made of gold
auricula-ae, f: ear
aurifex, aurificis, m: goldsmith
aurīga-ae, m: charioteer
auris, auris, f: ear I, 6
aurītulus-ī, m: having ears; as m noun, donkey II, 16
aurōra-ae, f: dawn; Aurora, goddess of morning
aurum-ī, n: gold II, 9
auspicium-ī, n: divination by means of birds; auspices
aut (coord conj): or; **aut . . . aut,** either . . . or I, 26
autem (sentence connector): but, however, moreover, now II, 18
autumnus-ī, m: autumn, fall
autumnus-a-um: autumnal
auxilior-ārī-ātus sum: help, assist, support
auxilium-ī, n: help, aid, assistance; means; auxiliary troops I, 12; II, 24

avāritia-ae, f: avarice, greed I, 8
avārus-a-um: greedy; as m noun, greedy person I, 17
āvertō, āvertere, āvertī, āversus: turn away II, 23
aviditās, aviditātis, f: longing for, greed II, 8
avidus-a-um: greedy II, 8
avis, avis, f: bird, bird of omen II, 7
avunculus-ī, m: mother's brother; uncle
avus-ī, m: grandfather II, 21

baculum-ī, n and **baculus-ī,** m: cane, staff
balneum-ī, n: bath
barba-ae, f: beard I, 24
barbaricum-ī, n: foreign land
barbarus-a-um: foreign; as noun, foreigner, barbarian
barbātus-a-um: bearded II, 12
beātus-a-um: happy I, 25
Belgae-ārum, m: Belgians; Belgium, one of the three divisions of Gaul II, 17
bellicōsus-a-um: warlike II, 21
bellō-āre-āvī: make war II, 18
bellum-ī, n: war II, 4
bellus-a-um: pretty, handsome, charming, clever I, 19
bene (adv): well, honorably, well done! I, 18, 19
bene (qualifier): very
benefaciō, benefacere, benefēcī, benefactus: do good
beneficium-ī, n: kindness, benefit, favor I, 20
benevolentia-ae, f: goodwill, kindness
benīgnitās, benīgnitātis, f: kindness II, 14
benīgnus-a-um: kind, friendly
bēstia-ae, f: wild animal, beast II, 9
bibliopōla-ae, m: bookseller II, 5
bibliothēca-ae, f: library
bibō, bibere, bibī, bibitus: drink I, 13
biduum-ī, n: period of two days II, 24
biennium-ī, n: period of two years II, 19
bilinguis-e: speaking with two tongues, speaking two languages, deceitful II, 14
bīnī-ae-a (distrib numeral): two, two each
bipertītō (defect noun, abl only): in two parts II, 24
bis (irreg adv): twice I, 20
blaesus-a-um: lisping

blanditia-ae, f: enticement, charm, sweet ways
blandus-a-um: flattering, smooth, pleasant, gentle, charming, sweet I, 13, 14
blattīnus-a-um: purple
bōlētus-ī, m: mushroom
bonitās, bonitātis, f: goodness, excellence, high quality, a benefit II, 12
bonus-a-um: good, virtuous, honest; as n noun, good fortune, property I, 12, 17
Boōtēs-ae, m (nom is a Greek form): constellation near the Big Dipper
bōs, bovis (irreg noun) m&f: ox, bull, cow II, 9
bovīle, bovīlis, n: ox stall
bracchium-ī, n: arm II, 24
breviārium-ī, n: short summary, epitome
brevis-e: short, small, narrow, shallow; as n abl noun, **brevī,** for a short time I, 17
brevitās, brevitātis, f: brevity, conciseness
Britannicus-a-um: British
Britannus-a-um: British
brūma-ae, f: shortest day of the year; winter II, 6
Brundisīnus-a-um: pertaining to Brundisium
Brutiī-ōrum, m: the inhabitants of the "toe" of Italy, which was in Roman times and still is today one of the poorest sections of Italy
būbō, būbōnis, m: owl
bubulcus-ī, m: ox herd, stable hand
būcina-ae, f: horn
bustum-ī, n: funeral, grave

C: abbreviation for **centum** (100)
cacō-āre-āvī: defecate
cacūmen, cacūminis, n: top, summit
cadō, cadere, cecidī: fall, fall down, drop; set (of stars and planets) II, 3
cādūceus-ī, m: scepter of Mercury
caecus-a-um: blind, hidden, dark; as m noun, blind person I, 25
caedēs, caedis, f: fighting, killing, cutting II, 8
caedō, caedere, cecīdī, caesus: cut, cut down, beat, kill
caelebs (adj, gen **caelibis**): unmarried (whether bachelor or widower) II, 10

caeles (adj, gen **caelitis**): heavenly
caelestis-e: heavenly; as pl noun, the gods
caelum-ī, n: heaven, sky I, 24, 26
caepa-ae, f: onion
caerulus-a-um: dark blue
caespes, caespitis, m: sod, turf
calamitās, calamitātis, f: misfortune, calamity, disaster II, 21
calidus-a-um: warm, hot, fiery
calix, calicis, m: cup
calliditās, calliditātis, f: shrewdness
callidus-a-um: clever, skillful, experienced, shrewd II, 12
calor, calōris, m: heat
calva-ae, f: scalp
calvus-a-um: bald II, 14
calx, calcis, f: the heel (of a man or an animal) II, 15
campus-ī, m: field, plain II, 15
candidātus-ī, m: a candidate (for office)
candidus-a-um: shining white, clear
canis, canis, m&f: dog I, 5
canō, canere, cecinī, cantus: sing
canticum-ī, n: song
cantō-āre-āvī-ātus: sing I, 20, 29
cantus-ūs, m: song, melody
cānus-a-um: white (especially of hair) II, 14
capella-ae, f: small she-goat, kid II, 11
caper, caprī, m: goat II, 11
capillātus-a-um: hairy
capillus-ī, m: hair I, 7
capiō, capere, cēpī, captus: capture, arrive at, make (a plan), receive I, 4, 14
Cappadox (adj, gen **Cappadocis**): belonging to Cappadocia
captō-āre-āvī-ātus: hunt, try to catch (animals or fortune) II, 6
captor, captōris, m: one who catches I, 18
caput, capitis, n: head, person, life; capital city; chapter II, 14, 17, 24
carcer, carceris, m: prison
careō, carēre, caruī (w abl): lack, want, need
carīna-ae, f: keel of a ship
cāritās, cāritātis, f: affection, love II, 15
carmen, carminis, n: song, poetry, poem I, 29
carō, carnis, f: meat, flesh II, 8

carpō, carpere, carpsī, carptus: pluck, pluck off, pick, graze, steal; proceed (on a journey), hug (the shore); criticize, take lightly, sneer at II, 15, 16
carrus-ī, m: cart II, 19
Carthāginiēnsis-e: pertaining to Carthage
cārus-a-um: dear, beloved, expensive II, 10
casa-ae, f: cottage
cāseus-ī, m: cheese II, 12
Cassiānus-a-um: pertaining to Cassius
castanea-ae, f: chestnut tree II, 9
castellum-ī, n: fort II, 21
cāstitās, cāstitātis, f: chastity
castra-ōrum, n (pl only): camp, military service II, 21
castus-a-um: chaste, faithful, loyal, virtuous II, 9
cāsus-ūs, m: case; accident, misfortune; eventuality I, 22; II, 8, 21
cataclysmus-ī, m: deluge, flood
catellus-ī, m: puppy
catēna-ae, f: chain, collar
caterva-ae, f: crowd
cathedra-ae, f: chair II, 15
Catinēnsis-e: pertaining to Catina, a Sicilian town
catulus-ī, m: young of animals, puppy II, 14
cauda-ae, f: tail
causa-ae, f: cause, reason, lawsuit; in abl, for the sake of; **causam agere,** plead a case I, 22; II, 5
causidicus-ī, m: lawyer
cautiō, cautiōnis, f: caution, foresight, precaution
cautus-a-um: cautious, careful I, 6
cavea-ae, f: cage II, 11
caveō, cavēre, cāvī, cautus: be on one's guard, beware, take care of, provide; **mihī caveō,** I watch out for myself II, 7
caverna-ae, f: hole, cavern, cave II, 14
cavō-āre-āvī-ātus: carve out, hollow
cavus-a-um: hollow; as n noun, hollow, hole II, 14
cēdō, cēdere, cessī: submit, yield, give ground, turn out, pass (of time), pass into II, 2, 4
celeber, celebris, celebre: crowded, frequented in great numbers; celebrated, famous II, 13
celer, celeris, celere: swift, quick I, 20
celeritās, celeritātis, f: swiftness

celerō-āre-āvī-ātus: hasten
cēlō-āre-āvī-ātus: hide, conceal II, 14
celsus-a-um: high, lofty II, 8
cēna-ae, f: banquet, dinner II, 16
cēnō-āre-āvī: dine I, 19
cēnseō, cēnsēre, cēnsuī, cēnsus: express an opinion, advise II, 5
cēnsor, cēnsōris, m: censor (a Roman magistrate who could remove people from their rank for misconduct); severe judge, rigid moralist II, 7
cēnsus-ūs, m: census, registration of citizens II, 24
centaurus-ī, m: mythical animal, half man and half horse, sometimes represented with the front legs of a human, more often with the forelegs of a horse
centēnī-ae-a (distrib numeral): by hundreds
centum (indecl adj): hundred I, 28
centuriō, centuriōnis, m: leader of 100 men in Roman army
cerebrum-ī, n: brain II, 7
cernō, cernere, crēvī, crētus: see, discover I, 11
certāmen, certāminis, n: contest, fight, combat I, 27
certātim (adv): eagerly
certō-āre-āvī-ātus: fight, contend, contest I, 27
certus-a-um: decided, certain, fixed, sure: **certiōrem aliquem facere,** inform someone I, 11, 16, 26; II, 20
cervīx, cervīcis, f: neck II, 8
cervus-ī, m: stag, male deer II, 12
cessātiō, cessātiōnis, f: delaying, cessation
cessō-āre-āvī-ātus: leave off, cease, stop, rest II, 7
cēterī-ae-a: all the other, everyone (or everything) else
cibāria-ōrum, n (pl only): food II, 20
cibus-ī, m: food II, 8
cicāda-ae, f: grasshopper
Cimbrī-ōrum, m: numerous and warlike tribe of Germany, which invaded Gaul and was defeated by Marius in 101 B.C.
Cimbricus-a-um: pertaining to the Cimbri, a Germanic tribe
cingō, cingere, cinxī, cinctus: surround, belt up, fasten
cinis, cineris, m: ember, ashes, grave
circā (prep w acc): around, near, with, about, to
circiter (qualifier): about (of time) II, 23
circueō, circuīre, circuī: go around I, 30
circuitus-ūs, m: circuit, circumference II, 23
circulus-ī, m: circle, circuit

circum (prep w acc): around
circum (noun substitutor): round about II, 21
circumdō, circumdare, circumdedī, circumdatus: surround (with acc of the thing placed, and dat of the thing around which it is placed)
circumdūcō, circumdūcere, circumdūxī, circumductus: lead around
circumsistō, circumsistere, circumstetī: surround
circumspiciō, circumspicere, circumspexī, circumspectus: look around
circumveniō, circumvenīre, circumvēnī, circumventus: surround II, 24
circus-ī, m: circle, circus II, 12
citerior, citerius: nearer (applied to the section of Gaul on the Italian side of the Alps)
citharoedicus-a-um: pertaining to a person who plays a lyre
citharoedus-ī, m: one who plays the cithara, accompanying it with the voice
citō-āre-āvī-ātus: arouse
citrā (prep w acc): this side of II, 21
citus-a-um: quick; n abl sg, **citō,** quickly I, 29, 30
Cīus-a-um: pertaining to the island of Ceos (one of the Cyclades), birthplace of Simonides
cīvīlis-e: belonging to a citizen, civic, civil, courteous II, 17
cīvīlitās, cīvīlitātis, f: politeness, civility
cīvis, cīvis, m&f: citizen
cīvitās, cīvitātis, f: citizenship, state, city II, 18
clādēs, clādis, f: loss, disaster
clam (noun substitutor): secretly
clāmitō-āre-āvī: cry or shout repeatedly II, 7
clāmō-āre-āvī: shout, declare
clāmor, clāmōris, m: clamor, shouting II, 13
clārus-a-um: clear (of sound or of sight); renowned, famous, well-known, distinguished II, 8
classis, classis, f: fleet
claudō, claudere, clausī, clausus: enclose, shut in, shut up II, 12
claudus-a-um: crippled
clāvis, clāvis, f: key
clāvus-ī, m: nail
clepsydra-ae, f: a water clock, especially as used to measure the time allotted to orators

clībanārius-ī, m: soldier clad in chain mail

cliēns, clientis, m: client, retainer; a man dependent upon a superior (called his "patron") to whom he in turn gave support. In the early history of Rome this relationship, even closer than that of the family, was an essential part of the Roman social fabric. But in later times it was merely a relationship between the powerful citizens and those who were socially inferior. It was a symbol of status to have many clients, for whom the patron would in turn perform certain services, including gifts of money or meals. Even prominent citizens like Martial were not ashamed to be the clients of more powerful men. II, 5

clītellae-ārum, f: saddle bags

cloāca-ae, f: sewer

cochlea-ae, f: snail

coëmō, coëmere, coēmī, coēmptus: buy II, 19

coepī, coeptus: have begun, began II, 12

coërceō, coërcēre, coërcuī, coërcītus: compel, force, control, restrain, correct II, 23

coërcitor, coërcitōris, m: enforcer

cōgitō-āre-āvī-ātus: think, consider I, 19

cognōmen, cognōminis, n: third of a Roman's names, like **Cicerō** in **Mārcus Tullius Cicerō** II, 21

cognōmentum-ī, n: cognomen, third name

cognōscō, cognōscere, cognōvī, cognitus: know the meaning, understand, ascertain, recognize; in the perf tenses, know I, 8

cōgō, cōgere, coēgī, coāctus: drive, force, impel, squeeze, bring together II, 7

cohibeō, cohibēre, cohibuī, cohibitus: hold back, control, repress

cohors, cohortis, f: a division of the Roman army, the tenth part of a legion; a cohort

cohortor-ārī-ātus sum: encourage, exhort II, 24

collēga-ae, m: colleague, partner in office

collīdō, collīdere, collīsī, collīsus: crush

colligō, colligere, collēgī, collēctus: bring together, collect, bind together II, 24

collis, collis, m: hill II, 23

collocō-āre-āvī-ātus: place; arrange a marriage II, 23

colloquium-ī, n: conversation, conference

colloquor, colloquī, collocūtus sum: talk with II, 8

collum-ī, n: neck

colluō, colluere, colluī, collūtus: wash
colō, colere, coluī, cultus: cultivate, till, inhabit, take care of, attend to, kindle (a fire), pay respect to, honor, worship, court I, 14, 21
colōnia-ae, f: colony
colōnus-ī, m: farmer, particularly one who farms someone else's property, like our tenant farmers II, 10
color, colōris, m: color I, 30
colōrō-āre-āvī-ātus: color
columba-ae, f: dove
coma-ae, f: hair (of the head) II, 10
combibō, combibere, combibī: drink in
combūrō, combūrere, combussī, combustus: set fire to II, 20
comedō, comedere and **comēsse, comēdī, comēsus:** eat up II, 12
comes, comitis, m&f: companion II, 8
comitō-āre-āvī-ātus: accompany, go along with
comitor-arī-ātus sum: accompany, follow
commeātus-ūs, m: communications, provisions
commeminī, commeminisse: remember
commemorō-āre-āvī-ātus: relate II, 22
commendō-āre-āvī-ātus: command, praise, entrust, commit, present
commeō-āre-āvī: go back and forth II, 17
commīlitō, commīlitōnis, m: fellow-soldier
committō, committere, commīsī, commissus: do, entrust; **committere proelium,** to begin battle II, 22
commodus-a-um: fit, appropriate, convenient, comfortable, well, healthy II, 24
commonefaciō, commonefacere, commonefēcī, commonefactus: warn II, 23
commoror-ārī-ātus sum: linger
commoveō, commovēre, commōvī, commōtus: throw into confusion, alarm; produce, cause, start up II, 22
commūniō-īre-īvī-ītus: fortify on all sides II, 21
commūnis-e: held in common, common; **commūnis sēnsus,** common sense II, 7
commūtātiō, commūtātiōnis, f: change II, 22
commūtō-āre-āvī-ātus: change II, 24
cōmō, cōmere, cōmpsī, cōmptus: arrange, adorn
compāreō, compārēre, compāruī: appear
comparō-āre-āvī-ātus: prepare, provide

comparō-āre-āvī-ātus: compare I, 21
compellō, compellere, compulī, compulsus: force, drive, urge, compel II, 11
comperiō, comperīre, comperī, compertus: find out, discover, learn II, 23
compescō, compescere, compescuī: hold in, restrain, repress
complector, complectī, complexus sum: embrace, unite in oneself or itself
compleō, complēre, complēvī, complētus: fill up, fulfill, complete
complētus-a-um: perfect, complete
complexus-ūs: embrace
complūrēs, complūria (pl only): many, several II, 21
compōnō, compōnere, composuī, compositus: lay; compose, write; arrange, settle; calm, pacify II, 6
comportō-āre-āvī-ātus: bring together, collect II, 23
comprehendō, comprehendere, comprehendī, comprehēnsus: grasp, seize
comprimō, comprimere, compressī, compressus: check, hold back, restrain, shut (the mouth)
concēdō, concēdere, concessī: retire, yield, grant, give up; **concēdere vītā,** die II, 20
concha-ae, f: conch shell, mussel, the shell-fish which yielded the purple dye; trumpet, the horn of Triton
concidō, concidere, concidī: fall (down), perish
concīdō, concīdere, concīdī, concīsus: slaughter II, 21
conciliō-āre-āvī-ātus: win over II, 19
concilium-ī, n: assembly, meeting, council II, 23
concinnō-āre-āvī-ātus: set in order, prepare, produce II, 14
concipiō, concipere, concēpī, conceptus: take, catch, receive, attract; **concipere sitim,** become thirsty
concitātor, concitātōris, m: originator
concitātus-a-um: rapid
concitō-āre-āvī-ātus: move quickly, excite, incite, produce
concordō-āre-āvī-ātus: agree, be in harmony
concors (adj, gen **concordis**): of one mind, agreeing, in harmony
concubīna-ae, f: concubine
concupīscō, concupīscere, concupīvī, concupītus: covet, desire eagerly
concursus-ūs, m: rush, a running together II, 21
condiciō, condiciōnis, f: condition, terms, situation II, 24
condiō-īre-īvī-ītus: pickle, preserve, season

condō, condere, condidī, conditus: put something in place permanently or for a long time; to found (a city), store (wine), close (one's eyes in death), bury (someone in the ground) II, 9
condōnō-āre-āvī-ātus (w acc of thing and dat of the person): forgive I, 23
cōnferō, cōnferre, contulī, collātus: bring together, contribute, transfer; **mē cōnferō,** take myself II, 23
cōnfertus-a-um: jammed together, closely packed II, 24
cōnfestim (adv): immediately, without delay
cōnficiō, cōnficere, cōnfēcī, cōnfectus: finish, accomplish; destroy, overcome, wear out II, 19
cōnfīdentia-ae, f: confidence
cōnfīdō, confīdere, confīsus sum (semi-deponent; w dat): have confidence, believe II, 24
cōnfīgō, cōnfīgere, cōnfīxī, cōnfīxus: pierce
cōnfirmātiō, cōnfirmātiōnis, f: confirmation, verification; in the programmed text, "visual check"
cōnfirmō-āre-āvī-ātus: strengthen, establish, affirm, assert, swear II, 19
cōnflīgō, cōnflīgere, cōnflīxī: contend, fight
cōnfluō, cōnfluere, cōnflūxī: flock together
cōnfodiō, cōnfodere, cōnfōdī, cōnfossus: stab, strike hard II, 15
cōnfugiō, cōnfugere, cōnfūgī: fly to, take refuge (with)
cōnfundō, cōnfundere, cōnfūdī, cōnfūsus: mingle, mix, confuse
cōnfūsiō, cōnfūsiōnis, f: confusion, disorder
congerō, congerere, congessī, congestus: bring together, heap upon
congregātiō, congregātiōnis, f: assembly
congregō-āre-āvī-ātus: bring together
conjectūra-ae, f: guess
conjiciō, conjicere, conjēcī, conjectus: throw with force II, 24
conjugium-ī, n: marriage
conjūnctiō, conjūnctiōnis, f: conjunction I, 28
conjungō, conjungere, conjūnxī, conjūnctus: join together, join by alliance
conjūnx, conjugis, m&f: spouse, husband, or wife
conjūrātī-ōrum, m: conspirators
conjūrātiō, conjūrātiōnis, f: conspiracy, plot II, 18
conjūrō-āre-āvī-ātus: conspire
cōnor-ārī-ātus sum: try, attempt II, 19

conquīrō, conquīrere, conquīsīvī, conquīsītus: seek thoroughly II, 24

cōnsanguineus-a-um: related by blood; as m noun, blood relation II, 21

cōnscendō, cōnscendere, cōnscendī: ascend, mount, climb, board (ship), embark

cōnscientia-ae, f: consciousness, conscience

cōnscīscō, conscīscere, cōnsciī, cōnscītus: decide upon II, 19

cōnscius-a-um: aware

cōnscrībō, cōnscrībere, cōnscrīpsī, cōnscrīptus: enroll, write, compose II, 21

cōnsecrō-āre-āvī-ātus: consecrate, deify, make holy

cōnsenēscō, cōnsenēscere, cōnsenuī: become old

cōnsentiō, cōnsentīre, cōnsēnsī, cōnsēnsus: sympathize, agree

cōnsequor, cōnsequī, cōnsecūtus sum: follow, pursue; catch, overtake, get II, 22

cōnsīderō-āre-āvī-ātus: consider, give thought to II, 15

cōnsīdō, cōnsīdere, cōnsēdī: sit down, settle down, stay, camp

cōnsiliātor, cōnsiliātōris, m: adviser II, 7

cōnsilium-ī, n: deliberation, advice, plan, decision; **cōnsilium**

cōnsuēscō, cōnsuēscere, cōnsuēvī, cōnsuētus: become accustomed II, 22

halt, keep one's footing II, 22

cōnsōbrīnus-ī, m and **consōbrīna-ae,** f: cousin

cōnsōlor-ārī-ātus sum: console, comfort II, 23

cōnsors, cōnsortis, m&f: companion, wife, sharer

cōnspectus-ūs, m: sight, view II, 21

cōnspiciō, cōnspicere, cōnspexī, cōnspectus: catch sight of, see II, 9

cōnspicor-ārī-ātus sum: catch sight of, perceive II, 24

cōnspīrātus-a-um: united by an oath

cōnspīrō-āre-āvī-ātus: conspire, form a plot

cōnstāns (adj, gen **cōnstantis**): firm

cōnstituō, cōnstituere, cōnstituī, cōnstitūtus: make stand, set up, establish, draw up, beach (boats), appoint, decide (w acc and infin, or w **ut** and subj) II, 19

cōnstō, cōnstāre, cōnstitī: stand, stand still, stop; be established, exist; as impersonal verb, **cōnstat,** it is agreed

cōnstruō, cōnstruere, cōnstrūxī, cōnstrūctus: build

cōnsuēscō, cōnsuēscere, cōnsuēvī, cōnsuētus: become accustomed II, 22

cōnsuētūdo, cōnsuētūdinis, f: custom, usage, habit
cōnsul, cōnsulis, m: highest office in Rome during the Republic; consul II, 2
cōnsulāris-e: consular, of consular rank; as noun, ex-consul
cōnsulātus-ūs, m: office of consul, consulship
cōnsulō, consulere, consuluī, consultus: reflect, take counsel
cōnsultus-a-um: experienced
cōnsummō-āre-āvī-ātus: finish I, 27
cōnsūmō, cōnsūmere, cōnsūmpsī, cōnsūmptus: consume, use up, spend, finish, wear away; destroy, kill II, 14
contegō, contegere, contēxī, contēctus: cover completely II, 16
contemnō, contemnere, contempsī, contemptus: despise, refuse, turn down II, 8
contendō, contendere, contendī: strive, contend, fight, hasten II, 16
contentiō, contentiōnis, f: contest, strife, zeal
contentus-a-um: contented
conterō, conterere, contrīvī, contrītus: grind, pound
conterreō, conterrēre, conterruī, conterritus: terrify II, 15
contestor-ārī-ātus sum: call to witness, beseech
continēns (adj, gen **continentis**): without end, continuous; as f noun, continent II, 17
contineō, continēre, continuī, contentus: hold together, surround, contain, include, enclose, restrain II, 17
contingō, contingere, contigī, contāctus: touch; (w dat) happen, befall
continuus-a-um: continuous, hanging together; as n abl sg, **continuō,** without interruption, right away II, 13
contrā (prep w acc): against, opposite
contrā (noun substitutor): in answer, in reply II, 11
contrādīcō, contrādīcere, contrādīxī, contrādictus: contradict, oppose
contrahō, contrahere, contrāxī, contractus: collect, unite, contract, reduce
contubernium-ī, n: group of soldiers sharing the same tent; association, dwelling together II, 14
contumēlia-ae, f: abuse, insult, reproach, injury II, 15
cōnubium-ī, n: marriage
conveniō, convenīre, convēnī, conventus: meet, come together, assemble; be fitting to, suit; agree upon II, 20
conventus-ūs, m: coming together, assembly, gathering II, 23

convertō, convertere, convertī, conversus: change, turn II, 24
convīcium-ī, n: quarrel, insult, censure II, 13
convictus-a-um: convicted, guilty
convīctus-ūs, m: companionship, entertainment
convīva-ae, m&f: guest I, 19
convīvium-ī, n: feast, party, dinner, banquet, entertainment II, 9
convīvō, convīvere, convīxī: live with, be with
convīvor-ārī-ātus sum: dine, dine out II, 10
convocō-āre-āvī-ātus: call together, assemble II, 23
coörior, coörīrī, coörtus sum: arise
cōpia-ae, f: plenty, supply, resources, means; in pl, troops, forces II, 18
cōpiōsus-a-um: plentiful, abundant, copious II, 12
coquō, coquere, coxī, coctus: cook, roast
cor, cordis, n: heart, mind, sense
cōram (prep w abl): in the presence of
cōram (noun substitutor): openly, publicly
corcodīlus-ī, m: crocodile
cornū-ūs, n: horn; horn of animals, horns of the moon, wing of an army II, 12
corōna-ae, f: garland, crown
corpus, corporis, n: body, physical body, matter I, 13
corrigō, corrigere, corrēxī, corrēctus: set right, correct
corripiō, corripere, corripuī, correptus: seize with violence, attack, destroy II, 11
corrumpō, corrumpere, corrūpī, corruptus: break to pieces, destroy, weaken, corrupt, bribe
coruscō-āre-āvī: shine, glitter
corvus-ī, m: crow II, 12
cottīdiānus-a-um: daily II, 17
cottīdiē (defect noun, abl only): daily, every day II, 14
crāpula-ae, f: drunkenness, hangover
crās (noun substitutor): tomorrow I, 26
crassus-a-um: thick, solid
crātēr, crātēris (Greek acc sg, **crātēra**), m; also, **crātēra-ae,** f: mixing bowl; crater of a volcano
crēber, crēbra, crēbrum: crowded, frequent
crēditor, crēditōris, m: creditor II, 5
crēdō, crēdere, crēdidī, crēditus: (w dat of person) trust, believe; (w acc and inf) believe that; (w acc of thing and dat of person) entrust to I, 30

crēdulus-a-um: trusting, easily believing, gullible I, 17
cremō-āre-āvī-ātus: burn, consume by fire I, 28
creō-āre-āvī-ātus: make, create, elect, beget, bear II, 13
crepitō-āre-āvī: clatter
crepusculum-ī, n: twilight, evening
crēscō, crēscere, crēvī, crētus: arise, grow, increase in II, 1
crēta-ae, f: chalk
crētizō-āre-āvī: act like a Cretan, lie
crīmen, crīminis, n: accusation of a crime; the crime itself II, 13
crīminor-ārī-ātus sum: accuse, charge, complain of II, 15
crīnis, crīnis, m: hair
crūdēlis-e: cruel I, 7
crūdēlitās, crūdēlitātis, f: cruelty I, 17
cruentus-a-um: cruel, bloody
crūs, crūris, n: leg II, 15
cubīle, cubīlis, n: bed II, 14
cubō-āre, cubuī: lie down
cucūlus-ī and **cuculus-ī,** m: cuckoo
cucuma-ae, f: kettle, small bathtub II, 9
culmen, culminis, n: top, summit
culpa-ae, f: fault II, 3
culpō-āre-āvī-ātus: blame, find fault with, accuse II, 4
cultor, cultōris, m: worshipper
cultrīx, cultrīcis, f: female who cultivates, female inhabitant II, 14
cultus-ūs, m: cultivation, culture I, 22
cum (prep w abl): together with, simultaneously with I, 9, 19
cum (subord conj): (w indic) when; (w subj) because, since, although II, 6
cumba-ae, f: small boat
cumulus-ī, m: heap, pile
cūnctor-ārī-ātus sum: delay
cūnctus-a-um: all in a body, whole, entire II, 15
cupiditās, cupiditātis, f: desire II, 18
cupīdō, cupīdinis, f: longing, desire
cupidus-a-um: desirous, eager for, ambitious, greedy II, 18
cupiō, cupere, cupīvī, cupītus: strongly desire, eagerly wish for II, 9, 23
cūr (noun substitutor and interrog): why II, 15
cūra-ae, f: care, attention, anxiety, worry II, 1
cūrātor, cūrātōris, m: one who takes care I, 18

cūria-ae, f: the meeting place of the Senate at Rome, the Senate house
cūriōsus-a-um: inquisitive, curious
cūrō-āre-āvī-ātus: care for, see to, heal, cure   I, 16
currō, currere, cucurrī: run   I, 5
currus-ūs, m: chariot, war chariot
cursor, cursōris, m: runner
cursus-ūs, m: running, swiftness, race, route, journey, movement   I, 27
curvō-āre-āvī-ātus: bend
curvus-a-um: bent, bowed, curved
custōdia-ae, f: guard, custody
custōdiō-īre-īvī-ītus: guard, protect, preserve   I, 20
custōs, custōdis, m&f: guardian   I, 26
cutis, cutis, f: skin   II, 9
cycnus-ī, m: swan

D: abbreviation for **quīngentī** (500)
daemōn, daemonis, m: minor god, demon
damnō-āre-āvī-ātus: condemn, damn (with acc of the person and gen of the punishment)   I, 19
damnōsus-a-um: destructive, ruinous
damnum-ī, n: loss, damage, injury
daphnōn, daphnōnis, m: grove of laurel trees   II, 9
daps, dapis, f (nom form **daps** missing): religious banquet, elaborate dinner   II, 14
datīvus-a-um: dative   I, 22
dator, datōris, m: giver   I, 4
dē (prep w abl): down, from, about, on account of   I, 25
dea-ae, f: goddess
dēbeō, dēbēre, dēbuī, dēbitus: owe, be indebted to; (w inf) ought, should   I, 24
dēcēdō, dēcēdere, dēcessī: go away, die
decem (indecl adj): ten   I, 28
December, Decembris, m: December   II, 6
decemvir-ī, (usually pl, **decemvirī-ōrum**), m: member of a board of ten commissioners at Rome
dēceptiō, dēceptiōnis, f: deception
dēcernō, dēcernere, dēcrēvī, dēcrētus: decide, decree
decet, decēre, decuit (impersonal verb used in 3d person sg only): it is proper, it is fitting

dēcidō, dēcidere, dēcidī: fall from II, 12
deciēns (adv): ten times II, 11
decimus-a-um: tenth I, 19
dēcipiō, dēcipere, dēcēpī, dēceptus: catch; cheat, deceive, fail, defect II, 8
dēclāmō-āre-āvī-ātus: recite, declaim II, 6
dēclīnātiō, dēclīnātiōnis, f: declension I, 24
dēclīvis-e: downhill, inclined downward, sloping, steep
dēcoquō, dēcoquere, dēcoxī, dēcoctus: diminish by boiling, boil away, spend money foolishly II, 10
decōrus-a-um: fitting II, 3
dēcrēscō, dēcrēscere, dēcrēvī, dēcrētus: decrease
decuriō, decuriōnis, m: leader of a group of ten horsemen II, 24
dēcurrō, dēcurrere, dēcurrī: run from II, 11
decus, decoris, n: distinction, honor, glory, beauty, adornment, decoration; **decus est,** it is right II, 12
dēdecus, dēdecoris, n: dishonor, disgrace, shame II, 15
dēdiscō, dēdiscere, dēdidicī: forget
dēditīcius-a-um: captured; as m noun, prisoner II, 24
dēditiō, dēditiōnis, f: surrender II, 24
dēditus-a-um: devoted to
dēdō, dēdere, dēdidī, dēditus: surrender, hand over, dedicate, devote II, 15
dēdūcō, dēdūcere, dēdūxī, dēductus: lead, bring down, lead forth (to colonize), escort
dēfectus-a-um: weak, feeble
dēfendō, dēfendere, dēfendī, dēfēnsus: defend, protect II, 21
dēfēnsor, dēfēnsōris, m: defender
dēferō, dēferre, dētulī, dēlātus: bring down, confer, give
dēfessus-a-um: tired II, 24
dēficiō, dēficere, dēfēcī, dēfectus: fail, run short, be insufficient, desert, abandon, be lacking, stagger II, 15
dēfleō, dēflēre, dēflēvī, dēflētus: weep over II, 6
dēfluō, dēfluere, dēflūxī: flow (down), flow away, disappear I, 13
dēformis-e: deformed, ugly
dēformō-āre-āvī-ātus: disgrace, dishonor
dēfūnctus-a-um: dead
dēfungor, dēfungī, dēfūnctus sum: die
dēgō, dēgere, dēgī: live, pass time
dēgravō-āre-āvī-ātus: weigh down
dein: variant of **deinde**

deinde (noun substitutor and sentence connector): after this, then, next, thereupon II, 12
dējiciō, dējicere, dējēcī, dējectus: throw down, cut down, disappoint II, 21
dēlābor, dēlābī, dēlāpsus sum: fall down
dēlectō-āre-āvī-ātus: delight, please
dēleō, dēlere, dēlēvī, dēlētus: destroy II, 17
dēlīberō-āre-āvī-ātus: consider, plan II, 16
dēliciae-ārum, f: delight, loved one II, 15
dēlictum-ī, n: crime, mistake •
dēligō, dēligere, dēlēgī, dēlēctus: elect II, 19
dēlinquō, dēlinquere, dēlīquī, dēlictus: fail, be lacking, do wrong II, 7
dēlitescō, dēlitescere, dēlituī: conceal oneself, lie hidden
delphīnus-ī, m: dolphin
dēlūbrum-ī, n: shrine, temple
dēmēns (adj, gen **dēmentis**): out of one's mind, insane II, 15
dēmentō-āre-āvī-ātus: make mad or insane
dēmergō, dēmergere, dēmersī, dēmersus: sink
dēmetō, dēmetere, dēmessuī, dēmessus: mow, reap, cut down
dēminuō, dēminuere, dēminuī, dēminūtus: make less, decrease II, 23
dēmittō, dēmittere, dēmīsī, dēmissus: let down, send forth
dēmōnstrō-āre-āvī-ātus: show clearly, indicate, reveal II, 21
dēmum (sentence connector): then, at last, finally II, 12
dēnique (sentence connector): at last, finally, in short II, 23
dēns, dentis, m: tooth I, 15
dēnsus-a-um: thick, dense, deep
dēnūntiō-āre-āvī-ātus: announce, order
dēpāscor, dēpāscī, dēpāstus sum: feed, eat
dēpendēns (adj, gen **dēpendentis**): dependent (used of verbs) II, 4
dēpendeō, dēpendēre: hang down, hang from, depend upon, modify II, 6
dēplōrō-āre-āvī-ātus: lament, cry about, deplore II, 7
dēpōnēns (adj, gen **dēpōnentis**): deponent II, 1
dēpōnō, dēpōnere, dēposuī, dēpositus: put, put down, put aside, give up (hope) I, 24
dēpopulor-ārī-ātus sum: lay waste II, 21
dēprecātiō, dēprecātiōnis, f: entreaty
dēprecātor, dēprecātōris, m: one who entreats II, 21
dēprendō, dēprendere, dēprendī, dēprēnsus: catch, detect

dērēpō, dērēpere, dērēpsī: crawl down II, 14
dērīdeō, dērīdēre, dērīsī, dērīsus: laugh at, deride, make fun of I, 28
dērīsus-ūs, m: ridicule II, 16
dēscendō, dēscendere, dēscendī: go down, climb down, come down II, 12
dēscrībō, dēscrībere, dēscrīpsī, dēscrīptus: describe, divide II, 17
dēserō, dēserere, dēseruī, dēsertus: desert
dēsertus-a-um: abandoned, deserted II, 15
dēsideō, dēsidēre, dēsēdī: remain sitting II, 14
dēsīderium-ī, n: desire
dēsīderō-āre-āvī-ātus: long for (someone or something), wish for, desire II, 4
dēsīdō, dēsīdere, dēsēdī: sink down, settle down, fall II, 14
dēsīgnō-āre-āvī-ātus: describe, devise, appoint II, 23
dēsiliō, dēsilīre, dēsiluī: leap down
dēsinō, dēsinere, dēsiī, dēsitus: leave off, cease, stop, give up
dēsistō, dēsistere, dēstitī: desist, cease II, 21
dēsōlātus-a-um: desolate
dēsōlō-āre-āvī-ātus: leave solitary, desolate
dēspectus-a-um: despised
dēspērō-āre-āvī-ātus: despair, despair of, give up II, 23
dēspiciō, dēspicere, dēspexī, dēspectus: look down, despise II, 15
dēstituō, dēstituere, dēstituī, dēstitūtus: forsake, desert, abandon II, 23
dēstringō, dēstringere, dēstrīnxī, dēstrictus: draw (a sword) II, 24
dēsum, dēesse, dēfuī, dēfutūrus: be lacking, be missing, fail II, 1
dētergeō, dētergēre, dētersī, dētersus: wipe away
dēterior, dēterius: inferior II, 10
dēterō, dēterere, dētrīvī, dētrītus: rub down, wear out
dēterreō, dēterrēre, dēterruī, dēterritus: frighten away II, 23
dētineō, dētinēre, dētinuī, dētentus: detain, delay, keep
dētrahō, dētrahere, dētrāxī, dētractus: drag off, remove
deus-ī, m: god I, 4
dēveniō, dēvenīre, dēvēnī: come down from, reach II, 12
dēvinciō, dēvincīre, dēvīnxī, dēvinctus: bind, tie fast
dēvincō, dēvincere, dēvīcī, dēvictus: conquer, defeat
dēvorō-āre-āvī-ātus: gulp down, devour, eat up II, 16

dexter, dextra, dextrum: right (as opposed to "left"); as f noun, right hand II, 10
diadēma, diadēmatis, n: crown
diciō, diciōnis, f: power, sovereignty
dīcō, dīcere, dīxī, dictus: say, speak, mention, call I, 18
dictātor, dictātōris, m: dictator
dictātūra-ae, f: dictatorship
dictiō, dictiōnis, f: pleading, defense II, 19
dictum-ī, n: word, talk I, 13
diēs, diēī, m&f: day, daytime, daylight; time; birthday; day of death I, 4, 22
differō, differre, distulī, dīlātus: carry in different directions, scatter; delay, postpone; differ, be different II, 17
difficilis-e: difficult, hard to get along with I, 24, 30
difficultās, difficultātis, f: difficulty I, 24
diffīdō, diffīdere, diffīsus sum (semi-deponent w dat): despair, distrust
diffugiō, diffugere, diffūgī: fly in different directions, flee, disperse
diffundō, diffundere, diffūdī, diffūsus: spread out, scatter through
dīgestiō, dīgestiōnis, f: digestion
digitus-ī, m: finger I, 28
dīgnitās, dīgnitātis, f: dignity, reputation, honor; political office, dignified position II, 15
dīgnor-ārī-ātus sum: consider worthy
dīgnus-a-um: worthy, suitable; **dīgnum putāre,** consider worthy
dīligentia-ae, f: carefulness
dīligō, dīligere, dīlēxī, dīlēctus: love I, 4
dīluvium-ī, n: flood
dīmicātiō, dīmicātiōnis, f: struggle, battle
dīmicō-āre-āvī: fight, contend
dīmidium-ī, n: a half
dīmittō, dīmittere, dīmīsī, dīmissus: let go, disband, dismiss, drop II, 8
dipsas, dipsadis, f: snake
dīripiō, dīripere, dīripuī, dīreptus: plunder, take away II, 8
dīruō, dīruere, dīruī, dīrutus: demolish, destroy
dīs (adj, gen **dītis**): rich
discēdō, discēdere, discessī: go away, leave II, 7
discidium-ī, n: separation, dissension

disciplīna-ae, f: discipline
discipulus-ī, m: student I, 24
discō, discere, didicī: learn II, 2
discordia-ae, f: disagreement, discord, mutiny, sedition
discrepō, discrepāre, discrepuī: disagree, be different
discrīmen, discrīminis, n: discrimination
discurrō, discurrere, discucurrī: run to and fro
disertus-a-um: eloquent
disjiciō, disjicere, disjēcī, disjectus: throw in different directions, confuse II, 24
disjūnctiō, disjūnctiōnis, f: separation
disjungō, disjungere, disjūnxī, disjūnctus: separate
dispergō, dispergere, dispersī, dispersus: scatter
dispertiō-īre-īvī-ītus: distribute
displiceō, displicēre, displicuī: displease
dispōnō, dispōnere, disposuī, dispositus: put in different spots; plant (trees) II, 9
dissideō, dissidēre, dissēdī: disagree
dissimilis-e: different, unlike
dissimulātiō, dissimulātiōnis, f: disregard
dissipō-āre-āvī-ātus: scatter, disperse, spread abroad
dissitus-a-um: different
dissolūtus-a-um: dissolute, lawless
dissolvō, dissolvere, dissolvī, dissolūtus: loosen, break up, destroy, dissolve
distribuō, distribuere, distribuī, distribūtus: distribute, assign
disturbō-āre-āvī-ātus: confuse, disturb, scatter
diū (adv, comp **diūtius**): for a long time II, 17
diūturnitās, diūturnitātis, f: long duration of time
diūturnus-a-um: of long duration, long-lasting II, 22
dīversicolor (adj, gen **dīversicoloris**): of different colors
dīversus-a-um: different
dīves (adj, gen **dīvitis**): rich I, 28
dīvidō, dīvidere, dīvīsī, dīvīsus: divide (up), separate II, 11
dīvīnātiō, dīvīnātiōnis, f: prophesy, divination
dīvīnitās, dīvīnitātis, f: divinity
dīvīnus-a-um: divine I, 27
dīvīsiō, dīvīsiōnis, f: division
dīvīsor, dīvīsōris, m: divider
dīvitiae-ārum, f (pl only): riches, wealth

dīvus-a-um: divine; as noun, god, goddess
dō, dare, dedī, datus: offer, give, provide (conjugated like a 1st conjugation verb, except the characteristic vowel is short *-a-* in almost all forms) I, 20
doceō, docēre, docuī, doctus: educate, teach II, 2
doctor, doctōris, m: teacher
doctrīna-ae, f: learning, knowledge
documentum-ī, n: proof II, 14
doctus-a-um: learned, taught, educated
doleō, dolēre, doluī: feel pain, suffer pain; cause pain; grieve, mourn; hurt II, 9
dolor, dolōris, m: pain, grief, sorrow I, 25
dolōsus-a-um: tricky, sly, clever II, 12
dolus-ī, m: trick, evil intent II, 14
domesticus-a-um: domestic I, 20
domicilium-ī, n: place of residence, dwelling, house
domina-ae, f: mistress of a household, goddess I, 23
dominus-ī, m: master of a household, owner, Lord I, 23
domisedus-a-um: staying at home
domō, domāre, domuī, domitus: conquer, subdue
domus-ūs, f: house, home (w forms in both the 2d and the 4th declensions) II, 10
dōnātiō, dōnātiōnis, f: donation I, 18
dōnātor, dōnātōris, m: giver, donor I, 18
dōnec (subord conj): so long as, while I, 29
dōnō-āre-āvī-ātus: give, present with I, 13
dōnum-ī, n: gift
dormiō-īre-īvī: sleep
dorsum-ī, n: back (of either men or animals) II, 22
dōs, dōtis, f: dowry
dōtātus-a-um: richly endowed
dōtō-āre-āvī-ātus: provide with a dowry
Dryopes, Dryopum, m pl (nom in -es is Greek form): a people of Epirus
dubitās, dubitātis, f: hesitation
dubitātiō, dubitātiōnis, f: hesitation II, 22
dubitō-āre-āvī-ātus: doubt, hesitate II, 23
dubius-a-um: doubtful, doubting, dubious, dangerous II, 19
ducēnī-ae-a (distrib numeral): two hundred, two hundred each
ducentī-ae-a: two hundred

dūcō, dūcere, dūxī, ductus: lead, guide, think, conduct; **formam dūcere,** take on shape; **in mātrimōnium dūcere,** marry; **ortūs dūcere,** take one's origin; **rēmōs dūcere,** ply oars I, 16, 21, 25; II, 19
dulcis-e: sweet, pleasant, delicious; as m or f noun, dear, beloved; as n noun, sweet drink II, 3
dum (subord conj): while, as long as; (w subj) until I, 25; II, 20
duo-ae-o: two I, 26
duodecim: twelve II, 6
duodecimus-a-um: twelfth
duplex (adj, gen **duplicis**): double
duplicō-āre-āvī-ātus: double
dūritās, dūritātis, f: harshness, hardness
dūritiēs-ēī, f: harshness
dūrus-a-um: hard, harsh, rude, cruel
dux, ducis, m: guide, leader (especially military) I, 17, 25

ē (prep, variant of **ex**): out of I, 15
ēbrius-a-um: drunk I, 19
ebur, eboris, n: ivory
ecce (interj): behold!, look! I, 29
edō, edere (or **ēsse**), **ēdī, ēsus:** eat I, 27
ēdō, ēdere, ēdidī, ēditus: give forth, publish, give birth to II, 15
ēdūcō, ēdūcere, ēdūxī, ēductus: draw out, lead out, educate
effēminō-āre-āvī-ātus: weaken II, 17
efferō, efferre, extulī, ēlātus: carry out, carry to the grave, bury, carry away II, 4
efficāx (adj, gen **efficācis**): easy, effective, efficient
efficiō, efficere, effēcī, effectus: make, produce, accomplish, build
effigiēs, effigiēī, f: figure, statue I, 10
effringō, effringere, effrēgī, effrāctus: break open
effugiō, effugere, effūgī: escape I, 25
effugium-ī, n: escape, safety II, 12
egeō, egēre, eguī (w abl): be without, lack
egestās, egestātis, f: poverty, indigence, need
egō (pronoun): I (sg paradigm, **egō, mē, mē, mihī, meī;** pl paradigm, **nōs, nōs, nōbīs, nōbīs, nostrum)**
ēgredior, ēgredī, egressus sum: go out, disembark II, 24
ēgregius-a-um: outstanding, excellent II, 23
ei (interj expressing pain or fear): oh!
ējiciō, ējicere, ējēcī, ējectus: cast out, expel, banish

ēlātus-a-um: proud
eleemosyna-ae, f: act of charity
ēlegāns (adj, gen **ēlegantis**): tasteful, stylish
ēlegantia-ae, f: taste, refinement, grace, good grooming II, 14
elephantus-ī, m: elephant I, 4
elephās, elephantis, m: elephant
ēlevō-āre-āvī-ātus: lift up, raise up, make fun of II, 7
ēligō, ēligere, ēlēgī, ēlēctus: choose, elect
ēloquēns (adj, gen **ēloquentis**): eloquent, talkative I, 6, 19
ēloquentia-ae, f: eloquence
ēloquium-ī, n: eloquence
ēlūdō, ēlūdere, ēlūsī, ēlūsus: escape, beat someone at play; deceive, cheat, fool II, 15
Ēlysius-a-um: belonging to Elysium; blessed
ēmendō-āre-āvī-ātus: correct, improve
ēmeritus-a-um: worn out; as noun, soldier who has served his time
ēmineō, ēminēre, ēminuī: project, stand out, stick up II, 8
ēmittō, ēmittere, ēmīsī, ēmissus: send forth, give forth, drop from some place II, 12
emō, emere, ēmī, ēmptus: buy I, 18
ēmorior, ēmorī, ēmortuus sum (stronger form of **morior**): die, die off, be slaughtered II, 13
ēmptor, ēmptōris, m: buyer
ēn (interj): behold!, look!, alas! II, 7
ēnatō-āre-āvī: escape by swimming
enim (sentence connector, used in second, third, or fourth place in clause): for I, 28
ēnūntiō-āre-āvī-ātus: tell, announce II, 19
eō, īre, iī, itūrus: go I, 27
eō (noun substitutor): to that place II, 24
eōdem (noun substitutor): to the same place II, 19
Eōus-a-um: eastern
Epicūrēus-a-um: Epicurean, following the philosophical principles of Epicurus II, 4
epigramma, epigrammatis, n: epigram, short poem II, 6
episcopus-ī, m: bishop
epistula-ae, f: letter
ēpōtō-āre-āvī, ēpōtus (only perf part in common use): drink II, 13
ēpōtus-a-um: drunk up, drained, swallowed up

epulor-ārī-ātus sum: feast
eques, equitis, m: horseman, knight, cavalry II, 15
equester, equestris, equestre: belonging to a horseman, cavalryman, or knight II, 23
equidem (intensifier, adds emphasis to entire sentence, used mostly when verb is 1st person sg): certainly II, 8
equitātus-ūs, m: cavalry, group of horsemen II, 23
equus-ī, m: horse I, 5
ērēctus-a-um: raised, upright, erect
ergō (sentence connector): consequently, therefore I, 25
ērigō, ērigere, ērēxī, ērēctus: set up, erect
ēripiō, ēripere, ēripuī, ēreptus (w dat): take away, save I, 27
errō-āre-āvī: make a mistake, be wrong, err I, 25
ērudiō-īre-īvī-ītus: teach, educate
ērudītiō, ērudītiōnis, f: knowledge, learning
ērumpō, ērumpere, ērūpī, ēruptus: break out
ēsca-ae, f: food for men or animals, bait for animals; lure II, 14
Esquilīnus-a-um: pertaining to the Esquiline, one of the seven hills of Rome
essedārius-ī, m: fighter in a British war chariot, charioteer
essedum-ī, n: war chariot used among the Britons
ēsuriō-īre-īvī: be hungry
ēsurītor, ēsurītōris, m: hungry person, starveling
et (coord conj): and; **et . . . et,** both . . . and I, 5, 13
et (intensifier): even I, 21
etiam (intensifier): even I, 7
ēvādō, ēvādere, ēvāsī, ēvāsus: go out from, go out of, escape, wander out of, wander out from II, 12
ēvagor-ārī-ātus sum: wander out of II, 14
ēvehō, ēvehere, ēvēxī, ēvectus: carry out, carry up, elevate
ēvellō, ēvellere, ēvellī, ēvulsus: tear out II, 14
ēveniō, ēvenīre, ēvēnī: come out, turn out, happen
ēventus-ūs, m: event, outcome, fate II, 2
ēvertō, ēvertere, ēvertī, ēversus: overthrow, destroy II, 14
ēvītō-āre-āvī-ātus: avoid II, 14
ēvocō-āre-āvī-ātus: call out, summon, call someone from a place II, 16
ēvolō-āre-āvī: fly out
ex (prep, variant of ē): from, out of; **quā ex rē,** therefore I, 15
exāctus-a-um: precise, perfected

exāminō-āre-āvī-ātus: weigh, consider
exardēscō, exardēscere, exarsī: blaze up, break out
excēdō, excēdere, excessī: withdraw
excīdō, excīdere, excīdī, excīsus: destroy
excipiō, excipere, excēpī, exceptus: take out, receive, welcome, reply, take in from outside, follow II, 15
excitō-āre-āvī-ātus: arouse, urge on, kindle (a fire)
exclāmō-āre-āvī-ātus: shout, exclaim
exclūdō, exclūdere, exclūsī, exclūsus: shut out, exclude, keep away, prevent
excolō, excolere, excoluī, excultus: tend, cultivate, improve
excrēmentum-ī, n: excrement, manure
excūsō-āre-āvī-ātus: exempt from blame, excuse, justify
excutiō, excutere, excussī, excussus: throw out, emit
exedō, exedere (and **exēsse**), **exēdī, exēsus:** eat away
exemplar, exemplāris, n: model; **Exemplar,** Basic Sentence II, 10
exemplum-ī, n: example I, 22
exeō, exīre, exiī, exitūrus: go out of, emerge II, 14
exerceō, exercēre, exercuī, exercitus: exercise, train, practice
exercitātiō, exercitātiōnis, f: practice, exercise
exercitus-ūs, m: army II, 19
exhauriō, exhaurīre, exhausī, exhaustus: empty
exhibeō, exhibēre, exhibuī, exhibitus: hold out, show, display, offer, transport
exhortor-ārī-ātus sum: urge on
exigō, exigere, exēgī, exāctus: drive out, demand, finish II, 5
exiguitās, exiguitātis, f: smallness
exiguus-a-um: small, short I, 28
exilium-ī, n: exile
eximius-a-um: outstanding, exceptional
exīstimātiō, exīstimātiōnis, f: opinion II, 23
exīstimō-āre-āvī-ātus: consider, think II, 20
exitium-ī, n: destruction
exitus-ūs, m: result, way out, exit II, 20
exōrdium-ī, n: beginning
exōrō-āre-āvī-ātus: furnish, provide plentifully, decorate, adorn
exōsus-a-um: hated
expaveō, expavēre, expāvī: be afraid of
expedītiō, expedītiōnis, f: military operation, expedition

expedītus-a-um: unencumbered, easy, clear, free II, 20
expellō, expellere, expulī, expulsus: drive out, expel, knock out II, 5
expendō, expendere, expendī, expēnsus: pay
expēnsum-ī, n: payment
experior, experīrī, expertus sum: experience, know by experience, test, try
expers (adj = **ex** + **pars**; gen **expertis**; patterns w gen) having no share of; wanting in, destitute of; inexperienced II, 16
expingō, expingere, expīnxī, expictus: paint over, rouge I, 30
explānō-āre-āvī-ātus: make clear II, 18
explōrātor, explōrātōris, m: scout, spy, member of a patrol II, 21
explōrō-āre-āvī-ātus: investigate, explore
expōnō, expōnere, exposuī, expositus: land, disembark, display, place openly
exportō-āre-āvī-ātus: carry out
expositus-a-um: exposed
exprimō, exprimere, expressī, expressus: portray, represent
expūgnō-āre-āvī-ātus: take by storm, capture by fighting II, 21
exsecrābilis-e: abominable, hated, disagreeable
exsecror-ārī-ātus sum: curse
exsequiae-ārum, f (pl only): funeral procession, burial
exsequor, exsequī, exsecūtus sum: obtain II, 19
exsistō, exsistere, exstitī: exist
exspectō-āre-āvī-ātus: await, wait for, expect II, 23
exspīrō-āre-āvī: breathe out, die II, 15
exstō-āre: project, rear up, appear, exist
exstruō, exstruere, exstrūxī, exstrūctus: build, construct, pile up II, 9
extendō, extendere, extendī, extēnsus: stretch out, extend, prolong
extenuō-āre-āvī-ātus: make thin, make small, diminish; **extenuārī in aquās,** dissolve into water
extinguō, extinguere, extīnxī, extīnctus: extinguish, destroy, put to death
extorqueō, extorquēre, extorsī, extortus: obtain by force, extort
extrā (prep w acc): outside, outside of, except for II, 21
extrā (noun substitutor): on the outside, beyond
extrahō, extrahere, extrāxī, extractus: draw out
extrēmus-a-um: last, extreme, outermost II, 15
extundō, extundere, extūdī, extūsus: strike hard, smash II, 15
exul, exulis, m&f: exiled person

exulō-āre-āvī-ātus: live in exile
exūrō, exūrere, exussī, exustus: burn (up) II, 13

fābella-ae, f: story, little fable II, 12
faber, fabrī, m: worker, blacksmith
fābula-ae, f: tale, story, myth, drama, play II, 7
fābulor-ārī-ātus sum: tell a story, say
facētus-a-um: humorous
faciēs-ēī, f: appearance, face I, 10
facilis-e: easy, sympathetic, clever, graceful; as n acc sg used to modify verbs, easily, without difficulty I, 6
facilitās, facilitātis, f: ease, willingness, good nature
facinus, facinoris, n: crime
faciō, facere, fēcī, factus: make, do, cause, practice (an art); **facere īnsidiās,** to set a trap I, 7; II, 1
factiō, factiōnis, f: faction
factum-ī, n: deed, act, action I, 13
facultās, facultātis, f: opportunity, power, ability II, 20
fācundus-a-um: eloquent
faenerō-āre-āvī-ātus: lend at interest
faex, faecis, f: dregs, lees II, 13
Falernus-a-um: belonging or pertaining to the Ager Falernus, in Campania, at foot of Mt. Massicus, famous as wine country
Faliscī-ōrum, m: people in Etruria, whose capital town was Falerii
fallācia-ae, f: deception
fallāx (adj, gen **fallācis**): deceitful, false, misleading, wily
fallō, fallere, fefellī, falsus: deceive, cheat, harm II, 14
falsum-ī, n: lie
falsus-a-um: false, deceitful I, 25
fāma-ae, f: rumor, reputation, fame II, 9
famēs, famis (abl **famē**), f: hunger, starvation II, 7
familia-ae, f: household, including slaves, dependants, retainers; family II, 19
familiāris-e: belonging to the family; friendly; as m&f noun, close friend; **rēs familiāris,** property II, 23
familiāritās, familiāritātis, f: friendship, familiarity
farīna-ae, f: meal, flour
fās (indecl noun) n: divine law; **fās est,** it is right
fastīdiō-īre-īvī-ītus: dislike
fastīgium-ī, n: top, roof; exalted rank
fātālis-e: destined by fate

fateor, fatērī, fassus sum: confess
fātidicus-a-um: prophetic
fatīgō-āre-āvī-ātus: tire, fatigue, harass, exhaust
fātum-ī, n: destiny, fate; pl, **Fāta,** Parcae, Fates, death I, 16
fatuus-a-um: foolish, silly II, 5
faucēs, faucis, f (usually in pl; in sg, mostly in abl): throat, jaws; hunger II, 13
faveō, favēre, fāvī, fautus (w dat): show favor to, support II, 23
favor, favōris, m: good will, support
febris, febris, f: fever I, 28
fēlēs, fēlis, f: cat II, 14
fēlīcitās, fēlicitātis, f: happiness, good fortune, prosperity I, 6, 18
fēlīx (adj, gen **fēlīcis**): happy, fortunate, lucky, successful I, 20, 28
fēmina-ae, f: woman I, 8
fēmineus-a-um: of a woman, feminine
fēminīnus-a-um: feminine I, 26
fenestra-ae, f: window II, 12
fera-ae, f: wild beast
ferāx (adj, gen **ferācis**): fertile
ferē (qualifier): almost, nearly, approximately, entirely, usually II, 12
ferō, ferre, tulī, lātus: bring, carry, endure, take, cause, bring about, carry away, bear along I, 15; II, 13
ferōx (adj, gen **ferōcis**): savage, wild I, 20
ferreus-a-um: made of iron
ferrum-ī, n: iron, piece of iron, scissors, sword II, 8
fertilis-e: fruitful, fertile
fertilitās, fertilitātis, f: fertility
ferula-ae, f: stick, hollow reed
ferus-a-um: wild; as m or f noun, wild beast II, 15
ferveō, fervēre, ferbuī: boil; **fervēns,** glowing, hot
fessus-a-um: worn out, tired, exhausted II, 16
festīnō-āre-āvī: hasten, hurry
fētus-ūs, m: offspring II, 14
fictilis-e: made of clay
fidēlis-e: faithful, trustworthy II, 12
Fīdēnās (adj, gen **Fīdēnātis**): of Fidenae, Fidenatian
fidēs-ēī, f: trust, confidence, faith; **accipere in fidem,** take under protection I, 27

fīdō, fīdere, fīsus sum (semi-deponent w dat): trust
fīdūcia-ae, f: confidence, hope
fīdus-a-um: loyal
fīgō, fīgere, fīxī, fīxus: fix, fasten, affix, pierce, attack
figūra-ae, f: form, shape, image, appearance
fīlia-ae, f: daughter II, 15
fīlius-ī, m: son II, 15
findō, findere, fidī, fissus: split
fingō, fingere, fīnxī, fictus: shape, form, make, manufacture, make up, create II, 11, 14
fīniō-īre-īvī-ītus: finish
fīnis-is, m: end; pl **fīnēs,** boundary of a country, territory I, 21
fīnitimus-a-um: neighboring, adjacent; as m pl noun, neighbors II, 18
fīō, fierī (and **fierī**): be made, become, be done, happen, occur II, 4
firmāmentum-ī, n: foundation I, 22
firmus-a-um: firm, strong II, 19
fiscus-ī, m: box (particularly one to hold money), state treasury II, 8
fīxus-a-um: fixed, immovable
flāgitiōsus-a-um: disgraceful
flāgitō-āre-āvī-ātus: ask for vigorously II, 23
flamma-ae, f: flame
flammifer, flammifera, flammiferum: flaming
flēbilis-e: unhappy
flectō, flectere, flexī, flexus: bend, influence, turn II, 10
fleō, flēre, flēvī, flētus: weep, weep for, wail, bewail I, 18
flētus-ūs, m: weeping I, 18
flōreō, flōrēre, flōruī: be in one's prime, prosper, flourish
flōs, flōris, m: flower I, 22
flūmen, flūminis, n: river I, 13
fluō, fluere, flūxī: flow, pass (of time)
fluvius-ī, m: stream, river II, 8
focus-ī, m: fireplace, hearth
fodiō, fodere, fōdī, fossus: dig, stab II, 14
foedus-a-um: foul, filthy, disgusting, ugly II, 9
foedus, foederis, n: compact, treaty, agreement, decree
folium-ī, n: leaf
fōns, fontis, m: spring, fountain I, 13

forās (defect noun, acc pl and abl pl only): **forās,** to the out-of-doors; **forīs,** abroad, outdoors, outside; from outside II, 14
forēs, forum, f (pl only): gate; door with two leaves
forma-ae, f: form, shape, beauty, appearance, size I, 13
formīca-ae, f: ant
formō-āre-āvī-ātus: form, fashion, mold
formōsus-a-um: beautiful, handsome I, 28
fornāx, fornācis, f: furnace
fors (defect noun, abl **forte**), f: chance, fortune II, 7
forsan (intensifier): perhaps II, 14
forsitan (intensifier): perhaps, perchance
fortasse (intensifier): perhaps
fortis-e: strong I, 13
fortitūdō, fortitūdinis, f: bravery, courage
fortuitus-a-um: accidental, chance II, 14
fortūna-ae, f: chance, fate; fortune, either good or bad I, 8
fortūnātus-a-um: lucky
forum-ī, n: marketplace, Forum, public life
fossa-ae, f: ditch, channel II, 21
fovea-ae, f: pit, pitfall I, 6
frāctūra-ae, f: breaking I, 18
fragilis-e: fragile, easily broken, transitory I, 17
frangō, frangere, frēgī, frāctus: break, break in pieces, be discouraged I, 14
frāter, frātris, m: brother II, 10
frāternus-a-um: belonging to a brother II, 23
fraus, fraudis, f: deception, trickery, trick I, 8
frēnī, frēnōrum, m (also **frēnum-ī,** n): bridle, bit, curb (for a horse); controls II, 15
frequēns (adj, gen **frequentis**): crowded, repeated, frequent, customary; pl, in great numbers II, 10
frīgiditās, frīgiditātis, f: coldness
frīgidus-a-um: cold, chilly, indifferent
frīgus, frīgoris, n: cold, coldness, cold of winter II, 16
frondeō, frondēre: put forth branches
frondicomus-a-um: leafy
frōns, frondis, f: leaf, foliage, hay
frōns, frontis, f: forehead, front, face, expression II, 10
frūctus-ūs, m: profit, fruit
frūgī (indecl adj): honest, thrifty

frūmentārius-a-um: rich in grain; **rēs frūmentāria,** grain supply II, 21
frūmentum-ī, n: grain II, 19
fruor, fruī, frūctus sum (w abl): enjoy II, 16
frūstrā (defect noun, abl sg only): in vain I, 30
frustum-ī, n: piece, morsel
frutex, fruticis, m: bush II, 16
frūx, frūgis, f (more common in pl): fruits, crops II, 24
fuga-ae, f: exile, banishment; **in fugam dare,** put to flight II, 21
fugāx (adj, gen **fugācis**): fleeing, fugitive
fugiō, fugere, fūgī: flee, flee from I, 28
fugitīvus-a-um: runaway; as noun, runaway slave or soldier II, 24
fulgeō, fulgēre, fulsī: shine, gleam I, 28
fulgor, fulgōris, m: brightness, glow
fulmen, fulminis, n: thunderbolt
fulmineus-a-um: making noise like thunder II, 15
fulvus-a-um: tawny
fūmus-ī, m: smoke
fūnambulus-ī, m: tightrope walker
funda-ae, f: sling
funditus (noun substitutor): from the bottom, thoroughly, completely II, 14
fundō, fundere, fūdī, fūsus: pour out, scatter, rout, defeat
fūnestus-a-um: disastrous, deadly
fungus-ī, m: mushroom, fungus
fūnis, fūnis, m: rope
fūnus, fūneris, n: funeral, funeral rites, death, slaughter, destruction II, 3
fūr, fūris, m&f: thief I, 8
furca-ae, f: fork; instrument of punishment, with two prongs to which victim's arms were tied
furiō-āre-āvī-ātus: make furious, drive mad, infuriate
furiōsus-a-um: insane II, 6
furor, furōris, m: madness, insanity, anger, rage I, 17
fūror-ārī-ātus sum: steal, pilfer
fūrtim (adv): secretly
fūrtīvus-a-um: stealthy
fūrtum-ī, n: theft II, 11
fūstis, fūstis, m: stick

futūrus-a-um: future; as n noun, future I, 26

Gallī-ōrum, m: general term for the Celtic people who lived in Western Europe
Gallicus-a-um: Gallic II, 17, 23
garriō-īre-īvī: chatter
garrulitās, garrulitātis, f: talkativeness
gaudeō, gaudēre, gāvīsus sum (semi-deponent): rejoice, be glad, enjoy; (w acc) rejoice over II, 4
gaudium-ī, n: joy, pleasure
gelidus-a-um: cool, chilly
gelō-āre-āvī-ātus: freeze I, 28
gelū-ūs, n: ice
geminō-āre-āvī-ātus: double
geminus-a-um: twin, double
gemitus-ūs, m: groan
gemma-ae, f: gem
gemō, gemere, gemuī, gemitus: groan, mourn for
gena-ae, f: cheek I, 30
gener, generī, m: son-in-law
generō-āre-āvī-ātus: engender, father, produce, beget; (passive) spring from, descend from
genetrīx, genetrīcis, f: mother
genitīvus-a-um: genitive I, 20
genitūra-ae, f: horoscope
gēns, gentis, f: race or clan, group of several families joined together by common descent and name; people, nation, foreign nation
genū-ūs, n: knee
genūflectō, genūflectere, genūflexī: kneel
genus, generis, n: kind, species; descent, origin; race, family; gender I, 13, 26
Germānī-ōrum, m: a people living on the northern side of the Rhine
germānus-a-um: twin
gerō, gerere, gessī, gestus (word with extremely wide range of meanings): carry, bear, wear; (with parts of the body) have; **bellum gerere,** carry on war; **sē gerere,** conduct oneself II, 12
gestō-āre-āvī-ātus: carry, bear about
gignō, gignere, genuī, genitus: bear, bring forth, father, create

gladiātor, gladiātōris, m: gladiator
gladius-ī, m: sword II, 9
glōria-ae, f: fame, renown, glory I, 22
glōrior-ārī-ātus sum: boast, brag, claim glory II, 15
gracilis-e: slender, thin, graceful
grāculus-ī, m: jackdaw (type of European crow)
gradior, gradī, gressus sum: walk
gradus-ūs, m: step (of a building), step (in walking), position, post I, 10
Graecus-a-um: Greek I, 24
grāmen, grāminis, n: grass
grammaticē, grammaticēs, f (Greek form): grammar
grammaticus-ī, m: grammarian II, 6
grandis-e: large, grand, big II, 9
grānum-ī, n: grain, seed
grātia-ae, f: personal regard, liking, love; charm, beauty; kindness, favor, courtesy; thanks, gratitude; abl sg **grātiā,** (w gen) for the sake of; **exemplī grātiā,** for example; **grātiās agere,** express thanks; abl pl **grātīs,** for nothing II, 16
grātus-a-um: pleasing, welcome, thankful, grateful I, 20; II, 16
gravis-e: heavy, important, serious, strong, troublesome, painful, severe I, 16
gravitās, gravitātis, f: heaviness I, 18
gravō-āre-āvī-ātus: burden, weigh down, load II, 8
gremium-ī, n: lap
gressus-ūs, m: step
grex, gregis, m: herd, flock II, 14
gruis, gruis, m&f: crane
gubernāculum-ī, n: rudder
gubernātor, gubernātōris, m: helmsman
gubernō-āre-āvī: govern
gula-ae, f: gullet, throat; gluttony
gurges, gurgitis, m: whirlpool, current, stream, sea, fountain
gustō-āre-āvī-ātus: taste
gutta-ae, f: drop, spot

habeō, habēre, habuī, habitus: have, hold, treat, consider, cast (of a shadow) I, 6, 7
habitō-āre-āvī: live, dwell
habitus-ūs, m: style, nature, character
haereō, haerēre, haesī, haesus: stick, remain II, 12

hāmus-ī, m: hook, fish-hook II, 6
harēna-ae, f: sand
harundō, harundinis, f: arrow
haud (negator): not, not at all
hauriō, haurīre, hausī, haustus: drink, empty
haustus-ūs, m: act of drinking, a drink II, 11
hebetō-āre-āvī-ātus: make dull, dim
Helvētī-ōrum, m: inhabitants of what is now Switzerland
hēmitritaeus-a-um: pertaining to a type of malaria
herba-ae, f: stalk, leaf, grass
hērēs, hērēdis, m&f: heir, **relinquere hērēdem,** to make (someone) one's heir II, 6
herī (noun substitutor): yesterday I, 26
hērōs, hērōis, m: hero
Hesperus-ī, m: the Evening Star (usually Venus or Mercury)
heu (interj): alas!
heus (interj): hey! II, 14
hībernus-a-um: wintry, of winter; as n pl noun, winter quarters II, 21
hic, haec, hoc: this (near the person speaking); the latter I, 12
hīc (noun substitutor): in this place, at this time, now, then II, 5
hiemālis-e: wintry, of winter
hiemō-āre-āvī: pass the winter II, 21
hiems, hiemis, f: winter, stormy weather, storm
hilaris-e: cheerful I, 4
hilaritās, hilaritātis, f: cheerfulness I, 18
hinc (noun substitutor): from, hence, from this time, henceforth II, 14
hircus-ī, m: male goat II, 12
hirsūtus-a-um: hairy
historia-ae, f: history II, 6
hodiē (defect noun, abl sg only): today I, 26
homō, hominis, m: human being, man; **pl hominēs,** mankind I, 17
honestus-a-um: honest, honorable, virtuous; as n noun, morality, virtue I, 21
honor, honōris, m: an honor given to someone, glory, respect, office of dignity, a public office II, 7
honōrātus-a-um: honored, distinguished, respected
honōrificē (adv): with honor, in an honorable manner
honorō-āre-āvī-ātus: honor, show respect to
hōra-ae, f: hour I, 22

hordeum-ī, n: barley II, 8
hōrologium-ī, n: clock (either a water clock or sundial)
horrendus-a-um: terrible, horrible, frightful, dreadful II, 16
horrēscō, horrēscere, horruī: shudder
horribilis-e: horrible, frightful II, 19
horridus-a-um: rough, bristly, horrid, crude, savage
hortor-ārī-ātus sum: urge, encourage II, 23
hortus-ī, m: garden; pl **hortī,** park
hospes, hospitis, m&f: host, guest, stranger I, 29
hospitium-ī, n: hospitality, visit
hostīlis-e: belonging to one's enemy, hostile; as n pl noun, **hostīlia-ium,** hostile acts II, 15
hostis, hostis, m&f: enemy in war II, 15
hūc (noun substitutor): to this place, up to this time
hūmānitās, hūmānitātis, f: civilization, culture II, 17
hūmānus-a-um: belonging to mankind, human I, 23
humerus-ī, m: shoulder
hūmidus-a-um: wet, moist
hūmor, hūmōris, m: fluid
hydrus-ī, m: water snake

I: abbreviation for **ūnus** (1)
ibī (noun substitutor): there
ibīdem (noun substitutor): in the same place, in that very place
īcō, īcere, īcī, ictus: strike, hit; **icere foedus,** make a treaty
ictus-ūs, m: blow, slash, thrust II, 15
īdem, eadem, idem: same; **idem ac,** the same as I, 30
ideō (noun substitutor): on that account, therefore
idōneus-a-um: fit, appropriate, suitable
Īdūs, Īduum, f: the Ides, one of the three days in the month from which the Romans reckoned dates. "In March, July, October, May,/ the Ides come on the fifteenth day"; in other months, the Ides come on the tenth day. II, 20
igitur (sentence connector): therefore II, 8
īgnārus-a-um: ignorant of, unacquainted with, unknowing
īgnāvia-ae, f: cowardice I, 17
īgnāvus-a-um: cowardly, slow; as noun, coward I, 13, 15
ignis, ignis, m: fire II, 19
īgnōbilis-e: dishonorable
īgnōminia-ae, f: digrace, dishonor
īgnōminiōsus-a-um: disgraceful

īgnōrantia-ae, f: lack of knowledge, ignorance
īgnōrātiō, īgnōrātiōnis, f: ignorance
īgnōrō-āre-āvī-ātus: be ignorant of, not know II, 24
īgnōscō, īgnōscere, īgnōvī, īgnōtus (w dat): overlook, forgive, pardon, excuse II, 10
īgnōtus-a-um: unknown, obscure II, 16
ille, illa, illud: that one (away from the speaker); he, she, it; the former (in contrast to **hic,** the latter) I, 17
illīc (noun substitutor): there, in that place II, 23
illiciō, illicere, illēxī, illectus: entice, inveigle
illiterātus-a-um: unable to read or write, illiterate
illō (noun substitutor): to that place
illūc (noun substitutor): thither, to that place
illūminō-āre-āvī-ātus: light up, illuminate
illūstris-e: illustrious
imāgō, imāginis, f: image, likeness, statue I, 22
imber, imbris, m: rainstorm, shower
imbrifer, imbrifera, imbriferum: rainy
imitātiō, imitātiōnis, f: imitation I, 10
imitor-ārī-ātus sum: imitate, pretend, act like II, 9
immānis-e: immense, savage, horrible, inhuman
immātūrus-a-um: immature, too early, premature
immemor (adj, gen **immemoris**): forgetful
immēnsus-a-um: boundless
immeritus-a-um: undeserved; as abl n noun, **immeritō,** undeservedly
immisceō, immiscēre, immiscuī, immixtus: intermingle
immittō, immittere, immīsī, immissus: send in, go in, let down into some place, attack II, 12
immō (sentence connector, indicating a very strong negative reaction to what was just said): oh no, not at all, on the contrary, no indeed II, 9
immōbilis-e: immovable
immoderātus-a-um: immoderate, unrestrained
immodicē (adv): without restraint
immortālis-e: immortal I, 24
immōtus-a-um: still
immūnis-e: safe, free, exempt
impār (adj, gen **imparis**): uneven, unequal to
impatiēns (adj, gen **impatientis**): impatient
impatientia-ae, f: impatience

impedīmentum-ī, n: hindrance; baggage of an army II, 24
impediō-īre-īvī-ītus: hinder, impede, prevent II, 15
impellō, impellere, impulī, impulsus: drive (on), incite, impel II, 7
impendeō, impendēre: hang over II, 20
imperātīvus-a-um: imperative (mood) II, 11
imperātor, imperātōris, m: commander, general, Roman emperor
imperfectus-a-um: unfinished, imperfect
imperītus-a-um: inexperienced
imperium-ī, n: command, rule, power, political power, authority II, 18
imperō-āre-āvī-ātus (w dat): order, rule over I, 21
impetrō-āre-āvī-ātus: obtain, obtain by asking II, 21
impetus-ūs, m: rush, attack, offensive II, 16
impleō, implēre, implēvī, implētus: fill, complete, perform
implōrō-āre-āvī-ātus: implore, beg for
impōnō, impōnere, imposuī, impositus: put, put on, give in, place on, put an end to, cheat I, 21, 29
importō-āre-āvī-ātus: bring in II, 17
improbābilis-e: improbable
improbitās, improbitātis, f: wickedness, evil II, 12
improbus-a-um: wicked, dishonest II, 11
imprōvīsus-a-um: unexpected II, 22
imprūdēns (adj, gen **imprūdentis**): unwary, imprudent, careless II, 16
imprūdentia-ae, f: lack of foresight; ignorance, lack of knowledge
impudēns (adj, gen **impudentis**): impudent, rude; adv, **impudenter,** shamelessly
impūnis-e (rare as adj; common as n acc noun, **impūne,** to modify verb): without punishment II, 15
impūnitās, impūnitātis, f: freedom from punishment II, 22
impūnītus-a-um: unpunished
impūrus-a-um: unclean, foul, impure I, 13
imputō-āre-āvī-ātus: enter in someone's account (like a bill); charge or credit something to someone II, 16
īmus-a-um (super of **īnferus**): bottom part of, lowest II, 14
in (prep w acc and abl): against, in, on, to I, 9; II, 2
inaequābilis-e: unequal, uneven
inaequālis-e: unequal II, 13
inānis-e: empty, useless, vain; as n noun, void, vacuum II, 16
incautus-a-um: careless, rash, unprovided

incēdō, incēdere, incessī: walk
incendō, incendere, incendī, incēnsus: set fire to, burn, set on fire II, 20
incertus-a-um: uncertain I, 11, 26
incidō, incidere, incidī: fall (into)
incipiō, incipere, incēpī, inceptus: begin I, 30
incitō-āre-āvī-ātus: drive forward, urge on, excite, stir up II, 11
inclīnātus-a-um: inclined, prone
inclūdō, inclūdere, inclūsī, inclūsus: shut in
inclutus-a-um: famous
incognitus-a-um: unknown
incohō-āre-āvī-ātus: begin
incola-ae, m&f: inhabitant, dweller II, 13
incolō, incolere, incoluī, incultus: inhabit II, 17
incolumis-e: unharmed, uninjured, safe
incommodum-ī, n: difficulty II, 22
incōnsōlābilis-e: inconsolable
incōnstantia-ae, f: inconsistency
incrēdibilis-e: unbelievable II, 21
incrēmentum-ī, n: growth
incultus-a-um: uneducated, uncouth, unrefined, rude
incursō-āre-āvī-ātus: attack
incūsō-āre-āvī-ātus: accuse, blame, find fault with
indāgō-āre-āvī-ātus: track down, explore, investigate
inde (noun substitutor): from this place, from this time, then, there upon II, 14
indecēns (adj, gen **indecentis**): improper, unsightly, ugly II, 10
index, indicis, m: betrayer I, 22
indicātīvus-a-um: indicative (mood) II, 4
indicium-ī, n: evidence, information, sign, token II, 19
indicō-āre-āvī-ātus: show, indicate I, 18
indīcō, indīcere, indīxī, indictus: indicate, proclaim, declare war
indigēns (adj, gen **indigentis**): in need; as m noun, needy person
indīgnor-ārī-ātus sum: be indignant, consider unworthy II, 9
indīgnus-a-um: unworthy, unbecoming, disgraceful; **indīgnē ferre,** be indignant, resent II, 15
indīvīsiō, indīvīsiōnis, f: indivisibility
indoctus-a-um: ignorant
indūcō, indūcere, indūxī, inductus: lead, influence, bring in II, 18
indulgeō, indulgēre, indulsī: be generous, allow, concede

industria-ae, f: diligence, ability
indūtiae-ārum, f (pl only): truce
inedia-ae, f: hunger, lack of eating II, 14
ineō, inīre, iniī, initūrus: go in, come in, enter; go into, come into, enter upon
inermis-e: unarmed, defenseless, harmless
iners (adj, gen **inertis**): sluggish, clumsy
īnfāmis-e: infamous, disreputable, dishonorable
īnfāns (adj, gen **īnfantis**): not speaking; as m&f noun, baby, child I, 5
īnfaustus-a-um: unlucky, unfortunate, cursed
īnfectus-a-um: undone
īnfēlīx (adj, gen **īnfēlīcis**): unhappy, unfortunate, wretched, bringing trouble II, 15
īnferior, īnferius (comp of **īnferus**): lower, lower in station or rank II, 11
īnfernus-a-um: of the lower world, infernal
īnferō, īnferre, intulī, illātus: bring in; **bellum īnferre** (w dat), make war on someone II, 11
īnferus-a-um: below, lower; as m sg noun, the Lower World; as m pl noun, the dead, the Lower World; comp, see **īnferior;** super, see **īmus** or **īnfimus**
īnfēstō-āre-āvī-ātus: trouble, infest
īnfēstus-a-um: hostile, angry II, 15
īnfimus-a-um (super of **īnferus**): lowest, deepest, last
īnfīnītīvum-ī, n: infinitive II, 2
īnfīnītus-a-um: infinite, innumerable, endless, immense
īnfirmus-a-um: weak, sickly
īnflectō, īnflectere, īnflexī, īnflectus: bend, bend in II, 24
īnflō-āre-āvī-ātus: blow up, inflate, blow into II, 9
īnfluō, īnfluere, īnflūxī: flow into II, 21
īnfrā (prep w acc): below, to the south of
īnfrā (noun substitutor): below here
īnfringō, īnfringere, īnfrēgī, īnfrāctus: weaken
īnfundō, īnfundere, īnfūdī, īnfūsus: pour in, scatter into the air
ingemō, ingemere, ingemuī: groan over something II, 12
ingenium-ī, n: nature, character, talent, genius
ingēns (adj, gen **ingentis**): enormous, outstanding, big II, 1
ingenuus-a-um: free-born, of free birth
ingluviēs, ingluviēī, f: gluttony

ingrātus-a-um: unpleasant, ungrateful I, 20
inhaereō, inhaerēre, inhaesī, inhaesus: cling (in something), remain, stick in, stay in, adhere to II, 16
inhūmānus-a-um: barbarous, inhuman
inimīcitia-ae, f: hatred
inimīcus-a-um: unfriendly II, 20; as noun, personal enemy
inīquus-a-um: unfair, unjust
initium-ī, n: beginning II, 17
injūria-ae, f: insult, injury, injustice; (w gen) wrong done to II, 12
injussū (defect noun, abl sg only): without an order II, 23
injūstus-a-um: unfair, unjust I, 24
innāscor, innāscī, innātus sum: be born, grow, arise in or upon
innātus-a-um: innate
innocēns (adj, gen **innocentis**): harmless, innocent, inoffensive I, 19
innocentia-ae, f: innocence
innocuus-a-um: blameless, guiltless, innocent
innōtēscō, innōtēscere, innōtuī: become known II, 13
innoxius-a-um: harmless
innumerābilis-e: innumerable
innumerus-a-um: countless, innumerable
inopia-ae, f: lack II, 24
inopīnāns (adj, gen **inopīnantis**): unaware II, 21
inops (adj, gen **inopis**): without means, poor, helpless I, 20
inōrnātus-a-um: unadorned, plain
inquam (irreg and defect verb, only **inquam, inquis, inquit** in common use; always follows one or more words of direct quotation): say II, 5
inquiētus-a-um: unquiet
inquilīnus-ī, m: tenant
inquinō-āre-āvī-ātus: make dirty
īnsānia-ae, f: madness, frenzy
īnsāniō-īre-īvī: be mad, crazy II, 18
īnsānus-a-um: of unsound mind, mad, insane; as noun, crazy person I, 13
īnsatiābilis-e: insatiable
īnsciēns (adj, gen **īnscientis**): unaware II, 23
īnscius-a-um: unaware, not knowing II, 12

īnscrībō, īnscrībere, īnscrīpsī, īnscrīptus: write on, inscribe (as on monuments), entitle II, 13
īnscrīptiō, īnscrīptiōnis, f: inscription
īnsecābilis-e: indivisible, uncuttable
īnsequor, īnsequī, īnsecūtus sum: follow after, succeed, follow II, 23
īnserō, īnserere, īnseruī, īnsertus: let in, insert
īnsidiae-ārum, f (pl only): ambush; conspiracy I, 18
īnsidior-ārī-ātus sum: plot against
īnsidiōsus-a-um: treacherous II, 14
īnsīgne, īnsīgnis, n: distinguishing mark, insignia, badge, sign, standard II, 23
īnsīgnis-e: distinguished, outstanding, remarkable II, 15
īnsiliō, īnsilīre, īnsiluī: jump on
īnsinuō-āre-āvī-ātus: insinuate, penetrate, work one's way in
īnsistō, īnsistere, īnstitī: stand still, halt
īnsolēns (adj, gen **īnsolentis**): insolent, impolite, presumptuous, arrogant II, 16
īnspiciō, īnspicere, īnspexī, īnspectus: look into, look at, examine, inspect II, 15
īnspīrō-āre-āvī-ātus: blow upon, breathe into
īnstabilis-e: unstable, inconstant, uncertain
īnstituō, īnstituere, īnstituī, īnstitūtus: arrange, instruct, teach, institute, establish II, 22
īnstitūtum-ī, n: institution II, 17
īnstō, īnstāre, īnstitī: pursue eagerly, threaten, urge, insist, stand in or on, hang over; (of time or events) be near, approach II, 9
īnstrūmentum-ī, n: instrument, equipment, implement I, 22
īnstruō, īnstruere, īnstrūxī, īnstrūctus: equip, furnish with, construct, arrange, train, draw up; **aciem īnstruere,** draw up a battle line II, 23
īnsuēfactus-a-um: well-trained
īnsuētus-a-um: unaccustomed, strange, new II, 16
īnsula-ae, f: island
īnsulsus-a-um: absurd, foolish
īnsultō-āre-āvī-ātus: jump up and down; (w dat) insult II, 15
īnsum, inesse, īnfuī, īnfutūrus: be in, belong to
integer, integra, integrum: whole, intact

integritās, integritātis, f: integrity
intellegō, intellegere, intellēxī, intellēctus: learn, understand, know II, 21
intemperāns (adj, gen **intemperantis**): unrestrained, uncontrolled, intemperate; as noun, unrestrained person I, 7
intendō, intendere, intendī, intentus: aim, stretch, stretch hard, intend II, 9, 16
intemperantia-ae, f: intemperance I, 17
inter (prep w acc): between, among, in the midst of I, 27
intercēdō, intercēdere, intercessī: come between, intervene II, 20
intercidō, intercidere, intercidī: perish
interclūdō, interclūdere, interclūsī, interclūsus: shut off; (w abl) shut off from II, 24
interdiū (defect noun, abl sg only): in the daytime II, 21
interdum (noun substitutor): sometimes II, 22
intereā (noun substitutor): meanwhile II, 21
interfector, interfectōris, m: murderer
interficiō, interficere, interfēcī, interfectus: kill II, 7
interim (adv and noun substitutor): meanwhile II, 23
interimō, interimere, interēmī, interēmptus: kill, murder
interior, interius: inner, interior
interjectiō, interjectiōnis, f: interjection, word of exclamation II, 14
interjiciō, interjicere, interjēcī, interjectus: put between; **annō interjectō**, after an interval of a year
intermittō, intermittere, intermīsī, intermissus: stop, cease, let up, omit II, 24
interneciō, interneciōnis, f: destruction, extermination II, 22
interpōnō, interpōnere, interposuī, interpositus: interpose; **paucīs diēbus interpositīs**, after a few days
interpres, interpretis, m&f: interpreter II, 23
interritus-a-um: unterrified
interrogō-āre-āvī-ātus: ask, question II, 9
intersum, interesse, interfuī, interfutūrus: be present at, take part in II, 23
intervallum-ī, n: interval II, 23
interveniō, intervenīre, intervēnī: come up, intervene, occur
intestīnum-ī, n: intestines
intolerābilis-e: intolerable, unbearable II, 9

intrā (prep w acc): within, inside
intrā (noun substitutor): within, inside
intrānsitīvus-a-um: intransitive (verb) II, 5
intrītus-a-um: crushed
intrō-āre-āvī-ātus: go into, enter
introëō, introīre, introiī, introitūrus: go into, go through, enter
intueor, intuērī, intuitus sum: look at, gaze at
intus (noun substitutor): inside
inultus-a-um: unavenged
inūsitātus-a-um: strange, unusual
inūtilis-e: useless
invādō, invādere, invāsī, invāsus: invade, attack, usurp, seize
inveniō, invenīre, invēnī, inventus: find, invent I, 13
inventor, inventōris, m: inventor I, 18
inventrīx, inventrīcis, f: inventor, discoverer
investīgō-āre-āvī-ātus: track, search out, investigate
invictus-a-um: invincible
invideō, invidēre, invīdī, invīsus: envy II, 12
invidia-ae, f: envy II, 9
invidus-a-um: envious
invītātor, invītātōris, m: summoner
invītō-āre-āvī-ātus: invite, summon
invītus-a-um: unwilling, against one's will II, 15
invius-a-um: impassable, without roads
invocātiō, invocātiōnis, f: invitation
invocō-āre-āvī-ātus: call upon, invite
ipse, ipsa, ipsum: (he) himself, (she) herself, (it) itself I, 22
īra-ae, f: anger I, 17
īrācundia-ae, f: anger
īrācundus-a-um: angry II, 15
īrāscor, īrāscī, īrātus sum: grow angry II, 10
īrātus-a-um: angry; as noun, angry person I, 8
irreparābilis-e: irreplaceable
irrequiētus-a-um: restless, without sleep
irreverentia-ae, f: lack of respect
irrīdeō, irrīdēre, irrīsī, irrīsus: mock, ridicule, laugh at II, 7
irrigātiō, irrigātiōnis, f: inundation, flood
irrītō-āre-āvī-ātus: irritate, anger I, 8
irritus-a-um: useless II, 14
irrōrō-āre-āvī-ātus: sprinkle

irrumpō, irrumpere, irrūpī, irruptus: break in, invade
is, ea, id (pronoun or adj): (as personal pronoun) he, she, it; (pl) they; (as indef pronoun or adj) this, that. **Is, ea, id** do not point out the relative location of the thing or person referred to, as do **hic, ille,** and **iste.** II, 14
Isaurī-ōrum, m: the Isaurians, a people of southern Asia Minor
Īsēum-ī, n: temple of Isis, an Egyptian goddess whose cult became popular in Rome
iste, ista, istud (pronoun or adj): the person or thing near you; that one of yours, that one beside you II, 2
istīc (noun substitutor): in that place near you II, 5
ita (noun substitutor): in this way, thus II, 7
ita (qualifier and intensifier): in this way, thus
Italicus-a-um: Italian
itaque (sentence connector): and so
item (noun substitutor): in the same way, likewise II, 19
iter, itineris, n: journey, trip, route; **iter facere,** take a trip, journey II, 19
iterum (noun substitutor): again, a second time, on the other hand

jaceō, jacēre, jacuī: lie (in a place), lie down, lie low, lie dead II, 9
jaciō, jacere, jēcī, jactus: throw, hurl, scatter II, 14
jactō-āre-āvī-ātus: throw, fling about; keep throwing, brandish, shake; talk loudly, claim loudly; lay low II, 8, 13, 15
jactūra-ae, f: loss
jactus-ūs, m: throwing
jam (intensifier): now, already, at this time; **sī jam,** even if; **nōn jam,** no longer I, 26
jānua-ae, f: door
jējūnium-ī, n: hunger
jocus-ī, m: joke; **per jocum,** in jest II, 15
jubeō, jubēre, jussī, jussus: order, command, bid II, 14
jūbilum-ī, n: shout, cry
jūcunditās, jūcunditātis, f: pleasantness
jūcundus-a-um: pleasant, darling I, 23
jūdex, jūdicis, m: judge I, 10
jūdicium-ī, n: trial, judgment II, 19
jūdicō-āre-āvī-ātus: judge I, 19

jūgerum-ī, n: a measure of land, about two-thirds of an acre
jugulō-āre-āvī-ātus: cut the throat, destroy
jugum-ī, n: yoke, team of oxen or horses; symbol of humiliating defeat; mountain range II, 20, 23
jūmentum-ī, n: pack animal (such as an ox or a horse) II, 19
jungō, jungere, jūnxī, jūnctus: join, connect, harness II, 21
jūnior, jūnius (comp of **juvenis**): younger
jūrgium-ī, n: altercation, quarrel II, 11
jūrō-āre-āvī-ātus: swear II, 19
jūs, jūris, n: right, law; **jūs trium līberōrum,** an honor given to men who had three or more children. (Later it was given as an honorary award, even to bachelors, like Martial.) II, 10
jūs jūrandum, jūris jūrandī, n: oath II, 19
jussū, m (def noun, abl sg only): by order
jussum-ī, n: command, order
jūstitia-ae, f: justice I, 23
jūstus-a-um: just I, 17
juvenīlis-e: youthful
juvenis (adj, gen **juvenis**): young; as noun, young man or woman I, 9
juventa-ae, f: youth
juventūs, juventūtis, f: youth
juvō, juvāre, jūvī, jūtus: help, aid, please; **juvat (aliquem),** it pleases (someone) II, 2
juxtā (prep w acc): near, near to
juxtā (noun substitutor): near here

Kalendae-ārum, f: first day of the Roman month II, 20

labor, labōris, m: work, effort; distress, trouble I, 27
lābor, lābī, lāpsus sum: fall down, flow, glide by
labōriōsus-a-um: industrious
labōrō-āre-āvī: work hard, be oppressed, be troubled, be in difficulty II, 16
lac, lactis, n: milk
Lacedaemonius-a-um: Spartan; as pl noun, Spartans
lacerna-ae, f: cloak
lacerō-āre-āvī-ātus: tear to pieces, torture II, 11
lacerta-ae, f: lizard
lacertus-ī, m: unknown type of fish

lacessō, lacessere, lacessīvī, lacessītus: provoke, harass, annoy, irritate II, 23
lacrima-ae, f: tear I, 14
lacrimābilis-e: lamentable, tearful
lacrimō-āre-āvī and **lacrimor-ārī-ātus sum:** weep, cry
lactūca-ae, f: lettuce
lacus-ūs, m: lake I, 10
laedō, laedere, laesī, laesus: injure, harm I, 19
laetābilis-e: joyful, glad, blessed
laetitia-ae, f: rejoicing
laetor-ārī, laetātus sum: be happy II, 15
laetus-a-um: fortunate, happy, glad, cheerful II, 14
laevus-a-um: left, on the left side
lagōna-ae, f: large earthen jar with handles and a narrow neck; flask, bottle, decanter II, 10
lambō, lambere, lambī, lambitus: lick
lāna-ae, f: wool, wool-spinning II, 11
langueō, languēre: languish, lie in bed sick I, 28
languidus-a-um: weak, failing
lānificium-ī, n: manufacture of wool
lāniger, lānigera, lānigerum: wool-bearing II, 11
lapillus-ī, m: little stone, pebble
lapis, lapidis, m: stone, milestone II, 9
lārgior-īrī, lārgītus sum: give abundantly, be generous, give, bestow II, 23
lārgītiō, lārgītiōnis, f: generosity II, 21
lārgus-a-um: abundant, ample, generous II, 14
lascīvus-a-um: playful
lassō-āre-āvī-ātus: make weary, tire
lassus-a-um: tired, exhausted
latebra-ae, f: hiding-place
latēns (adj, gen **latentis**): concealed, hidden
lateō, latēre, latuī: lie hidden, hide, be concealed, keep out of sight
latibulum-ī, n: hiding-place
Latīnus-a-um: pertaining to Latium; later, Roman I, 30
lātitūdō, lātitūdinis, f: breadth II, 18
lātrātus-ūs: barking
latrīna-ae, f: toilet, lavatory
latrō, latrōnis, m: robber, highwayman, pirate, bandit II, 8
lātrō-āre-āvī-ātus: bark II, 14

latrōcinor-ārī-ātus sum: practice robbery or piracy
latus, lateris, n: side II, 24
lātus-a-um: broad, wide; **in lātum crēscere,** to grow broad II, 9
laudātiō, laudātiōnis, f: act of praising I, 18
laudātor, laudātōris, m: one who praises I, 18
laudātus-a-um: praise I, 12
laudō-āre-āvī-ātus: praise I, 12
laurea-ae, f: laurel tree; laurel crown as sign of victory
laureus-a-um: of laurel
laurus-ī, f: laurel tree
laus, laudis, f: praise, glory I, 8
lavātiō, lavātiōnis, f: act of washing I, 18
lavō-āre, lāvī, lōtus: wash I, 4, 30
laxō-āre, laxāvī, laxātus: unstring I, 29
laxus-a-um: relaxed; of skin, with open pores II, 16
lēctiō, lēctiōnis, f: reading II, 11
lēctor, lēctōris, m: reader
lectus-ī, m: bed
lēctus-a-um: excellent, picked
lēgātiō, lēgātiōnis, f: office of an ambassador, embassy, mission II, 19
lēgātus-ī, m: ambassador, deputy, lieutenant-general II, 20, 21
legiō, legiōnis, f: legion, basic unit of the Roman army, consisting primarily of ten "cohorts" of foot-soldiers and 300 cavalry. Over the centuries of Roman history the composition of the legion varied; the paper strength was between 4,200 and 6,000 men, but the actual fighting strength was usually around 3,600 men. II, 20
legō, legere, lēgī, lēctus: gather, read II, 2, 14
lēnis-e: soft, gentle
lēnitās, lēnitātis, f: gentleness, mildness, slowness II, 21
lentus-a-um: slow, lingering
leō, leōnis, m: lion I, 5
leōnīnus-a-um: of a lion
lepidus-a-um: pretty, nice, clever I, 26
leprōsus-a-um: suffering from leprosy
lepus, leporis, m: rabbit I, 28
lētum-ī, n: death, destruction II, 16
levis-e: light, delicate, unimportant, fickle, unstable, frivolous I, 16
levitās, levitātis, f: fickleness, vanity, lightness I, 17

levō-āre-āvī-ātus: raise, lift up, relieve, support II, 15
lēx, lēgis, f: condition, law, decree I, 8
libellus-ī, m: little book I, 29
libenter (adv): gladly
liber, librī, m: book II, 5
līber, lībera, līberum: free; as pl noun, **līberī-ōrum,** children
līberālis-e: generous II, 14
līberālitās, liberālitātis, f: generosity II, 23
līberō-āre-āvī-ātus: free, liberate I, 26
lībertās, lībertātis, f: freedom, rights, liberty II, 3
lībertīnus-a-um: freedman
lībertus-ī, m: freedman
libet (impersonal verb, used in 3d person sg only): it pleases, one wants
libīdō, libīdinis, f: desire, appetite, passion, lust
lībō-āre-āvī-ātus: pour a libation (to the gods), consecrate
lībra-ae, f: Roman pound of 12 ounces
liburna-ae, f: light vessel, galley
Libycus-a-um: African, Libyan
licentia-ae, f: freedom, license, fury, lawlessness
liceor, licērī, licitus sum: bid (at auction) II, 23
licet, licēre, licuit: (impersonal verb, used in 3d person sg only): it is permitted, it is right II, 19
licet (subord conj w subj): although, granted that II, 10
ligneus-a-um: wooden
lignum-ī, n: wood, logs
ligō-āre-āvī-ātus: tie, bandage, bind II, 14
Ligurēs, Ligurum, m: people living along the northwest coast of Italy
līmen, līminis, n: horizontal part of a door, either the lintel or the threshold
līmus-ī, m: slime, mud
līnea-ae, f: line I, 12
lingua-ae, f: tongue, speech, language I, 22, 26
linquō, linquere, līquī, lictus: leave behind, abandon II, 21
linter, lintris, f: small boat II, 21
liquēscō, liquēscere, licuī: become liquid, melt
liquidum-ī, n: liquid
liquidus-a-um: flowing, liquid, clear, pure
liquor, liquōris, m: fluid, liquid, water, drink II, 11
līs, lītis, f: lawsuit I, 10

lītigō-āre-āvī: sue, go to law, quarrel I, 18
littera-ae, f: letter, literature, scholarship I, 18
lītus, lītoris, n: seashore
locuplēs (adj, gen **locuplētis**): rich II, 2
locus-ī, m (in pl, also **loca-ōrum,** n): place I, 10
longinquus-a-um: distant
longitūdō, longitūdinis, f: length II, 18
longus-a-um: longstanding, long I, 15
loquācitās, loquācitātis, f: talkativeness, loquacity
loquāx (adj, gen **loquācis**): talkative
loquor, loquī, locūtus sum: speak, say, cry out II, 1
lōrīca-ae, f: breastplate
Lūcānī, Lūcānōrum, m: a people living in southern Italy
lūceō, lūcēre, lūxī: shine
lūcifer, lūcifera, lūciferum: light-bearing
lucrum-ī, n: gain, profit II, 14
luctor-ārī-ātus sum: wrestle
lūctus-ūs, m: lamentation, grief, sorrow II, 15
lūcus-ī, m: grove
lūdō, lūdere, lūsī, lūsus: play, make fun of I, 27
lūdus-ī, m: game, public game, spectacle; school
lūgeō, lūgēre, lūxī: grieve; (with acc) mourn for II, 10
lūgubris-e: sad, mournful II, 10
lūmen, lūminis, n: light, eye II, 1
lūna-ae, f: moon I, 26
lupus-ī, m: wolf I, 5
luscus-a-um: one-eyed I, 30
Lūsitānus-a-um: Lusitanian (pertaining to a people living in western Spain)
lūstrō-āre-āvī-ātus: illumine
lūsus-ūs, m: game, pleasure, sport, fun II, 16
lutum-ī, n: mud
lūx, lūcis, f: light, day, love, sweetheart I, 28
luxuria-ae, f: excess, extravagance
lympha-ae, f: clear water (poetic word) II, 8
lyra-ae, f: ancient stringed instrument II, 6

M: abbreviation for **mīlle** (1,000)
Macedō, Macedonis, m: Macedonian
Macedonicus-a-um: Macedonian
maciēs-ēī, f: leanness, starvation

mactō-āre-āvī-ātus: slaughter
macula-ae, f: spot
madeō, madēre, maduī: be wet, become wet
madidus-a-um: moist, wet, soaking II, 16
maereō, maerēre: be sad, lament, grieve for
maeror, maerōris, m: grief, sorrow II, 10
maestus-a-um: sad II, 15
magis (adv): more II, 9
magis (qualifier): more
magister, magistrī, m: teacher; magistrate, public official; **magister equitum,** master of the horse (assistant to a dictator) I, 24
magistrātus-ūs, m: magistracy, office or dignity of a public official (**magister**), public office; officer of the law, as a consul, praetor, dictator, or master of the horse; a person who held such an office II, 7
magnificē (adv): magnificently
magnitūdō, magnitūdinis, f: size, great size, greatness II, 9
magnopere (noun substitutor): greatly II, 22
magnus-a-um (comp **major,** super **maximus**): great, large; older, oldest; **magnī aestimāre,** esteem highly I, 10, 16
majestās, majestātis, f: dignity, majesty; **reus majestātis,** person accused of high treason
major, majus (comp of **magnus**): larger, greater II, 9
majōrēs, majōrum, m&f: ancestors II, 2
male (adv): dishonorably, poorly, badly I, 19
male (qualifier): not very; poorly, badly
maledīcō, maledīcere, maledīxī, maledictus: curse
maledictum-ī, n: abuse
maleficium-ī, n: damage II, 20
malitia-ae, f: badness, malice I, 17
mālō, mālle, māluī: prefer
mālum-ī, n: apple; **pūnicum mālum,** pomegranate
malus-a-um: bad; as n noun, evil I, 12, 23
mālus-ī, m: mast (of a ship)
mancipium-ī, n: full possession
mandātum-ī, n: commission, order, message
mandō-āre-āvī-ātus: entrust, order, give instructions, hand down (a story) II, 21
mandō, mandere, mandī, mānsus: chew
māne (indecl noun): in the morning I, 30

maneō, manēre, mānsī: remain, stay, wait for, await I, 9
mānēs, mānium, m: departed spirits, spirits of the dead
manifēstus-a-um: clear, visible, unmistakable
manubiae-ārum, f (pl only): money obtained from the sale of booty, of which one part was put into the treasury, one part given to the soldiers, and the rest given to the general, who often spent it in erecting public buildings
manūmissus-a-um: manumitted, freed from the control of masters
manus-ūs, f: hand; group or band of men I, 4
mappa-ae, f: napkin
mare, maris, n: ocean, sea I, 19
margarīta-ae, f: pearl
margō, marginis, m&f: border, edge, hem II, 12
marīnus-a-um: of the sea, marine
maritimus-a-um: of the sea, maritime
marītus-ī, m: husband II, 10
marmor, marmoris, n: marble, stone II, 9
marmoreus-a-um: marble, made of marble
Mārtius-ī, m: March; **Kalendae Mārtiae,** March 1
masculīnus-a-um: masculine I, 26
Massicum-ī, n: famous wine grown in Campania II, 10
matara-ae, f: Gallic spear II, 24
māter, mātris, f: mother II, 15
māteria-ae, f: wood, timber
māternus-a-um: of a mother, maternal
mātrimōnium-ī, n: marriage, matrimony II, 9
mātrōna-ae, f: married woman, matron, wife
mātūrō-āre-āvī-ātus: hasten II, 20
mātūrus-a-um: ripe, mature, early, on time II, 7, 10
maximē (adv): very much, especially, greatly, in the greatest fashion I, 22
maximē (qualifier): very I, 22
maximus-a-um: greatest I, 22
Mēdī-ōrum, m: the Medes, a people who lived south of the Caspian Sea, frequently confused by the Romans with the Persians, Assyrians, and Parthians
medicīna-ae, f: medicine, operation, cure
medicus-a-um: healing; as m noun, doctor, physician I, 6
medietās, medietātis, f: one half; the middle, mean; a middle course
mediocris-e: mediocre, neither good nor bad II, 9

medius-a-um: middle, in the middle of, intermediate; as n noun, middle I, 13
medulla-ae, f: kernel, marrow of bones, core
Mēdus-a-um: Median, Persian
mehercułēs or **mehercułē** (interj, used only by men): by Hercules!
mel, mellis, n: honey
melior, melius: better II, 10
melos, melī, n (Greek nom): poetry, song
membrum-ī, n: part of the body, member, limb I, 13; II, 1
meminī, meminisse: have recalled, now remember, be mindful of, remember II, 5
memor (adj, gen **memoris**): mindful, having a good memory
memoria-ae, f: memory I, 23
mendāx (adj, gen **mendācis**): lying; as m noun, deceitful person, liar
mēns, mentis, f: mind, spirit, feelings I, 12
mēnsa-ae, f: table, course (of a meal)
mēnsis, mēnsis, m: month II, 2
mēnsūra-ae, f: amount, measure, size
mentiō, mentiōnis, f: mention
mentior, mentīrī, mentītus sum: tell a lie, lie, counterfeit II, 2
mentum-ī, n: chin
meō-āre-āvī: go, run, come
mercātor, mercātōris, m: merchant II, 17
mercēs, mercēdis, f: fee, price, reward
mereō, merēre, meruī, meritus and **mereor, merērī, meritus sum:** deserve, earn; (w **dē**) behave toward II, 21
mergō, mergere, mersī, mersus: plunge into liquid, immerse, sink
merīdiēs-ēī, m: noon, south
meritum-ī, n: deserts, merit, good action, service; abl **meritō,** deservedly, justly II, 8
metallum-ī, n: metal II, 5
mētior, mētīrī, mēnsus sum: measure, estimate, judge II, 23
metō, metere, messuī, messus: reap, gather, harvest, mow down
mētula-ae, f: turning mark (on race course)
metuō, metuere, metuī: fear, revere I, 6
metus-ūs, m: fear, awe II, 16
meus-a-um: my, mine I, 29
migrō-āre-āvī: move from one place to another, migrate, move away

mīles, mīlitis, m: common soldier, private, infantryman; (used collectively) soldiers, army II, 20
mīlitāris-e: military II, 23
mīlitia-ae, f: military service
mīlitō-āre-āvī: serve as a soldier
mīlle (indecl adj): thousand; **mīlle passuum,** a thousand paces, a Roman mile; pl (n noun), **mīlia, mīlium,** thousands
mīlliārium-ī, n: mile-stone
mīmus-ī, m: mime, farce II, 6
minimē (adv): not at all I, 13
minimē (qualifier): very little
minimus-a-um: tiny, smallest I, 22
minor, minus (comp adj, gen **minōris**): lesser I, 27
minuō, minuere, minuī, minūtus: make smaller, diminish
minus (qualifier): less
minūtia-ae, f: smallness, littleness, fineness
minūtus-a-um: small, minute
mīrābilis-e: wonderful, extraordinary, unusual II, 19
mīrāculum-ī, n: wonderful thing, miracle II, 16
mīror-ārī-ātus sum: admire, wonder at, be astonished at II, 1
misceō, miscēre, miscuī, mixtus: mix, mingle, confuse
miser, misera, miserum: miserable, wretched, unhappy, sad; as m noun, unhappy person
miserābilis-e: unhappy
miserandus-a-um: pitiful, poor, wretched
misereō, miserēre, miseruī and **misereor, miserērī, miseritus sum:** pity
miseria-ae, f: distress, unhappiness I, 22
Mithridāticus-a-um: Mithridatic, pertaining to Mithridates
mītigō-āre-āvī-ātus: make mild or soft, soothe
mītis-e: soft, gentle
mittō, mittere, mīsī, missus: lose, send, let go; hurl, shoot (arrow); release, send away I, 25
mōbilis-e: changeable, inconstant
mōbilitās, mōbilitātis, f: mobility
moderātiō, moderātiōnis, f: discipline, control, restraint
moderātus-a-um: restrained, controlled, moderate
moderor-ārī-ātus sum: regulate, restrain, control
modicus-a-um: moderate, slight
modius-ī, m: a Roman measure of wheat, equal to a peck; eight quarts

modo (intensifier): only, merely, just; (of time) just recently; (**nōn**) **modo,** (not) only; **modo . . . modo,** now . . . now I, 7
modus-ī, m: limit, manner, way, method, mood; **quō modō,** in what way; **ad modum,** wholly, quite, extremely II, 4
mola-ae, f: millstone, mill
molestus-a-um: troublesome II, 16
mōlior, mōlīrī, mōlītus sum: work hard, struggle, labor, do, contrive II, 12
mollēscō, mollēscere: become soft
molliō-īre-īvī-ītus: make soft
mollis-e: soft, tender, effeminate, weak
molō, molere, moluī, molitus: grind II, 20
mōmentum-ī, n: moment
moneō, monēre, monuī, monitus: remind, warn, ask, advise, give advice II, 2
monitus-ūs, m: advice, warning
mōns, montis, m: mountain, cliff II, 10
mōnstrō-āre-āvī-ātus: show, teach II, 10
mōnstrum-ī, n: monster, portent
montānus-a-um: of a mountain, mountainous
monumentum-ī, n: memorial, monument
mora-ae, f: delay
morbus-ī, m: disease
mordeō, mordēre, momordī, morsus: bite I, 5
morior, morī, mortuus sum: die II, 1
moror-ārī-ātus sum: delay II, 24
mors, mortis, f: death I, 20
morsus-ūs, m: bite I, 10
mortālis-e: mortal; as m noun, human I, 23
mortifer (and **mortiferus**), **mortifera, mortiferum:** causing death, fatal
mortuus-a-um: dead; as noun, dead person I, 23
morula-ae, f: delay
mōs, mōris, m: custom, manner, morals I, 17
mōtiō, mōtiōnis, f: movement, motion
mōtus-ūs, m: motion, movement, rebellion
moveō, movēre, mōvī, mōtus: move, pass, cause, arouse, influence I, 21
mox (noun substitutor): soon, then II, 15
mucrō, mucrōnis, m: sharp point or edge
mūla-ae, f: female mule II, 5

mulcō-āre-āvī-ātus: thrash, punish
muliebris-e: womanly, feminine
mulier, mulieris, f: woman I, 19
multitūdō, multitūdinis, f: large number, multitude; common people II, 9
multus-a-um: much, many; as n acc sg to modify verbs, **multum,** much; as n abl sg, **multō,** long after, by much, by far; as m pl noun, **multī,** many people; as n pl noun, **multa,** many things; **multam ad noctem,** late at night; comp, *see* **plūrēs, plūra;** super, *see* **plūrimus-a-um.** I, 15
mūlus-ī, m: male mule II, 8
mundō-āre-āvī-ātus: cleanse, make pure
mundus-ī, m: world II, 12
mūnificus-a-um: generous
mūniō-īre-īvī-ītus: surround with a wall, fortify II, 24
mūnītiō, mūnītiōnis, f: fortification II, 21
mūnītus-a-um: fortified
mūnus, mūneris, n: public office, public show, gift II, 6
mūrex, mūricis, m: shellfish from which Tyrian dye was obtained; barnacle
murra-ae, f: unknown expensive mineral out of which cups were made; utensils of this material
mūrus-ī, m: wall II, 21
mūs, mūris, m&f: mouse I, 4
Mūsa-ae, f: goddess of music, literature, and the arts; poetry
musca-ae, f: fly I, 5
muscus-ī, m: moss
mūsica-ae, f: music
mustēla-ae, f: weasel II, 16
mūtātiō, mūtātiōnis, f: change, alteration
mūtō-āre-āvī-ātus: change, exchange I, 24
mūtus-a-um: unable to speak
mūtuus-a-um: identical

nam (sentence connector, indicating that an explanation is following; almost always first in its clause): for II, 5
namque (sentence connector): emphatic form of **nam**
nancīscor, nancīscī, nactus sum: obtain, get, find II, 14
nāris, nāris, f (usually pl): nostril II, 13
nārrātiō, narrātiōnis, f: narrative, story II, 15
nārrō-āre-āvī-ātus: relate, tell, say, talk over, speak I, 28

nāscor, nāscī, nātus sum: be born, come into existence, grow, arise II, 1
nāsus-ī, m: nose II, 10
nāta-ae, f: daughter
nātālis-e: of or relating to birth
nātiō, nātiōnis, f: people, nation
natō-āre-āvī: swim II, 2
nātūra-ae, f: nature I, 24
nātus-ī, m: son II, 9
naufragium-ī, n: shipwreck
naufragus-a-um: shipwrecked; as m noun, shipwrecked person
nauta-ae, m: sailor
nāvālis-e: naval
nāvigātiō, nāvigātiōnis, f: sailing voyage, navigation
nāvigium-ī, n: ship
nāvigō-āre-āvī: sail
nāvis, nāvis, f: ship I, 19
-ne (interrog): asks a question expecting a yes or no answer I, 8
nē (negator and subord conj): introduces the subjunctive to express a negative wish or a negative purpose clause II, 4
nē . . . quidem: (as negating intensifier) not even; (as negating subord conj) in order that . . . not . . . even II, 23
nec (coord conj): and not; **nec . . . nec,** neither . . . nor I, 25
necessārius-a-um: needed; as m noun, friend, relation; as n abl sg, **necessāriō,** necessarily II, 21, 23
necesse (indecl adj): necessary
necessitās, necessitātis, f: necessity, necessary evils I, 25
necō-āre-āvī-ātus: kill, slay I, 10
necopīnus-a-um: unexpecting, unaware II, 7
nefās (indecl noun): sin, that which is against divine law
neglegō, neglegere, neglēxī, neglēctus: neglect I, 16
negō-āre-āvī-ātus: deny, refuse I, 28
nēmō, nēminis, m&f: nobody, no one I, 12
nemorōsus-a-um: woody, in the woods
nempe (intensifier): certainly, without doubt II, 14
nemus, nemoris, n: grove, woods, forest II, 14
nepōs, nepōtis, m: grandson, nephew, descendant, spendthrift
nēquam (indecl adj, comp **nēquior**): good for nothing, worthless, naughty, bad
nēquāquam (qualifier): by no means, not at all

neque (coord conj): and not; **neque . . . neque,** neither . . . nor; **nec . . . neque . . . nec,** neither . . . nor . . . nor I, 28
nēquior: *see* **nēquam**
nēquīquam (noun substitutor): in vain
nēquitia-ae, f: bad moral quality of all degrees from naughtiness or frivolity through wickedness II, 15
Nerōniānus-a-um: of Nero
nervus-ī, m: nerve, strength, riches II, 23
nesciō, nescīre, nescīvī (negative of **sciō**): not to know (how) II, 6
nescius-a-um: ignorant, unaware, careless
neu (subord conj): and not, nor
neuter, neutra, neutrum: neither, neuter I, 26; II, 1
nēve: variant of **neu**
nex, necis, f: murder, slaughter II, 11
nī (subord conj, variant of **nisī**): if not, unless
nīdus-ī, m: nest II, 14
niger, nigra, nigrum: black, dark colored I, 18
nihil (defect noun, abl **nihilō,** other forms rare; contracted form, **nīl**): not at all, nothing II, 6
Nīliacus-a-um: belonging to or pertaining to the Nile River
nimbus-ī, m: cloud; rainstorm
nimis (indecl adj and noun): too much I, 20
nimis (qualifier): too, excessively
nimius-a-um: too much, surplus I, 28
nisī (subord conj): unless, except I, 25
nīsus, nīsūs, m: effort II, 9
niteō, nitēre, nituī: be sleek
nitidus-a-um: shining, sleek, fat II, 9
nitor, nitōris, m: shine, glossiness II, 12
nītor, nītī, nīxus sum: strain, press forward, climb up, lean, rest, rely upon II, 12, 22
niveus-a-um: white, snow white I, 18
nix, nivis, f: snow
nō, nāre, nāvī: swim
nōbilis-e: noble II, 16
nōbilitās, nōbilitātis, f: noble birth, nobility, aristocracy II, 18
nocēns (adj, gen **nocentis**): guilty I, 19
noceō, nocēre, nocuī, nocitūrus: harm I, 21
noctū (defect noun, abl sg only): at night II, 14
nocturnus-a-um: by night I, 26

nōlēns (adj, gen **nōlentis**): unwilling; as m&f noun, unwilling person I, 16

nōlō, nōlle, nōluī (irreg, combination of **nōn** and **volō**): be unwilling, not wish to, refuse II, 7

nōmen, nōminis, n: name; that part of a Roman's name indicating the **gēns** to which he belonged, like **Tullius** in **Mārcus Tullius Cicerō** I, 25

Nōmentānus-a-um: of Nomentum II, 6

nōminātim (adv): by name II, 24

nōminātīvus-a-um: nominative I, 22

nōminō-āre-āvī-ātus: name, call II, 12

nōn (negator, used to make a statement negative, to say that something is not so): not I, 4

Nōnae-ārum, f: Nones; fifth day before the Ides (except in March, May, July, and October)

nōnāgēsimus-a-um: ninetieth

nōnāgintā (indecl adj): ninety

nōndum (negator): not yet I, 24

nōn nūllus-a-um: some (not none) II, 20

nōn numquam: sometimes I, 23

nōn sōlum: not only II, 21

nōnus-a-um: ninth I, 19

nōs: *see* **egō** I, 25

nōscō, nōscere, nōvī, nōtus: know (how) I, 28

noster, nostra, nostrum: our, our friend I, 19

nota-ae, f: mark

nōtābilis-e: remarkable

nōtus-a-um: famous, well known, knowing, informed II, 7, 16

novem (indecl adj): nine I, 28

novitās, novitātis, f: unusualness, novelty II, 19

novus-a-um: new, recent II, 1

nox, noctis, f: night I, 8

noxius-a-um: harmful, guilty

nūbēs, nūbis, f: cloud

nūbilus-a-um: cloudy; as n pl noun, clouds I, 27

nūbō, nūbere, nūpsī: marry, be a bride I, 21

nūdō-āre-āvī-ātus: make bare, divest of armor, leave undefended, expose

nūdus-a-um: bare, without armor II, 14

nūgae-ārum, f: silly poems, trifles II, 5

nūllus-a-um: no I, 9

num (interrog, expecting a negative answer): they won't, will they? he doesn't, does he? etc. II, 22
Numantīnus-a-um: pertaining to Numantia
nūmen, nūminis, n: consent, power of a god, divinity
numerō-āre-āvī-ātus: count I, 25
numerōsus-a-um: numerous, many
numerus-ī, m: number I, 23
Numidae-ārum: Numidians
nummus-ī, m: piece of money, coin II, 8
numquam (noun substitutor): never; **nōn numquam,** sometimes I, 5
nunc (noun substitutor): now I, 27
nūntiō-āre-āvī-ātus: announce II, 20
nūntius-a-um: announcing, telling news of; as m noun, messenger; message, news II, 24
nūper (noun substitutor): recently, just now I, 28
nūptiae-ārum, f: marriage, wedding II, 9
nusquam (noun substitutor): nowhere
nūtriō-īre-īvī-ītus: feed, nourish
nūtus-ūs, m: nod, signal, command, order
nux, nucis, f: nut
nympha-ae, f: nymph (spirits or minor deities guarding trees, mountains, rivers, and springs)

Ō (interj): oh! I, 30
ob (prep w acc): because of II, 19
obaerātus-a-um: in debt; as m noun, debtor II, 19
obdūcō, obdūcere, obdūxī, obductus: wrinkle
obeō, obīre, obiī: die; **obīre diem,** meet one's death
obitus-ūs, m: death
objectum-ī, n: object II, 1
objiciō, objicere, objēcī, objectus: throw towards (w acc of thing thrown and dat of person) II, 14
objūrgō-āre-āvī-ātus: scold, blame, find fault with II, 7
oblectō-āre-āvī-ātus: delight
oblīquus-a-um: indirect II, 2
oblīvīscor, oblīvīscī, oblītus sum (w gen): forget II, 22
obnoxius-a-um (w dat): liable to, prone to, susceptible to, exposed to II, 8
oboediō-īre-īvī-ītus (w dat): obey
oborior, oborīrī, obortus sum: spring up, arise

obruō, obruere, obruī, obrutus: cover, bury, overwhelm, overthrow; **cinere obrutus,** reduced to an ember
obscūrō-āre-āvī-ātus: cover, obscure
obscūrus-a-um: unintelligible, unknown, obscure, gloomy
obsecror-ārī-ātus sum: beg solemnly, entreat II, 23
obsequor, obsequī, obsecūtus sum (w dat): obey, serve under, pay respects
observātiō, observātiōnis, f: observation
observō-āre-āvī-ātus: observe
obses, obsidis, m&f: hostage II, 21
obsideō, obsidēre, obsēdī, obsessus: besiege
obsidiō, obsidiōnis, f: blockade, siege
obstipēscō, obstipēscere, obstipuī: be in stunned silence
obstō, obstāre, obstitī: stand in the way
obstringō, obstringere, obstrīnxī, obstrictus: bind II, 21
obtemperō-āre-āvī (w dat): comply with, obey
obterō, obterere, obtrīvī, obtrītus: trample, crush
obtestor-ārī-ātus sum: implore, beg
obtineō, obtinēre, obtinuī, obtentus: hold, obtain, get, control II, 17
obumbrātiō, obumbrātiōnis, f: act of overshadowing I, 18
obumbrō-āre-āvī-ātus: overshadow I, 12
obvius-a-um: in the way, meeting; **aliquem obvium vidēre,** see someone on the way
occāsiō, occāsiōnis, f: opportunity, favorable moment II, 4
occāsus-ūs, m: falling; sunset; west II, 17
occidō, occidere, occidī: fall down, die, set (of sun)
occīdō, occīdere, occīdī, occīsus: kill II, 20
occultō-āre-āvī-ātus: hide, conceal II, 24
occupātiō, occupātiōnis, f: business, occupation, involvement
occupō-āre-āvī-ātus: occupy, seize II, 19
occurrō, occurere, occurrī and **occucurrī** (w dat): meet, hasten to meet
octāvus-a-um: eighth I, 19
octigentī-ae-a: eight hundred
octō (indecl adj): eight I, 28
octōdecim (indecl adj): eighteen
octōgēsimus-a-um: eightieth
octōgintā (indecl adj): eighty
oculārius-a-um: of or pertaining to the eyes; as m noun, eye doctor

oculus-ī, m: eye I, 9
ōdī, ōdisse: hate I, 27
odium-ī, n: hatred
odor, odōris, m: smell, odor I, 22
odōror-ārī-ātus sum: smell out, nose, track out
offendō, offendere, offendī, offēnsus: displease, anger, offend, hurt II, 23
offēnsa-ae, f: offense, injury
offēnsiō, offēnsiōnis, f: offense, injury II, 23
offerō, offerre, obtulī, oblātus: bring to, present, offer
officium-ī, n: service, duty, official employment
offundō, offundere, offūdī, offūsus: pour out, spread around II, 14
oleō, olēre, oluī: give off an odor
oleum-ī, n: olive oil, oil
ōlim (noun substitutor): at an uncertain time (past, present, or future), once upon a time, one day, some day II, 9
olīva-ae, f: olive, olive tree
Olympias, Olympiadis, f: the period of four years between Olympic games, which were started in 776 B.C. and held at Olympia in southern Greece. Years were often dated by "Olympiads," as in the first chapter of Eutropius (Unit 14). Other dating systems were based on the founding of a city or the magistracy of certain officials.
ōmen, ōminis, n: omen
omnīnō (qualifier): in all II, 20
omnis-e: all, every, the whole; as m sg noun, each one, every one; as m pl noun, all men I, 10
onerārius-a-um: of freight, burden; carrying freight, bearing burden
onerō-āre-āvī-ātus: oppress, overwhelm
onus, oneris, n: load, burden II, 8
opācus-a-um: dark, shaded
opera-ae, f: trouble, labor, work, service II, 16
operiō, operīre, operuī, opertus: conceal
ophthalmicus-ī, m: eye doctor
opīmus-a-um: rich; **spolia opīma,** the spoils taken from the enemy's general when slain by the commander of the Roman army
opīniō, opīniōnis, f: opinion, supposition II, 9
opīnor-ārī-ātus sum: believe, suppose, conjecture

oplomachus-ī, m: gladiator
oportet, oportetēre, oportuit (impersonal verb): it is proper, it is necessary, one should II, 19
oppetō, oppetere, oppetīvī, oppetītus: meet, encounter, die
oppidum-ī, n: town II, 20
oppōnō, oppōnere, opposuī, oppositus: place opposite, oppose, contrast I, 22
opportūnus-a-um: fit, suitable, convenient, favorable, opportune
opprimō, opprimere, oppressī, oppressus: burden, suppress, capture II, 7
oppūgnātiō, oppūgnātiōnis, f: siege, attack
oppūgnō-āre-āvī-ātus: attack, assault II, 20
ops, opis (nom form missing): (sg) aid; (pl) riches
optimus-a-um: (superl of **bonus**): best; as n noun, best thing II, 10
optō-āre-āvī-ātus: wish for, hope for, want
opulentus-a-um: rich, wealthy
opus, operis, n: work, literary work; **opus est,** there is need I, 12
ōra-ae, f: border, shore
ōrāculum and **ōrāc'lum-ī,** n: oracle
ōrātiō, ōrātiōnis, f: speech, eloquence; **ōrātiō solūta,** prose I, 13, 22, 25; II, 2
ōrātor, ōrātōris, m: orator, ambassador, pleader I, 19
orbis, orbis, m: circle; **orbis terrārum,** world I, 10, 16
orbitās, orbitātis, f: bereavement
orbō-āre-āvī-ātus: deprive of parents or children
orbus-a-um: without parents, without children II, 2
ōrdinārius-a-um: according to order, regular, elected in the regular manner
ōrdinō-āre-āvī-ātus: set in order, arrange, appoint, establish, govern
ōrdō, ōrdinis, m: row, order, bank (of oars), line, rank
orīgō, orīginis, f: origin, source II, 10
oriēns, orientis, m: rising sun; east
orior, orīrī, ortus sum (some forms like 3d conjugation): rise, arise, spring from, grow, be born II, 15
ōrnāmentum-ī, n: ornament, honor, distinction
ōrnō-āre-āvī-ātus: adorn, decorate, furnish
ōrō-āre-āvī-ātus: beg, ask, pray, entreat II, 10
ortus-ūs, m: rising (of sun, stars, etc.), east
os, ossis, n: bone

ōs, ōris, n: mouth, face, voice, talk I, 30
ōscitō-āre-āvī: yawn I, 29
ōsculum-ī, n (diminutive of **ōs,** "a little mouth"): kiss, delight, darling II, 15
ostendō, ostendere, ostendī, ostentus: hold out, show, display II, 7
ostrea-ae, f: oyster
ōtiōsus-a-um: at leisure, without work
ōtium-ī, n: free time, leisure
ovis, ovis, f: sheep II, 12
ōvum-ī, n: egg

pābulātiō, pābulātiōnis, f: food for animals, fodder II, 23
pābulum-ī, n: food for animals, fodder II, 23
pācō-āre-āvī-ātus: pacify II, 20
pāctum-ī, n: treaty, way, method
pāctus-a-um: promised
paene (qualifier): almost, nearly II, 10
paenīnsula-ae, f: peninsula
paenitentia-ae, f: repentence II, 12
paenitet, paenitēre, paenituit (impersonal verb): make sorry, displease
pāgus-ī, m: tribe, district, canton II, 21
palam (prep w abl): in the presence of
palam (noun substitutor): in the presence of these people
Palātīnus-a-um: Palatine, pertaining to the Palatine Hill
palātium-ī, n: palace
Palladius-a-um: of Minerva
palleō, pallēre, palluī: be pale, be yellow I, 29
pallium, palliī, n: cloak, bed clothes, coverlet I, 24
palma-ae, f: palm branch, a token of victory
palūs, palūdis, f: swamp, marsh
pandō, pandere, pandī, pānsus (and **passus**): open, extend, spread
pangō, pangere, pānxī, pāctus: agree upon
pānis, pānis, m: bread II, 14
panthēra-ae, f: panther
Paphlagōn, Paphlagonis, m: Paphlagonian, inhabitant of Paphlagonia (country near the Black Sea)
pār (adj, gen **paris**): equal, same, similar II, 14
parcō, parcere, pepercī (w dat): spare, refrain from injuring, keep oneself from II, 16

parēns, parentis, m&f: parent II, 4
pāreō, pārēre, pāruī (w dat): obey II, 24
pariō, parere, peperī, partus: give birth to, bear, bring forth II, 14
pariter (adv): equally, in the same way, at the same time
parō-āre-āvī-ātus: prepare, build, furnish, buy I, 18
parricīda-ae, f: one who murders a parent or near relative, parricide
pars, partis, f: part, portion, section, particle, side, direction, party; **pars ōrātiōnis,** part of speech I, 22, 25
Parthī-ōrum, m: a race of Scythians living south of the Caspian Sea, famous as archers, whom the Romans conquered with great difficulty only after suffering several disastrous defeats
participium-ī, m: participle II, 8
partim (adv): partly; **partim . . . partim,** on the one hand . . . on the other hand
parturiō-īre-īvī-ītus: give birth
partus-ūs, m: birth
parum (qualifier): too little; comp **minus,** less; superl **minimē,** least of all
parvulus-a-um: very small, tiny I, 19
parvus-a-um: little, small, short, poor; comp **minor,** younger; superl **minimus,** smallest I, 10, 17
pāscō, pāscere, pāvī, pāstus: feed, lead to pasture, nourish, make grow, eat I, 14
passer, passeris, m: sparrow II, 7
passīvus-a-um: passive [voice]
passus-ūs, m: a Roman pace, the distance from the place where one foot left the ground to where the same foot landed; two of our steps; **mīlle passūs,** Roman mile II, 18
pāstor, pāstōris, m: shepherd
patefaciō, patefacere, patefēcī, patefactus: lay open, make accessible
pateō, patēre, patuī: lie open, extend, be unprotected, be subject to II, 18
pater, patris, m: father II, 11
paternus-a-um: of a father, paternal
patiēns (adj, gen **patientis**): bearing, enduring, patient I, 17
patior, patī, passus sum: suffer, endure, experience, allow, permit; **Quid patitur?,** What action does he undergo? II, 3, 10
patria-ae, f: country, land I, 20

patrimōnium-ī, n: property inherited from a father
patrōnus-ī, m: patron, protector (see **cliēns**) II, 5
patruēlis-e: cousinly, as cousins
patruus-ī, m: father's brother, paternal uncle
patulus-a-um: spreading, flat
paucī-ae-a: few; as m pl noun, few, only a few II, 7
paucitās, paucitātis, f: scarcity
paulātim (adv): gradually, little by little
paulisper (noun substitutor): for a little while
paulus-a-um: little, small; as n noun, a little
pauper (adj, gen **pauperis**): poor; as m noun, poor man II, 2
paupertās, paupertātis, f: poverty, lack of independent means
paveō, pavēre, pāvī: be afraid, fear, tremble II, 16
pavidus-a-um: frightened, timid
pāvō, pāvōnis, m: peacock
pavor, pavōris, m: fear II, 14
pāx, pācis, f: peace II, 3
peccō-āre-āvī: make a mistake
pectus, pectoris, n: chest, breast, heart II, 7
pecūnia-ae, f: money I, 8
pecūniōsus-a-um: rich
pecus, pecoris, n: herd, flock
pecus, pecudis, f: single head of cattle
pedes, peditis, m: foot soldier
pedester, pedestris, pedestre: on foot, pedestrian; infantry
peditātus-ūs, m: infantry
pelagius-a-um: of the sea, marine
pelagus-ī, n: sea
pellis, pellis, f: skin or hide of an animal II, 9
pellō, pellere, pepulī, pulsus: defeat, drive, move II, 20
pendeō, pendēre, pependī (intransitive): hang II, 10
penetrō-āre-āvī-ātus: make one's way into, penetrate
penna-ae, f: feather, wing II, 12
pēnsiō, pēnsiōnis, f: payment, living
per (prep w acc): (of space) through; (of time) during; by means of; through the agency of II, 7
pēra-ae, f: wallet, purse, sack II, 17
percurrō, percurrere, percurrī: run along
percussor, percussōris, m: murderer, assassin
percutiō, percutere, percussī, percussus: strike, beat
perditus-a-um: lost

perdō, perdere, perdidī, perditus: lose, destroy II, 13
perdomō, perdomāre, perdomuī, perdomitus: subdue thoroughly, conquer
perdūcō, perdūcere, perdūxī, perductus: lead through, build II, 21
perdūrō-āre-āvī: last a long time
peregrīnus-a-um: foreign; as m or f noun, foreigner, stranger
perennis-e: lasting throughout the year, everlasting
pereō, perīre, periī, peritūrus: perish, die I, 5
perequitō-āre-āvī: ride on or be drawn by horses
perfacilis-e: very easy II, 18
perferō, perferre, pertulī, perlātus: endure, convey, report, bring, take, complete II, 23
perficiō, perficere, perfēcī, perfectus: complete, finish II, 19
perfidia-ae, f: treachery
perfodiō, perfodere, perfōdī, perfossus: make by digging, stab
perfringō, perfringere, perfrēgī, perfrāctus: break up
perfuga-ae, m: deserter II, 24
perfugium-ī, n: place of refuge
perfundō, perfundere, perfūdī, perfūsus: pour over, soak, saturate, wet thoroughly
pergō, pergere, perrēxī, perrēctus: proceed, go on, pursue
perīculōsus-a-um: dangerous
perīculum and **perīc'lum-ī, n:** danger, attempt I, 12
perimō, perimere, perēmī, perēmptus: destroy
perītus-a-um: experienced, shrewd, canny II, 14
perjūrium-ī, n: treachery, perjury II, 11
permaneō, permanēre, permānsī: endure, continue
permittō, permittere, permīsī, permissus: allow, permit
permoveō, permovēre, permōvī, permōtus: move thoroughly, disturb, upset II, 13
permultus-a-um: very much, very many
permūtātiō, permūtātiōnis, f: exchange
perniciēs-ēī, f: destruction, ruin, casualties, slaughter II, 14
perniciōsus-a-um: destructive, disastrous
pernīcitās, pernīcitātis, f: swiftness, speed II, 7
perōrō-āre-āvī-ātus: plead strongly II, 13
perpāstus-a-um: very well fed
perpaucī-ae-a: very few II, 20

perpetuus-a-um: perpetual; **in perpetuum,** continuously
perquīrō, perquīrere, perquīsīvī, perquīsītus: search thoroughly II, 16
perrumpō, perrumpere, perrūpī, perruptus: break through II, 21
Persae-ārum, m: Persians, a nation which ruled vast extents of the Near East
persaepe (adv): very often
persequor, persequī, persecūtus sum: follow to the end, pursue II, 21
persevērō-āre-āvī: persist, continue II, 22
persolvō, persolvere, persolvī, persolūtus: pay II, 21
persōna-ae, f: person (in grammar); mask (for use on stage) I, 25; II, 7
perspiciō, perspicere, perspexī, perspectus: survey, examine, observe, investigate
perspicuus-a-um: transparent
persuādeō, persuādēre, persuāsī, persuāsus: persuade II, 18
perterreō, perterrēre, perterruī, perterritus: frighten thoroughly II, 23
pertimēscō, pertimēscere, pertimuī: become very much afraid of
pertineō, pertinēre, pertinuī: pertain to, lead to, mean, stretch, tend II, 13
perturbātiō, perturbātiōnis, f: confusion, disorder
perturbō-āre-āvī-ātus: disturb greatly, throw into complete confusion II, 14
perūrō, perūrere, perussī, perustus: burn
perveniō, pervenīre, pervēnī: arrive at, come to, reach II, 20
pervius-a-um: passable; allowing a way through
pēs, pedis, m: foot, hoof I, 15
pessimus-a-um: worst, very bad I, 22
pestilentia-ae, f: plague, infectious disease
pestis, pestis, f: plague, infectious disease
petō, petere, petīvī, petītus: seek, ask for, request, make for, go to I, 25
phalanx, phalangis, f: closely packed fighting formation II, 24
pharetra-ae, f: quiver
philosophia-ae, f: philosophy
philosophus-a-um: philosophical; as m noun, philosopher I, 20
phōca-ae, f: seal (animal)

phrenēsis, phrenēsis, f: madness
Pīcēns (adj, gen **Pīcentis**): of Picenum, a section of eastern Italy; as m pl noun, **Pīcentēs-ium,** people of Picenum
pictūra-ae, f: picture I, 18
pictus-a-um: painted
pietās, pietātis, f: dutifulness, piety
piger, pigra, pigrum: lazy, dull, sad II, 10
piget, pigēre, piguit (impersonal verb): it displeases, causes annoyance
pignus, pignoris, n: pledge
pila-ae, f: ball II, 6
pīlum-ī, n: heavy throwing javelin II, 24
pingō, pingere, pīnxī, pictus: paint, picture I, 22
pīnus-ūs, f: pine branches, pine tree
pīrāta-ae, m: pirate
pīrāticus-a-um: piratical
pirum-ī, n: pear
piscātor, piscātōris, m: fisherman II, 6
piscīna-ae, f: fish pool, swimming pool
piscis, piscis, m: fish I, 5
piscor-ārī-ātus sum: fish
pius-a-um: dutiful, religious, lawful
placeō, placēre, placuī (w dat): please, be agreeable; (impersonal verb) **placet,** it pleases, it seems good, it is voted I, 21
placidus-a-um: peaceful, soothing, quiet, gentle II, 8
plācō-āre-āvī-ātus: calm, soothe
plānitiēs-ēī, f: plain, level surface I, 10
planta-ae, f: plant II, 16
plantō-āre-āvī-ātus: plant
plānus-a-um: flat, level; as n noun, plain, level II, 14
plēbs, plēbis, f: common people II, 19
plectō, plectere (usually passive): beat, punish
Plejades, Plejadum, f (nom in short **e** is Greek form): the Pleiades, a group of seven stars in the constellation of Taurus; also called the Seven Sisters since, according to Greek mythology, the seven daughters of Atlas were transformed into this group of stars. Their appearance in the spring indicates the beginning of favorable weather for sailing.
plēnus-a-um (w gen): full, swollen I, 15
plērusque, plēraque, plērumque: many, the greater part, for the most part, generally

plōrō-āre-āvī-ātus: weep, weep over, lament, cry I, 18
plūma-ae, f: feather
plūrālis-e: plural I, 23
plūrimus-a-um (irreg superl of **multus**): very much, most, very many II, 9
plūs, plūris, n (comp of **multus**): more; **plūris esse,** be of a higher price, be worth more; as pl, **plūrēs, plūra** (adj), more II, 9
pōculum-ī, n: cup
poēma, poēmatis, n: poem
poena-ae, f: punishment, penalty; **poenam dare,** pay the penalty I, 9
Poenī-ōrum, m: Carthaginians
poēta-ae, m: poet II, 10
polenta-ae, f: peeled white barley, pearl barley
polliceor, pollicērī, pollicitus sum: promise II, 22
pompa-ae, f: procession, display, ceremony
pōmum-ī, n: fruit
pondō (defect noun, abl sg only): by the pound
pondus, ponderis, n: weight, burden
pōnō, pōnere, posuī, positus: place, put, set up, lay aside I, 18
pōns, pontis, m: bridge II, 20
Ponticus-a-um: pertaining to Pontus, a country near the Black Sea
pontus-ī, m: sea
populātiō, populātiōnis, f: ravaging, pillage, raiding II, 23
populor-ārī-ātus sum: lay waste, destroy II, 21
populus-ī, m: people, nation II, 19
porcellus-ī, m: little pig, piglet II, 14
porcus-ī, m: pig
porrigō, porrigere, porrēxī, porrēctus: extend, give
porta-ae, f: gate, city gate, camp gate
porticus-ūs, f: portico, colonnade, covered walk I, 10
portō-āre-āvī-ātus: carry II, 20
portōrium-ī, n: import or export tax II, 23
poscō, poscere, poposcī: ask earnestly, request, demand I, 24
positiō, positiōnis, f: situation, position
possessiō, possessiōnis, f: possession, property I, 18
possideō, possidēre, possēdī, possessus: possess, have, hold I, 12
possum, posse, potuī: be able, can I, 25
post (prep w acc): behind, after II, 3
post (noun substitutor): behind something, afterward

posteā (noun substitutor): afterward II, 23
posterus-a-um: next; comp, **posterior,** in the rear, after; superl **postrēmus-a-um,** last; as m pl noun, **posterī,** posterity II, 23
postquam and **post quam** (subord conj): after II, 11
postrēmus-a-um: last; as abl sg n noun, **postrēmō,** finally
postrīdiē (defect noun): on the next day II, 24
postulō-āre-āvī-ātus: ask, demand, require II, 11
potēns (adj, gen **potentis**): powerful, as m&f noun, powerful person II, 9
potentia-ae, f: power II, 23
potestās, potestātis, f: power, control
pōtiō, pōtiōnis, f: drink
potior, potīrī, potītus sum (w abl or gen): gain possession of II, 18
potis, pote (defect adj, no other forms): able, capable, possible II, 13
pōtō-āre-āvī-ātus (and **pōtus**): drink
prae (prep w abl): before, in front of
praebeō, praebēre, praebuī, praebitus: give, supply, furnish; **mē praebeō,** I show myself II, 14
praecēdō, praecēdere, praecessī (w dat): excell II, 17
praeceps (adj, gen **praecipitis**): headlong, quick, steep, precipitous
praeceptum-ī, n: rule, advice, instruction, command II, 15
praecīdō, praecīdere, praecīdī, praecīsus: cut short
praecipiō, praecipere, praecēpī, praeceptus: instruct, order II, 23
praecipitō-āre-āvī-ātus: cast down headlong, cast down
praecipuus-a-um: excellent, distinguished, foremost
praeclārus-a-um: admirable, glorious
praeclūdō, praeclūdere, praeclūdī, praeclūsus: shut off, shut up, silence II, 14
praecō, praecōnis, m: auctioneer
praeda-ae, f: booty, prize, gain II, 8
praedicō-āre-āvī-ātus: announce, proclaim
praeditus-a-um: endowed, decorated
praedō, praedōnis, m: robber, criminal, pirate
praefectus-ī, m: officer, prefect
praeferō, praeferre, praetulī, praelātus: bear before or in front, prefer
praeficiō, praeficere, praefēcī, praefectus: put someone (w acc) in charge of something (w dat) II, 21

praemittō, praemittere, praemīsī, praemissus: send ahead II, 23
praemium-ī, n: gift, reward
Praenestīnī-ōrum, m: inhabitants of Praeneste, a town near Rome
praenōmen, praenōminis, n: the first part of a Roman name, like **Mārcus** in **Mārcus Tullius Cicerō** II, 21
praeoptō-āre-āvī-ātus: prefer II, 24
praeparō-āre-āvī-ātus: prepare (for) II, 4
praepositiō, praepositiōnis, f: preposition I, 27
praerumpō, praerumpere, praerūpī, praeruptus: break off in front
praeruptus-a-um: broken off, steep
praesaepium-ī, n: stable
praesēns (adj, gen **praesentis**): present, of today I, 23
praesentia-ae, f: present time II, 23
praesēpe, praesēpis, n: stable
praesertim (intensifier): especially II, 23
praesidium-ī, n: defense, guard, protection, garrison II, 16
praestāns (adj, gen **praestantis**): outstanding
praestō, praestāre, praestitī, praestitus (w dat): stand before, surpass, excel II, 18
praestō, praestāre, praestitī, praestitus: give
praesum, praeesse, praefuī (w dat): be in command of
praeter (prep w acc): except, beyond, in excess of, besides, in addition to; **praeter modum,** beyond measure I, 27
praetereā (noun substitutor): in addition
praetereō, praeterīre, praeteriī, praeteritūrus: pass by II, 16
praeteritus-a-um: past, ancient; as n pl noun, the past I, 23
praetextus-a-um: toga praetexta, the toga bordered with purple that was worn by the magistrates at Rome
praetor, praetōris, m: praetor, Roman magistrate just below the consul in rank II, 23
praetōrium-ī, n: official residence of a governor in a province; an elaborate dwelling; praetorian guard II, 9
praetōrius-a-um: of a praetor; as m noun, ex-praetor
prandium-ī, n: breakfast
prātum-ī, n: meadow II, 9
prāvus-a-um: depraved, bad, wicked
precor-ārī-ātus sum: pray, ask, beg a favor II, 9
prehendō, prehendere, prehendī, prehēnsus: seize, grasp II, 16

premō, premere, pressī, pressus: press, oppress, pinch (of a shoe), crush, attack, injure I, 8, 15; II, 16
prendō, prendere, prendī, prēnsus: seize, grasp II, 16
pretiōsus-a-um: costly, precious
pretium-ī, n: worth, price, ransom money II, 23
prex, precis, f (nom and gen sg missing; used mainly in pl): prayer, entreaty II, 15
prīdiē (defect noun): on the previous day II, 24
prīmus-a-um (superl of **prior**): first, most important; as n acc sg (used to modify verb), **prīmum,** in the first place, first; as n abl sg, **prīmō,** in the beginning, first I, 18
prīnceps (adj, gen **prīncipis**): first, chief; as m&f noun, leader; Princeps (Roman emperor's title) II, 21
prīncipālis-e: (of a clause) principal II, 4
prīncipātus-ūs, m: leadership, government, rule II, 19
prīncipium-ī, n: beginning
prior, prius: first, better, superior; as n acc noun (used to modify verb), **prius,** before, earlier, first; superl, see **prīmus.** II, 12
prīstinus-a-um: former, original II, 15
priusquam and **prius quam** (subord conj): before II, 23
prīvātim (adv): as an individual II, 23
prīvātus-a-um: private, one's own; as m noun, private person II, 16
prīvīgnus-ī, m: stepchild
prō (prep w abl): for, in place of, instead of, like, in proportion to, in conformance with; **prō tempore,** according to circumstances I, 19
probābilis-e: probable, credible
probitās, probitātis, f: honesty
probō-āre-āvī-ātus: test, prove, approve, show II, 10
probus-a-um: upright, honest
procāx (adj, gen **procācis**): unbridled
prōcēdō, procēdere, prōcessī: proceed, advance, come out
procella-ae, f: storm, wind
prōcōnsul, prōcōnsulis, m: governor of a province, former consul, proconsul
procul (intensifier): far away; **procul terrīs,** sunk underground
prōculcō-āre-āvī-ātus: tread, trample
prōcumbō, prōcumbere, prōcubuī: fall or sink down
prōdeō, prōdīre, prōdiī: go forward, go forth, come out II, 14

prōdigiōsus-a-um: unnatural, horrible
prōdigus-a-um: extravagant
prōdō, prōdere, prōdidī, prōditus: hand down, betray, hand over, transmit II, 22
prōdūcō, prōdūcere, prōdūxī, prōductus: bring forth, produce, bring to light, prolong, continue
proelior-ārī-ātus sum: fight
proelium-ī, n: battle, fighting II, 17
profectiō, profectiōnis, f: departure II, 19
profectō (intensifier): surely, doubtless, indeed
prōferō, prōferre, prōtulī, prōlātus: rise, bring forth
professor, professōris, m: professor
prōficiō, prōficere, prōfēcī, prōfectus: achieve, bring about
proficīscor, proficīscī, profectus sum: start out, proceed II, 19
prōfluvium-ī, n: flow, discharge
profugiō, profugere, profūgī: flee, escape
profundō, profundere, profūdī, profūsus: pour forth, release
profundus-a-um: deep; as n noun, sea
prōgeniēs-ēī, f: offspring, progeny II, 14
prōgredior, prōgredī, prōgressus sum: go away, go forward, proceed, advance II, 10
prōgressus-ūs, m: advance, progress
prohibeō, prohibēre, prohibuī, prohibitus: keep away, hold back, restrain, forbid, prohibit, refuse II, 17
prōjiciō, prōjicere, prōjēcī, prōjectus: throw forward II, 24
prōlēs, prōlis, f: offspring II, 14
prōloquor, prōloquī, prōlocūtus sum: say, tell, show
prōmittō, prōmittere, prōmīsī, prōmissus: promise
prōnūntiō-āre-āvī-ātus: make an announcement
prōnus-a-um: facing downward, flat; steep; inclined towards, well-disposed
propāgō, propāginis, f: offspring
prope (prep w acc): near, near to II, 23
prope (noun substitutor; comp **propius,** superl **proximē**): near something, nearby
prōpellō, prōpellere, prōpulī, prōpulsus: drive away, drive forth, propel II, 23
prōpēnsus-a-um: inclined, disposed
properō-āre-āvī-ātus: hasten, speed up
properus-a-um: quick

propinquus-a-um: near, neighboring; as m noun, relative II, 23
prōpōnō, prōpōnere, prōposuī, prōpositus: put forward, propose; (w dat) put in charge of II, 23
prōpositum-ī, n: point, argument, proposition II, 12
proprius-a-um: one's own, special, suitable, belonging to, characteristic of II, 3
propter (prep w acc): because of II, 11
propterea (noun substitutor): for this reason II, 17
prōpūgnātor, prōpūgnātōris, m: defender, skirmisher
prōrumpō, prōrumpere, prōrūpī, prōruptus: send forth, burst forth
prōscrībō, prōscrībere, prōscrīpsī, prōscrīptus: proscribe
prōsequor, prōsequī, prōsecūtus sum: follow, attend
prōsiliō, prōsilīre, prōsiluī: jump forth
prosperus-a-um: fortunate, successful; **prospere** (adv), successfully
prōspiciō, prōspicere, prōspexī, prōspectus: look forward, keep watch, see II, 14
prōstituō, prōstituere, prōstituī, prōstitūtus: disgrace, prostitute
prōsum, prōdesse, prōfuī: be useful, benefit
prōtendō, prōtendere, prōtendī, prōtentus: stretch out
prōtinus (noun substitutor): immediately I, 28
prōtrahō, prōtrahere, prōtrāxī, prōtractus: prolong
prōturbō-āre-āvī-ātus: throw down
prōvehō, prōvehere, prōvēxī, prōvectus: carry forward, carry away
prōverbium-ī, n: proverb II, 2
prōvideō, prōvidēre, prōvīdī, prōvīsus: take precautions, make preparations
prōvidus-a-um: careful
prōvincia-ae, f: province, region outside Italy governed by a Roman magistrate
prōvīsiō, prōvīsiōnis, f: foresight, caution
prōvocō-āre-āvī-ātus: challenge
prōvolō-āre-āvī: rush forth
proximus-a-um: nearest, next I, 21
prūdēns (adj, gen **prūdentis**): prudent, cautious II, 11
prūdentia-ae, f: prudence, discretion, caution, good sense
pruīnōsus-a-um: frosty
pūblicus-a-um: public; **rēs pūblica,** state I, 22
pudīcitia-ae, f: chastity

pudīcus-a-um: modest, chaste
pudor, pudōris, m: shame, modesty, decency II, 11
puella-ae, f: girl, maiden, young woman I, 20
puer-ī, m: boy II, 1 ·
puerīlis-e: youthful, childish II, 15
pūgiō, pūgiōnis, m: dagger
pūgna-ae, f: battle, fighting II, 24
pūgnātor, pūgnātōris, m: fighter, soldier
pūgnāx (adj, gen **pūgnācis**): fond of fighting, combative, contentious
pūgnō-āre-āvī-ātus: fight II, 21
pulcher, pulchra, pulchrum: handsome, beautiful I, 20
pulchritūdō, pulchritūdinis, f: beauty
pullus-a-um: dark colored
pulmentārium-ī, n: tidbit, food
pulsō-āre-āvī-ātus: strike repeatedly, pound II, 10
pulvis, pulveris, m: powder, piece of dust, cloud of dust
pūnctum-ī, n: point
Pūnicus-a-um: Punic, Carthaginian, pertaining to the city of Carthage II, 11
pūniō-īre-īvī-ītus and **pūnior-īrī-ītus sum:** punish
puppis, puppis, f: stern of a ship
pūrgō-āre-āvī-ātus: cleanse, clean out, purify; excuse, justify II, 16
pūritās, pūritātis, f: purity I, 18
purpura-ae, f: purple dye, purple
purpureus-a-um: purple colored
pūrus-a-um: clean, pure I, 13
puteus-ī, m: well II, 12
pūtidus-a-um: rotten, stinking
putō-āre-āvī-ātus: believe, think II, 3
putris-e: loose, crumbling

quā (noun substitutor): by which route, by which way II, 21
quācumque (noun substitutor): wherever
quadrāgēsimus-a-um: fortieth II, 10
quadrāgintā (indecl adj): forty
quadriennium-ī, n: period of four years
quadringentēsimus-a-um: four hundredth
quadringentī-ae-a: four hundred II, 20
quadringentiēns (adv): four hundred times

quaerō, quaerere, quaesīvī, quaesītus: seek, look for, ask, ask a question I, 6
quaesītor, quaesītōris, m: one who seeks I, 18
quaesō, quaesere (old form of **quaerō,** usually used parenthetically in 1st person): I ask; please tell me; if you please; if you will II, 11
quaestiō, quaestiōnis, f: seeking I, 18
quaestor, quaestōris, m: Roman magistrate; holder of the lowest of the important offices in Rome, who was entitled to a seat in the Senate and whose duties were usually either financial or judicial. The term was also used for an administrative assistant to the consuls or praetors in the provinces.
quaestus-ūs, m: gain, profit; work, occupation
quālis-e: (interrog adj) what sort of, what kind of; (relative adj) as, such as I, 12
quālitās, quālitātis, f: quality I, 17
quāliter (interrog adv): in what way, how I, 14
quam (interrog qualifier): how
quam (subord conj): (of time) after; (w comp) than II, 9
quam (qualifier): how II, 9
quamlibet (qualifier): as much as you wish
quamquam (subord conj and intensifier): even if, although
quamvīs (subord conj w subj): although
quandō (interrog and relative noun substitutor): when; **sī quandō,** whenever I, 28
quandōque (noun substitutor): at some time or other
quantus-a-um (interrog and relative adj): how big, how long; as n noun, how much; **tantum . . . quantum,** as far . . . as; **quantō plūs . . . tantō minus,** the more . . . the less I, 13
quā rē (interrog noun phrase): why I, 25
quārtus-a-um: fourth; as acc or abl n noun, **quārtum, quārtō,** for the fourth time I, 18
quasī (qualifier): as if, just as, like
quasī (subord conj w subj): on the grounds that
quater (adv): four times II, 10
quaternī-ae-a (distrib numeral): four each, in sets of four
quattuor (indecl adj): four I, 28
quattuordecim (indecl adj): fourteen
-que (coord conj): and; **-que . . . -que,** both . . . and I, 26
quercus-ūs, f: oak tree I, 10
querēla-ae, f: complaint II, 7

queror, querī, questus sum: complain, make a plaintive sound II, 3
questus-ūs, m: complaint, complaining II, 7
quī, quae, quod (relative pronoun and interrog adj): which, what, who, any I, 19
quī (noun substitutor and interrogator): how I, 22; II, 11
quia (subord conj): because II, 2
quīcumque, quaecumque, quodcumque (relative pronoun): whoever, whatever, whichever II, 13
quīdam, quaedam, quoddam (indef pronoun): a certain one, a certain person, a certain thing I, 29
quidem (intensifier): anyway; **nē . . . quidem,** not even I, 24
quiēs, quiētis, f: rest, repose, quiet, peace
quiēscō, quiēscere, quiēvī, quiētus: rest, lie down, sleep, become quiet; permit I, 26
quiētus-a-um: quiet, calm II, 8
quīlibet, quaelibet, quodlibet (relative pronoun): (sg) any (that you want); (pl) all (that you want)
quīn (subord conj w subj): but that II, 19
quīn (sentence connector): on the contrary II, 23
quīndecim (indecl adj): fifteen
quīndecimus-a-um: fifteenth
quīngentēsimus-a-um: five hundredth
quīngentī-ae-a: five hundred
quīnī-ae-a (distrib numeral): in sets of five, by fives, five each II, 23
quīnquāgēsimus-a-um: fiftieth II, 12
quīnquāgintā (indecl adj): fifty
quīnque (indecl adj): five I, 28
quīntus-a-um: fifth; as n acc and abl noun, **quīntum, quīntō,** for the fifth time I, 19
quippe (intensifier): indeed, to be sure, surely
Quirīnālis-e: pertaining to Romulus, called **Quirīnus** after his death; **Collis Quirīnālis,** one of the seven hills of Rome
quis, quid (interrog adj and pronoun): who, what I, 7
quis, quid (indef adj and pronoun, used mainly after **sī;** fem adj in nom, **qua**): anybody, anything II, 9
quisnam, quaenam, quodnam (interrog adj and pronoun, stronger form of **quis**): who, pray; who do you think II, 13
quisquam, quicquam (indef adj and pronoun): anybody, anything II, 23

quisque, quaeque, quodque (indef pronoun): each, everyone, everybody, each person I, 22
quisquis, quaequae, quodquod (indef adj and relative pronoun): whosoever, everybody II, 10
quō (interrog and relative noun substitutor): to what place, where to II, 10
quō cōnsiliō (interrog noun phrase): with what purpose II, 5
quōcum (variant of **cum quō**): with whom
quōcumque (noun substitutor): wherever
quod (n acc sg of the relative pronoun, used adverbially): because, namely, that II, 6, 10
quod sī: but if II, 22
quō locō (interrog noun phrase): in what place I, 10
quondam (indecl adj): former
quondam (noun substitutor): at some indefinite time in the past, present, or future II, 9
quoniam (subord conj): since, because II, 12
quoque (intensifier): also I, 24
quot (indecl adj): (interrog) how many; (relative) as many II, 17
quotiēns (interrog adv): how many times II, 10, 11
quotus-a-um: of which number I, 18

radiō-āre-āvī-ātus: gleam, radiate
radius-ī, m: rod, ray, beam of light
rādīx, rādīcis, f: root, radish
rādō, rādere, rāsī, rāsus: shave, graze in passing, scrape
rāmōsus-a-um: branching, spreading II, 15
rāmus-ī, m: branch II, 14
rāna-ae, f: frog I, 5
rapīna-ae, f: robbery, plundering, theft, booty II, 14
rapiō, rapere, rapuī, raptus: take, seize, snatch, kidnap, occupy II, 4
raptor, raptōris, m: kidnapper
rārus-a-um: rare, infrequent, seldom, few; as n abl noun, **rārō,** seldom, rarely
ratiō, ratiōnis, f: reason, system, sound judgment, accounting I, 18, 21; II, 24
ratis, ratis, f: ship, raft II, 21
raucus-a-um: raucous
rebelliō, rebelliōnis, f: rebellion
rebellō-āre-āvī: renew a war, revolt

recēdō, recēdere, recessī: go back, recede, withdraw, depart
recēns (adj, gen **recentis**): recent II, 22
receptus-ūs, m: retreat
recidō, recidere, reccidī: fall
recingō, recingere, recinxī, recinctus: loosen, let down
recipiō, recipere, recēpī, receptus: take back, regain, recover, receive (in hospitality or friendship); **sē recipere,** retreat, withdraw II, 21
recitō-āre-āvī-ātus: recite, read aloud I, 24
recognōscō, recognōscere, recognōvī, recognitus: recognize
recordor-ārī-ātus sum: remember, recall
recreō-āre-āvī-ātus: create again, restore
rēctor, rēctōris, m: ruler, driver
rēctus-a-um: correct, proper, straight, right; as n noun, uprightness, virtue I, 29
recūsō-āre-āvī-ātus: protest against, refuse
reddō, reddere, reddidī, redditus: give back, restore, make, reproduce I, 4, 20
redeō, redīre, rediī, reditūrus: go back, return, come back II, 15
redigō, redigere, redēgī, redāctus: bring, bring back, reduce
redimō, redimere, redēmī, redēmptus: buy again, buy repeatedly, buy up, ransom II, 23
redintegrō-āre-āvī-ātus: renew II, 24
reditiō, reditiōnis, f: return II, 20
reditus-ūs, m: return
redūcō, redūcere, redūxī, reductus: lead back, bring back II, 24
referō, referre, rettulī, relātus: bring back, carry back, answer, tell; **pedem referre,** retreat in an orderly fashion II, 24
rēfert, rēferre, rētulit (impersonal verb): it makes a difference
reficiō, reficere, refēcī, refectus: repair, recover
refrīgerō-āre-āvī-ātus: cool off
refugiō, refugere, refūgī: escape
refugium-ī, n: place of refuge
rēgālis-e: royal
rēgīna-ae, f: queen I, 13
regiō, regiōnis, f: region, country, part
rēgius-a-um: regal, like a king
rēgnō-āre-āvī-ātus: rule
rēgnum-ī, n: power, ruling, reign, kingdom, throne I, 12
regō, regere, rēxī, rēctus: rule, control I, 8, 26

regredior, regredī, regressus sum: go back, return
rejectiō, rejectiōnis, f: rejection
rejiciō, rejicere, rejēcī, rejectus: throw back, repel II, 24
relegō, relegere, relēgī, relēctus: read again
relevō-āre-āvī-ātus: relieve, put up, place
religiō, religiōnis, f: religion I, 14
relinquō, relinquere, relīquī, relictus: leave, leave behind, abandon II, 21
reliquiae-ārum, f: remains, relics, remnants II, 13
reliquus-a-um: remaining, left, rest of, other; as n pl noun, the rest II, 17
remandō-āre-āvī-ātus: send back
remaneō, remanēre, remānsī: remain behind, stay
remedium-ī, n: cure, remedy
remigrō-āre-āvī: come back
reminīscor, reminīscī (w gen): remember II, 22
remittō, remittere, remīsī, remissus: send back, let go, drop
remollēscō, remollēscere: grow kind, soften
remōtus-a-um: removed
removeō, removēre, remōvī, remōtus: remove II, 23
remus-ī, m: oar
renāscor, renāscī, renātus sum: be born again
renovō-āre-āvī-ātus: restore, renew, repair
rēnūntiō-āre-āvī-ātus: report, announce II, 21
reor, rērī, ratus sum: think, believe
reparābilis-e: reparable
reparō-āre-āvī-ātus: prepare anew, repair, restore, renew
repellō, repellere, reppulī, repulsus: repel, defeat II, 11
repente (adv): suddenly II, 14
repentīnus-a-um: sudden II, 22
reperiō, reperīre, repperī, repertus: find, discover II, 12
repetō, repetere, repetīvī, repetītus: seek again, return to, demand back
repleō, replēre, replēvī, replētus: fill up again II, 14
replētus-a-um: full, filled II, 7
repōnō, repōnere, reposuī, repositus: store, deposit, put back in
reportō-āre-āvī-ātus: take away
reprehendō, reprehendere, reprehendī, reprehēnsus and **reprendō, reprendere, reprendī, reprēnsus:** blame, reprove II, 23
reprimō, reprimere, repressī, repressus: restrain, repress
reprobō-āre-āvī-ātus: disapprove, repudiate, refuse

repudiō-āre-āvī-ātus: reject, divorce
repūgnō-āre-āvī-ātus: oppose, resist, fight back; be objectionable, be repugnant II, 23
repulsa-ae, f: rejection
requiēscō, requiēscere, requiēvī: rest
requīrō, requīrere, requīsīvī, requīsītus: ask, seek, look for I, 30
rēs, reī, f: thing, matter, circumstance, event, reason, business, affair, property; **rēs familiāris,** personal property; **rēs mīlitāris,** warfare; **rēs pūblica,** state; **rem facere,** make money I, 10, 13, 17, 21, 24; II, 5
rescindō, rescindere, rescidī, rescissus: cut down II, 20
rescīscō, rescīscere, rescīvī, rescītus: learn, find out II, 24
resideō, residēre, resēdī: remain seated II, 12
resīdō, resīdere, resēdī: sit down; subside
resistō, resistere, restitī (w dat): resist, oppose; stand still, halt II, 24
resolvō, resolvere, resolvī, resolūtus: let down, loosen, untie
resonō-āre: make a noise, resound, echo
respiciō, respicere, respexī, respectus: look back at; (in time) look forward to II, 11
respondeō, respondēre, respondī, respōnsus: reply, answer II, 6
respōnsum-ī, n: answer, response I, 12
respuō, respuere, respuī: spit out, reject
restituō, restituere, restituī, restitūtus: replace, restore, re-establish II, 23
restō, restāre, restitī: stand, stand still, remain, be left over II, 15
resultō-āre-āvī: echo
resūmō, resūmere, resūmpsī, resūmptus: take again, resume, renew
rēte, rētis, n: net (to catch fish or other animals)
reticeō, reticēre, reticuī: keep silent about
retineō, retinēre, retinuī, retentus: hold back, keep, detain II, 15
retrahō, retrahere, retrāxī, retractus: take from, withdraw
retrō (noun substitutor): backwards, back
reus-ī, m: defendant; **reus majestātis,** defendant against the charge of high treason
revēlō-āre-āvī-ātus: uncover, lay bare
reverēns (adj, gen **reverentis**): respectful, reverent
reverentia-ae, f: reverence, respect
revertō, revertere, revertī and **revertor, revertī, reversus sum:** return, come back II, 20

revinciō, revincīre, revīnxī, revinctus: tie back, bind
revocō-āre-āvī-ātus: call back, recall, recover, invite in return
rēx, rēgis, m: king I, 20
rhētōr, rhētoris, m: teacher of rhetoric
Rhodiī-ōrum, m: inhabitants of Rhodes, a large and famous island off the south coast of Asia Minor
rhytium-ī, n: curved drinking horn, sometimes open at both ends
rīdeō, rīdēre, rīsī, rīsus: smile, laugh: laugh at I, 27
rīdiculus-a-um: ridiculous
rigeō, rigēre: be stiff
rigidus-a-um: rigid, hard, harsh
rigor, rigōris, m: stiffness
rīpa-ae, f: bank, shore II, 20
rīsus-ūs, m: laughter, ridicule, joke
rīvus-ī, m: river, stream II, 11
rixōsus-a-um: combative, contentious, quarrelsome
rōbur, rōboris, n: oak, oak wood
rōdō, rōdere, rōsī, rōsus: gnaw, chew II, 16
rogitō-āre-āvī-ātus: keep asking
rogō-āre-āvī-ātus: ask, ask for, request, beg someone to do something (w acc of person plus **ut** and subj) II, 10
Rōmānus-a-um: Roman I, 26
rōrō-āre-āvī: drip with dew or other liquid, be moist
rosa-ae, f: rose
rōstrātus-a-um: beaked
rōstrum-ī, n: beak (of birds or ships); (pl) speaker's platform in the Forum
rota-ae, f: wheel II, 24
rubeō, rubēre: blush, be hot, be red I, 29
rudis-e: rough, uncivilized, clumsy, unfinished, crude II, 14
rūgōsus-a-um: wrinkled II, 9
ruīna-ae, f: ruin, destruction, collapse, act of falling, catastrophe II, 14
rūmor, rūmōris, m: rumor, gossip II, 10
rumpō, rumpere, rūpī, ruptus: break, destroy, violate I, 29
ruō, ruere, ruī, rutus: collapse, fall; cause to fall, destroy II, 4
rursum and **rursus** (noun substitutor): again, back, on the other hand II, 1
rūs, rūris, n: country, country place, farm, estate I, 29
rūsticānus-a-um: rustic, belonging to the country
rūsticus-a-um: rustic, country-like; as m noun, countryman

rutilus-a-um: red, auburn, reddish blond

Sabīnī-ōrum, m: Sabines; tribe inhabiting the territory to the east of the early Romans
saccus-ī, m: sack, bag I, 20
sacer, sacra, sacrum: sacred, holy
sacerdōs, sacerdōtis, m&f: priest, priestess
sacrificium-ī, n: sacrifice
sacrificō-āre-āvī-ātus: sacrifice
saeculum-ī, n: generation, century
saepe (adv; comp **saepius,** superl **saepissimē**): often I, 11
saepiō, saepīre, saepsī, saeptus: surround, edge
saeta-ae, f: bristle II, 14
saetōsus-a-um: bristly II, 14
saeviō-īre-iī: rage, act violently
saevitia-ae, f: rage, ferocity, cruelty
saevus-a-um: fierce, savage II, 15
sagācitās, sagācitātis, f: keenness of scent
sagitta-ae, f: arrow
sagittārius-ī, m: archer
sāl, salis, m: salt, wit II, 16
salārius-a-um: of salt; **Via Salāria,** the Salt Road, used by the early Sabines in going to the sea to obtain salt
saliō, salīre, saluī: spring, bound, jump I, 18
salsus-a-um: salty, salt
saltem (intensifier): even
saltō-āre-āvī-ātus: dance, make leaping motions II, 6
saltus-ūs, m: jump, leap, bound I, 13
saltus-ūs, m: forest, woods II, 12
salūber, salūbris, salūbre: healthy, strong
salūs, salūtis, f: health, safety
salūtō-āre-āvī-ātus: salute, hail, wish well, greet II, 12
salvus-a-um: safe, intact, kept, saved II, 10
Samnītēs, Samnītium, m&f: inhabitants of Samnium, a region near Latium
sānciō, sāncīre, sānxī, sānctus: consider holy, confirm
sānctus-a-um: sacred; **Sānctus,** Saint I, 27
sanguis, sanguinis, m: bloodshed; blood relationship, family, child
Santonī-ōrum (and **Santonum**), m: tribe living in southwestern Gaul, goal of the Helvetians' migration

sānus-a-um: healthy, sound, sane, clever I, 13
sapiēns (adj, gen **sapientis**): wise; as m noun, wise man I, 12, 16
sapientia-ae, f: wisdom I, 8
sapiō, sapere, sapīvī: feel, be wise I, 16
sarcina-ae, f: box II, 8
Sardiniēnsis-e: belonging to Sardinia
sat (variant of **satis**): enough
satietās, satietātis, f: abundance, satiety
satiō-āre-āvī-ātus: satisfy I, 8
satis (indecl noun, indecl adj and qualifier): enough I, 19
satisfaciō, satisfacere, satisfēcī, satisfactus: repay, satisfy II, 22
sator, satōris, m: sower
Sāturnius-a-um: belonging to Saturn; **Sāturnius,** Jupiter or Pluto; **Sāturnia,** Juno
sauciō-āre-āvī-ātus: wound, hurt II, 8
saxum-ī, n: rock, large stone
scaena-ae, f: stage, theater
scandō, scandere, scandī: climb, mount II, 14
scapha-ae, f: small boat, skiff
scelerātus-a-um: wicked, infamous, notorious II, 13
scelestus-a-um: extremely wicked, abominable II, 14
scelus, sceleris, n: crime II, 22
scēptrum-ī, n: scepter
schisma, schismatis, n: heresy, dissension
scientia-ae, f: knowledge
scīlicet (intensifier): certainly, of course, as a matter of fact, that is
scindō, scindere, scidī, scissus: tear
sciō, scīre, scīvī, scītus: know, know how II, 6
scīpiō, scīpiōnis, m: staff, wand, cane
scorpiō, scorpiōnis and **scorpios-ī,** m: scorpion
scrībō, scrībere, scrīpsī, scrīptus: write I, 18
scrūtor-ārī-ātus sum: examine
scūtum-ī, n: shield II, 24
sē (reflexive third person pronoun; no nom, acc **sē** or **sēsē,** abl **sē** or **sēsē,** dat **sibī,** gen **suī**): himself, herself, itself, themselves I, 28
secō, secāre, secuī, sectus: cut
sēcrētus-a-um: secret; as n noun, secret II, 23
sectiō, sectiōnis, f: cutting

secundus-a-um: second, favorable; as n abl sg noun, **secundō,** for the second time I, 18
sēcūritās, sēcūritātis, f: security I, 25
sēcūrus-a-um: free from care, carefree, secure I, 23
sed (coord conj): but I, 8
sēdecim (indecl adj): sixteen
sedeō, sedēre, sēdī: sit, be seated, be inactive II, 12
sēdēs, sēdis, f: seat, situation, home II, 13
sēditiō, sēditiōnis, f: insurrection, conspiracy
sēditiōsus-a-um: mutinous II, 23
sēdō-āre-āvī-ātus: satisfy II, 15
seges, segetis, f: cornfield, crop
sella-ae, f: magistrate's chair
semel (adv): once II, 10
sēmen, sēminis, n: seed
sēmentis, sēmentis, f: planting, seeding II, 19
sēmianimus-a-um: half alive, half dead II, 7
sēmibarbarus-a-um: semi-barbarous
sēmita-ae, f: footpath
semper (noun substitutor): always, forever I, 6
senātor, senātōris, m: senator
Senātus-ūs, m: Senate II, 19
senectūs, senectūtis, f: old age
senex (adj, gen **senis**): old; as m&f noun, old man, old woman I, 20
sēnī-ae-a (distrib numeral): by sixes, in sets of six, six each II, 23
Sēnōnēs, Sēnōnum, m&f: Gallic tribe which invaded Italy and sacked Rome in 390 B.C.
sēnsus-ūs, m: sense (of touch, sight, etc.), sense (good sense, common sense, etc.) II, 7
sententia-ae, f: opinion, decision, frame of mind, sentence I, 22
sentiō, sentīre, sēnsī, sēnsus: sense, feel, smell, perceive, think I, 23, 25
sēparātim (adv): separately II, 23
sēparātiō, sēparātiōnis, f: separation
sēparō-āre-āvī-ātus: separate
sepeliō-īre-īvī, sepultus: bury
septem (indecl adj): seven I, 28
septendecim and **septemdecim** (indecl adj): seventeen

Septentriōnēs, Septentriōnum, m: the constellation known as the Big Dipper or Ursa Major; north II, 17
septimus-a-um: seventh I, 19
septingentēsimus-a-um: seven hundredth
septuāgēsimus-a-um: seventieth II, 16
septuāgintā (indecl adj): seventy
sepulchrum-ī, n: tomb, grave II, 16
sepultūra-ae, f: burial II, 24
sepultus-ī, m: dead and buried man
sequor, sequī, secūtus sum: follow, pursue, follow a leader, seek to gain II, 1
sera-ae, f: bolt, bar
Serāpēum-ī, n: temple of Serapis, one of the chief divinities of Egypt, whose cult enjoyed great popularity in Rome
serēnus-a-um: clear, fair I, 27
sermō, sermōnis, m: talk, conversation, rumor, approval
serō, serere, sēvī, satus: sow, plant II, 9
serpēns, serpentis, m&f: snake
serra-ae, f: saw
sērus-a-um: late I, 20
serva-ae, f: female slave
serviō-īre-īvī (w dat): serve, be a servant or slave, help, comply with I, 21
servitium-ī, n: slavery, slaves
servitūdō, servitūdinis, f: slavery
servitūs, servitūtis, f: slavery, bondage II, 15
servō-āre-āvī-ātus: save, keep, preserve I, 27
servus-ī, m: male slave I, 22
sescentēsimus-a-um: six hundredth
sescentī-ae-a: six hundred II, 2
sestertius-ī, m: large copper coin, one-fourth of a **dēnārius.** It is misleading to try to give a modern equivalent, but a **dēnārius** was considered a minimum day's wages. To be a member of the equestrian order, one had to possess 400,000 sesterces. The **sestertium-ī,** n, was 1,000 sesterces. The distributive numerals were used with **sestertia-ōrum** for multiples from 2,000 to 1,000,000. Thus, **bīna sestertia** meant 2,000 sesterces. Millions of sesterces were shown by **centēna mīlia sestertium** (here **sestertium** is a genitive plural) with a numerical adverb. Thus, **sexiēns centēna mīlia sestertium** meant 6,000,000 sesterces.

Sētīnus-a-um: pertaining to Setia, a hill town in Latium; **vīnum Sētīnum,** or more commonly **Sētīnum,** the wine of high quality grown in Setia II, 10
seu (subord conj, variant of **sīve**): whether II, 24
sevēritās, sevēritātis, f: severity
sevērus-a-um: strict, stern, harsh
sex (indecl adj): six I, 28
sexāgēsimus-a-um: sixtieth II, 13, 16
sexāgintā (indecl adj): sixty
sexiēns (adv): six times, for the sixth time
sextus-a-um: sixth I, 19
sī (subord conj): if I, 23
sīc (noun substitutor): thus, in this way I, 27
sīc (qualifier): so
siccitās, siccitātis, f: dryness
siccus-a-um: dry, sober, temperate I, 27
Siculus-a-um: Sicilian
sīcut (subord conj): just as, just like, as
sīdus, sīderis, n: star, constellation I, 27
sīgnificō-āre-āvī-ātus: mean, signify I, 24
sīgnō-āre-āvī-ātus: mean, inscribe, mark; **pecūnia sīgnāta,** coined money I, 28; II, 8
sīgnum-ī, n: sign, token, signal, standard, banner, figure, statue I, 24
silentium-ī, n: silence
silva-ae, f: woods, forest II, 15
sīmia-ae, f: monkey (female) I, 5
similis-e: like, similar I, 20
sīmius-ī, m: monkey (male) II, 13
simplex (adj, gen **simplicis**): simple, obvious, direct II, 13
simplicitās, simplicitātis, f: simplicity
simul (noun substitutor): at the same time, simultaneously II, 7
simul, simul ac, simul atque (subord conj): as soon as II, 12
simulācrum-ī, n: image, likeness, statue, reflection II, 8
simulō-āre-āvī-ātus: resemble, imitate, pretend II, 14
sīn (subord conj): but if II, 22
sincērus-a-um: sincere
sine (prep w abl): without I, 9
singulāris-e: single, individual, singular I, 24
singulus-a-um (distrib numeral): single, one by one, one at a time II, 20

sinister, sinistra, sinistrum: left, adverse II, 24
sinō, sinere, sīvī, situs: place, allow, permit II, 14
sinus-ūs, m: lap, fold I, 29
sistō, sistere, stitī, status: cause to stand, place, check, stop, stand firm
sitiō, sitīre, sitīvī: be thirsty II, 10
sitis, sitis, f: thirst II, 9
situs-a-um: placed, buried
situs-ūs, m: location
sīve (subord conj, variant of **seu**): whether; **sīve . . . sīve,** whether . . . or II, 21
sobrius-a-um: sober, not intoxicated I, 27
socer, socerī, m: father-in-law II, 21
sociālis-e: pertaining to an ally; allied
societās, societātis, f: companionship, association II, 12
socius-a-um: pertaining to an ally, allied, united; as m noun, ally, associate, comrade II, 12
sōcordia-ae, f: stupidity
sodālis, sodālis, m&f: comrade
sodālitās, sodālitātis, f: association, comradeship
sōl, sōlis, m: sun II, 1
sōlācium-ī, n: consolation II, 7
soleō, solēre, solitus sum (semi-deponent): be accustomed II, 2
soliditās, soliditātis, f: solidity
solidus-a-um: firm, solid, hard
sōlitūdō, sōlitūdinis, f: solitude, loneliness
sollemnis-e: solemn, religious
sollicitō-āre-āvī-ātus: move, influence, lure, attempt to bribe
sollicitus-a-um: anxious
solum-ī, n: soil II, 21
sōlus-a-um: alone, only I, 19
solvō, solvere, solvī, solūtus: untie, release, throw off, break down, break up, set sail, pay (money) II, 5
solūtus-a-um: free, worn out, broken (said of a peace)
somnus-ī, m: sleep I, 20
sonipēs (adj, gen **sonipedis**): with sounding hoofs (said of horses); as m&f noun, horse II, 15
sonitus-ūs, m: sound, noise
sonō, sonāre, sonuī: make a sound, cry out, speak, talk in a loud voice II, 11
sonōrus-a-um: loud

sonus-ī, m: noise, sound
sopor, sopōris, m: deep sleep, sleep of death
sorbitiō, sorbitiōnis, f: drink, broth
sordidus-a-um: dirty, filthy
soror, sorōris, f: sister II, 15
sors, sortis, f: fortune, lot, fate, destiny, fortune telling II, 12, 16
sōtēria-ōrum, n: get-well present II, 11
spargō, spargere, sparsī, sparsus: sprinkle, scatter, disperse II, 13
spatiōsus-a-um: large I, 10
spatium-ī, n: space, interval of time or space, period II, 20
speciālis-e: special
speciēs-ēī, f: appearance, beauty, form, kind, species II, 7
speciōsus-a-um: handsome
spectāculum-ī, n: show, spectacle (in theater or circus)
spectō-āre-āvī-ātus: look at, watch, consider; (of land, intransitive) drain II, 17
speculātōrius-a-um: of a scout or spy
speculum-ī, n: mirror II, 8
spernō, spernere, sprēvī, sprētus: despise, scorn
spērō-āre-āvī-ātus: hope, expect II, 19
spēs, speī, f: hope, promise I, 13
spīritus-ūs, m: breath, breath of life, spirit II, 5
spīrō-āre-āvī: breathe, blow
splendeō, splendēre: gleam
splendēscō, splendēscere: become bright, shine
splendidus-a-um: shining, bright, splendid
splendor, splendōris, m: brightness
spoliō-āre-āvī-ātus: rob, strip, despoil II, 7
spondeō, spondēre, spopondī, spōnsus: pledge oneself, promise
spongea-ae, f: sponge
sponte, f (defect noun): of one's own volition, by one's own efforts II, 21
sportula-ae, f: a gift from a patron to his client, originally a basket of food; later, a sum of money; at other times, a feast II, 5
spūmō-āre-āvī: foam, froth II, 15
spurcus-a-um: disgusting, corrupt
stabilis-e: stable
stabilitās, stabilitātis, f: firmness, stability
stabulum-ī, n: quarters, stable
stadium-ī, n: racecourse, stadium

stāgnō-āre-āvī-ātus: stagnate; overflow, inundate
stāgnum-ī, n: quiet water, pool, swamp II, 13
statim (adv): immediately, at once
statiō, statiōnis, f: territory, post, station, anchorage
statua-ae, f: statue
statuō, statuere, statuī, statūtus: decide, set up, establish II, 16
status-ūs, m: status, position
stēlla-ae, f: star
stēllātus-a-um: studded with stars, starry
stēlliō, stēlliōnis, m: spotted lizard
stercus, stercoris, n: manure, dung, excrement
sterilis-e: sterile, unfruitful
sternō, sternere, strāvī, strātus: scatter, overthrow; build, pave (a road)
stīlla-ae, f: drop, particle
stīpendiārius-a-um: liable to taxes or tribute, tributary
stīpendium-ī, n: tax, tribute, military service
stīpes, stīpitis, m: pole
stīpō-āre-āvī-ātus: pack tight, crowd
stō, stāre, stetī: stand, remain, be fixed I, 9
Stōicus-a-um: Stoic, belonging to a school of philosophy that taught, among other things, that public duty was a great human responsibility; as m noun, Stoic philosopher II, 4
stomachus-ī, n: stomach
strāmen, strāminis, n: thatch, straw
strangulō-āre-āvī-ātus: strangle
strēnuus-a-um: vigorous
strepitus-ūs, m: shriek, squeal, clattering
stringō, stringere, strīnxī, strictus: draw something (out of someplace) II, 9
struō, struere, strūxī, strūctus: put in order, build, erect
studeō, studēre, studuī (w dat): desire, be eager for, want II, 21
studiōsus-a-um: eager, diligent, devoted, learned, cultivated
studium-ī, n: wish, desire, good will, study, zeal, eagerness, enthusiasm II, 10
stultitia-ae, f: stupidity, foolishness I, 17
stultus-a-um: stupid I, 12, 16
stupeō, stupēre, stupuī: be shocked, stand dumbfounded I, 29
stupidus-a-um: stupid
stupor, stupōris, m: stupidity II, 12
stuprō-āre-āvī-ātus: rape

stuprum-ī, n: disgrace, illicit intercourse
suādeō, suādēre, suāsī, suāsus: recommend, advise, give advice, persuade
suāvis-e: sweet, delicious, gentle II, 13
sub (prep w abl and acc): under, below, near I, 10
subditus-ī, m: subject (person under authority)
subdō, subdere, subdidī, subditus: subdue
subdolus-a-um: tricky, deceptive, sly II, 12
subdūcō, subdūcere, subdūxī, subductus: draw up, bring up from underneath II, 23
subeō, subīre, subiī: come up from under, grow, meet (fate), undergo I, 30; II, 20
subigō, subigere, subēgī, subāctus: conquer, subjugate
subinde (noun substitutor): immediately afterward, repeatedly
subitus-a-um: sudden; as n abl noun, **subitō**, suddenly I, 24
subjectum-ī, n: subject (grammatical) II, 1
subjiciō, subjicere, subjēcī, subjectus: throw, defeat II, 24
subjugō-āre-āvī-ātus: defeat, subjugate
subjūnctīvus-a-um: subjunctive (mood) II, 4
sublātus-a-um: exhilarated II, 23
sublevō-āre-āvī-ātus: aid, help, assist II, 23
sublīmis-e: highest, top, uplifted II, 14
submergō, submergere, submersī, submersus: sink, submerge, drown
submersiō, submersiōnis, f: sinking
submittō, submittere, submīsī, submissus: let down, lower, send as help
subolēs, subolis, f: sprout, offspring
subsequor, subsequī, subsecūtus sum: follow, follow after
subsīdō, subsīdere, subsēdī: sink down, subside
subsistō, subsistere, substitī: stand one's ground, resist II, 23
subterrāneus-a-um: underground
suburbānus-a-um: near the City (Rome); as n noun, suburban estate
subvehō, subvehere, subvēxī, subvectus: bring up from below II, 23
subveniō, subvenīre, subvēnī (w dat): come up to aid
succēdō, succēdere, successī (w dat): come up under, succeed, follow II, 24
succendō, succendere, succendī, succēnsus: kindle, light
successor, successōris, m: successor

successus-ūs, m: success I, 30
succīdō, succīdere, succīdī, succīsus: cut down, destroy
succingō, succingere, succinxī, succintus: tuck up one's clothes in order to move more freely
succrēscō, succrēscere, succrēvī: increase
succurrō, succurrere, succurrī (w dat): come to aid, help
sūcus-ī, m: moisture
sūdō-āre-āvī: sweat, perspire II, 16
sūdor, sūdōris, m: sweat II, 16
sufficiō, sufficere, suffēcī, suffectus: substitute, dye; (intransitive) be sufficient
sum, esse, fuī, futūrus: be, exist I, 5, 12, 17
summa-ae, f: total II, 24
sumministrō-āre-āvī-ātus: furnish, help by supplying
summoveō, summovēre, summōvī, summōtus: move away, remove II, 24
summum-ī, n: top, summit
summus-a-um: highest, last, final II, 7
sūmō, sūmere, sūmpsī, sūmptus: take, take away, take over, use up II, 7
sūmptuōsus-a-um: expensive
sūmptus-ūs, m: expense, luxury II, 23
supellectilis and **supellex, supellectilis,** f: equipment
super (prep w acc): above
super (noun substitutor): above here
superbia-ae, f: pride, conceit II, 1
superbus-a-um: conceited, proud, haughty, exalted II, 1
superior, superius (comp adj): upper, higher II, 11
superō-āre-āvī-ātus: go above, overtop, overcome, conquer II, 23
superstes (adj, gen **superstitis**): left, surviving, living beyond
superstitiō, superstitiōnis, f: superstition I, 14
supersum, superesse, superfuī, superfutūrus: be left over, remain II, 24
superus-a-um: upper, higher; as m pl noun, the gods above; the inhabitants of heaven; human beings who live on earth (as opposed to the dead in the underworld)
superveniō, supervenīre, supervēnī, superventus: come upon, overcome
supīnus-a-um: face upward lying on back

suppetō, suppetere, suppetīvī: be available II, 19
supplex (adj, gen **supplicis**): with bended knee, supplicant, humble, begging; as m noun, supplicant II, 16
supplicātiō, supplicātiōnis, f: public religious ceremony of thanksgiving or mourning
supplicium-ī, n: punishment, torture II, 23
supplicō-āre-āvī: pray to
supprimō, supprimere, suppressī, suppressus: suppress
supputātiō, supputātiōnis, f: reckoning, system
suprā (prep w acc): above, on top of, on the other side of
suprā (noun substitutor): above this place
suprēmus-a-um: (in space) highest; (in time) latest; **tabulae suprēmae,** "the last tablets," i.e., a will II, 6
surculus-ī, m: twig
surgō, surgere, surrēxī: arise, get up II, 11
surripiō, surripere, surripuī, surreptus: take away stealthily, steal II, 13
sūs, suis, m&f: pig I, 20
suscipiō, suscipere, suscēpī, susceptus: undertake, accept, begin, take up II, 19
suscitō-āre-āvī-ātus: stir up, raise, arouse, awaken
suspendō, suspendere, suspendī, suspēnsus: hang (something) up, suspend II, 7
suspīciō, suspīciōnis, f: suspicion, faint idea II, 19
suspicor-ārī-ātus sum: surmise, guess; mistrust
suspīrium-ī, n: breath
sustineō, sustinēre, sustinuī, sustentus: endure, sustain, hold up, support, undergo, withstand, control II, 15
Sūtrīnī-ōrum, m: inhabitants of Sutrium, a town in Etruria
suus-a-um: his, her, its, their (own); as m pl noun, one's own people; as n pl noun, one's own property I, 7; II, 21
syllaba-ae, f: syllable
synthesis, synthesis, f: putting something together, an outfit of clothes II, 16

tābēscō, tābēscere, tābuī: melt, waste away, perish
tabula-ae, f: board, writing tablet, document; **tabula picta,** picture painted on flat piece of wood; **tabulae suprēmae,** will, testament II, 6
taceō, tacēre, tacuī: be silent I, 24

tacitus-a-um: quiet, silent
talentum-ī, n: Greek unit of weight, which varied in different states
tālis-e (answer to **Quālis?**): of such a sort, of such a kind, this kind of II, 13
talpa-ae, f: mole
tam (qualifier): so; **tam . . . quam,** so . . . as, so . . . that I, 30
tamen (sentence connector): however, still, yet, but II, 6
tamquam (subord conj and qualifier): just as, like, because
tandem (sentence connector): at length, finally
tangō, tangere, tetigī, tāctus: touch, impress I, 28
tantulus-a-um: so little; as n noun, so small a thing
tantus-a-um: this big, this much; as n acc sg noun, only I, 25
tarditās, tarditātis, f: slowness, tardiness
tardus-a-um: slow, late
Tarentīnī-ōrum, m: inhabitants of Tarentum, city in southern Italy
taurus-ī, m: bull I, 25
tegō, tegere, tēxī, tēctus: cover, conceal, hide
tellus, tellūris, f: earth
tēlum-ī, n: offensive weapon, spear, arrow II, 15
temere (adv): by chance; without cause, reason, or purpose; stupidly
temeritās, temeritātis, f: recklessness
temnō, temnere, tempsī, temptus: despise
tēmō-ōnis, m: pole; pole or beam of wagon or plow; wagon tongue
temperāns (adj, gen **temperantis**): moderate, temperate, restrained
temperantia-ae, f: moderation, good judgment II, 23
temperō-āre-āvī-ātus: refrain from, be moderate; control II, 20
tempestās, tempestātis, f: weather; storm, tempest
templum-ī, n: temple
temptō-āre-āvī-ātus: try, attempt, test II, 14
tempus, temporis, n: time, period, moment, season; a fit time; tense I, 26, 27
tendō, tendere, tetendī, tēnsus: stretch, spread; go, strive for I, 28
tenebrae-ārum, f: darkness, shadows, night
teneō, tenēre, tenuī, tentus: hold, take hold of, understand, keep, control; **memoriā tenēre,** remember I, 10
tener, tenera, tenerum: tender, delicate, young II, 14
tenuis-e: slight, thin, slender, weak, insignificant, tiny II, 15, 16

tenuitās, tenuitātis, f: poverty (but not utter destitution); modest means; slenderness II, 8, 15
tepidus-a-um: lukewarm
ter (adv): three times II, 10
tergeminus: of triple form
tergum-ī, n: back; **ā tergō,** from the rear II, 7
terminus-ī, m: end
terō, terere, trīvī, trītus: rub, wear away, grind II, 10
terra-ae, f: earth, ground, land I, 23
terrēnus-a-um: earthy, made of earthenware
terreō, terrēre, terruī, territus: frighten, scare, terrify; frighten away, drive away II, 15
terribilis-e: terrible
territōrium-ī, n: territory
terror, terrōris, m: fear, terror II, 14
tertius-a-um: third; as n abl sg noun, **tertiō,** for the third time I, 18
testa-ae, f: earthenware; jar, jug; piece of broken pottery; shell, shellfish II, 13
testāmentum-ī, n: will, testament
testimōnium-ī, n: evidence, testimony, proof
testis, testis, m&f: witness II, 15
testor-ārī-ātus sum: prove, testify II, 12
testūdō, testūdinis, f: turtle, lyre
Teutonēs-um, m: Teutons, a Germanic people
theātrum-ī, n: theater; place for performance of plays, concerts, and recitations II, 6
thermae-ārum, f: hot baths II, 9
thēsaurizō-āre-āvī-ātus: store up, hide away
thēsaurus-ī, m: treasure
Tiberīnus-a-um: pertaining or belonging to the Tiber River
Tīburtīnus-a-um: pertaining or belonging to **Tībur,** modern Tivoli I, 29
tigillum-ī, n: small log
tigris, tigris, m&f: tiger
timeō, timēre, timuī: fear for, fear, dread, be terrified of I, 20
timidus-a-um: fearful, timid
timor, timōris, m: fear I, 27
tingō, tingere, tīnxī, tīnctus: dye
tintinnābulum-ī, n: bell II, 8

tīrō, tīrōnis, m: young soldier, recruit
Tītānia-ae, f: descendant of a Titan; Pyrrha, wife of Deucalion
titulus-ī, m: inscription, title, honorary title, reputation II, 8
toga-ae, f: white woolen outer garment worn by Roman citizens
togātus-a-um: wearing the toga
tolerō-āre-āvī-ātus: endure II, 24
tollō, tollere, sustulī, sublātus: pick up, carry off, take away, remove II, 12
tonō, tonāre, tonuī: thunder
tōnsor, tōnsōris, m: barber I, 30
tormentum-ī, n: military device for discharging missiles, catapult
torquātus-a-um: wearing a twisted collar
torqueō, torquēre, torsī, tortus: twist, wrench, torture, torment, punish
torques, torquis, m&f: twisted collar or necklace
torrēns (adj, gen **torrentis**): rushing, seething (of water), torrential
torus-ī, m: bed, couch; **cōnsors torī,** wife
torvus-a-um: savage, wild-eyed
tostus-a-um: roasted
tot (indecl adj): so many; with **quot,** as many as
totidem (indecl adj): just as many
totiēns (adv): so many times, so often II, 10
tōtus-a-um: whole, complete, entire, all I, 22
toxicum-ī, n: poison
tractō-āre-āvī-ātus: drag along, pull about, handle, treat
trādō, trādere, trādidī, trāditus: hand over to someone else, tell something, surrender II, 9, 15
trādūcō, trādūcere, trādūxī, trāductus: lead across II, 21
tragicus-a-um: tragic, of tragedy II, 7
tragoedia-ae, f: tragedy
trāgula-ae, f: kind of dart thrown with strap II, 24
trahō, trahere, trāxī, tractus: drag, draw, take, bring, pull along; **trahere vītam,** drag out one's life I, 16
trājectus-ūs, m: passage, crossing over
trājiciō, trājicere, trājēcī, trājectus: throw, transport, cross
tranquillitās, tranquillitātis, f: serenity
tranquillus-a-um: quiet, calm, tranquil, peaceful
trāns (prep w acc): across I, 27
trānseō, trānsīre, trānsiī, trānsitūrus: cross, pass, pass by, trespass, desert, ascend to the gods II, 20

trānsferō, trānsferre, trānstulī, trānslātus: translate, carry over, transfer, bring over, defect II, 11
trānsfīgō, trānsfīgere, trānsfīxī, trānsfīxus: pierce II, 24
trānsfuga-ae, m&f: deserter
trānsgredior, trānsgredī, trānsgressus sum: cross over
trānsigō, trānsigere, trānsēgī, trānsāctus: complete, accomplish
trānsitīvus-a-um: transitive II, 5
trānsitōrius-a-um: having passage through, open to traffic
trānsmarīnus-a-um: from across the sea, foreign
trānsportō-āre-āvī-ātus: transport
trānsvehō, trānsvehere, trānsvēxī, trānsvectus: carry over, convey across
trānsversus-a-um: transverse, crosswise
trecentēsimus-a-um: three-hundredth
trecentī-ae-a: three hundred
tredecim (indecl adj): thirteen
tremō, tremere, tremuī: tremble
trēs, tria: three I, 26
tribūnus-ī, m: tribune, an officer who represented the people and who had the power to veto legislation. The military tribunes were the commanding officers of a legion.
tribuō, tribuere, tribuī, tribūtus: assign, give, grant, ascribe II, 7
tribus-ūs, f: tribe, one of the thirty-five groups into which the Roman people were divided
tribūtum-ī, n: tax, tribute
trīcēsimus-a-um: thirtieth
trīciēns (adv): thirty times
tricuspis, tricuspidis: having three points, three-pronged
tridēns, tridentis, m: trident, three-pronged spear
trīduum-ī, n: period of three days II, 24
triennium-ī, n: period of three years
trīgesimus-a-um: thirtieth II, 10
trīgintā (indecl adj): thirty II, 6
trīmus-a-um: three years old
trīnī-ae-a (distrib numeral): triple, in sets of three
triplex (adj, gen **triplicis**): triple, threefold II, 24
trīstis-e: sad, gloomy, in mourning I, 26; II, 6
trīstitia-ae, f: sadness
trīticum-ī, n: wheat, best type of wheat
trītus-a-um: worn
triumphō-āre-āvī-ātus: celebrate a triumph

triumphus-ī, m: triumph
trucīdō-āre-āvī-ātus: slaughter, slay
trux (adj, gen **trucis**): savage, fierce, rabid
tū (pronoun): you (sg paradigm, **tū, tē, tibī, tuī;** pl paradigm, **vōs, vōs, vōbīs, vōbīs, vestrum** I, 24
tueor, tuērī, tuitus sum: gaze at, look at (for purpose of protection), guard, defend
tum (noun substitutor): then, at that time II, 9
tumeō, tumēre: swell, swell with pride II, 8
tumulō-āre-āvī-ātus: bury
tumultus-ūs, m: rebellion
tumulus-ī, m: tomb, hill, mound of earth, gravestone II, 6
tunc (noun substitutor): at that time, then II, 11
tundō, tundere, tutudī, tūsus: beat, thump, strike
tunica-ae, f: tunic, common garment at home or at work
turba-ae, f: crowd, mob, disturbance II, 10
turbō-āre-āvī-ātus: disturb, upset, frighten, dishevel, disarrange II, 15
turbō, turbinis, m: storm, spiral
turbulentus-a-um: muddy II, 11
turma-ae, f: cavalry troop of thirty men, squadron
turpis-e: disgusting, ugly, foul, disgraceful II, 9
Tuscī-ōrum, m: Tuscans, Etruscans
tussiō, tussīre: cough II, 5
tussis, tussis, f: cough II, 5
tūtēla-ae, f: protection, guardian
tūtor, tūtōris, m: tutor, guardian
tūtor-ārī-ātus sum: protect
tūtus-a-um: safe, certain II, 3
tuus-a-um: your, yours I, 29
tyrannicus-a-um: tyrannical, like a tyrant
tyrannus-ī, m: tyrant; ruler who has seized power illegally; a legal ruler who acts in cruel fashion

ubī (noun substitutor): as interrog, where; as relative, when, where II, 3
ubīcumque (noun substitutor): wherever
ubīque (noun substitutor): everywhere
ūdus-a-um: moist
ulcīscor, ulcīscī, ultus sum: avenge, take vengeance on, punish II, 21

ūllus-a-um: any (used in questions, **sī** clauses, and negative statements); as m noun, anyone II, 20
ulmus-ī, f: elm
ulterior, ulterius (comp adj): farther II, 20
ultimus-a-um: farthest, last, ultimate, greatest
ultor, ultōris, m: avenger
ultrā (prep w acc) beyond, on the far side of, more than
ultrō (noun substitutor): of one's own accord, voluntarily
umbra-ae, f: shadow, shade I, 7
umquam (intensifier, used in questions, **sī** clauses, and negative statements): ever
ūnanimus-a-um: of one mind, unanimous
unda-ae, f: water, wave
unde (interrog and relative noun substitutor): from which, from what source, for what reason II, 24
ūndeciēns (adv): eleven times II, 16
ūndecimus-a-um: eleventh
ūndēvīgintī (indecl adj): nineteen
undique (noun substitutor): from all sides, from everywhere, everywhere II, 18
unguentum-ī, n: ointment, perfume
unguis, unguis, m: fingernail, toenail; claw
ungula-ae, f: hoof, claw
ūnicus-a-um: one, single, only
ūniversus-a-um: whole, entire, all; (pl) all together, universal, general
ūnus-a-um: one, single, one and the same; **ūnā cum,** along with, together with I, 7; II, 20
urbs, urbis, f: city I, 27
urgeō, urgēre, ursī: drive, urge on
urna-ae, f: jar, pot
ūrō, ūrere, ussī, ustus: burn, be on fire
ūsque (intensifier): very much, all the way; **ūsque ad,** to, up to, as far as, until II, 10
ūsurpō-āre-āvī-ātus: take possession of, appropriate, usurp
ūsus-ūs, m: use, practice, skill; **ūsuī esse,** be useful
ut (subord conj and qualifier): as, when (w indic); in order to (w subj) II, 5, 7
utcumque (noun substitutor): in every possible way II, 14
uter, utra, utrum (interrog): which one (of two) I, 17
uterque, utraque, utrumque: each of two; (pl) each side II, 10

utī (subord conj): variant of **ut** II, 21
ūtilis-e: useful I, 29
ūtilitās, ūtilitātis, f: usefulness, profit, advantage II, 16
utinam (indecl qualifier, indicating that the subjunctive expresses a wish): would that. . . ! II, 4
ūtor, ūtī, ūsus sum (w abl): use, make use of, employ II, 15
utrimque (noun substitutor): on both sides
utrum (n acc sg used as interrogator): whether; **utrum . . . an,** whether . . . or
ūva-ae, f: bunch of grapes II, 7
uxor, uxōris, f: wife; **uxōrem dūcere,** take a wife II, 4

vacca-ae, f: cow II, 12
vacō-āre-āvī: be empty, be at leisure, have time II, 24
vacuus-a-um: empty, void, empty-handed
vādō, vādere: go, hasten
vadum-ī, n: a shallow in the water, shoal, ford; water, river, sea II, 12
vagor-ārī-ātus sum: wander II, 18
vagus-a-um: wandering, roaming
valdē (intensifier): intensely, very
valēns (adj, gen **valentis**): strong, healthy
valeō, valēre, valuī: be strong, be healthy, be worth; **valē,** farewell, goodbye II, 1
validus-a-um: strong, powerful, healthy II, 9
vallō-āre-āvī-ātus: fortify with a palisade
vallus-ī, m: wall II, 24
vānitās, vānitātis, f: worthlessness, uselessness, vanity I, 17
vānus-a-um: empty, useless, vain, meaningless I, 17
variō-āre-āvī-ātus: change, alter
varius-a-um: different, various, changeable, varying II, 9
vās, vāsis, n: receptacle, utensil
vāstō-āre-āvī-ātus: make empty, lay waste, devastate, destroy II, 21
vastus-a-um: large, huge, big II, 12
vāstus-a-um: desolate, devastated
-ve (coord conj added to end of word): or, and II, 24
vectīgal, vectīgālis, n: tax II, 23
vehemēns (adj, gen **vehementis**): vehement
vehiculum-ī, n: vehicle, conveyance
vehō, vehere, vēxī, vectus: carry, bring, ride

Vejantānī-ōrum, m: inhabitants of Veii
Vejentēs, Vejentium, m&f: inhabitants of Veii
vel (coord conj): or; **vel . . . vel,** either . . . or I, 18
vel (intensifier): even
vellō, vellere, vulsī, vulsus: pull out II, 10
vellus, velleris, n: wool bandage
vēlō-āre-āvī-ātus: cover, veil, hide
vēlōx (adj, gen **vēlōcis**): swift, quick
vēlum-ī, n: sail
velut (subord conj): just as, for instance, as if
vēna-ae, f: blood vessel, vein, vein of metal
vēnātor, vēnātōris, m: hunter
vēnātus-ūs, m: hunt
vendō, vendere, vendidī, venditus: sell I, 29
venēnum-ī, n: poison I, 13
venia-ae, f: pardon, forgiveness II, 16
veniō, venīre, vēnī: come I, 27
vēnor-ārī-ātus sum: hunt II, 15
venter, ventris, m: stomach, bladder
ventitō-āre-āvī: come often, come and go
ventōsus-a-um: full of wind, windy, vain
ventus-ī, m: wind
venustus-a-um: lovely
vēr, vēris, n: spring
verbera, verberum, n (pl only): lash, blow
verberō-āre-āvī-ātus: beat, strike
verbōsus-a-um: full of words, wordy, talkative II, 16
verbum-ī, n: word, verb I, 25
vērē (adv): in truth, in fact I, 19
verēcundia-ae, f: modesty, feeling of shame; morals
verēcundus-a-um: modest
vereor, verērī, veritus sum: fear II, 1
vergō, vergere: turn II, 17
vergobretus-ī, m: title of chief magistrate among the Helvetians
 II, 23
vēritās, vēritātis, f: truth I, 4
vērō: *see* **vērum**
versiculus-ī, m: little verse II, 2
versō-āre-āvī-ātus: turn about often, turn; turn (in cooking)
versus-ūs, m: verse, line (of poetry) II, 2
versūtus-a-um: cunning, skilled

vertex, verticis, m: head, summit, peak
vertō, vertere, vertī, versus: turn, turn around, change; **sē vertere,** turn oneself
vērus-a-um: true, real, genuine I, 18, 28
vērum and **vērō** (sentence connector): but (n acc sg **vērum** used as first word in clause; n abl sg **vērō** used as second or third word in clause) II, 8
vēscor, vēscī (w acc or abl): eat
vesper, vesperī, m: evening II, 24
vespera-ae, f: evening
vespertīliō-ōnis, m: bat
vespillō-ōnis, m: undertaker for the poor I, 28
Vestālis-e: pertaining to Vesta or the worship of Vesta
vester, vestra, vestrum: your, yours I, 27
vestīgium-ī, n: footstep, trace
vestiō-īre-īvī-ītus: clothe, cover
vestis, vestis, f: clothing, dress, clothes I, 4
veterānus-a-um: experienced, veteran II, 24
vetitum-ī, n: that which is forbidden
vetō, vetāre, vetuī, vetitus: forbid, prohibit
vetulus-a-um: little old, poor little old II, 9
vetus (adj, gen **veteris**): old II, 9
vetustās, vetustātis, f: old age, antiquity, length of time
vexō-āre-āvī-ātus: shake, jostle, harass, persecute II, 22
via-ae, f: road, street, journey, way I, 26, 28
viātor, viātōris, m: traveller II, 16
vīcēsimus-a-um: twentieth
vīcīnus-a-um: near, neighboring, side by side; as m noun, neighbor II, 11
vicis, f (defect noun having forms **vicem, vice, vicēs, vicibus**): turn; **in vicem,** in turn; **ūnā vice,** once; **vice versā,** when the turn has been changed II, 14
vicissim (adv): in turn
victor, victōris, m: victor, conqueror I, 26
victōria-ae, f: victory
victrīx, victrīcis, f: female victor
vīctus-ūs, m: food
vīcus-ī, m: section of a city, village II, 9
videō, vidēre, vīdī, vīsus: see, watch out, take care; (in passive) seem, appear, seem good I, 5, 20

viduus-a-um: pertaining to one who has lost a wife or husband; as m noun, widower; as f noun, widow
vigilia-ae, f: watch; one quarter of the night II, 21
vigilō-āre-āvī: be alert, watch II, 14
vīgintī (indecl adj): twenty II, 6
vīlēscō, vīlēscere: become worthless or cheap
vīlicus-ī, m: overseer of a farm II, 10
vīlis-e: cheap, worth little II, 8
vīlla-ae, f: farm, villa
vinciō, vincīre, vīnxī, vinctus: bind, put in chains
vincō, vincere, vīcī, victus: conquer, vanquish, win, win over, surpass I, 10
vinculum-ī (and **vinc'lum-ī**), n: chain II, 19
vindicō-āre-āvī-ātus: avenge, take revenge II, 15
vindicta-ae, f: revenge II, 15
vīnea-ae, f: vineyard II, 7
vīnētum-ī, n: vineyard
vīnum-ī, n: wine I, 12
violō-āre-āvī-ātus: violate, harm I, 14
vīpera-ae, f: viper, snake, adder I, 5
vir, virī, m: man, husband I, 4
virga-ae, f: twig, rod
virgō, virginis, f: maiden, virgin, young girl
viridis-e: green
virtūs, virtūtis, f: capacity, virtue, bravery, courage, powers I, 17
vīs, f (defect noun; only forms in sg are **vīs, vim, vī;** regular pl, **vīrēs, vīrēs, vīribus, vīribus, vīrium**): force, violence, murder; (pl) might, strength II, 7
vīscera-um, n (only pl is common): internal organs, intestines, viscera, vitals II, 9
vīsō, vīsere, vīsī, vīsus: see
vīsus-ūs, m: sight, appearance
vīta-ae, f: life, livelihood I, 8
vitiōsus-a-um: faulty, corrupt, vicious II, 2
vitium-ī, n: fault, crime, vice, sin I, 12
vītō-āre-āvī-ātus: avoid II, 14
vitrum-ī, n: glass
vituperō-āre-āvī-ātus: make fun of, disparage, condemn II, 15
vīvō, vīvere, vīxī, vīctūrus: live, be alive I, 30; II, 5

vīvus-a-um: alive, living I, 23
vix (qualifier): with difficulty, scarcely, hardly II, 20
vōcālis-e: vocal
vocō-āre-āvī-ātus: call upon, invite, call II, 10
volēns (adj, gen **volentis**): willing, as m or f noun, willing person I, 16
volitō-āre-āvī: fly about, dart
volō, velle, voluī (irreg): wish, want, decide, try, mean I, 8
volō-āre-āvī: fly (like birds) II, 8
Volscī-ōrum, m&f: a people in Latium
volūbilitās, volūbilitātis, f: fluency
volucer, volucris, volucre: winged, having wings, swift; as f noun, bird II, 14
voluntārius-a-um: (acting) of one's own free will, voluntary
voluntās, voluntātis, f: will, wish, volition; **suā voluntāte,** according to his own wishes I, 29
voluptās, voluptātis, f: pleasure, delight II, 4
volūtō-āre-āvī-ātus: turn over, consider, keep turning; (of animals) roll around, wallow II, 15
vorācitās, vorācitātis, f: voracity, gluttony
vorō-āre-āvī-ātus: eat greedily, devour
vōs: *see* **tū**
vōtum-ī, n: prayer, desire
vōx, vōcis, f: voice, word I, 18, 22
vulgus-ī, n: people, multitude, common people, rabble II, 23
vulnerō-āre-āvī-ātus: wound, injure II, 24
vulnus, vulneris, n: wound, injury II, 8
vulpēcula-ae, f: little fox, sly fox, cute fox II, 12
vulpēs, vulpis, f: fox I, 5
vultus-ūs, m: facial expression, countenance, face, appearance I, 22

zōna-ae, f: money belt, purse, belt

PEOPLE AND PLACES

The following list includes all important people and places whose names occur in ARTES LATINAE. We have omitted names of fictitious people (like those appearing in some of Martial's poems) and of minor persons and places whose identity is fully explained in the text. Following standard dictionary practice, names of tribes and other groups of people are listed in the regular vocabulary preceding this section. Map references are given in italics following geographical entries; the number indicates the Unit in which the appropriate map is located.

Achaja-ae, f: Roman province of Achaea, including all of Greece except Thessaly *20, 22-24*

Achillēs, Achillis, m: Greek hero who fought at Troy and killed Hector

Actium-ī, n: town and promontory in Epirus off which was fought the naval battle in which Augustus conquered Antony *24*

Aeacidēs-ae, m: descendant of Aeacus, especially Pyrrhus (king of Epirus)

Aegyptus-ī, f: Egypt *20, 23, 24*

Aenēās-ae, m: hero of Vergil's *Aeneid*, who escaped from Troy and came to Italy

Aetna-ae, f: famous volcano in eastern Sicily

Aetōlia-ae, f: a country in the middle of Greece; after the decline of Athens and Sparta, it became an important power, until defeated by Marcus Fulvius in 189 B.C. *20*

Āfrica-ae, f: the Roman province of Africa (the northern shore of the African continent) *17, 19-21*

Āfricānus-a-um: cognomen conferred upon two of the Scipios

Agrigentum-ī, n (modern name, *Agrigento*): a Greek colony in southwest Sicily *19*

Agrippa-ae, m: Marcus Vipsanius Agrippa, friend of Augustus and commander of his fleet

Albis, Albis, m (modern name, *Elbe*): river in Germany *24*

Alcmēna-ae, f: mother of Hercules by Jupiter

Alexander, Alexandrī, m: name of several important Greeks, the most famous of whom was Alexander the Great, who died in 323 B.C.

Alexandria-ae, f: name of a number of cities named in honor of Alexander, the best known of which was in Egypt *23*

Algidus-ī, m (modern name, *Monte Compatri*): mountain in Latium, southeast of Rome

Allia-ae, f (modern name, *Fonte di Papa*): small river near Rome which flows into the Tiber; scene of several important battles, of which the most famous was the disastrous defeat of the Romans by the Gauls in 390 B.C. *15, 16*

Alpēs, Alpium, f: the Alps, the high mountain range separating Italy from northern Europe *18, 23*

Alpēs Cottiae-ārum, f: Cottian Alps, a section of the Alps in western Italy

Ancus-ī, m: Ancus Marcius, fourth king of Rome

Andriscus-ī, m: pretended son of Perseus, King of Macedonia. His claim to the throne began the Third Macedonian War, as a result of which Macedonia became a Roman province.

Aniō, Aniēnis, m: river flowing into the Tiber near Rome; still called the *Anio* *14, 16*

Antemnae-ārum, f: Sabine city at the juncture of the Anio and the Tiber Rivers

Antiochīa-ae, f (modern name, *Antioch*): name of several cities of which the most famous was the capital of Syria *23*

Antiochus-ī, m: the name of several kings of Syria, including Antiochus the Third, who protected the exiled Hannibal

Antōnius-a-um: pertaining to a Roman **gēns.** Its best known member was Marcus Antonius (usually called Mark Antony in English) who formed the Second Triumvirate with Octavian and Lepidus, and who was defeated by Octavian at the Battle of Actium in 31 B.C.

Apollō, Apollinis, m (also called *Phoebus*): son of Latona by Jupiter; brother of Diana; sun god and god of archery, music, poetry, and prophecy; represented in art as a handsome young man with a bow and sometimes a lyre

Āpūlia-ae, f: region of southeastern Italy *16-18, 23*

Aquae Sextiae-ārum, f (modern name, *Aix*): town in southern Gaul, site of defeat of Gauls and Germans by Marius in 102 B.C. *22*

Aquilō, Aquilōnis, m: the North Wind

Aquitānia-ae, f: region of southwestern Gaul *24*

Ardea-ae, f: town of the Rutuli in Latium, besieged by Tarquinius Superbus *14, 15*

Arethūsa-ae, f: fountain on the island of Sicily, which was believed to flow under the sea from Greece to Sicily; also, the nymph of that fountain

Argos-ī, n and **Argī-ōrum,** m: one of the best known cities of ancient Greece, capital of Argolis in the Peloponnesus

Arīminum-ī, n (modern name, *Rimini*): Italian town on the Adriatic, near the Rubicon River, which was an important naval base *17, 18, 22, 23*

Aristotelēs, Aristotelis, m: one of the most famous philosophers of all time, pupil of Plato and tutor of Alexander the Great

Armenia-ae, f: a country of Asia Minor, divided into Greater and Lesser Armenia *22-24*

Artēs, Artium, f: the Arts (personified)

Asia-ae, f: the Roman province of Asia; also, region known today as Asia Minor *19-22, 24*

Athēnae-ārum, f: Athens, city of Attica, famous as seat of art and learning *22*

Attalus-ī, m: name of some of the kings of Pergamum in Asia Minor, the last of whom bequeathed his country to Rome

Attica-ae, f: Attica, the district of Greece containing Athens

Augustus-ī, m: name of religious significance ("the Holy One") given to Octavian as an honor in 27 B.C.

Aventīnus-a-um: pertaining to the Aventine, one of the seven hills of Rome *14*

Bacchus-ī, m (Greek name, *Dionysius*): god of wine, son of Jupiter and Semele

Belgae-ārum, m: Belgium, one of the three divisions of Gaul; also, Belgians

Beneventum-ī, n (modern name, *Benevento*): Samnite town, about 30 miles from the famous Campanian city of Capua *17*

Bīthȳnia-ae, f: country of Asia Minor on the Black Sea *20-23*

Boōtēs-ae, m (nom is Greek form): constellation near the Big Dipper

Bosphorus-ī, m: the narrow exit (or strait) from the Black Sea on which the ancient city of Byzantium was located *22-24*

Britannia-ae, f: Britain *24*

Brundisium-ī, n (modern name, *Brindisi*): city in Calabria on the Adriatic coast; an important seaport *17*

Brūtus-ī, m: a common cognomen in the **gēns Jūnia;** the two most famous men with this name were Lucius Junius Brutus who was among those who drove out the last king of Rome in 509 B.C.; and Marcus Junius Brutus, one of the leaders in the plot to murder Caesar (44 B.C.), who was himself killed at Philippi in 42 B.C.

Bȳzantium-ī, n (modern name, *Istanbul*): ancient city located on the Bosporus (the narrow strait which leads from the Black Sea), one of the key strategic places in history; later renamed "Constantinople" in honor of the emperor Constantine I *23, 24*

Caesar, Caesaris, m: cognomen of Julius Gaius Caesar and a title of subsequent emperors

Calabria-ae, f: region in the "heel" of Italy *18*

Caligula-ae, m: nickname meaning "Soldier Boot" of Gaius Caesar, third emperor of Rome (A.D. 37-41); he received this nickname as a boy from the soldiers in his father's army.

Camillus-ī, m: Marcus Furius Camillus, who captured Rome's dangerous rival, the town of Veii; and who defeated the Gauls after their capture of Rome in 390 B.C.

Campānia-ae, f: fertile district of Italy south of Latium; its capital was Capua *16-19, 22, 24*

Campus Mārtius-ī, m: a large field on the Tiber outside the city walls of Rome, where athletic contests, military drills, and assemblies were held; also the site of tombs of famous Romans. It is now one of the most heavily populated sections of Rome.

Cannae-ārum, f (modern name, *Canne*): town in Apulia, scene of the disastrous defeat of the Romans by Hannibal in 216 B.C. *18*

Cantabria-ae, f: region of Spain whose inhabitants rebelled against Augustus and were finally defeated by Agrippa *24*

Capitōlium-ī, n: temple built on the **Mōns Capitōlīnus;** sometimes refers to the hill itself *14*

Cappadocia-ae, f: region of west-central Asia Minor *20-22*

Capua-ae, f: capital of Campania; still called *Capua* *16, 22, 23*

Carrhae-ārum, f: city in Mesopotamia where Crassus was killed in 53 B.C. *23*

Carthāgō, Carthāginis, f: city in Africa on the Mediterranean coast which was the great contender with Rome for the power vacuum created in the Mediterranean by the failure of the Greeks to resolve their differences; also, a city in Spain *17-20 (Africa), 19 (Spain)*

Cassius-a-um: pertaining to a Roman **gēns;** Gaius Cassius, with Brutus, was one of the leaders in the assassination of Julius Caesar; committed suicide at Philippi in 42 B.C.

Catilīna-ae, m: Lucius Sergius Catilina, leader of ill-timed and ill-planned conspiracy, opposed by Cicero; killed in battle in 62 B.C.

Catina-ae, f (modern name, *Catania*): town in Sicily, near Mt. Etna *17*

Catō, Catōnis, m: name of a Roman family of whom the most noted members were Marcus Porcius Cato, a famous censor, who lived during the Second Punic War; and Marcus Porcius Cato the Younger, opponent of Caesar who killed himself at Utica in Africa in 46 B.C. to avoid capture

Catullus-ī, m: Gaius Valerius Catullus, one of Rome's leading poets, who died at a young age in 54 B.C.

Caucasus-ī, m: mountain range between the Caspian Sea and the Black Sea, containing the five highest mountains in Europe

Celtiberia-ae, f: region in the middle of Spain *21*

Cēphīsus-ī, m: sacred river on Mount Parnassus

Cerēs, Cereris, f (Greek name, *Demeter*): daughter of Saturn and Ops; goddess of agriculture, mother of Proserpina

Chalcēdōn, Chalcēdonis, f (modern name, *Kadiköy*): town on the Bosporus, opposite Byzantium *23*

Charites, Charitum, f (short *e* is Greek nom): Greek equivalent of the **Grātiae,** the graces, goddesses of love, kindness, and beauty

Cicerō, Cicerōnis, m: Marcus Tullius Cicero (106–43 B.C.), one of the world's most famous orators. He disclosed the plot of Catiline, and tried to steer a middle course in the Civil Wars between Caesar and Pompey, but eventually went over to the side of the aristocrats, became a bitter enemy of Mark Antony, and was proscribed and killed.

Cilicia-ae, f: region in southern part of Asia Minor *23, 24*

Cincinnātus-ī, m: Lucius Quintius Cincinnatus, statesman who became a symbol of the simple and plain Roman. Called from the plow to become dictator in 458 B.C., he laid down the power of his office in 16 days, when the task was finished, instead of seeking to increase it; in his old age he was again made dictator and resigned, after a successful campaign, in 21 days.

Cios-ī, f: Chios, island in the Aegean, birthplace of Simonides

Claudius-a-um: pertaining to one of two Roman **gentēs** having many distinguished members, including 28 consuls, five dictators, seven censors, and six who celebrated triumphs, as well as Tiberius Claudius Drusus Nero Germanicus, third emperor of Rome (A.D. 41-54)

Clāzomenae-ārum, f: town on coast of Asia Minor

Cleopātra-ae, f: common Macedonian name; its most famous bearer was queen of Egypt in the first century B.C. and the last of the Ptolemaic dynasty that had ruled Egypt from the days of Alexander the Great. A woman of extraordinary fascination, she won over both Caesar and Mark Antony.

Collātīnus-a-um: Lucius Tarquinius Collatinus, husband of Lucretia, who was raped by the son of Tarquinius Superbus. Her suicide led to the expulsion of the Tarquins, including ironically, her own husband.

Cōricydes, Cōricydum, f (short *e* is a Greek nom): nymphs who lived on Mount Parnassus

Corinthus-ī, f: city on the peninsula connecting upper and lower Greece, known for its luxury *21*

Coriolī-ōrum, n: border town between Latium and the Volscians; its exact location is not known. *15*

Cornēlius-a-um: pertaining to a Roman **gēns,** whose two most famous members were both called Publius Cornelius Scipio; both were surnamed Africanus from victories in Africa. A third famous member was Lucius Cornelius Sulla, rival of Marius.

Corsica-ae, f: poverty-stricken island west of Italy, to which Seneca was exiled *17, 18, 21*

Crassus-ī, m: Marcus Licinius Crassus, a member of the First Triumvirate (with Caesar and Pompey), known for his great wealth; killed by the Parthians at the disaster of Carrhae in 53 B.C.

Crēta-ae, f (modern name, *Crete*): large island south of Greece, reputed birthplace of Jupiter; in antiquity, its inhabitants had a reputation for lying. *23*

Crustumeria-ae, f (modern name, *Monte Rotondo*): Sabine town

Cupīdō, Cupīdinis, m (Greek name, *Eros*): son of Venus; the god of love whose arrows caused people to fall in love

Cynthus-ī, m: mountain on Delos, where Apollo and Diana were born; thus, Diana is often called **Cynthia,** and Apollo **Cynthius.**

Cȳrēnē, Cȳrēnēs, f: prosperous town and region of Libya *23*

Cȳzicus-ī, f: important city on the Sea of Marmara, which connects the Black Sea with the Mediterranean *23*

Dācia-ae, f: an area on both sides of the lower part of the Danube, which was made a Roman province by Trajan. Its exact borders are not known, but it is thought to correspond roughly to modern Romania and Bulgaria. *24*

Dalmatia-ae, f: country across the Adriatic Sea from Italy *21-24*

Dānuvius-ī, m: upper part of the Danube River (the lower part is called the **Ister**) *23*

Dēlos-ī, f: small island in the Aegean Sea, birthplace of Apollo and Diana

Delphī-ōrum, m: perhaps the most famous oracle of antiquity, located in Phocis, in Greece

Dēmocritus-ī, m: Greek philosopher of the fifth century B.C.; known as "the laughing philosopher" because he said the stupidity of man was so great that the only thing to do was laugh at it

Deucaliōn, Deucaliōnis, m: son of Prometheus, and husband of Pyrrha; he and his wife were the only human survivors of the Flood.

Diāna-ae, f (Greek name, *Artemis*): the threefold goddess of the underworld, the moon, and the hunt

Dīs, Dītis, m: one of the names for Pluto, god of the lower world

Domitiānus-ī, m: Titus Flavius Domitianus, emperor of Rome (A.D. 81–96) and patron of Martial; cruel, hated, and paranoid, he died by assassination.

Ēlis, Ēlidis, f: territory containing Olympia, in the western part of the Peloponnesus

Ēlysium-ī, n: Elysium, the home of the blessed in the afterlife

Ephesus-ī, m: one of the most famous towns of Asia Minor, known for its great temple to Artemis (Diana) *22*

Epimētheus-ī, m: brother of Prometheus and husband of Pandora;

while Prometheus was wise and a benefactor of mankind, Epimetheus was foolish and subjected mankind to innumerable evils by letting open Pandora's box.

Epimēthis, Epimēthidis, f: Pyrrha, daughter of Epimetheus, wife of Deucalion, and survivor of the Flood

Ēpīrus-ī, f: country in the northwestern part of Greece, at one time ruled by Pyrrhus *20, 24*

Esquilīnus-a-um: pertaining to the Esquiline, one of the seven hills of Rome *14*

Etrūria-ae, f (also called **Tuscia;** modern name, *Tuscany*): district of Italy, north of Rome, which includes the modern city of Florence; home of the Etruscans *14-18, 24*

Eumenēs, Eumenis, m: Asian king who was a Roman ally in the third century B.C.

Euphrātēs, Euphrātis, m: one of the two great rivers in Mesopotamia (of which the other is the Tigris) *23*

Eurōpa-ae, f: Europe *20*

Eutropius-ī, m: Roman historian who lived in the fourth century A.D. His abbreviated history of Rome from its founding to his own time contains ten books; the first seven, through the death of Domitian, are included in Units 14-24 of this reader.

Fabius-a-um: pertaining to a Roman **gēns,** much celebrated in Roman history; one of its members was Quintus Fabius Pictor, the first Latin historian, who fought in the Second Punic War.

Faleriī-ōrum, m (modern name, *Civita Castellana*): capital of the Falisci *15, 17*

Fīdēnae-ārum, f: town in Latium near Rome, which came under Roman control in 435 B.C. *14, 15*

Flāminius-a-um: pertaining to a famous Roman **gēns; Via Flāminia,** well-known road, bordered by tombs, leading from Rome to Ariminum

Gabiī-ōrum, m (modern name, *Castiglioni*): city of Latium halfway between Praeneste and Rome *14*

Galba-ae, m: Servius Sulpicius Galba, one of the emperors during the Year of the Four Emperors (A.D. 69); he was assassinated by his soldiers and replaced by Otho.

Gallia-ae, f: general name for the territory inhabited by the Gauls; also, the name of two provinces, **Gallia Cisalpīna** (Nearer Gaul) which was Northern Italy, and **Gallia Trānsalpīna** (Farther Gaul) whose borders were not clearly defined in Caesar's day *21, 23*

Garumna-ae, f (modern name, *Garonne*): important river in Gaul

Germania-ae, f: Germany; an area without clear boundaries in Roman times, it included most of the territory from the Atlantic to the Rhine, the Danube, and the Vistula. *24*

Graecia-ae, f: Greece; in ancient times a region of common language and culture rather than a political unit *20*

Haemus-ī, m (modern name, *Balkan Mountains*): high range of mountains in Thrace *23*

Hamilcar, Hamilcaris, m: common Carthaginian name, whose most famous bearer was the father of Hannibal and the leader in the First Punic War

Hannibal, Hannibalis, m: common Carthaginian name; the most famous Hannibal was the leader against the Romans in the Second Punic War.

Hasdrubal, Hasdrubalis, m: name of several well-known Carthaginians, including Hannibal's brother, who was defeated and killed at the battle of Metaurus (near Sena) in 207 B.C.

Hector, Hectoris (Greek acc, **Hectora**; Latin acc, **Hectorem**), m: the most famous of the Trojan heroes, killed by Achilles

Helena-ae, f: wife of Menelaus; the most beautiful woman of her time, whose abduction by Paris began the Trojan War

Herculēs, Herculis, m: the great hero who performed the famous Twelve Labors; often looked upon as the symbol of suffering and self-sacrifice, at other times regarded as an example of stupidity and brute strength

Hierosolyma-ōrum, n (modern name, *Jerusalem*): capital of Judaea *23, 24*

Hispānia-ae, f: the peninsula now containing Spain and Portugal, divided into **Hispānia Citerior** (Nearer Spain), and **Hispānia Ulterior** (Farther Spain). **Hispānia Ulterior** included modern Portugal, but was much larger. *18-20, 23, 24*

Homērus-ī, m: Greek epic poet, reputed author of the *Iliad* and the *Odyssey*

Īapetus-ī, m: Titan, father of Prometheus and Epimetheus

Īda-ae, f: mountain near Troy

Illyricum-ī, n: region across the Adriatic Sea from Italy, roughly corresponding to modern Albania and Yugoslavia *18, 20, 23, 24*

India-ae, f: region extending from the Indus River to China; often used of Eastern nations in general

Īsēum-ī, n: temple of Isis, an Egyptian goddess whose cult became popular in Rome

Ister, Istrī, m: lower part of the Danube River *23*

Italia-ae, f (in poetry often **Ītalia**): Italy *19, 20, 24*

Jāniculum-ī, n: hill west of Rome, on the right bank of the Tiber *14*

Jūdaea-ae, f: Judaea, Palestine; home of the Jews *23*

Jugurtha-ae, m: king of Numidia, whom Marius defeated in 106 B.C.

Jūlius-a-um: pertaining to a Roman **gēns,** whose best known member was Gaius Julius Caesar

Jūnō, Jūnōnis, f (Greek name, *Hera*): sister and wife of Jupiter, queen of the gods, goddess of marriage and childbirth

Juppiter, Jovis, m (Greek name, *Zeus*): Jupiter [note contrast between Latin and English spellings], brother and husband of Juno; ruler of gods and men; master of the thunderbolt

Latium-ī, n: section of Italy in which Rome is located *14-17*

Lātōna-ae, f: mother of Apollo and Diana by Jupiter

Lemannus-ī, m (modern name, *Lake Geneva* or *Lac Leman*): lake in southwest Switzerland

Lepidus-ī, m: Marcus Aemilius Lepidus, the weak third in the triumvirate with Mark Antony and Octavian

Libya-ae, f: Greek name for Africa *23*

Liguria-ae, f: section of northern Italy, which includes the modern city of Genoa *18*

Lilybaeum-ī, n (modern name, *Marsala*): promontory and town on southwestern shore of Sicily; former Carthaginian stronghold *17*

Līvius-a-um: pertaining to a Roman **gēns,** of whom one famous member was Titus Livius Patavinus, the historian, who died in A.D. 16

Lūcānia-ae, f: region of lower Italy *16, 17*

Lūcrētius-a-um: pertaining to a Roman **gēns.** Spurius Lucretius Tricipitinus (father of the Lucretia who killed herself after being raped by the son of Tarquinius Superbus) was one of the early consuls of Rome.

Lūcullus-ī, m: Lucius Licinius Lucullus, Roman general who helped defeat Mithridates

Lūsitānia-ae, f: part of Spain, including modern Portugal *20, 21*

Lycia-ae, f: country of southern Asia Minor *23, 24*

Macedonia-ae, f: country north of Greece and west of Thessaly and Thrace *19-21, 23, 24*

Magnēsia-ae, f (modern name, *Manisa*): town in Lydia in Asia Minor *20*

Māgō, Māgōnis, m: name of several Carthaginians, including one of Hannibal's brothers

Maja-ae, f: mother of Mercury by Jupiter

Marius-a-um: pertaining to a Roman **gēns.** Its best known member was Gaius Marius, seven times consul of Rome, enemy of Sulla, and leader of the popular party, who died in 86 B.C.

Marō, Marōnis, m: cognomen of the poet Publius Vergilius Maro (see **Vergilius**)

Mārs, Mārtis, m (Greek name, *Ares*): god of war, father by Rhea Silvia of Romulus and Remus and hence the patron god of the Romans

Mārtiālis-is, m: Marcus Valerius Martialis, poet, born in Spain in A.D. 43; wrote at Rome under the emperors Titus, Domitian, Nerva, and Trajan; then returned to Spain, where he died around A.D. 104

Masinnissa-ae, m: king of Numidia and grandfather of Jugurtha

Maurētānia-ae, f: region of northwest Africa, corresponding approximately to modern Algeria *21-23*

Mēdēa-ae, f: Greek woman who killed her own sons in revenge against her husband Jason

Mediolānum-ī, n (modern name, *Milano* in Italian, *Milan* in English): town in Cisalpine Gaul *18*

Menelāus-ī, m: son of Atreus, brother of Agamemnon, husband of Helen

Mercurius-ī, m (Greek name, *Hermes*): son of Maia and Jupiter; messenger of the gods; god of oratory and of merchants, travelers, orators, and thieves; leader of souls of the dead to the underworld. In art, Mercury is often represented with winged cap, winged feet, and the **cādūceus,** his special staff.

Mesopotamia-ae, f: the region between the Tigris and the Euphrates Rivers *23*

Metaurus-ī, m: river in central Italy north of Rome, where Hasdrubal, brother of Hannibal, was defeated and killed in 207 B.C. in one of the most decisive battles of Roman history

Minerva-ae, f (Greek name, *Athena* or *Pallas Athena*): daughter of Jupiter; virgin goddess of wisdom, war, and the arts, including household arts such as the spinning of wool and growing of olives

Mithridātēs, Mithridātis, m: name of several kings of Pontus; Mithridates the Sixth, the opponent of Rome in the Mithridatic Wars, was eventually defeated by Pompey in 66 B.C.

Moguntiacum-ī, n (modern name, *Mainz*): city of Germany *24*

Mummius-a-um: pertaining to a Roman **gēns;** Lucius Mummius destroyed Corinth in 146 B.C. and received the cognomen Achaicus.

Munda-ae, f: town in southern Spain, where Caesar defeated the two sons of Pompey in 45 B.C. *23*

Mūs, Mūris, m: a surname in the Decian **gēns,** of which one member, to insure victory for his troops, sacrificed himself by deliberately rushing into the enemy's ranks so that he would be killed. The story that his son and grandson did the same thing is probably invention.

Mūsa-ae, f: one of the nine goddesses of music, literature, and the arts; her name is often used in the plural to mean literature, particularly poetry.

Narbō, Narbōnis, m (modern name, *Narbonne*): town in southern Gaul *21*

Nāsō, Nāsōnis, m: Publius Ovidius Naso, the poet called "Ovid" in English (see **Ovidius**)

Neptūnus-ī, m (Greek name, *Poseidon*): brother of Jupiter; god of the sea, horses, and earthquakes; his symbol was the trident.

Nerō, Nerōnis, m: Gaius Claudius Nero, fifth emperor of Rome (A.D. 54–68)

Nestōr, Nestoris, m: king of Pylos, and the wisest of the Greek warriors in the Trojan War; noted for his advanced age

Nīlus-ī, m: the Nile River in Egypt *22, 23*

Nōla-ae, f: city of Campania, in Italy; still called *Nola* *18*

Nōmentum-ī, n (modern name, *Mentana*): Roman city, about 15 miles northeast of Rome, near which Martial had a farm

Numa-ae, m: Numa Pompilius, second king of Rome, under whose reign there was peace

Numantia-ae, f: city in Spain captured by the younger Scipio *21*

Numidia-ae, f: country of north Africa, including part of modern Algeria *19-22*

Ōceanus-ī, m: Atlantic Ocean

Ōceanus Britannicus-ī, m (modern name, *English Channel*): straits separating France and England *23*

Octāviānus-ī, m: cognomen used by Augustus after his adoption by Julius Caesar to show that he had formerly been a member of the **gēns Octāvia.** He does not seem to have used the name officially, preferring to be known as Gaius Julius Caesar or, after 27 B.C., by the honorary name of Augustus. It is customary, however, to refer to him in English as Octavian for that part of his life before 27 B.C.

Octāvius-a-um: pertaining to the Roman **gēns** to which Augustus belonged before his adoption by Julius Caesar

Olympus-ī, m: tall (10,000 ft.) mountain in northern Greece, supposed to have been the home of the gods. (It should not be confused with Olympia in southern Greece, where the Olympic Games were held.)

Ops, Opis, f: mother of Jupiter and wife of Saturn

Orchadēs, Orchadum, f (modern name, *Orkney Islands*): group of islands north of Scotland

Ōrīōn, Ōrīōnis, m: famous mythological hunter who was turned into a constellation, of which one part is visible in the winter as the brilliant Orion's Belt

Ōstia-ae, f: seaport of Rome at the mouth of the Tiber; now a seaside resort, still called *Ostia* *14, 15*

Othō, Othōnis, m: one of those who ruled in the Year of the Four Emperors (A.D. 69); he committed suicide in the same year.

Ovidius-a-um: pertaining to a Roman **gēns;** Publius Ovidius Naso was the poet, called "Ovid" in English, who wrote the *Metamorphoses;* he was born in 43 B.C., exiled by Augustus to the Black Sea in A.D. 8, and died in exile in A.D. 17 or 18.

Palaestīna-ae, f: region in ancient Syria, which included parts of modern Israel, Jordan and Syria; also called **Jūdaea** by the Romans, it became a Roman province in A.D. 6. *24*

Palātium-ī, n: the Palatine Hill in Rome, reputed location of the earliest settlement in the city; it overlooks both the Forum and the Circus Maximus and was the site of the palace of Augustus and other later Roman emperors. *14*

Pallas, Palladis, f (Latin name, *Minerva*): name used in place of or with "Athena," goddess of wisdom and the arts

Pandōra-ae, f: woman created by Vulcan and given in marriage to Epimetheus. She and her husband opened the box from which emerged all the evils of the world.

Pannonia-ae, f: region between Dacia and Illyricum *24*

Paphlagonia-ae, f: region of northern Asia Minor on the Black Sea *21-23*

Parcae-ārum, f: the three Fates, who rule mankind and sometimes even the gods

Paris, Paridis, m: prince of Troy who judged the beauty contest between Juno, Minerva, and Venus; the winner, Venus, gave him as a reward Helen, wife of Menelaus. The abduction of Helen by Paris brought about the Trojan War.

Parnassus-ī, m: sacred mountain in Phocis, near Attica, sacred to Apollo and the Muses

Paulus-ī, m: Paul; St. Paul, one of the early leaders of the Christian church, author of most of the epistles in the New Testament; martyred at Rome during the reign of Nero

Pergamum-ī, n (modern name, *Bergama*): city in southern Asia Minor *21*

Perseus-ī, m: last of the kings of Macedonia, whom Aemilius Paulus defeated in 168 B.C.

Perusia-ae, f (modern name, *Perugia*): an important town in Etruria where Octavian defeated Lucius Antonius in 40 B.C. *24*

Phaedrus-ī, m: a freedman of Augustus and author of fables in Latin verse, whose poems were published during the reign of Tiberius

Pharsālus-ī, f (modern name, *Fársala*): city in Thessaly, scene of Caesar's defeat of Pompey in 48 B.C.

Philippī-ōrum, m: city in Macedonia, where Octavian and Mark Antony defeated the assassins of Caesar in 42 B.C. *24*

Philippus-ī, m: common name of Macedonian kings, the greatest of whom was the first, Philip the Great, father of Alexander. Philip the Second offered aid to Hannibal against the Romans in the Second Punic War.

Phoebus-ī, m: Apollo, god of the sun; also used for the sun itself

Phoenīcē-ēs, f (Greek form): Phoenicia, region of Syria, known for its commerce and particularly for its dyes made from shellfish *23*

Phrygia-ae, f: region of indefinite boundaries in northern Asia Minor, in which Troy was located *20*

Pīcēnum-ī, n (modern name, *Ancona*): region of Italy on the Adriatic near the Umbrians and Sabines *16, 17, 19, 21*

Pīraeus-ī, m: port of Athens

Pīsa-ae, f: town in Greece near the site of the Olympic Games. A stream was believed to flow under the sea from this town to Sicily.

Pīsistratus-ī, m: tyrant of Athens for 33 years, who ruled with kindness although without legal authority; he died around 527 B.C.

Platō, Platōnis, m: noted Greek philosopher, pupil of Socrates and teacher of Aristotle

Plejades, Plejadum, f (nom in short e is Greek form): the Pleiades, a group of seven stars in the constellation of Taurus; also called the Seven Sisters since, according to Greek mythology, the seven daughters of Atlas were transformed into this group of stars. Their appearance in the spring indicates the beginning of favorable weather for sailing.

Plūtō, Plūtōnis, m (Greek name, *Hades*; alternate Latin name, **Dīs**): king of the underworld, brother of Jupiter and Neptune, husband of Proserpina

Pompejus-a-um: pertaining to a Roman **gēns.** Pompey the Great lived from 106 to 48 B.C.; he was defeated at Pharsalus in Thessaly in 48 B.C. and murdered in Egypt. His two sons, Gnaeus and Sextus, carried on his fight against Caesar, but Gnaeus was killed at Munda in Spain. Sextus escaped, and set himself up as a king. After the murder of Caesar he fought against Octavian, but was defeated and put to death by Mark Antony in 35 B.C.

Pontus-ī, m: the Euxine Sea, today called the Black Sea; also, a region south of the Black Sea which was ruled by Mithridates *21-24*

Porsenna-ae, m: Lars Porsenna, king of the Etruscans, who tried to re-establish Tarquinius Superbus as King of Rome

Praeneste, Praenestis, f&n (modern name, *Palestrina*): one of the most famous cities of Latium, about 20 miles east of Rome *16*

Priamus-ī, m: aged king of Troy when it was taken by the Greeks; father of Paris and other famous Trojans

Promētheus-ī, m: brother of Epimetheus, son of Iapetus, father of Deucalion. Prometheus was the creator and benefactor of mankind, who dared to steal fire from the gods to give to man. For this deed, he was punished by Jupiter by being chained to a rock in the Caucasian Mountains, where an eagle devoured his liver, which constantly renewed itself; eventually he was set free by Hercules.

Promēthīdēs, Promēthīdis, m: Deucalion, son of Prometheus

Propertius-ī, n: Sextus Aurelius Propertius, writer of love poetry at the time of Augustus

Prōserpina-ae, f (Greek name, *Persephone*): daughter of Jupiter and Ceres, who was kidnapped and married by Pluto; queen of the underworld

Prūsiās-ae, m: king of Bithynia, who tried to surrender Hannibal to the Romans; Hannibal, however, committed suicide.

Ptolemaeus-ī, m: one of the Macedonian generals of Alexander, who founded a dynasty which ended with the death of Cleopatra, its last sovereign

Pydna-ae, f (modern name, *Kítros*): Macedonian town, where Aemilius Paulus defeated Perseus in 168 B.C.

Pyrrha-ae, f: daughter of Epimetheus and wife of Deucalion; she and her husband were the only human survivors of the flood.

Pyrrhus-ī, m: king of Epirus, who invaded Italy in 281 B.C. at the invitation of the city of Tarentum; defeated, he returned to Epirus in 275 B.C.

Quīntiliānus-ī, m: Roman writer on education, a contemporary of Martial

Rēgulus-ī, m: Marcus Attilius Regulus, Roman general who fought with great success in the First Punic War. However, he was finally captured and is said to have been sent by the Carthaginians to Rome to discuss peace. He advised the Senate against the peace, returned to Carthage and was executed. This embassy to Rome is questioned by many historians.

Remus-ī, m: twin brother of Romulus, son of Mars and Rhea Silvia; he was killed by Romulus because he violated a holy rite in the founding of Rome by leaping over the sacred section marked out for the city wall.

Rhēa Silvia-ae, f: mother of Romulus and Remus by Mars

Rhēnus-ī, m (modern name, *Rhine*): river separating Gaul from Germany and flowing into the North Sea *23, 24*

Rhodanus-ī, m (modern name, *Rhone*): river of Gaul flowing south from Lake Geneva into the Mediterranean Sea *21, 23*

Rhodopē, Rhodopēs, f: mountain range in Thrace *23*

Rhodos-ī, f (modern name, *Rhodes*): island near Asia Minor, famous for its universities and its Colossus, a gigantic statue overlooking its harbor *20, 24*

Rōma-ae, f (modern name, *Roma* in Italian; *Rome* in English): Rome *14-20, 22, 24*

Rōmulus-ī, m: legendary founder of Rome from whom the city took its name; son of Mars and Rhea Silvia. After his death he was made a god and called **Quirīnus**.

Saguntum-ī, n (modern name, *Sagunto*): town on the eastern coast of Spain, loyal to Rome; its capture by Hannibal was the immediate cause of the Second Punic War. *18*

Samnium-ī, n: district near Rome, Picenum, Apulia, and Campania, with whose inhabitants the Romans fought bitterly for years; they were eventually crushed by the Romans in 272 B.C. *17*

Samos-ī, f (modern name, *Samos*): island off the coast of Asia Minor *24*

Sardinia-ae, f: large island in the Mediterranean, west of Italy and south of Corsica, still called Sardinia *17, 18, 22*

Sāturnius-a-um: belonging to Saturn; **Sāturnius,** Jupiter or Pluto; **Sāturnia,** Juno

Sāturnus-ī, m: father of Jupiter, Juno, Neptune, and Pluto

Scaevola-ae, m: Quintus Mutius Scaevola, hero in the war against Tarquinius Superbus and Porsenna; when threatened by the Etruscans with torture, he laid his right hand on a burning altar and allowed his hand to be destroyed, telling the king that there were many Romans like himself. Afterwards, he received the surname Scaevola ("little left hand"), since his right hand was useless.

Scīpiō, Scīpiōnis, m: one of the most famous families of Rome, a branch of the **gēns Cornēlia,** with numerous consuls and generals, including Publius Cornelius Scipio and his brother Gnaeus who fought against Hannibal in the Second Punic War; Publius Scipio Africanus, who defeated Hannibal in 202 B.C. at Zama; Lucius Cornelius Scipio Asiaticus who defeated Antiochus; and Publius Aemilianus Scipio Africanus the Younger, who destroyed Carthage in 146 B.C.

Sēna-ae, f (modern name *Sinigaglia*): town of Umbria on the Adriatic Sea, where Hasdrubal was defeated in 207 B.C. at the battle of the Metaurus River *19*

Septentriōnēs, Septentriōnum, m: the constellation known as the Big Dipper or Ursa Major; north

Serāpēum-ī, n: temple of Serapis, one of the chief divinities of Egypt, whose cult enjoyed great popularity in Rome

Sertōrius-ī, m: Quintus Sertorius, member of the party of Marius; he fled to Spain after Sulla's victory and there raised a rebellion.

Sīcania-ae, f: Sicania, poetical name for Sicily

Sicilia-ae, f (modern name, *Sicily*): the largest island of the Mediterranean Sea, off the "toe" of Italy *17-22, 24*

Smyrna-ae, f: one of the most famous towns in Asia Minor, located on its west coast, and still called *Smyrna* *21*

Sparta-ae, f: capital of the state of Laconia in the southern part of Greece, but often used as the name of the state; its citizens were known for their hard and austere life and their devotion to their country. It was located near the modern town of *Mistra.* *20*

Spartacus-ī, m: escaped gladiator who, as leader of a slave revolt, terrorized Italy from 73 to 71 B.C.

Suēbia-ae, f: region in northeast Germany *24*

Sulla-ae, m: Lucius Cornelius Sulla, leader of the aristocratic party in the civil wars against Marius in the first century B.C.. The revenge he took on his enemies after the defeat of Marius was extreme in its cruelty; once in power, he killed his opponents by the thousands. He eventually resigned the perpetual dictatorship he had been granted and retired.

Sūtrium-ī, n (modern name, *Sutri*): town of Etruria, captured by Camillus in 389 B.C. *16*

Syēnē, Syēnēs, f (modern name, *Aswān*): border town of Egypt on the Nile *22*

Syrācūsae-ārum, f (modern name, *Siracusa*): chief city of Sicily, located on the eastern coast *17, 19*

Syria-ae, f: country along the eastern end of the Mediterranean, whose boundaries varied, sometimes extending as far as Arabia and the Euphrates River *20, 23, 24*

Tarentum-ī, n (modern name, *Taranto*): city on southern coast of Italy, on the "instep" of the "boot" *16, 19*

Tauromenium-ī, n (modern name, *Taormina*): town on eastern coast of Sicily *17*

Taurus-ī, m: mountain range in southern Asia Minor *20, 23*

Thessalia-ae, f: Thessaly, country of northern Greece *23*

Thetis, Thetidis, f: wife of Peleus and mother of Achilles

Thrācia-ae, f: large region with poorly defined borders, north of Aegean Sea *20, 21, 24*

Tiberis, Tiberis and **Thybris, Thybris,** m (modern name, *Tevere*): the Tiber River, which flows through Rome *14*

Tiberius-ī, m: one of the few Roman **praenōmina** (first names); used by itself, it usually refers to Tiberius Claudius Nero Caesar, successor to Augustus.

Tībur, Tīburis, n (modern name, *Tivoli*): town about 20 miles from Rome, on the Anio River; a favorite summer resort

Tigrānēs, Tigrānis, m: king of Armenia, who fought with Mithridates against the Romans and was defeated by Lucius Lucullus

Tītānia-ae, f: descendant of a Titan; Pyrrha, wife of Deucalion

Titus-ī, m: one of the few Roman **praenōmina** (first names); used by itself, it refers to Vespasian's son and successor, Titus Flavius Sabinus Vespasianus, emperor of Rome (A.D. 79-81) and patron of Martial.

Tomī-ōrum, m: town on the Black Sea, to which Ovid was banished *23*

Trebia-ae, m (modern name, *Trebbia*): river in Cisalpine Gaul, where Hannibal defeated the consul Sempronius in 218 B.C. *18*

Trītōn, Trītōnis, m: sea god, son of Neptune

Troja-ae, f: Troy, city in Asia Minor captured by the Greeks after ten years of war; subject of poem by Homer called the *Iliad*

Tullius-a-um: pertaining to a Roman **gēns,** whose best known members were Servius Tullius, the sixth Roman king, and Marcus Tullius Cicero, the orator. However, except for these two (the first of whom was legendary), the **gēns Tullia** was relatively unimportant and obscure.

Tuscia-ae, f: Etruria or Tuscany, region of central Italy *16, 18*

Tusculum-ī, n: town of Latium, near modern *Frascati* *15*

Vectis, Vectis, f (modern name, *Isle of Wight*): island off the southern coast of England *24*

Vejī-ōrum, m: Veii, town of Etruria, about 12 miles from Rome and for a long time its dangerous rival; situated near modern *Isola* *14, 15*

Venus, Veneris, f (Greek name *Aphrodite*): goddess of love and beauty and of the generative force in nature. She was the wife of Vulcan and the mother of Aeneas by Anchises. The name is used in the plural to represent all the attributes (such as love, beauty, and grace) that Venus herself stands for.

Vergilius-ī, m: Publius Vergilius Maro, Latin poet, author of the *Aeneid;* born 70 B.C., died 19 B.C.

Vespasiānus-ī, m: Titus Flavius Vespasianus, called in English "Vespasian"; last of the emperors in the Year of the Four Emperors (A.D. 69), whose ascension to the throne ended this period of anarchy

Vesta-ae, f (Greek name, *Hestia*): goddess of hearth and home

Vitellius-ī, m: Aulus Vitellius, one of the rulers in the Year of the Four Emperors (A.D. 69)

Vulcānus-ī, m (Greek name, *Hephaestus*): crippled blacksmith of the gods, and the god of fire; husband of Venus, son of Jupiter and Juno. The story of his deformity may have its origins in the fact that in primitive societies, a man who could fight could not be spared to mend the armor; this work therefore went to those who were physically incapacitated in some way. (Perhaps for similar reasons, bards and storytellers are often represented as being blind.)

Zama-ae, f: town in Numidia, Africa, where Hannibal was defeated by Scipio in 202 B.C.